工程建设理论与实践丛书

桥梁工程设计与施工技术

QIAOLIANG GONGCHENG SHEJI YU SHIGONG JISHU

林 锋 石福林 朱贤鑫 主编

华中科技大学出版社
http://press.hust.edu.cn
中国·武汉

图书在版编目(CIP)数据

桥梁工程设计与施工技术/林锋,石福林,朱贤鑫主编.—武汉:华中科技大学出版社,2023.8

ISBN 978-7-5680-9586-0

Ⅰ.①桥… Ⅱ.①林… ②石… ③朱… Ⅲ.①桥梁工程-工程设计 ②桥梁工程-施工技术 Ⅳ.①U442.5 ②U445.4

中国国家版本馆 CIP 数据核字(2023)第 104762 号

桥梁工程设计与施工技术　　　　　　　　　　　　林　锋　石福林　朱贤鑫　主编
Qiaoliang Gongcheng Sheji yu Shigong Jishu

策划编辑：周永华
责任编辑：叶向荣
封面设计：杨小勤
责任监印：朱　玢
出版发行：华中科技大学出版社(中国·武汉)　　电话：(027)81321913
　　　　　武汉市东湖新技术开发区华工科技园　　邮编：430223
录　　排：华中科技大学惠友文印中心
印　　刷：武汉科源印刷设计有限公司
开　　本：710mm×1000mm　1/16
印　　张：20.75
字　　数：372 千字
版　　次：2023 年 8 月第 1 版第 1 次印刷
定　　价：98.00 元

本书若有印装质量问题,请向出版社营销中心调换
全国免费服务热线：400-6679-118　竭诚为您服务
版权所有　侵权必究

编 委 会

主　编　林　锋（中国市政工程西南设计研究总院有限公司）
　　　　　石福林（青海省交通工程技术服务中心）
　　　　　朱贤鑫（保利长大海外工程有限公司）

副主编　武志兵（上海市政工程设计研究总院（集团）有限
　　　　　　　　　公司）
　　　　　李圣强（中铁工程设计咨询集团有限公司）
　　　　　汪泉清（中交第二公路勘察设计研究院有限公司）
　　　　　安子敬（中交四航局第六工程有限公司）
　　　　　陈自然（中铁二十四局集团有限公司）

编　委　李明亮（中交路桥建设有限公司）
　　　　　罗伟元（中铁二院工程集团有限责任公司）
　　　　　华正良（广东省交通规划设计研究院集团
　　　　　　　　　股份有限公司）
　　　　　李　钢（中国葛洲坝集团路桥工程有限公司）
　　　　　陈晓剑（中铁大桥局集团第五工程有限公司）

前　　言

桥梁是工程路线需要穿过江河湖泊、山谷深沟以及其他路线（公路或铁路）等障碍物时，人们为了保证工程路线的连续性，充分发挥其正常的运输能力而修建的结构物，因此可以说桥梁是跨越障碍物的重要结构。桥梁是路线的"延续"，主要起着跨越、承载、传力的作用。桥梁工程在学科分类上是土木工程的一个分支，它在交通工程中起到关键性的枢纽作用。

从古至今，交通的发展与桥梁及桥梁工程的发展是相互促进、密不可分的。交通的发展要求建造承载力更大、跨度更大、跨数更多的桥梁，以促进国家或地区的交通网不断完善，使其内、外的各种交流更加便捷。桥梁工程技术的不断进步则使设计和建造工程难度较大的桥梁变为现实，进而推动交通向安全、快捷和网络化的高水平方向发展，这种相辅相成的关系也表明了桥梁及桥梁工程在交通和交通发展中极为重要的地位。

本书共5章，分别从桥梁基础知识、桥梁工程设计、桥梁工程施工、岩溶地区桥梁桩基设计与施工、高寒多年冻土地区桥梁设计与施工方面入手，介绍了桥梁工程的设计与施工知识，还特别提到了岩溶地区和高寒多年冻土地区的桥梁设计方法与施工技术。

本书编写人员及分工如下：林锋负责编写2.2、2.4、4.3及前言等内容，石福林负责编写4.1、4.2、5.1~5.5等内容，朱贤鑫负责编写3.2、3.3.1~3.3.2等内容，武志兵负责编写1.3、1.4、2.1等内容，李圣强负责编写1.1、1.2、2.3等内容，汪泉清负责编写3.1等内容，安子敬负责编写3.3.4等内容，陈自然负责编写3.3.3、4.4等内容。另外，在编写过程中，李明亮、罗伟元、华正良、李钢、陈晓剑等对本书编写及审核工作提供了大力支持。

本书在编写过程中，参考了已出版的相关教材、专著和规范的内容，在此对上述资料的作者表示衷心感谢！

由于编者的理论水平和实践经验有限，书中难免有不足之处，恳求专家、同仁及广大读者批评指正。

目　　录

第1章　桥梁基础知识 ………………………………………………………… (1)
　1.1　桥梁发展概况与发展趋势 ……………………………………………… (1)
　1.2　桥梁组成与分类 ………………………………………………………… (8)
　1.3　桥梁总体规划设计 ……………………………………………………… (14)
　1.4　桥梁主要施工方法及常备式结构、机具 ……………………………… (20)

第2章　桥梁工程设计 ………………………………………………………… (30)
　2.1　桥梁选型与造型设计 …………………………………………………… (30)
　2.2　桥梁上部结构设计 ……………………………………………………… (40)
　2.3　墩台设计 ………………………………………………………………… (69)
　2.4　基础设计 ………………………………………………………………… (82)

第3章　桥梁工程施工 ………………………………………………………… (122)
　3.1　基础施工 ………………………………………………………………… (122)
　3.2　墩台施工 ………………………………………………………………… (148)
　3.3　桥梁上部结构施工 ……………………………………………………… (162)

第4章　岩溶地区桥梁桩基设计与施工 ……………………………………… (227)
　4.1　岩溶的发育规律及不良影响 …………………………………………… (227)
　4.2　岩溶地区基桩稳定性分析 ……………………………………………… (229)
　4.3　岩溶地区桥梁桩基设计方法 …………………………………………… (243)
　4.4　岩溶地区桥梁桩基施工技术 …………………………………………… (258)

第5章　高寒多年冻土地区桥梁设计与施工 ………………………………… (266)
　5.1　冻土的工程特性 ………………………………………………………… (266)
　5.2　高寒多年冻土地区桥梁设计方法 ……………………………………… (271)
　5.3　高寒多年冻土地区桥梁施工技术 ……………………………………… (277)
　5.4　高寒多年冻土地区提高混凝土桥梁耐久性技术 ……………………… (283)
　5.5　高寒多年冻土地区桥梁病害与处理方法 ……………………………… (297)

参考文献 ……………………………………………………………………… (319)

后记 …………………………………………………………………………… (323)

第 1 章　桥梁基础知识

1.1　桥梁发展概况与发展趋势

1.1.1　我国桥梁的发展概况

1. 追古溯源

早在新石器时代早期(距今 10000~7000 年前),农耕聚落就已形成。多处考古发掘发现,聚落有居住区、窑场和墓地三类遗存。居住区位于中央位置,外环以深沟防止野兽侵扰及其他部落入侵,深沟上设有桥梁式的跨空构件。因此,从众多的考古材料及丰硕的多方研究成果可以推断,桥梁应该出现于新石器时代中晚期(距今 7000~4000 年前),此时人类已由渔猎文明向农耕文明转型。人类经过集群,原始村落已经形成,母系氏族进入繁荣阶段,桥梁是人类氏族社会的一个必然需求。

2. 古桥演进的六个阶段

(1)第一阶段。

第一阶段是创始阶段。根据国家"夏商周断代工程"研究成果,夏至西周共 1300 余年的时期为古桥的创始阶段。这一阶段是中国奴隶制社会产生、发展并孕育危机的阶段,也是古代中国文明开化时代的开端。商代进入了发达的青铜时代。当时,由于建造都城、军事运输、农业水利等的需要,桥梁技术水平有了很大的提高,出现了多跨木梁木柱桥、浮桥、城门悬桥、水闸桥。原始社会中出现的堤梁式踏步桥与独木、骈木梁桥已属常见。

(2)第二阶段。

第二阶段是发展阶段。时间在东周(春秋、战国)至秦朝,共五百余年。在这个阶段,奴隶制社会逐渐向封建社会过渡,中国社会也从王权国家走向中央集权制的封建帝国。科学技术发展出现了第一次高峰,工、商、士、农社会人士诞生了,良匠、良工受到尊重。铁器取代了铜器,标志着生产力取得了突飞猛进的发展。战争成了时代的主题。各诸侯国从过去争奴隶、分胜负转为抢地盘、夺资源、争人才,这也成为推动社会发展的强大动力。这个阶段,索桥这一新的结构诞生了;像中渭桥那样的多跨木梁木柱长桥建成了;城市桥群成都七星桥出现了;栈道这一多种类型的木梁木柱式的特殊桥梁被广为建造。随着大型水利工程的修建,大量的石梁石墩桥及水闸桥被建造,黄河上建起了常年使用的蒲津浮桥,复道、园林桥梁诞生,浮桥及木石梁桥的文字记载开始出现。战国已有石质拱墓,加上可锻铸铁(即韧性铸铁)的诞生,为创建铁索桥与有拱桥打下了基础。

(3)第三阶段。

第三阶段是成熟阶段。时间为两汉时期,近五百年。当时中国是世界上经济、文化、科学技术较为发达的国家之一,铁器极盛时代已到。木梁木柱已遍布全国各地,京城大型的木梁木柱骆驰虹桥有3座,大型石梁石墩桥开始建造。随着"丝绸之路"的正式形成,索桥在西南、西北地区被广泛建造。建桥技术被传到中亚、西亚各国。随着造船业的发达,高大楼船在安徽、广东等地出现,浮桥在全国各地修建并首次在长江上建造。东汉屡修栈阁,留下了珍贵的栈道石刻。这一时期,木拱、有拱桥诞生,梁、索、浮、拱四种基本桥型都已齐全,并出现了专门的交通建设的队伍。

(4)第四阶段。

第四阶段是鼎盛阶段。时间在晋、隋、唐时期,共六百余年。这个时期是中国极为昌盛辉煌的时代,有名可考的中小城市就有315个,人口超过7万户的城市达30个。唐长安城人口有百万之众,其中外国人就有10万人,是当时唯一的国际大都会。唐大明宫遗址面积是现今北京故宫面积的5倍,唐朝东都洛阳就有桥梁30余座。晋朝创建了架在黄河上的伸臂木梁桥。隋朝创建的40余孔、全长约400 m的石拱联拱桥和敞肩拱的赵州桥,成了划时代的绝唱,出现了李春等大匠师。唐朝对秦汉三渭桥均整理重建,对关中到汉中的四条秦汉栈道进行了维护与全面改造。唐朝在建造木梁木柱桥时使用了最大倾角为10°的斜桩,还创造了薄墩、薄拱的驼峰式石拱桥与圆形石拱桥,对蒲津浮桥的改建更是达到了空前绝后的地步。大明宫太液池中的园林廊桥与佛寺、书院前的理念性桥梁均属首创。隋朝建了2座国家级桥梁,唐朝建了11座。它们由水部郎中负责主持修建与日后管理,其下还有津令、典正、录事等官员负责。总之,这一阶段的石拱桥、木梁木柱桥、浮桥建造技术达到了顶峰,反映出鼎盛阶段的特征。

(5)第五阶段。

第五阶段是全盛阶段。时间主要在两宋时期,共三百余年。此时,科学技术有了四大发明,土木工程领域诞生了木工喻皓写成的《木经》三卷与李诫编写的《营造法式》。这一阶段的桥梁建设继承了前朝的技术,并在南方和北方同时开展了大规模建设活动,出现了梁早期设计图样及建造试验模型。在石拱桥方面,虽未达到隋朝的水平,但也发展出了观音桥与卢沟桥那样的结构。这一阶段在修建临海大型石梁石墩桥、创建贯木拱桥及多跨索桥方面更是独树一帜,创建了石梁石墩桥与浮桥相结合的肩闭活动式的广济桥。这一阶段在梁、索、浮、拱各类桥梁结构方面均有建树,进入全盛时期。

(6)第六阶段。

第六阶段是迟滞阶段。由于缺乏专业技术的指导,经验难以发展成为科学,又无材料(19世纪初才开始用熟铁建造桥梁)、新技术的支撑,难以进入近代桥梁时代,时间在元、明、清,共六百余年。这个阶段古代桥梁的构造类型已经齐备。虽然建造、修复、改造了数十万座桥梁,可是在桥的结构与施工技术方面基本以继承为主,少有建树。建不起桥的地方,采用摆渡、建造浮桥的方式维持交通。早期公路尽量利用原来的驿道和古桥,特别是石拱桥。在江南地区,多跨石拱桥中薄墩的建造、单边推力墩(制动墩)的出现、桥墩的干砌法、尖拱与压拱技术的运用、铁索桥铁索的锚固等均有所发展和创新。这一阶段的古桥梁文化有所发展,如园林桥梁、湘桂山间风雨花桥等。

古代桥梁建造主要凭经验,以土、木、石等天然材料为主,运用石、木、骨、竹到铜制再到铁制的简单工具,通过实践建造起来,演进缓慢。从利用自然形成的桥梁到人为建造桥梁;从建造临时性桥梁到半永久性桥梁,再到永久性桥梁;从无到有,从小到大,从短到长;从能用到实用为主兼顾经济,再到实用与经济并重兼顾美观,中国古代的桥梁建造就是这样一步一步走过来的。以赵州桥的建造为例,赵州桥在实用、经济、美观三方面达到了高度统一,成为中国古代石拱桥的标志。

3. 中外古代桥梁的比较与交流

中国在公元前2100年前后的夏朝开始进入奴隶社会。尽管比两河流域及古埃及等文明古国晚数百年乃至两千年,但是社会发展得比较快,奴隶社会时间比较短。就青铜的冶炼和锻造技术而言,在商代晚期至西周中期(前1400—前900年)已达到极高水平,处于鼎盛期,西周的器铸铭——金文也到了全盛时期。

西周社会的各个方面均显示出它是一个成熟的早期国家(王国)。到东周即春秋战国时期,中国进入了封建社会,比西方早 800~1000 年。

浮桥与索桥均首创于中国。建于公元前 1075—前 1046 年商纣(帝辛)时期的钜桥,是一座多孔木梁骆驰虹桥,它比古罗马亚平宁山脉台伯河上建于公元前 630 年的桩柱式木桥要早 400 年左右。在浮桥方面,周穆王三十七年(前 965 年)的浑脱浮桥作为中国的第一座浮桥,要比波斯王大流士侵犯希腊时在欧亚两大洲之间的博斯普鲁斯海峡上建造的浮桥(长期以来被公认为世界上最早的浮桥)还要早四百多年,但后者的难度要大于浑脱浮桥,造桥技术也远优于浑脱浮桥。而石拱桥的建造要比以造石拱桥著称的古罗马晚约 500 年。在北京 2008 年奥林匹克运动会到希腊古城奥林匹亚取火的仪式中,全球亿万人看到希腊取圣火的女祭司自古城宽约为 6 m 的石拱门下通过。这座石拱门建于公元前 4 世纪,比中国始建于东汉的石拱桥早四百余年。现存的西班牙阿尔坎塔拉(Alcantara)桥为六孔石拱,跨塔霍河(Tagus),中间两跨跨度各约为 28 m,于公元 98 年建成,比中国赵州桥早五百余年,而欧洲到 19 世纪才出现赵州桥样式的敞肩拱。1779 年,英国第一座跨度为 30.65 m 的铸铁拱桥——科尔布鲁克代尔(Coalbrookdale)桥的问世,标志着西方用木石建造桥梁时代的终结。在中国,至迟已在隋开皇(581—600 年)时建造了云南巨津州铁桥(铁链桥)。似乎可以说,中国结束木石桥梁时代要比西方早约 1200 年,然而事实并非如此。虽然中国在公元 5—6 世纪就独创了"灌钢"炼法,即以生铁水灌注熟铁的炼钢方法,可是直到清末还是用生铁建造铁索桥与铁梁桥,并没有告别用天然材料造桥的时代。

中国古桥创建时间早,持续时间长,技术进步缓慢。中国的桥梁建造技术对周边国家如尼泊尔、不丹、巴基斯坦、缅甸、越南、朝鲜、韩国、印度、日本有直接影响,不仅把架桥技术与方法传给它们,还派中国匠师前去直接设计建造。如西藏唐东杰布在不丹境内建造索桥 9 座,1634 年江西僧侣如定为日本长崎市设计眼睛桥(石拱桥),1645 年中国林守殿(音)为日本建造鸣潼桥。自中国的唐朝开始,日本的桥梁就受到中国古桥的影响,日本江户时代隅田川桥、京都岚山渡月桥都是仿唐宋时的多跨木梁木柱桥。现存岩国市的五孔锦带木拱桥,跨度为 27.5 m,始建于 1673 年,其图样来自中国,由东渡高僧独立禅师建造。东京皇宫御沟上的一座木梁石轴柱桥就是直接仿我国西安的灞桥(灞陵桥)建造而成的。中国的古式索桥也远传至印度尼西亚、新几内亚乃至南美的秘鲁。

随着 1298 年《马可·波罗游记》(或称《东方见闻录》)在意大利问世,以卢沟桥为代表的中国石拱桥等在欧洲传开。书中称卢沟桥是"一座极美丽的石头桥。老实说,它是世界上最好的、独一无二的桥"。它促使欧洲人开始欣赏中国桥梁建筑,称北京卢沟桥为马可·波罗桥,甚至误传是马可·波罗建造了卢沟桥。赵州桥建成后 700 余年,法国的赛兰特(Pont de Ceret)桥于 1321—1339 年建成,首开欧洲敞肩圆弧拱桥的纪录,而该桥的大拱圆弧已接近半圆。欧洲的多跨薄墩石拱桥是在 18 世纪法国桥梁大师贝龙的相关理论诞生后才建造的。欧洲早在 1595 年已有建造索桥的设想。1665 年徐霞客的《铁索桥记》详细描述了建于明崇祯四年(1631 年)的贵州安南县(晴隆县)的北盘江铁索桥,1667 年法国传教士出版了一本《中国奇迹览胜》,书中介绍了中国铁索桥。李约瑟博士指出:这两本书直接启发了西方人建造铁索桥。西方各国第一座铁链桥建成的时间分别为:英国 1741 年,美国 1796 年,法国 1821 年,德国和俄国 1824 年。但不久它们就超越了中国,如英国于 1820—1826 年在梅奈海峡建造跨度达 177 m 的锻铁链杆柔式悬索桥(道路桥),在桥面随坏随修的情况下使用至 1940 年,在保持原貌的前提下,把锻铁链杆换成低合金钢杆。后来,西方又在中国古代双索吊桥的启示下,把索桥桥面悬吊在主索之上,并运用诞生不久的钢材,建造以钢缆为主索的柔性钢悬索桥,如 1883 年建成的美国纽约布鲁克林桥——主跨 486 m 的公路悬索桥。这座桥成为现代大跨度悬索桥的先声,是在吸收、消化的基础上实现的创新。英国工程技术界自称受西藏木伸臂梁桥的启发,修建了近代大跨度钢伸臂梁桥——福斯河桥。美国于 1916 年在纽约建成跨度为 197.9 m 的狱门桥,当时被誉为全球拱桥之冠。它模仿了建于 18 世纪北京颐和园的玉带桥所采用的双向反弯曲线桥面的形式,在大拱的上弧弦两端采用了反向曲线,使拱桥显得特别高耸。

4. 现代中国桥梁跨越式发展

近代中国的桥梁建设数量、技术和水平都迅速落后于世界发达国家。1937 年建成的钱塘江大桥是第一座由中国工程师主持建设的近代大跨径桥梁。中华人民共和国成立以后,特别是改革开放以来,从技术引进到自主建设,我国桥梁发展速度逐渐加快,在经历了学习与追赶、跟踪与提高两个发展阶段后,目前正处于全面创新与突破阶段。以下三个阶段中,我国桥梁技术呈现出不同的特征。

第一阶段,即 1981—1990 年的学习与追赶阶段:大跨径梁桥建设起步,以容许应力设计、支架施工为主,但机械化水平较低。

第二阶段,即 1991—2000 年的跟踪与提高阶段:特大桥建设起步,极限状态理论应用,施工机械化水平大幅提高。

第三阶段,即2001—2018年的全面创新与突破阶段:千米级缆索桥兴起、设计理论与国际接轨、工业化建造开始兴起。

最近十年来,在国家经济快速发展推动下,中国桥梁以每年3万多座的速度递增,目前我国公路桥梁数量达83.25万座,全国桥梁总数达100万座,已成为世界第一桥梁大国,并且建成了一大批世界级的重大桥梁。在世界排名前十的各类型桥梁中,中国均占据半数以上。截至2021年7月,世界上已建成跨度超400 m的斜拉桥共有114座,中国占59座,其中世界主跨排名前十的斜拉桥中国占7座,建成了以苏通大桥为代表的一批大跨径斜拉桥。世界上已建成跨度超400 m的悬索桥共有110座,中国占34座,其中世界主跨排名前十的悬索桥中国占5座,建成了以西堠门大桥、杨泗港大桥为代表的一批大跨径悬索桥。世界主跨排名前十的拱桥中国占6座,建成了以广西平南三桥、重庆朝天门长江大桥为代表的大跨径拱桥。世界上已建成主跨大于200 m的预应力混凝土梁桥有64座,中国占38座。其中,世界主跨排名前十的梁桥中国占6座,建成了以石板坡长江大桥复线桥、北盘江大桥为代表的大跨径梁桥。随着我国经济的快速发展,公路网建设不断走向深入,桥梁建设也由内陆逐步走向海外。最近十多年以来,世界排名前十的跨海大桥中,我国占7座,建成了杭州湾大桥、东海大桥等一批代表性工程。

中国桥梁取得的这些成就得到了国际同行的认可。十余年来,中国桥梁积极申请各项国际桥梁大奖,先后荣获了国际咨询工程师联合会、美国土木工程师学会、国际桥梁与结构工程协会、国际桥梁大会、英国结构工程师学会、国际道路联盟等国际工程组织颁发的各类奖项三十多项。国际奖项的获得,极大地鼓舞了中国桥梁界的信心,对中国桥梁的发展起到了重要的促进作用,表明中国桥梁已经跻身国际先进行列。

1.1.2 世界桥梁的发展概况

作为土木工程的重要分支,桥梁工程在世界范围内的发展,大致经历了以下三个阶段。

(1)直至17世纪中期,桥梁建筑材料基本只限于土、石、砖、木等材料。17世纪70年代开始使用生铁,19世纪初开始使用熟铁建造桥梁。由于这些材料本身存在缺陷,桥梁的发展仍然受到很大限制。19世纪中叶钢材的出现,以及随后高强度钢材的出现,使桥梁工程的发展获得了第一次飞跃。桥梁结构的跨度由十几米、几十米,跃进到百米、几百米,直至千米以上。

(2) 20 世纪初,钢筋混凝土的应用,以及 20 世纪 30 年代兴起的预应力混凝土技术,为桥梁建设提供了廉价、耐久且刚度和承载力均很大的建筑材料,从而推动桥梁的发展产生第二次飞跃。20 世纪建桥历史中,最突出的成就是预应力混凝土技术的广泛应用。据粗略估计,当今世界上 70% 的桥梁都采用了预应力混凝土新技术。

(3) 20 世纪 50 年代以后,计算机技术和有限元技术的迅速发展,给结构和力学理论注入了新的生命力。结构线性、非线性的空间分析、稳定性分析、动力分析、风和地震响应分析方面有了深入的发展,使得人们能够方便地完成过去不可能完成的大规模结构计算,这使桥梁工程的发展获得了第三次飞跃。随着其他行业的发展,科学实验手段更趋先进,特别是对强风和大地震作用下结构防灾,以及风洞、地震模拟振动台等科学实验方法的完善,使人类能够朝着建造更大跨度桥梁的方向发展。

1.1.3 桥梁的发展趋势和前景

随着世界经济的发展和人类对陆路交通运输的空前需求,21 世纪必将在世界范围内迎来更大规模的桥梁建设高潮。纵观国内外桥梁在近几十年的发展情况,可以预见,桥梁工程的未来发展趋势将集中在以下几个方面。

(1) 桥梁结构将继续向更长、更大、更柔的方向发展。

这将引发对各种组合体系、协作体系以及各种材料的组合结构、混合结构等适合超大跨度(3000 m 以上)桥梁的结构体系的研究和探索。

(2) 桥梁建筑材料将向高强度、高弹性模量、轻质、多功能方向发展。

作为推动桥梁发展的重要动力之一,新型桥梁建筑材料应具有高强度、高弹性模量、轻质、超强耐久性等特点。超高强双向钢丝、钢纤维混凝土、玻璃纤维、碳纤维增强塑料等一系列新型材料,将逐步取代钢材和混凝土两种基本材料。

(3) 大型深海基础工程将进一步发展。

随着国内外跨海大桥建设规模的不断扩大和发展,大型深海基础(深度 100~300 m)的设计和建造技术将得到进一步的探索和发展。

(4) 施工过程的智能化程度将极大提高。

大型工厂化预制节段和大型施工设备的整体化安装,将成为桥梁施工方法的主流,计算机远程控制的建筑机器人将在施工中发挥重要作用。施工安全性将得到更大保障。

(5)桥梁健康监测和管理系统的开发和应用。

随着桥梁的长大化、轻柔化和行车速度的提高,大跨度桥梁在运营阶段可能出现结构振动过大以及构件的疲劳、应力过大、老化失效、开裂等问题,并由此危及桥梁的正常使用和安全。这就需要建立完善的健康监测系统,对容易发生损伤的部位及时诊断,对桥梁结构的健康状况进行评定,并向养护部门提供维修或加固的决策,以保证桥梁的使用寿命。

(6)桥梁美学和环境保护方面的日益重视。

桥梁是人类最杰出的建筑类型之一。桥梁作为建筑实体,除为社会大众提供使用功能外,还具有艺术价值。许多著名大桥以其宏大的气势和造型,为人们带来美感,成为陆地、河流、海洋和天空的景观,并成为城市或地区的标志和象征。21世纪桥梁的结构必将更加重视艺术造型,重视桥梁美学和景观设计,重视环境保护,达到人文景观与周围环境的完美结合。

1.2　桥梁组成与分类

1.2.1　桥梁的组成

桥梁一般由主要承载结构和附属设施组成。

1. 主要承载结构

主要承载结构包括桥跨结构、支座、桥墩、桥台和基础五个部分,是桥梁结构安全的根本保证。

(1)桥跨结构。

桥跨结构又称桥孔结构或上部结构,是线路中断时跨越障碍的承载结构。它的作用是承受车辆交通荷载和人群荷载,通过支座将荷载传给桥梁墩台。

(2)支座。

支座是设于墩台顶部,支撑桥跨结构并将荷载传给墩台的传力装置。

(3)桥墩。

桥墩设于多孔桥跨的中间部位,支撑相邻桥跨结构并将荷载传至基础。

(4)桥台。

桥台是设置在桥梁的两端,支撑桥跨结构并使桥梁与路堤相连接的结构部分。桥台承受桥跨结构传递的荷载及路堤土压力,并传至基础。

(5)基础。

桥墩和桥台底部的奠基部分称为基础,是桥梁最下部分的结构。基础承担了由桥墩和桥台传来的全部荷载,并最终将荷载传至地基。因此基础底部应设在有足够承载力的持力层处,并应具有一定的埋置深度。

2. 附属设施

桥梁基本附属设施包括桥面铺装、排水防水系统、伸缩装置、栏杆(或防撞墙)、照明设施等五部分,直接与桥梁服务功能有关,其他附属设施包括桥头搭板、锥形护坡等。

1.2.2 桥梁的分类

1. 按受力体系分类

按受力体系分类是以桥梁结构的力学特征为基本着眼点对桥梁进行分类,以利于把握各种桥梁的基本受力特点,是桥梁最重要的分类方法。桥梁按主要承重构件的受力特点可分为梁式桥、拱式桥、刚架桥、斜拉桥、悬索桥、组合体系桥六种体系。下面分别阐述各种桥梁体系的主要特点。

(1)梁式桥。

梁式桥(简称梁桥)的主要承重结构为梁结构,竖向荷载作用下只承受弯矩和剪力。由于竖向荷载作用下支撑处无水平反力产生,且荷载的作用方向与承重结构的轴线接近垂直,因而与同样跨径的其他结构体系相比,梁桥内产生的弯矩最大,因此梁桥需用抗弯能力较强的材料(钢、配筋混凝土、钢-混凝土组合结构等)来建造。梁桥按静力体系分为简支梁桥、悬臂梁桥和连续梁桥。

对于中、小跨径桥梁,目前在公路上应用最广的是标准跨径的钢筋混凝土简支梁桥,施工方法有预制装配和现浇两种。这种梁桥的结构简单,施工方便,简支梁对地基承载力的要求也不高,其常用跨径小于 25 m。当跨径较大时,需采用预应力混凝土简支梁桥,但跨径一般不超过 50 m。为了改善受力条件和使用性能,地质条件较好时,中、小跨径梁桥均可修建连续梁桥,对于跨径很大的大桥和特大桥,可采用预应力混凝土梁桥、钢桥和钢-混凝土组合梁桥。

(2)拱式桥。

拱式桥(简称拱桥)的主要承重结构是主拱圈或拱肋(拱圈横截面设计成分

离形式时称为拱肋)。在竖向荷载作用下,拱结构的桥墩和桥台支撑处会产生水平推力。这种水平推力将大大抵消拱圈(或拱肋)内由荷载引起的弯矩。因此,与同跨径的梁相比,拱的弯矩、剪力和变形都要小得多。在竖向荷载作用下,拱桥的承重结构以承受轴向压力为主,同时也承受一定的弯矩和剪力。拱桥通常可用抗压能力强且较经济的圬工材料(如砖、石、混凝土)和钢筋混凝土等来建造。拱桥不仅跨越能力很强,而且外形美观,在条件许可的情况下,修建拱桥往往是经济合理的,一般在跨径 500 m 以内均可将拱桥作为比选方案。同时应当注意,为了确保拱桥的安全,墩台和地基必须能经受住较大的水平推力的作用。此外,拱桥施工的难度一般比梁桥要大些,风险也更高。

按照行车道在主拱圈的不同位置,拱桥分为上承式拱桥、中承式拱桥和下承式拱桥三种。

(3)刚架桥。

刚架桥的主要承重结构是梁与墩柱(或竖墙)整体结合在一起的刚架结构。如图 1.1(a)所示,门式刚架在竖向荷载作用下,梁和柱的连接处将产生负弯矩,会抵消部分梁部的跨中正弯矩。因此,其弯矩值较同跨径的简支梁小,立柱承受弯矩,也承受轴力和剪力。在竖向荷载作用下,刚架桥的柱脚处具有水平反力,梁内有轴压力,因而其受力状态介于梁桥与拱桥之间。如图 1.1(b)所示的 T 形刚构桥(带挂孔的或不带挂孔的)是修建较大跨径混凝土桥梁曾采用的桥型,属静定或低次超静定结构。对于这种桥型,由于 T 形刚构长悬臂处于一种不受约束的自由变形状态,在车辆荷载作用下,悬臂内的弯、扭应力均较大,因而各个方向均易产生裂缝。另外,混凝土徐变会使悬臂端产生一定的下挠,从而在悬臂端部和挂梁的结合处形成一个折角,不仅损坏了伸缩缝,而且车辆在此跳车,给悬臂以附加冲击力,使行车不适,对桥梁受力也不利,目前这种桥型已较少采用。

如图 1.1(c)所示的连续刚构桥属于多次超静定结构,在设计中一般应减小墩柱顶端的水平抗推刚度,温度变化下不致产生较大的附加内力。对于很长的桥,为了减小这种附加内力,往往在两侧的一个或数个边跨上设置滑动支座,从而形成图 1.1(d)所示的刚构-连续组合体系桥型。这种桥梁体系既保持了连续梁的受力优点,又节省了连续梁中设置大型支座的费用,减少了施工中的体系转换和墩及基础的工程量,改善了结构在水平荷载作用下的受力性能,适用于需要布置大跨、高墩的桥位。近年来,连续刚构体系在桥梁工程中的应用越来越普遍,最大跨径已超过 300 m。

当跨越陡峭河岸和深谷时,修建斜腿式刚构桥往往既经济合理又造型轻巧

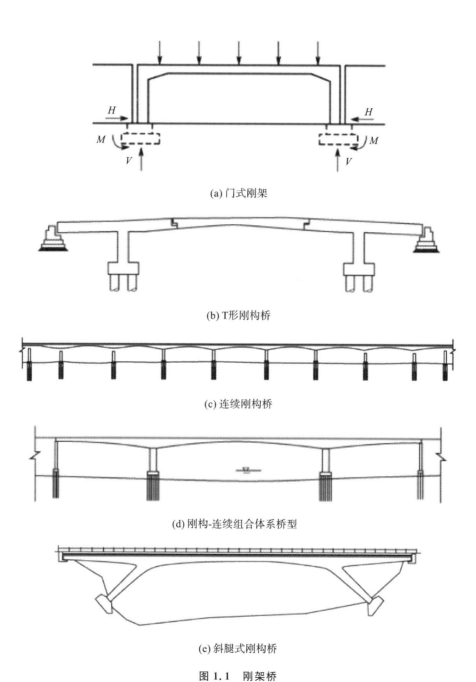

图 1.1　刚架桥

美观,如图1.1(e)所示。由于斜腿墩柱置于岸坡上,有较大斜角,中跨梁内的轴压力也很大,因而斜腿式刚构桥的跨越能力比门式刚构桥要大得多,但斜腿的施工难度较直腿大些。

刚构桥一般均需承受正负弯矩的交替作用,横截面宜采用箱形截面,连续刚构桥主梁受力与连续梁相近,横截面形式与尺寸也与连续梁基本相同。

(4)斜拉桥。

斜拉桥由塔柱、主梁和斜拉索组成。它的基本受力特点是:受拉的斜索将主梁多点吊起,并将主梁的恒载、车辆等其他荷载传至塔柱,再通过塔柱基础传至地基。主梁以受弯为主,塔柱以受压为主。斜拉桥属高次超静定结构,主梁所受弯矩大小与斜拉索的初张力密切相关,存在着一定的最优索力分布,使主梁在各种状态下的弯矩(或应力)最小。

由于受到斜拉索的弹性支撑,主梁弯矩较小,使得其设计尺寸大大减小,结构自重显著减轻,因而大幅度提高了斜拉桥的跨越能力。目前斜拉桥的最大跨度已超过千米。

斜拉索的组成和布置、塔柱形式及主梁的截面形状是多种多样的,主梁的截面形状与拉索的布置情况要相互配合。我国常用高强平行钢丝或钢绞线等制成斜拉索,常用的斜拉桥结构是三跨双塔式结构,独塔双跨形式也较为常见。具体形式及布置的选择应根据河流、地形、通航、美观等要求加以论证确定。在桥横向,斜拉索一般按双索面布置,也有中央布置的单索面结构。

(5)悬索桥。

悬索桥(也称为吊桥)主要由缆索、塔柱、锚碇(对于地锚式悬索桥)、加劲梁等组成。悬索桥的主要承重结构为缆索,作用在桥面上的竖向荷载通过吊杆使缆索产生很大的拉力,缆索将拉力传给悬索桥两端的锚碇结构。为了承受巨大的缆索拉力,锚碇结构需做得很大(重力式锚碇),或者依靠天然完整的岩体来承受水平拉力(隧道式锚碇),缆索传至锚碇的拉力可分解为垂直方向和水平方向的两个分力,因而悬索桥也是具有水平反力(拉力)的结构。缆索通常用高强钢丝成股编制成圆形钢缆,以充分发挥其优良的抗拉性能。由于悬索桥充分发挥了钢材极高的抗拉性能,且承重结构自重较小,所以悬索桥的跨越能力远超其他桥型,是目前超大跨度桥梁的首选桥型。

悬索桥的另一种形式是自锚式悬索桥,即取消锚碇,而将缆索直接锚固在加劲梁上。此时缆索水平分力由加劲梁承受,竖向分力则由梁端配重相平衡。自锚式悬索桥的加劲梁要承受巨大的轴向压力,随着跨径的增大,截面设计尺寸和自重增加明显,导致主缆和加劲梁用钢量增大,因而跨径受到限制。

在所有桥梁体系中,悬索桥的结构刚度最小,属柔性结构,在车辆荷载和风荷载作用下,会产生较大的变形和振动,在设计和施工中应予以特别重视。

(6)组合体系桥。

根据结构的受力特点,由几个不同体系的结构组合而成的桥梁称为组合体系桥。图1.2(a)为一种梁和拱的组合体系,其中梁和拱都是主要承重结构,两者相互配合、共同受力。吊杆将梁向上吊住,减小了梁中的弯矩;同时,拱的水平推力直接传给梁来承受,而对墩台没有推力作用,对地基的要求不高。因而,这种组合体较一般简支梁桥有更强的跨越能力。图1.2(b)为拱置于梁的下方,通过立柱对梁起辅助支撑作用的组合体系桥。此外,还有用斜拉索和吊索组成的斜拉-悬吊组合桥梁等。

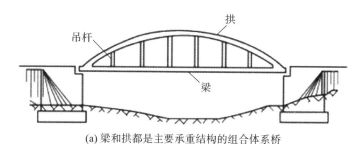

(a)梁和拱都是主要承重结构的组合体系桥

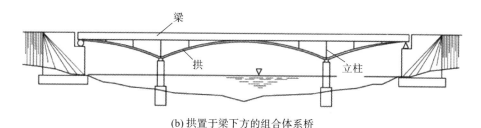

(b)拱置于梁下方的组合体系桥

图1.2 组合体系桥

2. 桥梁的其他分类方法

除上述按受力特点分类外,还可按跨径大小、用途、大小规模和建桥材料等其他方面对桥梁进行分类。

(1)按单孔跨径和多孔跨径总长,可分为特大桥、大桥、中桥、小桥和涵洞。

(2)按桥跨结构所使用的材料,可分为圬工桥、钢筋混凝土桥、预应力混凝土桥、钢桥、钢-混凝土组合桥等。

(3)按跨越障碍的性质,可分为跨河桥、跨海桥、跨线桥、跨深谷高架桥等。

(4)按桥跨结构的平面布置,可分为正交桥、斜交桥和弯桥。

(5)按行车道与承重结构的相对位置,可分为上承式桥、中承式桥和下承式桥。

(6)按用途,可分为公路桥、铁路桥、公铁两用桥、城市桥梁、军用桥、农桥、人行桥、水运桥(或渡槽)、管线桥、观景桥等。

(7)按桥孔是否固定,可分为固定式桥梁和活动式桥梁(开启式、升降式、浮桥等)。

1.3　桥梁总体规划设计

1.3.1　桥梁设计程序

一座大型桥梁的完整设计工作,分设计前期工作阶段和正式设计工作阶段。前者可分为预可行性研究(简称"预可")阶段和工程可行性研究(简称"工可")阶段;后者则分为初步设计阶段、技术设计阶段和施工图设计阶段。

1. 设计前期工作阶段

(1)预可行性研究阶段。

"预可"阶段着重研究建桥的必要性以及宏观经济上的合理性。在"预可"阶段形成的"预工程可行性研究报告书"(简称"预可报告")中,应从经济、政治、国防等方面,详细阐明建桥理由和工程建设的必要性和重要性,同时初步探讨技术上的可行性。对于区域性线路上的桥梁,应以建桥地点(渡口等)的车流量调查为立论依据。

"预可"阶段的主要工作目标是解决建设项目的上报立项问题。因而,在"预可报告"中,应编制几个可能的桥型方案,并对工程造价、资金来源、投资回报等问题也应有初步估算和设想。

设计方将"预可报告"交给业主后,由业主据此编制"项目建议书"报上级主管部门审批。

(2)工程可行性研究阶段。

在项目建议书被审批确认后,就可着手"工可"阶段的工作。这一阶段着重研究和制定桥梁的技术标准,包括设计基准期、设计荷载标准、桥面宽度、通航标准、设计车速、线型标准等,与河道、航运、规划等部门共同研究,以协商确定相关的技术标准。

在"工可"阶段,应提出多个桥型方案,并按交通运输部《公路工程建设项目投资估算编制办法》估算造价,资金来源和投资回报等问题应基本落实。

2. 正式设计工作阶段

(1)初步设计阶段。

初步设计应根据批复的可行性研究报告、测设合同和初测、初勘或定测、详勘资料编制。

初步设计的目的是确定设计方案,通过对多个桥型方案的比选,推荐最优方案,报上级审批。在编制各个桥型方案时,应提供平、纵、横布置图,标明主要尺寸,并估算工程数量和主要材料数量,提出施工方案的意见,编制设计概算,提供文字说明和图表资料。初步设计经批复后,则成为施工准备、编制施工图设计文件和控制建设项目投资等工作的依据。

(2)技术设计阶段。

对于技术复杂的特大桥、互通式立交或新型桥梁结构,还需进行技术设计。

技术设计应根据初步设计批复意见、测设合同的要求,对重大、复杂的技术问题通过科学试验、专题研究、加深勘探调查及分析比较,进一步解决批复的桥型方案中总体和细部的各种技术问题,完善施工方案,并修正工程概算。

(3)施工图设计阶段。

两阶段(或三阶段)施工图设计应根据初步设计(或技术设计)批复意见、测设合同,进一步具体和深化所审定的修建原则、设计方案、技术决定。在此阶段中,必须对桥梁各种构件进行详细的结构计算,并且确保强度、稳定、刚度、裂缝、构造等各种技术指标满足规范要求,绘制施工详图,提出文字说明及施工组织计划,并编制施工图预算。

一般的(常规的)桥梁采用两阶段设计,即初步设计和施工图设计。对于技术简单、方案明确的小桥,也可采用一阶段设计,即施工图设计。

1.3.2　桥梁设计资料的调查和收集

设计资料的调查收集是桥梁设计的基础性工作。设计资料的准确性和完整性对桥梁设计将产生直接影响。一般桥梁设计中需要调查收集的资料有以下内容。

(1)桥梁使用任务情况调查。

调查桥上现有的交通种类、交通流量的大小,以及桥梁建成后吸引的交通量;确定交通增长率,确定建成后一定使用年限内预期的交通流量大小;确定桥梁的设计荷载等级、车行道、人行道的宽度;调查桥上是否需要通过各种管线(如水管、煤气管、电力、通信线路等),以决定是否需要在桥上预留专门的位置。

(2)桥位处地形、地质情况调查。

测量桥位处一定区域范围内的地形并绘制地形图,对设计中制定桥型方案和相应的施工方法,以及对施工中临时场地的布置等都是十分重要的。通过钻探调查桥位处的地质情况,包括土的分层高度、物理力学性能、地下水位以及有无不良地质现象(如岩石破碎带、裂缝、溶洞等),并将钻探所得资料绘制成地质剖面图和柱状图,将其作为基础设计的重要依据。为使地质资料更加准确、更接近实际情况,应根据初步拟定的桥梁分孔方案将钻孔布置在墩台附近。

(3)河流水文情况调查。

了解河道性质(如河道的自然变迁和人工规划的情况,河床及两岸的冲刷和淤积情况),测量桥位处河床断面,调查了解洪水位历史资料,推算设计洪水位,计算流速、流量。向航运部门了解和协商确定设计通航水位和通航净空。这些资料为确定桥梁的桥面标高、跨径和基础埋置深度提供依据。

(4)调查收集有关气象资料。

调查当地气温、雨量、风速等,为施工组织设计提供依据。

1.3.3 桥梁纵断面、横断面设计及平面布置

1. 桥梁纵断面设计

桥梁纵断面设计包括确定桥梁的总跨径、桥梁的分孔、桥面标高、桥上和桥头引道纵坡等。

(1)桥梁总跨径。

天然河流上,由于桥梁的修建,水中墩台和桥头路堤压缩了河床,桥下过水断面减小,流速加大,引起河床冲刷。因此,桥梁的总跨径长度必须保证桥下有足够的排洪面积,使河床不产生过大的冲刷。但为了不使总跨径过大而增加桥梁的总长度和造价,桥梁的总跨径又不能机械地根据水文计算和规定的冲刷系数来确定,而应该按具体情况分别对待。当桥梁基础埋置较浅时,总跨径应大一

些,以避免河床过多的冲刷而引起桥梁破坏。对于深基础,河床可以有较大冲刷,总跨径可适当减小。

(2)桥梁的分孔。

总跨径确定后,需对桥梁进行分孔。一座较大的桥梁应当分成几孔,各孔的跨径应多大,设几个河中桥墩,哪些孔设为通航孔,这些问题需要根据通航要求、地形、地质情况、水文情况以及技术经济和美观条件加以确定。

桥梁的分孔关系到桥梁的造价。桥梁的单孔跨径越大,孔数越少,桥跨结构的造价就越高,而墩台和基础的造价相对较低;反之,桥梁的单孔跨径越小,孔数越多,桥跨结构的造价就越低,而墩台和基础的造价相对较高。最经济的分孔方案应使桥跨结构和墩台、基础的总造价最低。因此,当桥墩较高或地质不良,基础工程较复杂时,桥梁跨径就要选得大一些,以减少墩台和基础的数量。而当桥墩较矮或基础埋深较小、地基条件较好时,跨径就可选得小一些。

对于有通航要求的河流,分孔时首先要满足桥下通航的要求。通航孔应布置在航行最方便的河道处。对于变迁性河流,航道位置可能发生变化,可根据河床具体情况多设几个通航孔。通航孔一般设置在水深较大的河床中央。考虑到洪水季节河中央流速过快,航行危险,靠近岸侧也需设置临时通航孔。在平原地区的宽阔河流上修建多孔桥时,通常在主槽部分按需要布置较大的通航孔,而在两旁浅滩部分按经济跨径分孔。在山区和深谷上,应加大跨径,甚至可考虑一孔跨越。在布置桥孔时,应尽可能避开不利的地质段(如岩石破碎带、裂缝、溶洞等)。

对于连续体系的多孔桥梁,为了使整个结构受力合理,材料使用合理以及施工方便,分孔时各孔跨径间应有适当的比例关系。例如,为了使三跨连续梁桥的中跨和相邻边跨的跨中弯矩接近,其中跨与相邻边跨的跨径比,对于三跨连续梁应约为1.00∶0.80,对于五跨连续梁应约为1.00∶0.90∶0.65。为了使多孔悬臂梁桥的结构对称,最好布置成奇数跨。同时,合适的桥跨比例对桥梁整体美观也起十分重要的作用。从战备的要求考虑,宜采用小跨径桥梁,以便战时快速修复。当标准设计或新建桥涵跨径在50 m及以下时,一般均应尽量采用标准化跨径。

总之,桥梁的分孔是一个复杂的多因素综合性问题,必须根据使用要求、桥位处的具体情况,结合桥型方案,通过技术、经济、美观等方面的比较,才能做出比较完善的设计方案。

(3)桥面标高。

桥面标高或在路线纵断面设计中规定,或根据设计洪水位、桥下通航净空、跨线桥桥下通车净空确定。

①流水净空的要求。

对于非通航河流,桥面标高应满足桥下流水净空的要求。《公路桥涵设计通用规范》(JTG D60—2015)中规定,桥下净空应根据计算水位(设计水位计入壅水、浪高等)或最高流冰水位加安全高度确定。当河流有形成流冰阻塞的危险或有漂浮物通过时,应按实际调查的数据,在计算水位的基础上,结合当地具体情况酌留一定富余量,作为确定桥下净空的依据。对于有淤积的河流,桥下净空应适当增加。在不通航或无流放木筏的河流上或通航河流的不通航桥孔内,桥下净空不应小于规范要求。

为了保证支座的安全和正常工作,对于设支座的桥梁,支座底面应高出计算水位(设计洪水位加壅水和浪高)至少 0.25 m,并高出最高流冰面至少 0.5 m。

无铰拱的拱脚允许被设计洪水淹没,但不宜超过拱圈高度的 2/3,且拱顶底面应高出计算水位 1.0 m,拱脚的起拱线应高出最高流冰面至少 0.25 m。

在不通航和无流筏的水库区域内,梁底面或拱顶底面离开水面的高度不应小于计算浪高的 0.75 倍加上 0.25 m。

桥面标高采用设计水位和设计最高流冰水位两种方法计算,并不得小于两者的最大值,计算公式如下。

桥面最低高程=设计水位+考虑壅水、浪高、波浪壅高、床面淤高、漂浮物高度等因素的总和+桥下净空安全值+桥梁上部构造建筑高度(包括桥面铺装高度)

或桥面最低高程=设计最高流冰水位+桥下净空安全值+桥梁上部构造建筑高度(包括桥面铺装高度)

a. 按设计水位计算桥面最低高程时,应按式(1.1)计算:

$$H_{\min} = H_{j} + \Delta h_{j} + \Delta h_{0} \tag{1.1}$$

式中:$H_{\min}$——桥面最低高程,m;

H_{j}——计算水位(设计水位加壅水、浪高等),m;

Δh_{j}——桥下净空安全值,m;

Δh_{0}——桥梁上部构造建筑高度,包括桥面铺装高度,m。

b. 按设计最高流冰水位计算桥面最低高程时,应按式(1.2)计算:

$$H_{\min} = H_{SB} + \Delta h_{j} + \Delta h_{0} \tag{1.2}$$

式中：H_{SB}——设计最高流冰水位,应考虑床面淤高,m。

c.桥面设计高程不应低于式(1.1)和式(1.2)的计算值。

②通航净空的要求。

在通航及通行木筏的河流上,必须设置保证桥下安全通航的通航孔,桥跨结构下缘最低边缘的设计通航水位的高度应满足通航净空要求。《内河通航标准》(GB 50139—2014)规定了水上过河建筑物的通航净空尺寸,并列出了天然和渠化河流的通航净空尺寸,对于限制性航道、黑龙江水系和珠江三角洲至港澳内河航道的通航净空另有相关规定。此外还颁布了《海轮航道通航标准》(JTS 180—3—2018),适用于沿海、海湾及区域内通航海轮航道的桥梁。

③通车净空的要求。

对于跨线桥,桥面标高的确定必须满足桥下通车净空的要求,应根据所跨越线路的类型、等级,分别按公路、铁路、城市道路建筑限界的规定,预留出桥下净空。对于跨越公路的桥梁,桥下净空除应满足桥涵净空的规定外,还应满足桥下公路的视距和前方信息识别的要求。

(4)桥上和桥头引道纵坡。

桥面高程确定后,就可根据两端桥头的地形和线路要求来设计桥梁的纵断面线形。对于大中桥梁,为了利于桥面排水和降低引道高度,通常设置从中间向两端倾斜的双向纵坡(对于长度不太大的小桥可做成平坡桥),桥上纵坡不宜大于4%,桥头引道纵坡不宜大于5%。位于市镇混合交通繁忙处,桥上纵坡和桥头引道纵坡均不得大于3%。

2.桥梁横断面设计

桥梁的横断面设计,主要是确定桥梁为满足使用功能所需的桥面净空以及桥跨结构的横断面布置。

桥面净空包括净宽和净高。它与桥梁所在的公路建筑限界相同。高速公路、一级公路、二级公路的桥面净高为5.00 m,三级公路、四级公路的桥面净高为4.50 m。桥面净宽取决于桥梁所在的公路等级和设计车速。各级公路桥面净空限界、行车道宽度、中间带宽度、路缘带宽度等可以参见《公路工程技术标准》(JTG B01—2014)、《公路桥涵设计通用规范》(JTG D60—2015)的规定。铁路桥梁、城市桥梁也有相应的规定。在桥面净空限界内,不得有任何物体侵入。对于承重结构在桥面上的桥梁(如中承或下承式拱桥、斜拉桥、吊桥等),承重结构将占用部分桥面宽度。因此,桥面总宽度为桥面净宽加承重结构物所需宽度之和。横断面布置形式主要根据桥梁所在的公路等级、上部结构的形式、跨径大小、桥面所需净宽、行车要求等条件确定。

3. 桥梁平面布置

特大桥、大桥、中桥桥位应尽量选择河道顺直稳定、河床地质良好、河滩较窄较高且河槽能通过大部分设计流量的地段。桥梁纵轴线应尽量与洪水主流流向正交。对通航河流上的桥梁,桥墩(台)沿水流方向的轴线应与通航水位的主流方向一致,必须斜交时,角度不宜大于5°。对于一般小桥,为了改善路线线形,或城市桥梁受原有街道制约时,可修建斜交桥,斜度通常不宜大于45°。大、中桥梁的线形一般为直线。当桥面受到两岸地形限制时,允许修建曲线桥,曲线的各项指标应符合路线布设的要求。小桥和涵洞的位置与线形一般应符合路线的总走向。

1.4 桥梁主要施工方法及常备式结构、机具

1.4.1 桥梁施工方法的发展

桥梁设计与施工应尽量达到经济实效、技术先进、安全舒适、美观实用、快速优质的要求。当前,桥梁施工技术的发展和进步主要表现在以下几个方面。

(1)中小跨径的桥梁构件更多地考虑了工厂(现场)预制,采用标准化设计的装配式结构。该方法有助于提高工业化的施工程度,施工质量高,施工速度快。目前我国在简支体系的桥梁中普遍采用装配式结构,其中装配式简支T形梁跨径达到50 m。

(2)悬臂施工技术施工效率较高,在大跨径桥梁中得到普遍应用,如预应力混凝土结构。目前采用悬臂施工技术的预应力梁式桥跨径已达270 m,钢筋混凝土拱桥达420 m,钢拱桥达550 m,斜拉桥达900 m。

(3)桥梁机具设备朝着大功能、高效率和自动控制的方向发展,尤其是深水基础的施工机具、大型起吊设备、长大构件的运输装置、大吨位的预应力张拉设备、大型移动模架等。这些施工设备对加快施工速度和提高施工效率起着重要的作用。

(4)依据桥梁结构的体系、跨径、材料和结构的受力状况可以更方便、合理地

选择最合适的施工方法。桥梁施工技术的发展,能够更好地满足设计的要求,桥梁设计与施工之间的关系更加密切。

(5)桥梁施工应积极推广使用经过鉴定的新技术、新工艺、新结构、新材料、新设备。施工中做到安全生产、文明施工,减少环境污染,严格执行施工技术规范及有关操作规程。

1.4.2 桥梁施工方法选择

选择桥梁的施工方法,应充分考虑桥位处的地形、环境,安装方法的安全性、经济性和施工速度。因此在进行桥梁设计时需对桥位现场条件进行详细调查,掌握现场的地理环境、地质、气象水文条件。施工现场的条件不仅为选择正确、合理的施工方法提供依据,同时还直接涉及桥型方案的选择和布置。

在选择施工方法时,应根据以下条件综合考虑。

(1)使用条件。选择施工方法时应考虑桥梁的类型、跨径、桥梁高度、桥下净空要求、平面场地的限制、结构形式等。

(2)施工条件。主要考虑工期要求、起重能力和机具设备要求、施工期间是否封闭交通、临时设施选用、施工费用等。

(3)自然环境条件。主要考虑山区或平原、地质条件及软弱土层的状况、对河道和交通的影响。

(4)社会环境影响。对施工现场环境的影响包括公害、污染、景观影响,对现场的交通阻碍等。

各类桥梁可选择的主要施工方法见表1.1。

表1.1 各类桥梁可选择的主要施工方法

施工方法	桥梁						
	简支梁桥	悬臂梁桥	连续梁桥	刚架桥	拱桥	斜拉桥	悬索桥
现场浇筑	√	√	√	√	√	√	
预制安装	√	√		√	√	√	√
悬臂施工		√	√	√	√	√	√
转体施工		√			√	√	
顶推施工			√		√	√	
逐孔架设		√	√	√	√		

续表

施工方法	桥梁						
	简支梁桥	悬臂梁桥	连续梁桥	刚架桥	拱桥	斜拉桥	悬索桥
横移施工	√	√	√			√	
提升与浮运施工	√	√	√			√	

1.4.3 桥梁施工的常备式结构

施工设备和机具是桥梁施工技术中的一个重要课题。施工设备和机具的优劣往往决定了桥梁施工技术的先进与否；反过来，桥梁施工技术的发展，也要求各种施工设备和机具不断更新和改造，以适应其发展。

现代大型桥梁施工设备和机具主要如下。

(1)各种常备式结构，包括万能杆件、贝雷梁等。

(2)各种起重机具设备，包括千斤顶、吊机等。

(3)混凝土施工设备，包括拌和机、输送泵、振捣设备等。

(4)预应力锚具及张拉设备，包括张拉千斤顶、锚夹具、压浆设备等。

桥梁施工设备和机具种类繁多。在进行施工组织设计和规划时，应根据施工对象、工期要求、劳动力分布等情况，合理地选用和安排各种施工设备和机具，以最大限度发挥其功效和经济效益，确保高质量、高效率和安全如期完成施工任务。

此外，桥梁的施工实践证明，施工设备的正确选用也是保证桥梁施工安全的一个重要条件。许多重大事故的发生，常常与施工设备陈旧或者使用不当有关。

(1)钢板桩。

开挖深基坑和在水中进行桥梁墩台的基础施工时，为了抵御坑壁的土压力和水压力，必须采用钢板桩，有时需做成钢板桩围堰。

(2)钢管脚手架(支架)。

常用的钢管脚手架有扣件式、螺栓式和承插式三种。扣件式钢管脚手架的特点是拆装方便，搭设灵活，能适应结构物平面、立面的变化。螺栓式钢管脚手架的基本构造形式与扣件式钢管脚手架大致相同，不同的是用螺栓连接代替扣件连接。承插式钢管脚手架是在立杆上承插短管，在横杆上焊以插栓，用承插方式组装而成。钢管脚手架一般用于安装桥梁施工用模板、支架和拱架等临时设施。

(3)常备模板。

拼装式钢模板、木模板和钢木组合模板的构造基本相同,整套模板均由底模、侧模和端模三部分组成。

整体式模板是预制工厂的常备结构,常用于桥梁预制厂标准定型构件的施工,在中小跨径装配式简支梁(板)的预制施工中得到普遍应用。

(4)万能杆件。

钢制万能杆件用于拼装桁架、墩架、塔架和龙门架等,作为桥梁墩台、索塔的施工脚手架,或作为吊车主梁以安装各种预制构件,必要时可以作为临时的桥梁墩台和桁架。万能杆件具有拆装容易、运输方便、利用率高、构件标准化、适应性强的特点。

目前我国桥梁施工中使用的万能杆件类型包括:甲型(M型)、乙型(N型)和西乙型。万能杆件一般由长弦杆、短弦杆、斜杆、立杆、斜撑、角钢、节点板等组成。

用万能杆件拼装桁架时,其高度分为2 m、4 m、6 m及以上。当高度为2 m时,腹杆为三角形;当高度为4 m时,腹杆为菱形;当高度超过6 m时,腹杆多做成斜杆形式。

(5)贝雷梁。

贝雷梁有进口和国产两种规格。国产贝雷梁桁节用16锰钢,销子用铬锰钛钢,插销用钢制造,焊条用T505X型,桥面板和护轮用松木或杉木。

装配式公路钢桥为半穿式桥梁,其主梁由每节3 m长的贝雷桁架用销子连接而成。两边主梁间用横梁联系,每节桁架的下弦杆上设置2根横梁,横梁上放置4组纵梁,靠边搁置的2组纵梁为有扣纵梁。纵梁上铺木质桥面板,用有扣纵梁上的扣子固定桥面板的位置。桥面板的两端安设护轮木,用护木螺栓通过护轮木长方孔与纵梁扣子相连接,将桥面板压紧在纵梁上。

为增加贝雷桁架的强度,主梁可以数排并列或双层叠放。各种组合的贝雷桁架习惯以先"排"后"层"来称呼。

(6)施工挂篮。

施工挂篮是悬臂施工必需的施工设备。施工挂篮可由万能杆件、贝雷梁等构件拼装而成。

挂篮应自重轻,充分利用常备构件,结构简单、受力明确、运行方便、坚固稳定、便于装拆,工艺操作安全、方便。

施工时应注意挂篮在移动时及浇筑混凝土时的安全度。挂篮的移动和装拆是借助卷扬机进行的。卷扬机设于主桁架的后侧。辅助设备还包括锚固系、平衡重、台车系、张拉平台和模板梁等。

1.4.4 桥梁施工的主要机具设备

1. 起重机具

（1）龙门架。

龙门架是一种最常见的垂直起吊设备。在龙门架顶横梁上设行车时，可横向运输重物、构件；在龙门架两腿下缘设有滚轮并置于铁轨上时，可在轨道上纵向运输，如在两腿下设能转向的滚轮，可在任何方向实现水平运输。龙门架通常设于构件预制场，进行构件的移运和施工材料、施工设备的运输；或设在桥墩顶、墩旁安装梁体。常见的龙门架种类有钢木混合龙门架、拐脚龙门架和装配式钢桁架(贝雷架)拼装的龙门架。

（2）浮吊。

在通航河流上修建桥梁，浮吊是重要的工作船。常用的浮吊有铁驳轮船浮吊和用木船、型钢及人字扒杆等拼成的简易浮吊。

（3）缆索起重机。

缆索起重机适用于高差较大的垂直吊装和架空纵向运输，吊运量从几吨到几十吨，纵向运距从几十米到几百米。

缆索起重机由主索、天线滑车、起重索、牵引索、起重及牵引绞车、主索地锚、塔架、风缆、主索平衡滑轮、电动卷扬机、手摇绞车、链滑车及各种滑轮等部件组成。在吊装拱桥时，缆索吊装系统除了上述部件，还有扣索、扣索排架、扣索地锚、扣索绞车等部件。

①主索。主索亦称承重索或运输天线。它横跨桥墩，支承在两侧塔架的索鞍上，两端锚固于地锚。吊运构件的行车支承于主索上。

②起重索。起重索主要用于控制吊装构件的升降(即垂直运输)，一端与卷扬机滚筒相连，另一端固定于对岸的地锚上。当行车在主索上沿桥跨往复运行时，可保持行车与吊钩间的起重索长度不随行车的移动而变化。

③牵引索。牵引索拉动行车沿桥跨方向在主索上移动(即水平运输)，分别连接到两台卷扬机上，也可合栓在一台双滚筒卷扬机上，便于操作。

④结索。结索用于悬挂分索器，使主索、起重索、牵引索不致相互干扰。它仅承受分索器重力及自重。

⑤扣索。当拱箱(肋)分段吊装时,暂时固定分段拱箱(肋)所用的钢丝绳称为扣索。扣索的一端系在拱箱(肋)接头附近的扣环上,另一端通过扣索排架或塔架固定于地锚上。为便于调整扣索的长度,可设置手摇绞车及张紧索。

⑥缆风索。缆风索亦称浪风索,用来保证塔架的纵向稳定性及拱肋安装就位后的横向稳定性。

⑦塔架及索鞍。塔架是用来提高主索的临空高度及支承各种受力钢索的结构物。塔架一般采用钢结构,塔架顶上设置索鞍,用于放置主索、起重索、扣索。

⑧地锚。地锚亦称地垄或锚碇,用于锚固主索、扣索、起重索及绞车等。地锚的可靠性对缆索吊装的安全性有决定性影响,设计和施工都必须高度重视。按照承载能力的大小及地形、地质条件的不同,地锚的形式和构造可以是多种多样的。还可以用桥梁墩、台做锚碇,这样能节约材料,否则需设置专门的地锚。

⑨电动卷扬机及手摇绞车。该设备主要用于做牵引、起吊等的动力装置。电动卷扬机速度快,但不易控制,一般用于起重索和牵引索。对于要求精细调整钢束的部位,多采用手摇绞车,以便于操纵。

⑩其他附属设备。其他附属设备有在主索上行驶的行车(又称跑马车)、起重滑车组、各种倒链葫芦、法兰螺栓、钢丝卡子(钢丝轧头)、千斤绳、横移索等。

(4)架桥机。

目前我国使用的架桥机类型很多,其构造和性能也各不相同。常见的有单梁式架桥机和双梁式架桥机两种。

采用架桥机架设桥梁,主要有以下特点。

①架桥机支承在桥梁墩台上,并自行前移,施工机械化程度高,施工方便。

②轴重小,能自动在桥上行驶并进行纵横向对位。

③梁体直接通过运梁平车运输至架桥机处,不需中间换梁,减少起吊设备。

④架桥施工速度快。

⑤不受地形限制。

2. 起重设备

(1)千斤顶。

千斤顶用于起落高度不大的重物,例如顶升梁体。千斤顶按其构造不同可分为螺旋式千斤顶、油压式千斤顶和齿条式千斤顶三大类。

使用油压式千斤顶时,可用几台同型千斤顶协同共顶一重物,使其同步上升。其办法是将各千斤顶的油路以耐高压管连通,使各千斤顶的工作压力相同,则各千斤顶均分起重量。

(2)千斤绳。

千斤绳用于捆绑重物起吊或固定滑车、绞车。

(3)卡环。

卡环也称卸扣或开口销环,一般用圆钢锻制而成,用于连接钢丝绳与吊钩、环链条之间及用于千斤绳捆绑物体时固定绳套。卡环装卸方便,较为安全可靠。卡环分螺旋式、销子式、半自动式三种。

(4)滑车。

滑车又称滑轮或葫芦。

(5)滑车组。

滑车组由定滑车和动滑车组成,它既能省力又可改变力的方向。滑车组示意图如图1.3所示。

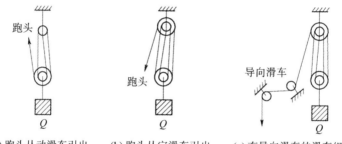

(a)跑头从动滑车引出　(b)跑头从定滑车引出　(c)有导向滑车的滑车组

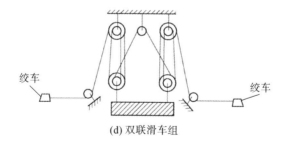

(d)双联滑车组

图1.3　滑车组示意图

(6)钢丝绳。

钢丝绳一般由几股钢丝子绳和一根绳芯绕捻而成。绳芯用防腐、防锈润滑油浸透过的有机纤维芯或软钢丝芯,而每股钢丝绳由许多根直径为 0.4～3.0 mm、强度为 1.4～2.0 GPa 的高强度钢丝组成。

(7)卷扬机。

卷扬机亦称绞车,分为手摇绞车和电动绞车。

3. 混凝土施工设备

桥梁施工中,常用的混凝土施工设备有混凝土搅拌机、混凝土泵、振捣器等。

(1)混凝土搅拌机。

混凝土搅拌机分为自落式和强制式两种。自落式一般用于拌制塑性混凝土和低流动性混凝土。其生产能力低,质量差,但具有机动灵活的特点,较多用于施工现场拌制小批量混凝土。强制式一般用于拌制干硬性、轻骨料混凝土或低流动性混凝土。其生产能力大,拌和质量好,一般用于大型混凝土拌和站。

(2)混凝土泵。

混凝土泵是用管道输送混凝土的机械设备。混凝土泵根据其工作原理分为机械式活塞泵、液压式活塞泵和挤压式泵三种。其特点是机动灵活,所需劳动力少,管道布置方便。

(3)振捣器。

振捣器分为插入式、附着式和平板式三种。振捣器的种类、功率与配置,受混凝土稠度、梁的截面形状与尺寸大小、模板种类、振捣器的输出功率以及振捣频率等多种因素影响,所以必须根据工作条件选择适宜的振捣器与相应的布置方法。

(4)混凝土运输机具。

混凝土的运输机具设备应根据结构物特点、混凝土浇筑量、运距、现场道路情况以及现有机具设备等条件进行选择。

混凝土的水平运输机具包括手推车、翻斗车、自卸汽车、搅拌车、输送泵等。

混凝土的垂直运输机具包括升降机、卷扬机、塔式起重机、吊车、输送泵等。

4. 预应力张拉和锚固设备

(1)锚具与连接器。

锚具是保证预应力混凝土结构安全可靠的关键之一。后张法预应力主要借助锚具传递和承受。因此,锚具必须有可靠的锚固性能,足够的刚度和强度,使用简便迅速。

锚具的形式繁多,按其所锚固的预应力筋不同分为粗钢筋锚具、钢丝束锚具以及钢绞线锚具;按其锚固受力原理不同可分为摩阻型锚具、承压型锚具和靠黏结力锚固的锚具。摩阻型锚具通常由带圆形内孔的锚圈和圆锥形的锚塞或圆锥形夹片组成,是借助张拉钢筋的回缩带动锚塞或夹片将钢筋模拉紧而锚固的。这类锚具应用较广,吨位较大,但预应力损失较大,要重复张拉,不方便。承压型锚具是利用钢筋的镦粗头或螺纹承压进行锚固的。这类锚具应力损失较小,连接较方便,在灌浆之前可重复张拉,但它要求预应力钢材下料精确。靠黏结力锚固的锚具是利用预应力钢筋和混凝土之间的黏结力进行锚固的,如先张法构件的钢筋锚固,以及后张法固定端的钢绞线压花锚具。

(2)千斤顶。

各种锚具需配置相应的张拉设备及各自适用的张拉千斤顶。目前国内常用的预应力用液压千斤顶有:拉杆式千斤顶、台座式千斤顶、穿心式千斤顶和锥锚式千斤顶等。预应力用液压千斤顶分类及代号见表1.2。

表1.2 预应力用液压千斤顶分类及代号

型式		代号
拉杆式		YDL
穿心式	双作用	YDCS
	单作用	YDC
	拉杆式	YDCL
锥锚式		YDZ
台座式		YDT

①拉杆式千斤顶。其用于螺母锚具、锥形螺杆锚具、钢丝镦头锚具等,由主油缸、主缸活塞、回油缸、回油活塞、连接器、传力架、活塞拉杆等组成。

②台座式千斤顶。其用于在先张法预应力台座上施加预应力或用于起重、顶推作业。该千斤顶结构合理,使用方便,安全可靠,使用范围较广。

③穿心式千斤顶。千斤顶中轴线上有通长的穿心孔,可以穿入预应力筋或拉杆。主要适用于群锚及JM锚预应力张拉,还可配套拉杆、撑脚,用于镦头锚具等。

④锥锚式千斤顶。TD60型锥锚式千斤顶是一种具有张拉、顶压与退楔三种作用的千斤顶。

(3)预应力施工其他设备。

①制孔器。目前,国内桥梁预应力混凝土构件预留孔道所用的制孔器主要有两种:抽拔橡胶管与螺旋金属波纹管。

a.抽拔橡胶管。浇筑混凝土前,在钢丝网胶管内事先穿入钢筋(称芯棒),再将胶管连同芯棒一起放入模板内,与钢筋骨架绑扎成整体,待浇筑混凝土达到一定强度后,抽去芯棒,再拔出胶管,形成预留孔道。采用抽拔橡胶管形成预留孔道时,要选择合适的抽拔时间。一般抽拔时间要在混凝土初凝和终凝之间。若过早抽拔,混凝土容易塌陷而堵塞孔道,过迟则抽拔困难,甚至会拔断胶管。

b.螺旋金属波纹管。在浇筑混凝土之前,将波纹管按筋束设计位置,利用定位筋将波纹管与钢筋骨架绑扎牢固,再浇筑混凝土,混凝土结硬后即可形成孔道。这种金属波纹管一般由铝材经卷管机压波后卷成,具有质量轻、纵向弯曲性能好、径向刚度大、弯折方便、接头少、连接简单、与混凝土黏结性好等优点。它是后张法预应力混凝土孔道成型用的理想材料。

②穿索机。在桥梁悬臂施工和尺寸较大的构件中,一般都采用后穿法穿束。对于大跨桥梁有的筋束很长,人工穿束十分吃力,故采用穿索机穿束。

穿索机有液压式和电动式两种类型,桥梁中多用前者。它一般采用单根钢绞线穿入,穿束时应在钢绞线前端套一子弹形帽子,以减小穿束阻力。穿束机由电动机带动由四个托轮支承的链板,钢绞线置于链板上,并用四个与托轮相对应的压紧轮压紧,则钢绞线就可借链板的转动向前穿入构件的预留孔中。最大推力为 3 kN,最大水平传递距离可达 150 m。

③孔道压浆机。对于后张法预应力混凝土构件,预应力筋张拉锚固完成后,应尽早进行孔道压浆工作,以防预应力钢筋锈蚀,并使筋束与梁体混凝土结合为整体。压浆机由水泥浆搅拌桶、储浆桶和压送浆的泵及供水系统组成。压浆机的最大工作压力可达 1.5 MPa,可压送的最大水平距离为 150 m,最大竖直高度为 40 m。

第 2 章 桥梁工程设计

2.1 桥梁选型与造型设计

桥梁选型是指选用一种简单的结构力学体系(如梁、拱、索结构)或由两种简单体系组合而成的结构力学体系(如系杆拱、斜拉悬吊结构、斜拉拱桥等),初步形成满足功能要求、符合结构设计原理(受力合理)的桥梁空间结构形式。

桥梁造型是指在桥梁选型基本确定之后,基于建筑美学法则,对初步构思成型的桥梁整体或局部进行形状变换或调整,优化结构的空间布局、配置方式和尺度变化,并结合环境因素对桥梁的造型风格进行定位。

桥梁选型和造型均属于概念设计范畴,两者相互关联、互为影响,是结构设计中最富有创造性的阶段,是桥梁力学和美学得以体现的重要环节。合理的桥型会使得结构不仅满足使用功能,还能在不做或少做装饰的情况下呈现出力感和美感,给人精神上的享受。反之,一旦桥梁选型不合理,造型不当,虽然能够满足使用功能,但或因投资过大而造成浪费,或因杂乱无章、呆板单调、与环境格格不入的外在形象而遭诟病。因此,设计者要想设计一座既能满足使用功能又能给人以美感的桥梁,就必须认真对待桥梁选型与造型。

2.1.1 影响桥梁选型与造型的主要因素

桥梁选型与造型要求在综合考虑桥址处的客观条件(包括地形、地物、地质、水文、通航等)、结构体系的受力特性和桥梁美学及景观的基础之上,因地制宜,选出造型美观、安全耐久,而且经济合理、施工方便、技术先进的桥梁结构形式。影响桥梁选型与造型的主要因素可归纳为功能要求和约束条件两个方面。

1. 功能要求

功能要求主要体现在安全适用要求、经济美观要求和养护维修要求。

(1)安全适用要求。

作为对桥梁的最基本要求,安全性和适用性是每一种桥型都应该满足的。然而不同的桥型在满足安全适用要求时所要付出的代价不完全相同,因此在桥梁选型中有必要加以考虑。

(2)经济美观要求。

美观是桥梁造型重点考虑的部分。尤其是对一座拟作为地方标志性建筑的桥梁来说,其造型美观与否、桥梁与周围景致及当地人文历史是否和谐,直接决定着方案的成败。这里的"经济"是指在满足美观的前提之下尽量做到投资合理。

(3)养护维修要求。

保障桥梁结构在寿命期内的可检性、可换性、可修性、可控性、可强性和可持续性。要求在桥梁结构中设置通道和放置维修设备的空间,以便进行支座更换、钢结构防腐、拉索的更换和调整等养护维修工作。不同的桥型方案对养护维修的要求有所不同,需要有针对性地为养护维修的便利做好构造设计。

除了以上三点,一些桥梁还有特殊要求。例如在生态敏感区建桥有环境保护要求、通过管线的要求、国防军事要求等。

2. 约束条件

桥梁选型与造型的约束条件主要有自然条件、经济条件、技术条件和时间条件四个方面。

(1)自然条件。自然条件主要指桥位处的地形、地物、地质、水文、通航、气象和生态环境,也包括桥位区域的材料供应条件。自然条件是决定桥梁选型的重要因素,往往是设计者提出桥梁力学体系方案的主要依据。

(2)经济条件。经济条件不但可以决定桥梁选型,也决定桥梁造型,同时也是桥梁规模和技术标准的决定因素。对大型桥梁工程来说,经济条件为关键性的约束条件。

(3)技术条件。有的桥型本身合理,也有创新,但脱离了当时的施工技术和制造能力,这样不切实际的方案必然无法实现。所以,在桥型创新的过程中不可忽略现实的技术条件。

(4)时间条件。时间条件主要指建造桥梁的时间。有些桥梁本可以选择更为经济合理、美观适用的桥型,但由于设计周期有限、工期太紧不得不改变方案。因此,很多时候时间条件也成为关键的约束条件。

2.1.2 桥梁选型

桥梁选型取决于功能要求和约束条件,其与传统的桥型方案的确定过程相同。除自然条件、技术条件等因素外,不同的桥梁结构体系本身也存在着影响桥梁选型的若干因素。例如,拱桥的体系因素包括桥面位置、主拱型式、拱肋数量等,斜拉桥的体系因素包括索塔数量、索面数量及布置方式、塔墩梁连接关系等。

在桥梁选型中,可借助穷举法的思路,先确定影响桥梁选型的体系因素和材料因素等,然后把各因素进行组合,再加以甄别,从中选择符合约束条件的若干合理桥型。下面以拱桥和斜拉桥为例分别说明。

1. 拱桥选型

作为最古老的桥型之一,拱桥以其刚柔并济的结构美深得设计者的喜爱。随着科学技术的进步以及新材料、新工艺的应用,拱桥的结构形式在世界范围内得到了长足发展。

影响拱桥选型的体系因素如下。

(1)结构体系。

结构体系包括有推力拱(如亨利克大桥)、无推力拱(如费马恩海峡大桥)、组合拱(如菜园坝长江大桥)等类型。

(2)桥面位置。

桥面位置包括上承式(如万县长江大桥)、中承式(如卢浦大桥)、下承式(如费马恩海峡大桥)等类型。

(3)拱轴线形式。

拱轴线形式包括圆弧拱桥(如赵州桥)、抛物线拱桥(如悉尼港湾大桥)、悬链线拱桥(如丫髻沙大桥)等类型。

(4)拱肋数量。

拱肋数量包括单肋、双肋(如卢浦大桥)、三肋(如南京大胜关长江大桥)等类型。

巴西的儒塞利诺·库比契克大桥(Juscelino Kubitschek Bridge),亦被称为"JK总统大桥"。该桥由建筑师亚历山大·陈及结构工程师马里奥·维拉·沃德共同设计,并于2002年修建完工,是21世纪初修建完成的极具创意的中承式钢拱桥。该桥共有三个单肋钢拱,以活泼的形式横跨桥面,富有韵律感。每拱跨度达到240 m,受力合理且不显繁杂,与周围环境十分协调,是不可多得的拱桥佳作。

2. 斜拉桥选型

斜拉桥以其优秀的跨越能力、简洁有力的结构形式得到人们的青睐,成为现代桥梁,尤其是大桥、标志性桥梁选用最多的一种结构形式。

影响斜拉桥选型的体系因素如下。

(1)索塔的布置。

索塔的布置类型有独柱式(如昂船洲大桥)、倒 V 形(如米卢大桥)、倒 Y 形(如苏通长江公路大桥)、人字形(如南京大胜关长江大桥)、钻石形(如杭州湾跨海大桥)等。

(2)拉索的布置。

拉索按组成的平面分为单索面(如东海大桥)、双索面(如鄂东长江大桥)、三索面(如天兴洲长江大桥)、四索面(如香港汀九桥)。

拉索按索面内的布置情况分为辐射形(如法国圣·纳泽尔桥)、扇形(如南京大胜关长江大桥)、平行形(如阿拉米罗大桥),空间索面(包括曲索面)、组合索面的应用也越来越多。

(3)孔跨布置。

孔跨布置类型有双塔三跨式(如多多罗大桥)、独塔双跨式(如闵浦二桥)、独塔单跨式(如阿拉米罗大桥)、多塔多跨式(如米卢大桥)。

我国的杭州湾跨海大桥在景观上借鉴了杭州西湖苏堤"长桥卧波"的中国古典建筑设计理念,采用大 S 形平纵线形。其北航道桥为总长 908 m 的双塔双索面五跨连续钢箱梁斜拉桥,70 m+160 m+448 m+160 m+70 m 的桥跨布置很好地适应了海域流态分布和航迹线分布。

海洋环境对材料的腐蚀性极强。为了方便建造和维修养护,索塔采用混凝土结构;考虑到抗风稳定性及基础范围的限制条件,索塔横向采用钻石形;斜拉索采用平行钢丝,扇形布置。

2.1.3 桥梁造型

1. 影响桥梁造型的基本因素

优秀的桥梁设计应具有以下特点:在应用上,要充分满足功能的需求;在安全上,要符合承载和耐久的需要;在技术上,要体现科技和工程的新发展;在造型上,要与建筑艺术融为一体;在建造上,要合理用材并与施工实际相结合。桥梁设计者应在保证结构合理的基本前提下,考虑当地的社会环境、历史环境、自然环境,充分运用建筑美学法则,创造性地做好桥梁造型设计。

如图2.1所示,影响桥梁造型的因素错综复杂。作为桥梁设计的客体,桥梁本身具有形式、表面、材料三个方面的属性。其中形式又包含表现、比例、细长度、形状、一致性、次序、变化、透明、装饰;桥梁表面包括终面、色彩、照明、装饰;材料包含质量和耐久性两层含义。桥梁的形式和表面直接受桥梁所在地的环境、建筑、历史、社会等外在因素影响。

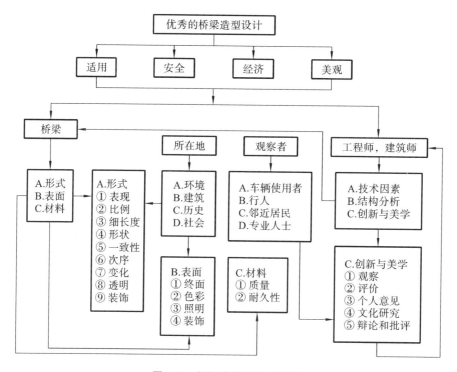

图 2.1　桥梁造型的影响因素

工程师和建筑师是桥梁设计的主体。其中,工程师主要负责技术因素和结构分析,以保证桥梁的质量和耐久性;而建筑师侧重于桥梁造型的创新与美学表现。对所建桥梁的评价来自包括车辆使用者、行人、邻近居民以及专业人士在内的观察者。在做好文化研究的基础上,综合各方意见,桥梁设计者将对其原始方案进行完善或修改,直到得到满意的桥梁方案为止。

2. 桥梁美学及造型设计

回顾国内外历史上的桥梁工程不难发现,前人对桥梁作为建筑的美学特性极其重视。近几十年来,虽然国内基础建设速度加快,但是大部分中小跨度桥梁的美学处理没有得到足够重视,且过分强调桥梁造型的重要性或曲解误用造型原则,也建造了一些投资巨大、美学效果却不尽人意的桥梁。

作为桥梁设计人员,不仅要具有科学技术知识和工程设计能力,还要具有一定的美学艺术素养和创造构思能力,才能根据现代社会的需要,较好地实现技术与艺术的结合,创造出从功能到形式均能符合时代要求的设计。

(1)桥梁美学的概念。

桥梁特殊的功能要求决定了其建筑长大、结构构件外露等特点,由此也限制了桥梁建筑的创作自由度。对桥梁建筑审美的研究形成了"桥梁美学"。桥梁美学是研究桥梁艺术美和造型美的理论根源,也是创造和展示桥梁艺术美及造型美的一门科学。它以桥梁为研究主体,以广义的美学原理为基础,形成了桥梁艺术设计及美学效应评价过程中应当遵循的特定的美学原理、准则和方法。可以说桥梁美学是建筑美学在桥梁这一特殊建筑领域内的应用。另外,桥梁美学还属于技术美学的范畴。

桥梁美的创造,狭义地讲主要是指桥梁形态设计;从更广义的方面而言,则不仅包括桥梁本身的造型,还包括桥址环境和相关环境景观的营造。

随着社会对桥梁美学价值重视度的提高,桥梁景观也得到越来越多的关注。桥梁景观是指以桥梁和桥位周边环境为景观主体(或景观载体)而创造的桥位处的人工风景。桥梁景观学是以桥梁美学为基础,借助景观科学的研究成果,并适应当前人们对居住环境和生态环境的要求而产生的新兴交叉学科。

桥梁景观学与桥梁美学研究的内容有所不同。桥梁美学基本上视桥位周边环境为影响桥梁造型的外部条件。而在桥梁景观学中,桥位周边环境被视为景观主体(或载体)和景观资源开发基地,是重点研究对象之一。

(2)桥梁造型设计的内容及原理。

力学性能和形式构成是桥梁造型设计的两大基本出发点。桥梁造型设计更加具有实践性和可操作性。从整体布置到细部构造,桥梁造型设计力求在不同层次上达到形式与功能的融合,表现力与美的统一。

桥梁造型应该与桥位的地理特征、景观特性及区域风俗文化相适应,并在结构形式上符合比例均衡、韵律、节奏等技术美学的基本原理要求。

造型设计的内容包括造型概念设计、整体造型设计、构件造型设计、色彩设计、灯光设计、绿化与装饰等。造型设计的内容和深度应根据桥梁建设的规模、桥梁区域特点、桥梁建设目的等有所区别。造型设计原理包括以下几点。

①形态要素。形态要素包括点、线、面、体。

②色彩与材质。桥梁的色彩和材质对人的感受影响极大,设计中必须给予足够重视,并与建桥处的地方特色相协调。

③造型构成。造型构成包括平面构成、立体构成和色彩材质构成三部分。

④造型单元。造型单元指构成桥梁的基本结构单元。造型单元的划分应与结构和力学要求相结合,不能随意割舍以致破坏结构的视觉完整性和力度感。

(3)桥梁造型设计的基本方法。

设计概念的建立和丰富必须在准确把握环境情况和结构性能的基础之上,同时融入设计师创造性的劳动。在桥梁造型设计过程中,应根据设计概念和环境的特点、桥梁设计条件确定主要构型,其他构型以之为基调进行配合,做到重点突出。通过必要的整合形成造型单元后,即可进一步在全桥范围内结合结构性能进行变化扩展。

基本的造型设计方法包括单元造型法、整体造型法、线性设计法、比例设计法、拓扑优化法等。桥梁仿生造型设计是实现桥梁建筑造型创新的一种常用手段。

3. 桥梁仿生造型设计

当人类创造力的发展受到限制时,不要忘了回归到灵感的最初来源,那就是自然。经过数十亿年的残酷淘汰,只有那些能适应恶劣外部环境的物种才得以生存和进化。不难发现,大自然中的生物不仅种类繁多,许多物种在其结构和功能上都具备精练、高效的特点,自然界的生物为人类的创新提供了天然宝库。多姿多彩的自然景观也一直是人类创造美的原动力。设计者向自然学习并获得灵感的过程如图 2.2 所示。

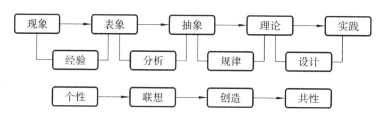

图 2.2 设计者对自然的学习、研究、分析与创造

仿生学是生物学、数学和工程技术学相互渗透结合而成的一门模仿生物系统、具有生物系统特征或类似特征的新兴边缘学科。作为应用生物学的一个分支,仿生学是生物进化对人类在仿生概念领域研究与实践的启发。仿生学研究

生物系统的结构和性质,为工程技术提供新的设计思想及工作原理,广泛应用于工业设计、建筑设计等领域。

长久以来,桥梁领域秉持着结构决定造型的设计原则。然而设计师们掌握的桥梁结构形式种类有限,有限的桥梁结构形式限制了桥梁造型的创新,"千桥一面"的现象也就在所难免了。桥梁造型的发展迫切需要设计师们为其注入新的灵感和创意。鉴于仿生学设计方法在建筑设计中的出色表现,可将其引入桥梁设计。

创造性思维和对生物结构特征的认知能力是进行桥梁仿生设计的基本要求。虽然仿生设计的研究领域非常广泛,但可应用于桥梁仿生设计中的主要有仿自然现象的桥梁设计、仿生物形态的桥梁设计和仿生物结构的桥梁设计三方面内容。

(1) 仿自然现象的桥梁设计。

如波浪、彩虹等呈现出曲线的自然现象对每个人来说都不陌生,这些自然状态不仅造型美观,结构受力也相当合理,是桥梁造型设计的灵感来源。

① 波浪桥。

造型别致的亨德森波浪桥是新加坡最高的人行天桥,全长 274 m,宽 8 m,最高点离路面 36 m,给行人提供了观景的新高度。桥身在波峰浪谷之间穿行,犹如后浪推前浪,有 4 个波峰和 3 个波谷,其波浪状的设计动感十足,给人以视觉上的冲击力。

② 沙丘桥。

作为潟湖附近道路工程的一部分,阿联酋迪拜建造了谢赫·拉希德·本·赛义德大桥(Sheikh Rashid bin Saeed Bridge)。该桥连接了贾达夫和柏迪拜地区,拥有双向 12 车道,每小时交通量达两万辆,中央为迪拜的地铁绿色线。桥长 1600 m,宽 64 m,距离水面 15 m,由 FXFOWLE 建筑师事务所设计,耗资约 6.8 亿美元。

该桥模仿了极具中东地理特色的沙丘造型。拱轴线在平面内非对称布置,打破了以往拱桥给人们过于柔美的印象,增添了动势;两拱肋在横向不仅相互斜靠而且整体向外倾斜,这样做巧妙地解决了超大跨度带来的拱顶过高、拱圈过于庞大而显得上部结构笨重的问题;大小拱倾斜程度、倾斜方向均不相同,使得桥梁整体错落有致,充满韵律美。桥梁造型同时也考虑到与周围城市景观的协调。

(2) 仿生物形态的桥梁设计。

仿生物形态的设计强调对生物外部形态的感受和灵活运用。桥梁设计中,恰当地模仿生物外部形态可以使造型更加新颖活泼,也可增加桥梁功能(如观光、休闲等)。

①贝壳桥。

由美国设计师维托·艾肯西设计的奥地利格拉茨穆尔岛人行桥(Mursteg)看起来就像巨大的银色贝壳,绚丽灿烂。这座人行桥中的人工岛长50 m,宽20 m,主结构以粗细不等的银色钢管和玻璃交织成网状,两边由桥梁串联河岸。岛内设有日光浴区、时尚酒吧、咖啡馆和露天表演场,被认为是艺术与建筑、梦幻与现实融合的经典之作。按设计,该人工岛上可同时容纳350位游客。最令人称奇的是,该岛可以随着水位高低而升降。

②巨蟒桥。

荷兰斯波伦堡-博尼奥大桥(Sporenburg-Borneo Bridge)是一座造型奇特的人行桥,看起来像一条扭曲的红色巨蟒,是阿姆斯特丹最现代的桥梁之一。此桥建于2001年,长约91 m,位于阿姆斯特丹的东岸码头,跨越斯普尔维格湾,连接着斯波伦堡半岛和博尼奥半岛。蜿蜒的巨蟒桥不像新加坡的亨德森波浪桥那样依赖外形创造出波浪感,其人行道本身就是高低起伏的。

③蝴蝶桥。

贝德福特蝴蝶桥(Bedford Butterfly Bridge),位于英国南部的贝德福特郡(Bedfordshire),是跨越贝德福特河(Bedford River)的一座造型新颖奇特的人行桥。

该作品是1995年设计竞赛的胜出者,跨度32 m,两个钢质的拱肋向外展开,如展开双翅的蝴蝶,故名蝴蝶桥。行走在桥上有种空间围合的感觉,其上部结构的敞开形式又不会产生压抑感。桥面纵向设有缓坡,一直延伸到河岸周围。本桥为一年一度的赛舟会提供了一个很受欢迎的观众看台和非正式的"主席台"。

④天鹅桥。

荷兰鹿特丹伊拉斯谟斯大桥(Erasmusbrug)(1996年),拥有简洁利落的外形,雪白的桥身修长挺拔,像一只优雅的白天鹅高贵地游荡在马斯河上。天鹅桥塔高139 m,桥长802 m。机动车、非机动车、行人及溜滑板的运动人士都可以自由通行于桥上,可谓是荷兰人的实用主义精神的杰出代表。天鹅桥超越了传统桥梁建筑的概念,甚至成为鹿特丹的官方标志。

(3)仿生物结构的桥梁设计。

人类社会一切结构的存在都直接或间接地来源于自然,只有对生物结构进行理性的认识才能将其合理地运用到桥梁造型设计中。生物想生存,就必须有一定强度、刚度和稳定性的结构来支撑。一株草、一个蜂窝、一面蜘蛛网、一只贝壳看上去显得非常弱小,却能够抵御强大的外力,这就是一个科学合理的结构在生物体身上发挥的作用。现有的结构仿生设计中,设计师主要针对植物结构和动物结构进行研究。

研究发现,自然界中一些生物的静态立体结构用材合理、结构精巧,合乎以最少的材料构成最大合理空间的要求,不仅安全耐久,而且更符合经济原则,非常适用于桥梁结构和构件。

竹子和芦苇的空心结构十分有利于抗弯和抗扭,这一自然现象提示人们:具有相似受力特性的桥梁结构(如梁、墩、塔、拱圈)可做成空心截面的形式。贝壳的承压能力极强,适用于异形拱桥。蜘蛛网虽然网丝极细,跨越能力却很大,桥梁中的索结构可参照此设计。树干、树枝由根部到尖端逐渐变细,这样的结构形式既节约材料又具备足够的稳定性和抗弯能力,可照此设计索塔。

下面以新加坡的玛丽娜(Marina)海湾大桥和德国斯图加特的罗文特(Löwentor)桥为例,对仿生物结构的桥梁设计进行说明。

①DNA双螺旋桥。

由COX集团、ARUP公司(澳大利亚)以及Architects 61公司组成的顾问团队为新加坡都市重建发展局设计了玛丽娜海湾新海滨公园和海湾大桥。桥梁方案为双螺旋结构的步行桥,这一结构形式在世界范围内的建筑和工程设计领域都是首次采用。该结构由两条反向的螺旋钢骨架构成,并由连接支柱连接形成管状结构。这样的形式为曲线形结构提供了理想的固有强度。

与DNA相似的桥梁结构象征着"生命与可持续性""重生""生生不息"和"成长"。由于其新颖的结构形式,280 m长的DNA双螺旋步行桥成为当地的标志性建筑。建造这座新桥最主要的目的是为所有来玛丽娜海湾观光的游客提供观景平台,使他们可以在这里一览新加坡全城的风貌,尽情享受休闲时光。

②蜘蛛网桥。

1992年在德国斯图加特建成的罗文特(Löwentor)桥是少有的索网结构体系步行桥,新颖的结构酷似蜘蛛网。该桥为曲线形式的跨线桥。为了不给桥下交通增添障碍,设计师放弃了传统的直接接触式的下部结构,转而采用全新的索网+撑柱+锚杆的组合式下部结构。桥面板直接支撑于正交网格上,网格以曲线形缆索为边界,以设置在分隔带内的撑柱向外撑开。为了保证撑柱受力以受压为主,在其背面还设置了锚杆拉住索网。该桥为柔性体系,故漫步于桥上可以感受到桥面轻微的变形,此不失为一种新鲜的体验。

2.2 桥梁上部结构设计

2.2.1 简支梁桥设计

简支梁桥具有受力明确、构造简单、施工方便等优点,是中、小跨径桥梁应用最广的桥型。简支梁桥按施工方法分为整体式简支梁桥和装配式简支梁桥两类。

1. 整体式简支梁桥

整体式简支梁桥具有整体性好、刚度大、易于做成复杂形状等优点,多数在桥孔支架模板上现场浇筑,也有整体预制、整孔架设的个别情况。

常用的整体式简支T形梁桥的横截面如图2.3(a)所示。在保证抗剪、稳定的条件下,主梁的肋宽为梁高的1/7~1/6,但不宜小于14 cm,以利于浇筑混凝土。当肋宽有变化时,其过渡段长度不小于12倍肋宽差,主梁高度通常为跨径的1/15~1/8。

为了减小桥面板的跨径(一般限制在2~3 m),还可以在两根主梁之间设置次纵梁,如图2.3(b)所示。为了合理布置主钢筋,梁肋底部可做成马蹄形。整体式简支梁桥桥面板的跨中板厚不应小于10 cm。桥面板与梁肋衔接处一般都设置承托结构,承托长高比一般不大于3。

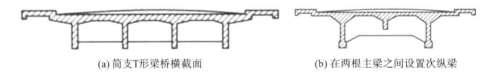

(a)简支T形梁桥横截面　　　　　(b)在两根主梁之间设置次纵梁

图2.3　整体式梁桥横截面

2. 装配式简支梁桥

装配式简支梁主梁的横截面形式,可分为Π形、T形和箱形三种。

装配式简支T形梁桥是使用最为普遍的结构形式,其优点是制造简单、整体性好、接头也方便。其构造布置是在给定桥的设计宽度的条件下,选择主梁的截面形式,确定主梁的间距(片数)和桥跨结构所需横隔梁的数量,进而确定各构造部分的细部尺寸。

1) T 形梁桥主梁

国内外建造的装配式简支梁桥的主梁截面大多采用 T 形截面。因 T 形截面适合简支梁的受力特点,即只承受单向弯矩。对于跨径较大的简支梁桥,为了减轻单片主梁的吊装重量,主梁也常采用 I 形截面,但主梁上翼缘间需加入一段现浇混凝土,使各主梁连接成整体,并构成桥面板,或在预制主梁上现浇整体桥面板。虽然主梁采用 I 形截面,但最终的桥梁横截面与主梁采用 T 形截面形成的桥梁横截面差别不大。

(1) 主梁间距(或片数)的确定。

对一定的桥面宽度而言,主梁间距小,主梁片数就多,T 形梁翼板挑出短;反之,间距大,主梁片数少,翼板挑出长。如何确定主梁间距,要综合考虑材料的用量、预制工作量和运输、吊装等因素的影响。

一般来讲,如果没有起重能力的限制,对跨径较大的桥梁,主梁片数应适当减少,材料用量比较经济,且可减少预制工作量,缩短工期。

目前,我国编制的装配式简支 T 形梁桥标准设计常用的主梁间距是 1.6~2.2 m。在工程应用中,主梁间距已达 2.5 m。

(2) 主梁高度与主梁细部尺寸。

表 2.1 为常用的简支梁桥主梁尺寸的经验数值,跨径较大时应取较小的值,反之则应取较大的值。

表 2.1 装配式简支梁桥主梁尺寸

桥梁类型	适用跨径/m	主梁间距/m	主梁高度	主梁肋宽度/m
钢筋混凝土简支梁	8<l<20	1.5~2.2	(1/18~1/11)l	0.16~0.2
预应力混凝土简支梁	20<l<50	1.8~2.5	(1/25~1/14)l	0.18~0.2

主梁如果不受高度限制,选用高一些的可节省配筋。

主梁的肋宽必须满足截面抗剪和抗主拉应力的强度要求,同时应考虑梁肋的稳定性,梁肋内主筋的布置和浇筑混凝土施工所需的最小肋宽。目前,常用的肋宽为 15~18 cm。当主梁间距小于 2 m 时,梁肋为全长等肋宽;当主梁间距大于 2 m 时,通常在梁端 2~5 m 范围内梁肋逐步加宽,以满足该部位的抗剪要求。

2) 横隔梁

(1) 横隔梁的构造。

横隔梁在装配式 T 形梁中起着保证各根主梁相互连接成整体的作用。调查表明，T形梁桥的端横隔梁是必须设置的，它不但有利于制造、运输和安装阶段构件的稳定性，而且能显著加强全桥的整体性；设置中横隔梁的梁桥，荷载横向分布比较均匀，且可以减少翼板接缝处的纵向开裂现象。故当T形梁的跨径稍大时（一般在13 m以上），除在跨径内设端横隔梁外，再增设1～3道中横隔梁。

横隔梁的高度应保证其具有足够的抗弯刚度，通常可做成主梁高度的3/4左右。梁肋下部，呈马蹄形加宽时，横隔梁延伸至马蹄的加宽处。从梁体在运输和安装阶段的稳定要求来看，端横隔梁应做成与主梁同高，但为便于安装和检查支座，端横隔梁底部又应与主梁底缘之间留有一定的空隙，如何选择视施工的具体情况而定。横隔梁的肋宽通常为12～16 cm，且宜做成上宽下窄和内宽外窄的楔形，以便脱模。

(2)横隔梁的横向连接。

①钢板焊接连接。常用的主梁间的中横隔梁的连接构造形式：在每一块横隔板的上缘布置两根受力钢筋（N_1），下缘配置四根受力钢筋（N_1），采用钢板连接成骨架；接头钢板设在横隔梁的两侧，同时在上下钢筋骨架中加焊锚固钢板的短钢筋（N_2、N_3）。钢板厚一般不小于10 mm。当T形梁安装就位后，然后在横隔梁的预埋钢板上加焊接钢板使它们连成整体。端横隔梁的焊接钢板接头构造与中横隔梁的相同，但由于其外侧（靠近墩台一侧）不好施焊，故焊接接头只设于内侧。相邻横隔梁之间的缝隙最好用水泥砂浆填满，所有外露钢板也应用水泥灰浆封盖。

②扣环式湿接头连接。横隔梁在预制时在接缝处伸出钢筋扣环A，安装时在相邻构件的扣环两侧再安上腰圆形的接头扣环B，在形成的圆环内插入短分布筋后就现浇混凝土封闭接缝，接缝宽度为0.2～0.5 m。这种构造往往用于现浇纵向湿接头的连接。

3)桥面板

(1)桥面板的构造。

对于T形简支梁，主梁翼板宽度视主梁间距而定，在实际预制时，翼板的宽度应比主梁中距小2 cm，以便在安装过程中调整T形梁的位置和制作上的误差。主梁翼板除承受自重和桥面恒载外，主要承受由车轮引起的局部荷载。根据其受力特点，主梁翼板一般做成变厚度板，其厚度随主梁间距而定，边缘厚度不宜小于6 cm。主梁间距小于2.0 m的铰接梁桥，板边缘厚度可采用8 cm（桥面铺装不参与受力）或6 cm（桥面铺装通过预埋的连接钢筋与翼板共同受力）；主梁间距大于2.0 m的刚接梁桥，桥面板的跨中厚度一般不小于15 cm，板边缘厚度不小于 10 cm。

图 2.4 为主梁间距 2.2 m 的 T 形梁桥桥面板钢筋布置。板上缘承受负弯矩,《公路桥涵施工技术规范》(JTG/T 3650—2020)规定,受力钢筋直径不小于 10 mm,间距不大于 20 cm;在垂直于主筋方向布置分布钢筋,分布钢筋宜设在主钢筋的内侧,其直径不小于 8 mm,间距不大于 20 cm,截面面积不宜小于板截面面积的 0.1%。在主钢筋的弯折处,应布置分布钢筋。在有横隔板的部位,应增加分布钢筋的截面面积,以承受集中轮载作用下的局部负弯矩,所有增加的分布钢筋应从横隔板轴线伸出 $L/4$(L 为横隔板的跨径)的长度。

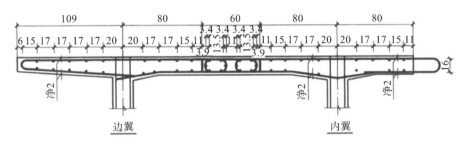

图 2.4 主梁间距 2.2 m 的 T 形梁桥桥面板钢筋布置(单位:cm)

(2)桥面板的横向连接。

通常在设有横隔梁的装配式 T 形梁桥中,均借助横隔梁和翼缘板的接头使所有主梁连接成整体。对于缺少横隔梁的主梁,应在翼缘板上加设接头和加强桥面铺装,使其横向连成整体。接头要有足够的强度,以保证结构的整体性,并使其在运营过程中不致因荷载反复作用和冲击作用而发生松动。

①刚性接头。刚性接头既可承受弯矩,也可承受剪力,如图 2.5 所示。图 2.5(a)为在铺装层内配置受力钢筋,并将翼缘板内预留的横向钢筋和梁肋顶上增设的 Π 形钢筋锚固于铺装层中;图 2.5(b)为翼板用钢板连接,接缝处铺装混凝土内放置上下两层钢筋网。图 2.6 为翼缘板内伸出的扣环接头钢筋构造。

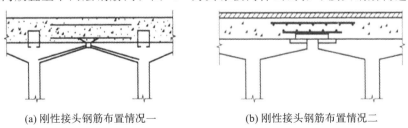

(a)刚性接头钢筋布置情况一   (b)刚性接头钢筋布置情况二

图 2.5 装配式桥面板刚性接头钢筋布置

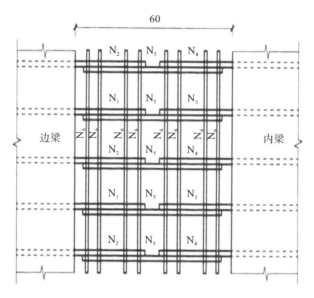

图 2.6 翼缘板内伸出的扣环接头钢筋构造(单位:cm)

②铰接接头。铰接接头只能承受剪力,分为钢板铰接接头、企口式铰接接头、企口式焊接接头。

4)预应力混凝土简支梁中预应力筋的布置

(1)预应力筋的立面布置。

装配式后张法预应力混凝土简支 T 形梁,在跨中截面,预应力筋均靠近梁的下缘布置,在一定区段后逐渐弯起,弯起的目的如下。

①由于简支梁弯矩从跨中向支点逐渐减小,故预应力筋的偏心距也应逐渐减少,否则梁上缘的拉应力及下缘的压应力都会过大。为此,必须将大部分的预应力筋弯起,以减少预加力及其引起的负弯矩。

②由于支点附近区段剪力较大,故可以利用弯起预应力筋所产生的竖向分力来抵消一部分剪力。

为了使梁端部分所受的预加力不太集中和分散布置锚具,也须将预应力筋弯起。如将部分预应力筋弯出梁顶,不仅可以得到较好的抗剪作用,而且还可以缩小端块。

一般在梁端能锚固所有束筋时,则将预应力筋全部弯起至梁端锚固,张拉工序简单。

束筋的曲线形状可以采用圆弧线、抛物线或悬链线,在矢跨比较小的情况下,这三种曲线各点坐标相差不大,可以任选一种。采用悬链线施工放样比较方便,当曲线在梁端与跨中的位置确定后,束筋(或制孔器)按其自重下垂即可形成悬链线。但是,悬链线在梁端起弯不急,而圆弧线的弯起角度较快,为在支点附近获得较大预剪力,多数梁在梁中部保持一段水平直线后便按圆弧线弯起。

后张法预应力混凝土构件预应力钢筋弯起的曲率半径,可按表2.2采用。

表2.2 后张法预应力混凝土构件预应力钢筋弯起的曲率半径

材料	直径 d/mm	弯起的曲率半径 R/m
钢丝束,钢绞线	$d \leqslant 5$	$R \geqslant 4$
	$d > 5$	$R \geqslant 4$
精轧螺纹钢	$d \leqslant 25$	$R \geqslant 12$
	$d > 25$	$R \geqslant 15$

(2)预应力束筋在横截面上的布置。

预应力束筋的布置在满足《公路桥涵施工技术规范》(JTG/T 3650—2020)规定的构造要求的同时,尽量相互紧密靠拢,以减小下马蹄尺寸,减轻自重,并在保证梁底保护层的前提下,尽量使预应力束筋的重心靠下,以便获得较大的预应力弯矩,从而节省高强度钢材。

(3)预应力束筋在梁端上锚具的布置。

梁端锚具可参照相应的已建成的桥构造进行布置,布置的原则如下。

①锚具在梁端的布置应尽量减小局部应力。集中的、过大的锚具是不利的;分散的、小的锚具是有利的。

②锚具在梁端布置时,应满足安放张拉设备所需要的锚具间最小净距的要求。

③锚具应在梁端对称于纵轴布置。

2.2.2 连续梁桥设计

1. 连续梁桥的受力特点

连续梁桥的主要受力特点叙述如下。

(1)除了按简支-连续法施工的连续梁桥,一般一次落架施工的连续梁桥在结构自重荷载作用下,跨中截面产生正弯矩,支点截面产生负弯矩,且支点截面负弯矩大于跨中截面正弯矩。与同等跨径的简支梁相比,连续梁的最大正弯矩及负弯矩均小于简支梁的跨中正弯矩。因此,连续梁的内力分布比简支梁要均匀,有利于充分发挥材料的作用。

(2)连续梁为超静定结构,刚度比相应的简支梁的大,即在汽车荷载作用下跨中产生的挠度比简支梁的小,行车平顺舒适。

(3)连续梁因结构整体发生均匀温度变化引起纵向水平位移,在结构中不产生附加内力及支承反力,这一特点与简支梁相同。但是,连续梁属超静定结构,非线性温度变化、预应力作用、混凝土收缩徐变及基础沉降等将引起结构附加内力。

2. 等截面连续梁桥

1)力学特点

一般情况下连续梁桥在恒载与活载作用下,支点截面负弯矩大于跨中截面正弯矩,但跨径不大时这个差值不大,可以考虑等截面形式,以简化施工。

2)跨径布置与梁高

可以采用等跨和不等跨两种布置方式。为使边跨正弯矩减小,受力均匀合理,大多采用不等跨布置方式,边跨跨径小,中跨跨径大,一般取边跨与中跨跨径之比为 0.6~0.8,大多采用二跨一联、五跨一联布置。梁高与跨径之比为 1/25~1/15。

3)适用范围

(1)中等跨径:40~60 m(国外最大达 80 m)。

(2)施工方法:整体施工、逐孔施工、先简支后连续施工及顶推施工法。

3. 变截面连续梁桥

1)力学特点

随着跨径的增大($l \geqslant 70$ m),采用变截面形式设计,显得经济合理。由于连续梁的支点截面负弯矩大于跨中截面正弯矩,因此往往采用支点梁高大于跨中梁高的变截面形式。增大支点截面梁高有利于抵抗支座截面较大的剪力,减小跨中梁高可减轻自重弯矩,归纳起来有下面3个特点。

(1)采用支点梁高大于跨中梁高的变截面形式,使得梁高的变化规律与连续梁的弯矩图变化规律一致,可充分发挥材料性能。

(2)减小跨中梁高,有利于减小结构自重产生的弯矩、剪力。

(3)增大支座截面梁高,有利于抵抗支座截面较大的剪力。

因此,与等截面连续梁相比,变截面连续梁可适用于较大的跨径。

2) 跨径布置与梁高

(1) 跨径布置。一般采用三跨或五跨布置,跨数太多、连续长度过长会因温度变化使得桥梁纵向水平位移大,给伸缩缝设置带来困难。

为了使边跨与中跨的最大正弯矩基本相等,一般取边跨与中跨跨径之比 $l_1/l = 0.6 \sim 0.8$;对于城市桥梁,为了满足跨线要求,有时 $l_1/l \leqslant 0.5$,此时需要在边跨进行压重,以抵消边支座可能产生的负反力。

(2) 梁高。支点截面梁高 $h_支$ 一般取 $(1/18 \sim 1/16)l$,不小于 $l/20$;跨中梁高 $h_中 = (1/2.5 \sim 1/1.5)h_支$。梁底一般按 2 次抛物线、折线或者 1.5~1.8 次抛物线变化。

3) 适用范围

(1) 跨径范围:70~120 m,大于 120 m 的跨径目前较少见。

(2) 施工方法:大多采用悬臂浇筑或悬臂拼装施工法。连续梁桥采用悬臂法施工时,施工过程中墩梁临时固结,待合龙后,拆除临时固结措施,进行体系转换。

4. 截面设计

混凝土连续梁桥截面形式主要有板式、肋梁式及箱形截面 3 种。其中,板式、肋梁式截面主要用于中小跨径($l < 50$ m);当 $l \geqslant 50$ m,主要采用箱形截面。

1) 各种不同截面形式的特点及适用范围

(1) 板式截面。板式截面包括实体板与空心板。此类截面自重大,但构造简单,施工方便,一般适用于小跨径连续梁桥。

(2) 肋梁式截面。肋梁式截面包括 T 形截面、带马蹄的 T 形截面及 I 字形截面等,比板式截面挖空率高,结构自重有所减轻,抗弯惯性矩增大,可适用于更大的跨径,但截面抗扭性能差(抗扭刚度低),且不适应连续梁有正负弯矩存在的受力要求。因此,在连续梁桥中较少采用肋梁式截面。

(3) 箱形截面。箱形截面空心率高,有利于减轻结构自重;截面抗弯与抗扭刚度大,受力性能好,同时适应抵抗正、负弯矩。因此,箱形截面是大跨径连续梁桥及其他桥梁的主要截面形式。

下面主要介绍箱形截面设计。

2）箱形截面设计

（1）截面形式。

箱形截面主要有以下四种形式：

①单箱单室，用得最多。

②单箱双室。

③双箱单室，主要用于双幅桥。

④箱梁腹板大多采用竖直形式，但也有采用斜腹板形式的，施工稍困难，使用较少。

（2）横向尺寸布置。

箱梁顶板宽度一般取接近桥面的总宽度；悬臂长度为 b，两腹板之间距离为 a，一般取 $b/a=1/3\sim1/2.5$；考虑到悬臂板横向受力（根部弯矩），一般 $b\leqslant 5$ m，当 $b>3$ m 时，宜布置横向预应力筋。

（3）顶板厚度。

确定箱梁截面顶板厚度，一般需考虑下面两个因素。

①满足桥面板横向受力（主要是受弯）的要求。

②布置箱梁纵、横向预应力筋的要求。根据行车道部分的箱梁顶板或其他呈现连续板受力特性的桥面板以及悬臂板厚度来拟定。悬臂端部厚度一般不小于 10 cm，若设置防撞墙或需锚固横向预应力筋，则不小于 20 cm。

（4）底板厚度。

考虑到连续体系梁桥中支点负弯矩较大，跨中正弯矩较大的因素，一般采用变厚度设计，箱梁底板厚度从跨中向中支点逐渐变厚，以适应支点附近截面下缘的受压要求。

底板厚度与跨径 l 之比一般取 $1/170\sim1/140$；跨中区域底板厚度则可按构造要求设计，一般取 $22\sim28$ cm。

（5）腹板厚度。

腹板厚度设计主要考虑下面两个因素。

①满足抗剪要求，对于连续梁桥，在 1/4 跨径区域剪力较大，弯矩、扭矩及剪力的共同作用导致腹板承受较大的主拉应力，若腹板强度不够，则往往产生斜裂缝。

②应考虑预应力钢束管道布置、普通钢筋布置及混凝土浇筑要求，腹板设计不宜太薄。

(6)承托。

为了减小局部应力,在箱梁顶板与腹板、腹板与底板的交接处,一般需设置承托,承托的坡度一般可采用1∶1或者其他合适的比例。

5. 预应力筋布置

连续梁桥主梁主要承受三种内力:纵向受弯、横向受弯及竖向受剪。为了抵抗这三种内力,需布置三向预应力筋,即纵向预应力筋、横向预应力筋及竖向预应力筋。

1)纵向预应力筋

根据不同的施工方法,连续梁桥恒载受力状态与活载受力状态存在一定的差别,因此纵向预应力筋主要有如下几种布置方式。

(1)顶推法施工的连续梁桥,一般采用直线布筋方式,如图 2.7(a)所示。上、下预应力筋束使得截面接近轴心受压,以抵抗顶推过程中各截面正负弯矩的交替变化;待顶推完成后,在跨中底部和支座顶部增加局部预应力筋,以满足使用阶段活载内力要求;有时,在支座底部及跨中顶部附近布置设计要求的施工临时束,施工完成时予以拆除。

(2)先简支后连续(简支-连续法)施工的连续梁桥,先按简支梁桥布置预应力束,然后在支座接缝的顶部布置直线筋,形成连续梁以承担活载下产生的负弯矩,见图 2.7(b)。

(3)悬臂施工连续梁桥,一般采用节段浇筑或拼装的施工方法,因此一期钢束布置在截面上缘以抵抗悬臂施工阶段与使用阶段的负弯矩,合龙后在跨中区域截面下缘布置预应力束,以抵抗使用阶段活载产生的正弯矩。上缘预应力筋主要布置在箱梁顶板,称为顶板索;下缘预应力筋一般布置在箱梁底板,称为底板索。

顶板索有直线配筋[图 2.7(c)]与曲线配筋[图 2.7(d)]两种方式,曲线配筋锚固于腹板位置,有利于腹板抗剪,较多采用。

(4)连续曲线配筋方式,将跨中部位抵抗正弯矩的底板索与支座部位抵抗负弯矩的顶板索,在全桥范围连续化,如图 2.7(e)所示。这种预应力筋布置方式一般适用于整体现浇施工的中、小跨径连续梁桥。

图 2.7 中右边所示为连续梁施工过程中自重作用下的弯矩示意图。预应力筋弯曲次数多,连续长度过长,预应力损失大。因此,预应力筋连续长度一般不宜太长。

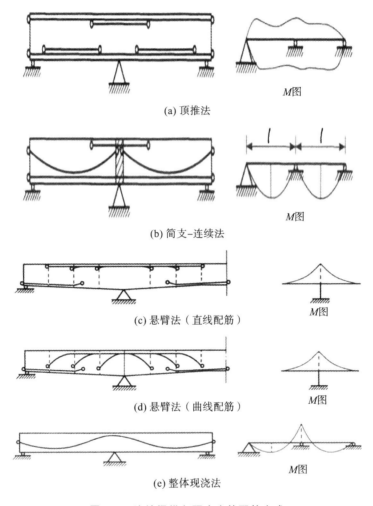

图 2.7 连续梁纵向预应力筋配筋方式

2)横向预应力筋

横向预应力筋是用以保证桥梁横向整体性、桥面板及横隔板横向抗弯能力的主要受力钢筋。

横向预应力筋一般布置在箱梁顶板和横隔板中。顶板中的横向预应力筋在悬臂段及腹板支承处,布置在顶板上缘;在两腹板支承的跨中部位,布置在顶板下缘。

由于箱梁顶板厚度小,横向预应力筋大多采用扁锚体系,以减小预应力管道所占空间。

3) 竖向预应力筋

(1) 主要作用。竖向预应力筋的主要作用是提高截面的抗剪能力。

(2) 配筋方式。一般将粗钢筋作为竖向预应力筋布置在腹板内,间距由计算要求确定。桥墩支点截面剪力大,跨中截面剪力小,因此一般支点附近区域竖向预应力筋间距小(较密),跨中区域间距稍大。

(3) 特点。竖向预应力筋长度短,张拉延伸量小,容易造成预应力损失,一般需进行二次张拉,以确保足够的有效预应力。

预应力张拉后(纵向、横向、竖向)应及时对管道进行压架并封锚,压架应密实饱满,否则有可能带来严重后果;预应力箱梁大多采用 C50 及以上的高标号混凝土。

2.2.3 拱桥设计

1. 拱桥的总体设计

与其他桥型一样,拱桥的总体布置十分重要。拱桥总体设计的主要内容是,通过必要的桥址方案比较,确定桥位,再根据桥址地形、水文、地质等具体情况,合理拟定拱桥的长度、结构形式及结构体系、跨径及孔数、桥面高程及主拱圈的矢跨比等。

(1) 桥长及分孔。

拱桥设计时,应根据桥址地形、水文、地质等具体情况,先进行技术、造价、美观等方面的比较,确定两岸桥台台口之间的总长度,再考虑桥梁与两端路线的衔接及桥台的施工等因素,确定桥台的位置,桥梁的全长便确定了。

桥梁全长确定后,再根据桥址地形、水文、地质及有无通航等具体情况,并结合结构体系、结构形式和施工条件,对拱桥进行分孔,确定选择单孔拱桥还是多孔拱桥。

对于多孔拱桥,分孔方式是总体布置中一个比较重要的问题。如果拱桥跨越的是通航河流,在确定孔数与跨径时,一般应确定通航孔数和不通航孔数。通航孔的桥下净空尺寸应满足航道等级规定的要求,并与航道部门协商,必要时应进行通航论证。通航孔的位置一般布置在常水位时河床最深处或正常航行时的航道上,不应由于桥梁的修建而使航位有大的改变。对于变迁性河流,鉴于航道位置可能发生变化,应多设几个通航孔。这样,即使主河道位置变迁,也能保证通航要求。不通航孔或非通航河段,桥孔划分可按经济原则考虑,尽量使上部结构、下部结构的总造价最低。

拱桥分孔应本着经济适用的原则进行。有时为了避开深水区或不良的地质地段(如软土层、溶洞、岩石破碎带等),可根据具体情况将跨径加大。在水下基础结构复杂、施工困难的地方,为了减少基础工程量,也可以考虑采用较大跨径。对跨越高山峡谷、水流湍急的河道或宽阔的水库,由于基础及墩台的施工困难或费用太大,可考虑采用大跨径跨越。

拱桥分孔时,一般拱桥宜采用等跨或分组等跨的分孔方案,并尽量采用标准跨径。这样,施工方便且容易修复,遇到重大自然灾害或战争时也易于更换修复。同时,采用标准跨径可以改善下部结构的受力并节省材料。

此外,拱桥分孔还需注意全桥的造型和美观,特别是建在风景区的拱桥,应从美学上保证桥梁与周围环境协调。

(2)设计高程和矢跨比。

确定拱桥高程是拱桥设计中的一个重要问题。拱桥的高程主要有四个,即桥面高程、拱顶底面高程、起拱线高程、基础底面高程。在拱桥总体布置中,应根据道路、通航、泄洪等具体要求,合理确定这几项高程。

拱桥的桥面高程是指桥面与缘石相接处的高程。桥面高程代表着建桥的高度,特别在平原区,在纵坡相同的情况下,拱桥过高会使两端的引桥或引道工程量显著增加,提高桥梁的总造价。

反之,如果拱桥过矮,不但有遭受洪水冲毁的危险,而且往往影响桥下通航的正常运行,致使桥梁建成后带来难以挽救的缺陷。

建在山区河流上的拱桥,由于两岸公路路线的位置一般较高,桥面高程一般由两岸线路的纵断面设计所控制。

对跨越平原区河流的拱桥,为了保证桥梁的安全,桥下必须留有足够的泄洪净空,其桥面高程一般由桥下净空所控制。对于有淤积的河床,桥下净空尚应适当加高。对于通航河流,通航孔的最小桥面高度除满足以上要求外,还应满足对不同航道等级所规定的桥下净空限界的要求。设计通航水位一般按照一定的设计洪水频率进行计算,并与航运部门具体协商决定。

因此,拱桥桥面高程一方面由两岸线路的纵断面设计来控制,另一方面要保证桥下净空能满足通航及泄洪要求。设计时应综合考虑有关因素,并与有关部门(航运、防洪、水利等)商定。

在桥面高程确定后,拱顶底面的高程由桥面高程减去拱顶处的建筑高度就可得到。拟定起拱线高程时,为了减小墩台基础底面的弯矩,节省墩台的圬工数量,一般选择低拱脚的设计方案。但具体设计时,拱脚的位置可能会受到通航净空、排洪、洪水等条件限制。

对于无铰拱桥,可以将拱脚置于设计水位以下,但通常淹没深度不得超过矢高的 2/3。为了保证漂浮物能通过,在任何情况下,拱顶底面应高出设计洪水位 1.0 m。对于有铰拱桥,拱脚需高出设计洪水位 0.25 m。为了防止冰害,有铰拱桥或无铰拱桥的拱脚均应高出最高流冰面 0.25 m。

当洪水带有大量漂浮物时,若拱上建筑采用立柱,宜将起拱线高程提高,使主拱圈不要淹没过多,以防漂浮物对立柱的撞击或挂留。有时为了美观,应避免就地起拱,而应使墩台露出地面一定的高度。

拱桥基础底面的高程,主要根据河流的冲刷深度、桥址处地质情况、地基承载能力等因素确定。

当拱顶、拱脚高程确定后,根据跨径即可确定拱的矢跨比。矢跨比是拱桥设计的一个主要特征数据,它不但影响主拱圈内力,还影响拱桥施工方法的选择,与整个拱桥的造价密切相关。同时,矢跨比也影响整个桥梁的视觉效果及其与周围景观的协调性。

拱的恒载水平推力与垂直反力之比值,随矢跨比的减小而增大。当矢跨比减小时,拱的推力增加,反之则推力减小。众所周知,推力大,相应地在主拱圈内产生的轴向力也大,对主拱圈本身的受力状况是有利的,但对墩台基础不利。同时,矢跨比小,则弹性压缩、混凝土收缩和温度变化等附加内力均较大,对主拱圈不利。在多孔情况下,矢跨比小的连拱作用较矢跨比大的显著,对主拱圈也不利。然而,矢跨比小却能增加桥下净空,降低桥面纵坡,拱圈的砌筑和混凝土的浇筑比较方便。因此,在设计时,矢跨比的大小应经过综合比较进行选择。

通常,对于砖、石混凝土拱桥和双曲拱桥,矢跨比一般可取 1/8~1/4,不宜小于 1/8;钢筋混凝土箱形拱桥的矢跨比一般为 1/8~1/5。一般将矢跨比大于或等于 1/5 的拱称为陡拱,矢跨比小于 1/5 的拱称为坦拱。

(3)不等跨连续拱的处理。

一般情况下,多孔拱桥最好选用等跨分孔的方案。但有时拱桥会受地形、地质、通航等条件的限制,或引桥很长。考虑与桥面纵坡协调一致,以及特殊的美观要求,可以考虑用不等跨分孔的办法处理。

拱桥采用不等跨方案时,相邻桥孔的恒载推力不相等,桥墩和基础增加了恒载的不平衡推力,这一不平衡推力导致桥墩和基础受力极为不利。对于这一问题,通常有两类处理方法:一是采用无推力的系杆拱以避免水平推力对邻跨的影响;二是减小连拱作用,即可以采取以下措施减小不平衡推力,改善桥墩和基础的受力状况。

①采用不同的矢跨比。

当跨径一定时,矢跨比与推力大小成反比。因此,在相邻两孔中,大跨径选用矢跨比大的拱,小跨径选用矢跨比小的拱,可使两相邻孔在恒载作用下的水平推力大致相等。

②采用不同的拱脚高程。

可以将水平推力大的拱脚放在较低的位置,水平推力相对较小的拱脚则放在较高的位置,这样可使两侧水平推力对桥墩基底产生的弯矩得到平衡。

③调整拱上建筑的恒载重力。

对于上承式拱桥,可以通过调整相邻两孔拱上建筑的恒载重力,来达到调整水平推力的目的。大跨径用轻质的拱上填料或采用空腹式拱上建筑;小跨径用重质的拱上填料或采用实腹式拱上建筑。

④采用不同类型的拱跨结构。

相邻跨可以采用不同类型的拱跨结构,例如大跨采用中承式肋拱,小跨采用上承式板拱,再加上矢跨比等其他设计参数的调整,相邻跨的拱脚水平推力可做较大调整。拱桥的种类繁多,类似调整的方法还有很多,不再一一列举。

2. 拱轴线的选择

拱桥的设计首先要选择合理的拱轴线,选择拱轴线的原则是要尽可能地降低荷载作用产生的拱轴内弯矩数值。最理想的拱轴线是与拱上各种荷载作用下的压力线相吻合,这时拱圈截面只受轴向压力而无弯矩作用,从而能充分利用圬工材料的抗压性能。但事实上是不可能获得这样的拱轴线的,因为除永久荷载作用外,拱圈还受到可变荷载及温度变化和材料收缩等因素的作用。当永久荷载作用压力线与拱轴线吻合时,在可变荷载作用下就不再吻合,然而公路拱桥的永久荷载作用占全部荷载的比重较大。如一座 30 m 跨径的双车道公路拱桥,可变荷载大约只是永久荷载的 20%,随着跨径的增大,永久荷载作用占的比重还将增大。因此,以永久荷载作用压力线为设计拱轴线,可以认为基本上是适宜的。但是,即使仅在永久荷载作用下,拱圈本身的轴线还将因材料的弹性压缩而变形,致使拱圈的实际压力线与原来设计所采用的拱轴线发生偏离。因此在拱桥设计时,要选择一条能够使永久荷载作用下的截面弯矩都是零的拱轴线也是不可能的。

一般而言,拱桥设计中所选择的拱轴线应满足以下几个方面的要求:①尽量减少拱圈截面的弯矩,使主拱圈在计入弹性压缩、均匀温降、混凝土收缩等影响下各主要截面的应力相差不大,且最大限度减小截面拉应力,最好是不出现拉应力;②对于无支架施工的拱桥,应能满足各施工阶段的要求,并尽可能少用或不用临时性施工措施;③线形美观,便于施工。

目前,拱桥常用的拱轴线线形有以下几种。

(1)圆弧线。

圆弧线拱轴线(图2.8)对应同一深度静水压力下的压力线。圆弧线线形简单,全拱曲率相同,施工方便。拱轴方程见式(2.1):

$$\left. \begin{array}{l} y_1 = R(1-\cos\varphi) \\ x = R\sin\varphi \\ R = \dfrac{l}{2}\left(\dfrac{1}{4f/l} + \dfrac{f}{l}\right) \end{array} \right\} \quad (2.1)$$

式中:以图2.8展示公式变量含义。

当计算矢高和计算跨径已知时,根据上述几何关系可计算出各几何量。

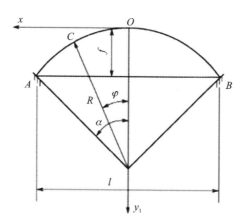

图 2.8 圆弧线拱轴线

圆弧线拱轴线与实际的恒载压力线有偏离,使拱轴各截面受力不够均匀。当矢跨比较小时,两者偏离不大,随着矢跨比的增大,偏离逐渐增大。因此,圆弧线拱轴线常用于20 m以下的小跨径拱桥和空腹式拱桥的拱式腹拱中。有些大跨径钢筋混凝土拱桥为简化施工,也有采用圆弧线拱轴线方案的。

对圆弧线拱,任意截面拱轴切线的水平倾角 φ 见式(2.2):

$$\varphi = \arcsin\left(\frac{x}{R}\right) \tag{2.2}$$

式中:以图 2.8 展示公式变量含义。

(2)抛物线。

二次抛物线对应于竖向均匀荷载作用下拱的压力线。对于恒载强度比较接近均布的拱桥,如中承式肋拱桥、矢跨比较小的空腹式钢筋混凝土拱桥、钢筋混凝土桁架拱和刚架拱等轻型拱上结构的拱桥,可以采用二次抛物线拱轴线(图 2.9),其方程见式(2.3):

$$y_1 = \frac{4f}{l^2}x^2 \tag{2.3}$$

式中:以图 2.9 展示公式变量含义。

对二次抛物线拱,任意截面拱轴切线的水平倾角 φ 见式(2.4):

$$\varphi = \arctan\left(\frac{dy_1}{dx}\right) = \arctan\left(\frac{8f}{l^2}x\right) \tag{2.4}$$

式中:以图 2.9 展示公式变量含义。

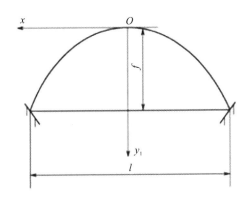

图 2.9 二次抛物线拱轴线

在某些大跨径拱桥中,由于特殊的拱上建筑布置,为了尽量使拱轴线与恒载压力线相吻合,也将高次抛物线(四次、六次抛物线)作为拱轴线。

(3)悬链线。

实腹式拱桥的恒载集度(单位长度的恒重)由拱顶到拱脚是连续分布并逐渐增大的[图 2.10(b)],其恒载压力线是一条悬链线。因此,一般认为,悬链线是实腹式拱的合理拱轴线。

空腹式拱桥的恒载集度从拱顶到拱脚不再是连续的[图 2.10(a)],它既承受拱轴自重的分布荷载,又承受拱上立柱(横墙)传来的集中荷载,其恒载压力线是一条不平滑的曲线,可采用数值法确定。某些桥梁直接将恒载压力线作为拱轴线,或将与恒载压力线逼近的连续曲线作为拱轴线。然而这些曲线计算麻烦。目前,普遍的做法还是将悬链线作为空腹式拱的拱轴线,而使拱轴线与恒载压力线在拱顶、两个 1/4 截面和两个拱脚截面五个截面相重合(称为"五点重合法"),这样可利用现存完整的悬链线计算用表来计算各项内力。同时,理论分析证明,拱轴线与恒载压力线的偏离对空腹式主拱的受力是有利的。因此,悬链线是目前大、中跨径拱桥采用最普遍的拱轴线线形之一。

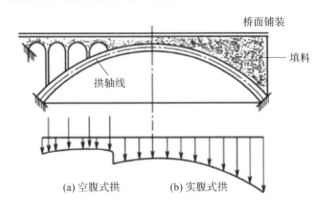

图 2.10　悬链线拱恒载分布图

2.2.4　斜拉桥设计

1. 主梁

主梁直接承受车辆荷载,是斜拉桥主要承重构件之一。由于受拉索的支承作用,其受力性能不仅取决于自身的结构体系,同时与塔的刚度、梁塔连接方式、索的刚度和索形等密切相关,所以主梁设计必须综合考虑梁、塔、索三者之间的关系。由于拉索的支承,斜拉桥主梁具有跨越能力大、梁的建筑高度小和能够借助拉索的预应力对主梁内力进行调整等特点。

1) 主梁截面形式

主梁截面形式应根据跨径、索距、桥宽等不同需要,综合考虑结构的力学要求、抗风稳定性、施工方法等进行选择。

斜拉桥主梁自重应尽量减小,梁高与主跨之比 h/L 一般为 $1/100 \sim 1/50$,对密索体系大跨径斜拉桥,高跨比可小于 $1/200$。单索面要按抗扭刚度确定梁高。

密索布置特别适用于混凝土桥面,此时无需刚度很大的主梁。刚度越大,纵向弯矩越大,因此应选择柔度较大的桥面系。由此促进了柔性断面形式的发展,其 h/L 甚至达到了 1/500。最佳刚度不仅取决于拉索间距,拉索布置和桥面宽度均是重要影响因素。中间悬挂单索面桥要具有较大的抗扭刚度,同时具备较大的横向抗弯刚度。一般来讲,对于钢和混凝土箱梁均应采用封闭的空间框架结构。

(1)混凝土梁。

混凝土梁的截面形式很多,但常用的截面形式有如下几种。

实体双主梁截面,适用于双索面体系的混凝土主梁截面。两个分离的主梁之间由混凝土桥面板及横梁连接,拉索可直接锚固在主梁中心处。这种梁构造简单,施工方便快捷,也是近年来采用得较多的一种主梁截面形式。其缺点是抗扭刚度较小。

分离式的双箱截面形式,其边箱为三角形,两箱之间为整体桥面板,横截面外侧做成风嘴状以减少迎风阻力,端部加厚以锚固拉索。这种截面易于满足抗弯和抗扭的要求,而且具有良好的抗风动力性能,因而特别适用于密索宽桥。

整体箱形截面由于具有较大的抗弯与抗扭刚度,广泛用于单索面斜拉桥。

(2)钢梁。

钢梁一般用在跨度大于 500 m 的斜拉桥上,其价格昂贵,后期养护工作量大,抗风稳定性较差,但跨越能力强,施工速度快,质量可靠。钢主梁常用横截面如图 2.11 所示。图 2.11(a)为 I 形,图 2.11(b)为箱形,图 2.11(c)为扁平钢箱形,这种截面接近流线形,有很好的空气动力性能。

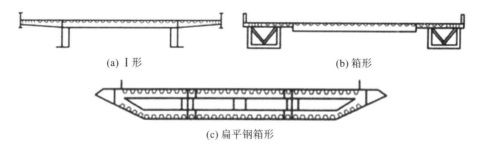

(a) I 形 (b) 箱形

(c) 扁平钢箱形

图 2.11 钢主梁常用横截面

钢主梁的桥面板一般都采用正交异性钢桥面板,即在桥面板上焊有单向或双向的开口或闭口加劲肋。斜拉桥钢箱梁就是用这种带纵肋的薄板制成的,且沿纵向每隔几米设一道横隔板,横隔板周边开槽以便让箱室薄板上的纵肋不间断地穿过。为了装配方便,常将两块或四块开槽的窄条钢板分别和箱室顶、底板和外腹板匹配,形成和箱室形状相似的框架,然后用一块相对较大的钢板扣在该框架上,通过焊接形成横隔板。横隔板常用 10 mm 或稍厚一点的钢板做成,并设竖向加劲肋以增加其刚度。有些桥也将横隔板用一个横置桁架代替。

(3)结合梁和混合梁。

结合梁(又称叠合梁)即在钢主梁上用预制或现浇混凝土桥面板代替正交异性钢桥面板。二者的共同作用是用焊于钢梁顶面深入混凝土板中的剪力键来保证的。结合梁除具有与钢主梁相同的优缺点外,还能节约钢材用量,且其刚度及抗风稳定性均优于钢主梁。结合梁一般采用钢双主梁,其断面形式常采用实腹开口Ⅰ字形、箱形、Π形等。

混合梁斜拉桥是指主梁部分用混凝土(通常布置在边跨,有的还从边跨延长至中跨的一部分),部分用钢梁(通常在中跨或中跨的大部分)。这种桥型特别适用于边跨与主跨比值较小的情况。这样布置,可将边跨结构看作中跨结构的锚固部件。预应力混凝土梁与钢梁的连接位置宜选择在弯矩和剪力较小的地方。这种结构的优点是:

①加大了边跨主梁的刚度和重量,减少了主跨内力和变形;

②可减少或避免边跨端支点出现负反力;

③边跨 PC 梁容易架设,主跨钢梁也可较容易地从主塔开始用悬伸法连续架设;

④减小全桥钢梁长度,节约造价。

2)主梁主要尺寸

斜拉桥的主要尺寸包括梁高、主梁截面尺寸、横梁尺寸、桥面板尺寸及拉索锚固区局部构造尺寸等。

斜拉桥的梁高除少数在索塔附近变化外,通常采用等高度梁。前面已经叙述了斜拉桥的高跨比,它与主梁的结构体系、截面形式和索距等有关,其宽度取决于行车道宽度、人行道宽度、拉索的布置、横截面布置及抗风稳定性等因素。从提高斜拉桥结构的抗风稳定性考虑,梁宽和主跨跨径的比值宜不小于 1/30,梁宽与梁高的比值宜不小于 8。横梁和桥面板的尺寸可以根据桥面局部荷载按常规的方法确定,由主梁所承受的轴向力及构造要求确定主梁截面面积的大小,进而确定主梁截面的各细部尺寸。

3)斜拉索在主梁上的锚固构造

(1)斜拉索在钢梁上的锚固。

斜拉索在钢梁上的锚固形式如图 2.12 所示:其中图 2.12(a)是用一钢管穿

过顶板腹板,端头设一承压板固定在底板上,斜拉索通过钢管,其锚头紧压(兜底)承压板;图 2.12(b)为锚拉板索梁锚固结构;图 2.12(c)为锚箱方案,它是在梁的腹板上设一个和斜拉索轴线一致的斜向钢箱,斜拉索穿过钢箱锚固在钢箱的端板上,不管是哪一种锚固方式,锚节点附近梁的各构件,特别是其腹板常要加厚和加肋,以满足传力的要求;图 2.12(d)为耳板式锚固点,矩形板前方上端带一块耳板,耳板上开孔,用销子和拉索的 U 形锚头相连,矩形板紧贴梁的腹板,二者用数列竖排高强螺栓相连。

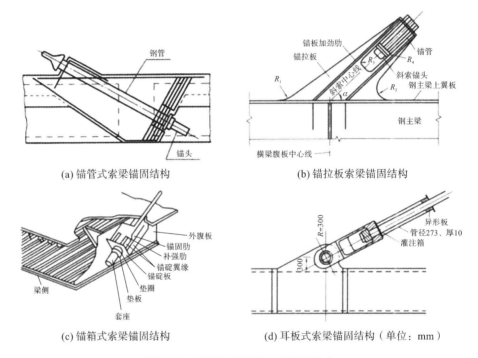

图 2.12　斜拉索在钢梁上的锚固形式

(2)斜拉索在混凝土梁上的锚固。

斜拉索在混凝土主梁上锚固的梁段,习惯地称为锚固梁段。斜拉索在锚固梁段的锚固方式,根据索面和截面形状的不同而有所差异。选择锚固方式时,要考虑以下几个因素:确保连接可靠;能便捷地把索力传递到全截面;如需在梁端张拉,应具有足够的操作空间;要有防锈蚀能力,避免拉索产生颤振应力腐蚀;便于拉索养护和更换。

顶板设置锚固块:这种锚固方式一般用于单索面整体箱的锚固构造,斜拉索直接锚固在截面中部箱梁顶板上,并与一对斜撑连接,斜撑作为受拉杆件将索力传递到整个截面。斜拉索在锚固点通过锚固块与主梁截面连接,锚固块构造根据张拉设备与施工要求进行设计。如法国的布鲁东纳大桥,斜拉索直接锚固在箱梁顶板与一对斜拉杆交叉点处的锚固块上。这种锚固方式的局部受力非常复杂,在锚固块内设一对交叉布置的箍筋是非常必要的。

横隔板锚固:在箱梁内设横隔板的锚固方式。该锚固形式一般用于双索面分离双箱或单索面整体箱及梁、板组合断面形式中,斜拉索在箱梁内通过锚固板或锚固块与主梁连接。锚固板是与箱梁连成一体的斜向横隔板,其斜度与拉索一致。锚固板厚度应满足锚具排列的构造要求。为减小锚固板体积,可将其设计成底宽上窄的楔形锚板,拉索通过该锚固板锚固于箱梁底板,锚头可外露,也可缩至底板以内,前者受力性能好,后者反之。也可以在边箱内部设置与顶板及两侧腹板固结的锚块,靠近顶板并与斜拉索斜度一致,锚头设在箱内。

锚固在两侧实体块:在主梁横截面两侧实体边缘的锚固方式。即在箱梁两侧的挑边处锚固,拉索通过预埋于梁中的钢管锚固在梁底的锚固块上。

另外,还有在箱梁内的锚固形式,以及加设锚固横梁的方式。

(3)斜拉索在结合梁上的锚固。

结合梁斜拉桥的拉索通常直接锚固在两侧的钢主梁上,以使桥面系获得较大的抗扭刚度。拉索与结合梁的锚固构造对开口工字形钢梁的锚固有两种方式:一是将拉索的锚固构件放在钢主梁顶面;二是将锚固箱布置在工字形钢主梁腹板的侧面,拉索穿过上翼板达到锚固箱,锚固箱与腹板可以采用高强螺栓摩擦连接或焊接连接。对其他形式的钢梁可以采用锚固梁的方式。

2. 斜拉索

斜拉索是斜拉桥的主要受力构件,它也是影响斜拉桥景观最主要的因素之一,其造价常常占到全桥造价的1/4~1/3。因此斜拉索在用材、形式及防腐、架设、张拉和锚固等施工工艺方面都应该慎重,在腐蚀性环境中更要选择好拉索的结构和防护形式。

(1)斜拉索的构造。

斜拉索包括钢索、锚固段和过渡段。钢索承受拉力,设置在两端的锚具用来传递力,过渡段埋设在塔和梁的内部,用于密封穿过梁和塔体的斜拉索,且不与混凝土接触。其中减振器对斜拉索起减振作用。由平行钢绞线索组成的斜拉索在过渡段内呈扩散状,减振器还起夹紧钢索的作用。

过渡段的作用是在梁、塔体内预留孔洞,以便进行穿索、张拉,将钢丝或钢绞线扩散,穿入锚具孔,减少索端振动。过渡段由承压板(锚垫板)、索导管(预留管)及减振装置三部分组成。

(2)斜拉索的制作。

斜拉索由高强度的粗钢筋、钢丝或钢绞线制作。目前国内外用得最多的是由高强钢丝制成的钢丝索和钢绞线索。

平行钢丝索股(parallel wire strand,简称 PWS)是将 $3n(n-1)+1$ 根平行的镀锌钢丝顺直无扭转地捆扎成股,截面呈等边六边形。大型的 PWS 可以直接单独用作斜拉索,但大多数情况是每根拉索由多股 PWS 组成。平行钢丝股索由于钢丝未经旋扭,抗拉强度和弹性模量均无损减,与单根镀锌钢丝相同,抗疲劳性能也较好。其缺点是斜拉索刚度较大,不易弯曲,运输与架设困难,易引起弯曲次应力。

用钢丝制备斜拉索分为两种方式:平行钢丝索和半平行钢丝索。

将若干根预应力钢丝平行并拢、扎紧,整体穿入聚乙烯套管内,并在张拉结束后压注水泥砂浆防护,就成为平行钢丝索。平行钢丝索截面呈等边六边形,此时钢丝根数为 $3n(n-1)+1$,或者选定所需的钢丝数后直接捆扎成索,因此截面内的钢丝根数可以自由地选定。平行钢丝索的各项物理特性与平行钢丝股索基本一致。这种索宜现场制作。

半平行钢丝索是将若干根预应力钢丝平行并拢,且同心同向作轻度扭绞,扭绞角为 $2°\sim 4°$,再用包带扎紧,最外层直接挤裹聚乙烯索套防护。半平行钢丝索也称为新型 PWS、螺旋形 PWC。这种索挠曲性能好,可以自由地缠绕在卷筒上进行长途运输,宜在工厂中机械化制作。从试验得知,当扭绞角小于 $4°$ 时,其弹性模量和疲劳性能一般不受损减。

用钢绞线制备斜拉索的方法也有两种:平行钢绞线索和半平行钢绞线索。

平行钢绞线索是用工厂生产的 7 丝钢绞线按平行钢丝束的排列方法布置成等边六角形截面,即为平行钢绞线索(parallel stand cable,简称 PSC)。这种索可在工地一根根穿束,一根根张拉,这为以后的换索维修带来极大的好处。因为对一些长大索而言,其整索上盘、运输、就位、张拉、锚固都是比较困难的。

半平行钢绞线索的构造和制作方法与平行钢绞线索相同,只是在索中钢绞线集中排列后再轻度扭绞而成,斜拉索中钢绞线的扭绞方向应与单根钢绞线中的钢丝扭绞方向相反。半平行钢绞线索均在工厂制作好后运往工地,它可以配装冷铸锚。

钢绞线索的弹性模量较小,而且在受力时截面紧缩,非弹性变形较大,不适合用于对斜拉索变形较为敏感的斜拉桥。因此,在斜拉索使用前通常要进行预张拉,其张拉力一般不超过破断拉力的55%。

(3)斜拉索的防腐。

早期修建斜拉桥拉索的防护方法不成熟,常由于腐蚀而换索。近年来换索的斜拉桥大多数是全部更换,换索工程费用相当昂贵,大约为原来建桥总费用的一半,而且常常需要中断交通或者限制交通。现各国对防锈处理都很重视,常用的防锈蚀处理方法是:采用镀锌钢丝或钢绞线;在平行钢丝索或钢绞线外涂油脂或石蜡等防锈脂,外包黑色PE护套,形成2~3道防锈蚀措施。

对平行钢丝索外包PE护套前,还要用包带捆紧。对平行钢绞线索,钢绞线作逐根防锈处理,在工厂加工。最后还可对钢索外涂色漆(树脂类)或外套PE管,形成一道防锈蚀措施并形成美观的外形。套管按一定长度分为两半制作,利用榫头楔合成圆筒,对套管纵、横向接缝进行热焊接成全长,圆筒套管内间隔设有定形隔板支垫。外套圆筒除防止钢索意外伤害外,同时有利于改善拉索的气动外形。

斜拉索防护的另一个关键在于锚头。实践证明,锚头难以防止雨水渗漏,因此锚头的密封和泄水措施十分重要。

3. 索塔

梁的自重和活载主要是通过斜拉索经由索塔传给基础和大地的。索塔主要受轴向压力,斜拉索的不平衡水平分力使其发生沿桥梁轴向的弯曲,风力等使其发生横向弯曲。因此,索塔为一压弯构件。地震烈度较高时,在塔上产生的弯矩常控制其塔根截面设计。在施工期间,裸塔抗风稳定性也是设计者关心的问题之一。

(1)索塔所受的荷载。

根据索塔所受的荷载,可以计算其内力,根据内力设计出索塔的截面。

索塔上主要作用的荷载有:自重、由拉索传至塔部主梁的恒载和活载、拉索索力的垂直分力引起的塔柱轴向力和拉索索力的水平分力引起的塔柱弯矩和剪力;温度变化、日照影响、支座沉降位移、风荷载、地震力、混凝土收缩、徐变等都将对塔柱产生轴向力、水平扭矩和顺桥向、横桥向弯矩。为此,在塔柱受很大轴向压力的情况下,应考虑顺、横桥向双向弯矩的影响,在各个角点进行相应各类工况条件下的应力叠加。特别在大跨径斜拉桥中,由于塔柱中巨大的轴向力和施工可能产生的累计偏差,以及在各类外力的作用下,塔将出现水平位移并导致附加弯矩,因此要对塔进行验算,确保塔的屈曲稳定性。

塔柱的内力和变形,通常采用小变形理论分析。一般情况下,对恒载、活载等垂直荷载,将梁、索、塔用平面杆件有限元分析。对于风荷载等横向荷载作用,则可将塔作为一个平面框架分析。对于结构动力特性和结构抗风、抗震稳定计算,应通过结构空间有限元法,进行专题分析和计算。此外,对于拉索锚固区,塔与主梁的连接区的结构分析和应力集中、局部应力的分析,都可采用有限元分析法计算内力和变形。

(2)斜拉索在索塔上的锚固。

对钢斜拉桥,其主塔可以是钢的也可以是混凝土的,斜拉索在钢塔上的锚固构造相对简单,主要是因为钢材的受压和受拉性能均较好,构造细节容易处理。

对斜拉索在混凝土塔上的锚固点,为防止混凝土在集中力作用下胀裂,常需在锚点周围设置复杂的环向预应力。

2.2.5 悬索桥设计

1.悬索桥的总体设计

实际设计中,设计者首先要研究地形、地质、水文及接线等条件,从而决定采用何种形式的悬索桥进行总体布置。然后再针对选定的桥式进一步确定悬索桥的跨度比、垂跨比、加劲梁高宽尺寸及其支承约束体系等要素,再进行方案设计的初步估算,概略地计算主要工程量。

(1)悬索桥的边跨与主跨的跨度比。

从总体受力要求来看,边跨与主跨的主缆水平分力在塔顶处应互相平衡,这要求通过边跨与主跨的主缆在塔顶两侧的夹角尽量相近。跨度比一般受具体桥位处的地形与地质条件制约,其取值的自由度较小,一般边跨与主跨的跨度比为0.25~0.50。研究表明,若主孔跨度及垂跨比确定,则跨度比越小,单位桥长所需的钢材质量越大,若减小跨度比可以起到减小加劲梁最大竖向挠度及最大竖向转角的作用。

(2)悬索桥主缆的垂跨比。

垂跨比指主缆在主孔内的垂度 f 与主孔的跨度 L 之比。垂跨比的大小对主缆中的拉力有很大的影响,它在较大程度上影响主缆所需截面积与单位桥长的用钢量。在主孔跨度以及边跨与主跨的跨度比皆为定值的情况下,垂跨比还对悬索桥的整体(包括竖向和横向)刚度有明显的影响,垂跨比越小,刚度越大。另外,悬索桥的主缆垂跨比还对结构的振动特性也有一定的影响。因此,在实际设计中,应结合对刚度的要求和主缆用钢量来选取合适的垂跨比,一般悬索桥的垂跨比取值为1/12～1/9。

(3)悬索桥加劲梁的尺寸拟定。

对大跨度悬索桥而言,悬索桥加劲梁的高宽尺寸一般不存在与跨度的固定的比例关系。加劲梁的宽度一般是由车道宽度及桥面构造的布置等决定的,设计中需要根据抗风理论分析和风洞试验来验证所取的加劲梁的宽跨比是否具备优良的动力特性。在理论上,当主孔跨度 L 为定值时,宽跨比越大,结构整体(特别是横向)刚度就越大。通常,桁式加劲梁梁高一般为 6～14 m,箱形加劲梁的梁高一般为 2.5～4.5 m。

(4)悬索桥加劲梁的支承体系。

关于加劲梁支承体系的问题,主要是加劲梁在塔墩处是否连续。三跨悬索桥中的加劲梁绝大多数是非连续的(称为三跨双铰加劲梁),即每跨加劲梁的两端分别设置支承体系。三跨双铰式加劲梁的布置在结构上是较合理的。但采用非连续的双铰加劲梁时,梁端的角变量和伸缩量以及跨中的最大挠度(包括竖向的和横向的)均较大。加劲梁采用连续支承体系始于1959年法国建成的坦卡维尔(Tancarville)桥。这种形式能减少桥面的变形,对整体抗风性、运营平顺性和舒适性均有利,但也存在缺点,如主梁连续通过塔柱,使得主梁在主塔柱处的支点负弯矩较大,加大了桥塔处塔柱的间距,加劲梁中还存在附加内力等。

2. 悬索桥的计算理论

悬索桥的计算理论,随着时代的进展与科学技术的进步,特别是第二次世界大战以后的电子计算机技术的发达,有着非常大的演变与发展。19世纪末至20世纪初的悬索桥早期的计算采用弹性理论。从20世纪初到20世纪80年代前后,悬索桥的计算改用挠度理论。从20世纪80年代前后开始,由于电子计算机技术的发展及其在结构分析中的应用,开始出现了有限位移理论。以下简单介绍悬索桥的结构分析理论。

(1)弹性理论。

1823年纳维(Navier)发表了悬索桥的弹性理论。它使用超静定结构的计算方法,将悬索桥的结构看作主缆与加劲梁的结合体。它只考虑由荷载产生的新的构件内力之间的平衡。其特点是对恒载与活载的作用没有本质上的区别,也就是在计算活载内力时没有计入恒载产生的初始内力对悬索桥整体刚度做出的贡献。这种理论是建立在不考虑(忽略)荷载产生的变形会影响内力的大小与方向的基础之上的。因此,弹性理论是基于变形非常微小而可以忽略的计算假设,它只能满足早期跨度较小且加劲梁刚度相对较大的悬索桥的使用。对于大跨度悬索桥而言,按弹性理论计算太保守,偏于安全,浪费材料。

(2)挠度理论。

随着跨度的增加,梁的抗弯刚度相对变小,活载引起的结构变形对结构平衡变得不可忽视。1888 年梅兰(Melan)提出了悬索桥分析的挠度理论。采用挠度理论来计算悬索桥时,考虑原有荷载(如恒载)已产生的主缆轴力对新的荷载(如活载)产生的竖向变形(挠度)将产生一种抗力。这就是说,这种计算理论是在变形之后再来考虑内力的平衡。用挠度理论来计算活载内力时,已经计入了恒载内力对悬索桥的刚度起到的提高作用。挠度理论中的计算假定为:

①恒载沿桥梁的纵向是分布均匀的;

②在恒载作用下,主缆索为抛物线形,加劲梁处于无应力状态(吊索之间的局部挠曲应力除外);

③吊杆为竖直,且沿桥跨密布;

④在活载作用下,只考虑吊索有拉力,但不考虑吊索的拉伸和倾斜;

⑤加劲梁为直线形,并且是等截面;

⑥只计主缆及加劲梁的竖向变形(挠度),但不考虑它们的纵向变形。

弹性理论与挠度理论相关计算公式分别见式(2.5)和式(2.6)。图 2.13 为悬索桥用弹性理论与挠度理论的比较。

弹性理论:

$$\nu = 0, M = M_p = M_p^0 = -H_p \cdot y \tag{2.5}$$

挠度理论:

$$\nu \neq 0, M = M_p = M_p^0 - H_p \cdot y - H \cdot \nu \tag{2.6}$$

式(2.5)和式(2.6)中:M——梁的弯矩,kN·m;

M_p^0——恒载下的主梁弯矩,kN·m;

H——主缆拉力的水平分力,kN;

H_p——恒载下的主缆水平分力 kN;

y——主缆的垂度,mm;

ν——主缆的挠度,mm。

图 2.13 显示了弹性理论与挠度理论的不同之处,图中用虚线表示主缆在恒载作用时的平衡位置,用实线表示主缆在恒载和活载共同作用时的平衡位置,对两者进行比较可以看到活载作用下主缆的几何形状发生了变化。用挠度理论计算所得的内力比用弹性理论要小得多。根据悬索桥的跨度大小、加劲梁的刚度大小以及

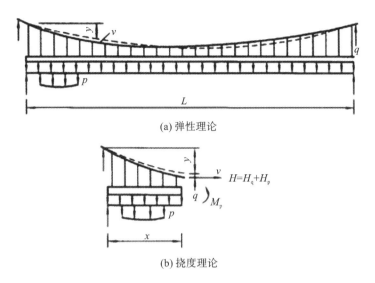

(a) 弹性理论

(b) 挠度理论

图 2.13　弹性理论与挠度理论的比较

(注：p 为活载集度，单位为 kN/m。)

活载影响与恒载影响的比例，一般挠度理论的内力计算值比弹性理论减少 1/10～1/2。

在挠度理论基本微分方程中，若省略其二次项，则为线性挠度理论。当挠度理论线性化后，不仅容易求解基本微分方程，而且可以使用叠加原理，从而使工程中常用的影响线分析方法在此处也可使用。当恒载与活载比值较大时，线性挠度理论具有较好的近似性。

(3) 有限位移理论。

对于跨度大或加劲梁刚度小的悬索桥，按小变形理论的弹性理论分析，不能反映实际结构的非线性行为。挠度理论考虑了结构的可靠性，在悬索桥结构的计算分析中起着重要作用。但当加劲梁的高跨比小于 1/300 时，采用线性挠度理论分析悬索桥所产生的误差将不容忽略。随着电子计算机技术的发展及其在结构分析中的应用，各种借助电子计算机、以有限位移理论为基础的矩阵分析法相继建立，使悬索桥的分析计算更加精确。

基于矩阵位移法的有限元技术更能适应复杂结构的受力分析，一些有代表性的研究成果逐渐完善和发展了有限位移理论。应用有限位移理论的矩阵位移法，可以综合考虑体系节点位移影响和轴力效应。

把悬索桥结构分析方法统一到一般非线性有限元中，这是目前大跨度悬索桥分析计算中普遍采用的方法，也是悬索桥所有分析方法中最精确的方法。

(4)其他方法。

代换梁法:设想把悬索去掉,在加劲梁上作用代换的竖向荷载及拉力(此拉力不引起加劲梁产生拉力),这个梁即为原悬索桥的加劲梁的"代换梁"。当代换梁在外荷载作用下产生挠度时,拉力对代换梁就会产生弯矩。这个代换梁的挠曲微分方程与挠度理论基本微分方程一致。由此可以采用代换梁求解悬索桥的内力。

重力刚度法:由于悬索桥加劲梁的弯曲刚度常常远小于具备很大轴力的缆索刚度,如果忽略加劲梁的刚度,而把悬索桥当作一个单纯的索结构进行分析,则分析的结果也不会相差甚远。基于这样的思路对悬索桥进行近似分析的方法,就是重力刚度法。

(5)各种理论的比较。

表2.3为悬索桥计算理论的概要比较。微小变形理论是指包括轴力在内的构件内力按方向不变的假设进行计算,线性有限变形理论是指按方向有变化而轴力大小不变的假设进行计算,轴力大小与方向均假设有变化时称为非线性有限变形理论,截面内力作用于变形后的方向则被称为高度非线性的大变形理论。

表2.3 悬索桥计算理论的概要比较

理论名称	项目		
	适用的悬索桥	理论区别	主缆轴力的考虑
弹性理论	小跨度悬索桥的刚度较大时	微小变形理论	不考虑主缆的初期轴力
挠度理论	大跨度悬索桥竖直吊索	有限变形理论	主缆拉力的水平分力为定值
有限位移理论	大跨度悬索桥任意形状	有限变形理论、大变形理论	主缆拉力在水平方向也有变化

一般情况下,采用线性关系的有限变形理论来进行计算已有足够的精度。例如在求解加劲梁的弯矩时,采用线性有限变形理论方法时用影响线来求得计算值,与在同一位置加载的大变形理论所得结果相比的误差不过是百分之几而已,并且该误差偏于安全一侧。线性理论也能考虑剪切变形,不足之处是误差比非线性理论大。

当活载产生的主缆轴力较大时(如主孔满跨布置活载),对计算主缆拉力宜采用非线性有限变形理论,除此之外一般均为较小量值,基本上可以不考虑非线性关系。当承受轴力的构件在与轴力成正交的方向发生较大的变形时,一般宜采用大变形理论来进行计算,如:

①架设过程中的悬索桥;

②竖吊索悬索桥(跨中及端部无短斜索)在纵向作用荷载时;
③主缆体系作用有横向水平荷载时。

2.3 墩 台 设 计

2.3.1 梁桥墩台设计

1. 梁桥桥墩

桥墩按其构造可分为实体墩、空心墩、桩(柱)式墩、框架墩等;按其受力特点可分为刚性墩和柔性墩;按施工工艺可分为就地砌筑或浇筑桥墩、预制安装桥墩;按其截面形状可分为矩形、圆形、圆端形、尖端形及各种截面组合而成的空心墩;墩身侧面可垂直,也可以是斜坡式或台阶式。

1)实体桥墩

实体桥墩是由墩帽、墩身和基础构成的一个实体结构,按截面尺寸和桥墩重量的不同又分为实体重力式桥墩和实体薄壁式桥墩(墙式桥墩)。

(1)墩帽。

墩帽是桥墩顶端的传力部分,通过它支承上部结构,并将相邻两孔桥上的恒载和活载传到墩身上。因此,墩帽的强度要求较高,一般需用 C20 以上的混凝土制作。另外,在一些桥面较宽、墩身较高的桥梁中,为了节省墩身及基础的圬工体积,常利用悬臂或托盘来缩短墩身的横向长度,悬臂或托盘式墩帽一般采用 C20 或 C25 钢筋混凝土。

墩帽长度和宽度视上部结构的形式和尺寸、支座的布置等要求而定,其最小厚度一般不小于 0.4 m,中小跨径桥梁也不应小于 0.3 m。

墩帽尺寸拟定如下。

①顺桥向墩帽最小宽度 b。

a. 双排支座:如图 2.14 所示,b 见式(2.7):

$$b \geqslant f + \frac{a}{2} + \frac{a'}{2} + 2c_1 + 2c_2 \tag{2.7}$$

$$f = e_0 + e_1 + e_1' \geqslant \frac{a}{2} + \frac{a'}{2} \tag{2.8}$$

$$e_0 = lt\alpha \tag{2.9}$$

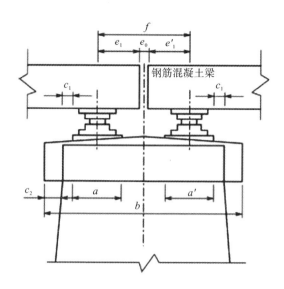

图 2.14 墩帽顺桥向尺寸

式(2.7)~式(2.9)中：f——相邻两跨支座间的中心距。

e_0——伸缩缝宽，中小桥为 2~5 cm，大跨径桥梁可按温度变化及施工放样、安装构件可能出现的误差等决定；

l——桥跨的计算长度(因桥梁的分孔、联长、固定支座与活动支座布置不同而不同)；

t——温度变化幅度值，可利用当地最高和最低月平均气温及桥跨浇筑完成时的温度计算确定；

α——材料的线膨胀系数，钢筋混凝土构造物为 1×10^{-5}；

e_1, e_1'——桥跨结构过支座中心线的长度；

a, a'——桥跨结构支座垫板的顺桥向宽度；

c_1——顺桥向支座垫板至墩身边缘的最小距离，见表 2.4 及图 2.15；

c_2——檐口宽度，5~10 cm。

表 2.4 支座边缘到墩身边缘的最小距离 （单位：mm）

桥型	桥向		
	顺桥向	横桥向	
		圆弧端头(自支座边角量)	矩形端头
大桥	250	250	400
中桥	200	200	300
小桥	150	150	200

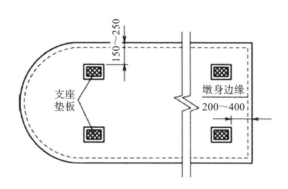

图 2.15 c_1 值的确定(单位:mm)

b.单排支座:当墩上仅有一排支座时(如连续梁桥),则 b 可由式(2.10)计算(见图 2.16):

$$b = a + 2c_1 + 2c_2 \tag{2.10}$$

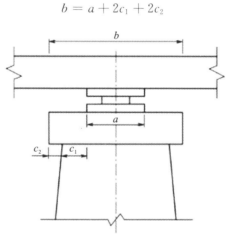

图 2.16 单排支座墩帽尺寸

c.不等高梁双排支座:如图 2.17 所示,b 按式(2.11)和式(2.12)计算取大者:

$$b = (a + 2c_1 + c_2) + e_0 + \left(e'_1 + \frac{a'}{2} + c_1 + c_2\right) \tag{2.11}$$

$$b = \left(c_1 + c_2 + \frac{a}{2} + e_1\right) + e_0 + \left(e'_1 + \frac{a'}{2} + c_1 + c_2\right) \tag{2.12}$$

②横桥向墩帽最小宽度 B。

a.平面形状为矩形的墩帽:多片主梁(见图 2.18),计算见式(2.13)。

$$B = B_1 + a_1 + 2c_1 + 2c_2 \tag{2.13}$$

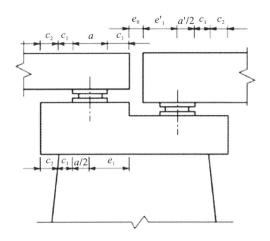

图 2.17 不等高梁双排支座墩帽尺寸

式中：B_1——桥跨结构两外侧主梁中心距；

a_1——支座底板横向宽度。

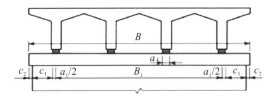

图 2.18 多片主梁墩帽横桥向尺寸

箱形梁(见图 2.19)计算公式同式(2.13)，式中 B_1 为支座中心距。

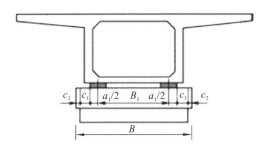

图 2.19 箱形梁墩帽横桥向尺寸

b.平面形状为圆端形的墩帽，当墩帽顺桥向采用了最小宽度 b 时，有式(2.14)：

$$B = B_1 + a_1 + b \tag{2.14}$$

(2)墩身。

墩身是桥墩的主体。重力式桥墩墩身的顶宽,小跨径桥梁不宜小于 80 cm;中跨径桥梁不宜小于 100 cm;大跨径桥梁的墩身顶宽,视上部构造类型而定。侧坡一般采用 20∶1～30∶1,小跨径桥梁的墩身也可采用直坡。

墩身通常由石块、浆砌片石、混凝土或钢筋混凝土等材料建造。石砌桥墩应采用强度等级不低于 MU25 的石料,大中桥用 M5 以上砂浆砌筑,小桥用不低于 M2.5 的砂浆砌筑。混凝土桥多由 C15 以上的混凝土浇筑,并可掺入不多于 25% 的片石。混凝土预制墩不低于 C20。

为了便于水流和漂浮物通过,墩身平面形状可以做成圆端形或尖端形;无水的岸墩或高架桥墩可以做成矩形。在水流与桥梁斜交或流向不稳定时,宜做成圆形;在有强烈流水或大量漂浮物的河道,桥墩的迎水端应做成破冰棱体。

实体薄壁式桥墩可用钢筋混凝土材料做成,由于它可以显著减少圬工体积,因而广泛应用于中小跨径的桥梁中,但其抗冲击能力较差,不宜用在流速大且夹有大量泥沙的河流或可能有船舶、冰、漂浮物撞击的河流。

(3)基础。

基础是桥墩与地基直接接触的部分,其类型与尺寸往往取决于地基条件,尤其是地基承载力。最常见的是刚性扩大基础,一般由 C15 以上片石混凝土或浆砌块石筑成。基础的平面尺寸较墩身底面尺寸略大,四周各放大 0.25～0.75 m,基础可以做成单层,也可以做成 2～3 层台阶式。台阶的宽度由基础用材的刚性角控制。

为了保持桥梁美观和结构不受碰损,基础顶面一般应设置在最低水位以下不少于 0.5 m;在季节性河流或旱地上,不宜高出地面。另外,为了保持持力层的稳定性,除岩石地基外,基础的埋置深度应在天然地面或河底以下不少于 1 m;如有冲刷,基底埋深应在设计洪水位冲刷线以下不少于 1 m;对于上部结构为超静定结构的桥涵基础,除非冻胀土外,均应将基底埋于冻结线以下不小于 0.25 m。

2)空心桥墩

空心桥墩有两种形式:部分镂空实体桥墩和薄壁空心桥墩。

部分镂空实体桥墩仍保持实体桥墩的基本特点,如较大的轮廓体形,较大的圬工结构,少量的钢筋等。镂空的主要目的是在截面强度和刚度均足以承担和平衡外力的前提条件下,减少圬工数量,使得结构更经济。镂空部位具有一定的条件限制(如在墩帽下一定高度范围内),为保证上部结构的荷载安全有效地传递给墩身壁,应设置一定的实体过渡段;在空心部分与实体部分连接处应设倒角或配置构造钢筋,以避免墩身传力过程中产生的局部应力集中;对于易受船只、漂流物撞击或易磨损、需防冰害的墩身部分,一般不宜镂空。

薄壁空心桥墩基本结构形式与部分镂空实体桥墩相似,但一般采用强度高、墩身壁较薄的钢筋混凝土构件,混凝土等级一般为C20～C30。根据受力情况、桥墩高度以及自身构造要求,桥墩的壁厚一般为30～50 cm。这种桥墩可大幅度地消减墩身自重,减小软弱地基的负荷。该类构造除满足部分镂空实体桥墩规定的要求外,为了降低薄壁墩身内外温差,减小水压力和浮力或避免冻胀,应在薄壁墩上设通风孔及排水孔。为了保证薄壁墩的墩壁自身稳定性和施工方便,应在适当间距设置水平隔板,通常的做法是对40 m以上的高墩,不论壁厚如何,均按6～10 m的间距设置横隔梁。薄壁空心桥墩按计算配筋,一般配筋率在0.5%左右。

3)桩(柱)式桥墩

桩(柱)式桥墩由分离的两根或多根立柱(或桩柱)组成。其外形美观、圬工体积小、自重轻,是目前公路桥梁中广泛采用的桥墩形式之一,一般用于跨径不大于30 m,墩身不高于10 m的桥梁中。

通常,桩(柱)式桥墩的墩身沿桥横向由1～4根立柱组成,柱身为直径60～150 cm的圆柱或方形、六角形柱等形式。当墩身高度大于6 m时,可设横系梁加强柱身横向联系。这种桥墩的刚度较大,适用性较广,并可与柱基配合使用;缺点是模板工程较复杂,柱间空间小,易阻滞漂浮物,故一般多在水深不大的浅基础或高桩承台上采用,避免在深水、深基础及漂浮物多、有木筏的河道上采用。

桩(柱)式桥墩一般由位于基础上的承台、柱式墩身和盖梁组成。双车道桥常用墩的形式有单柱式、双柱式、哑铃式以及混合双柱式4种。若上部结构为大悬臂箱形截面,墩身可以直接与梁相接。

桩(柱)式桥墩一般由C20～C30的钢筋混凝土构件组成。墩柱配筋由计算确定,纵向受力筋的直径不应小于12 mm,纵向受力钢筋截面面积应不小于混凝土计算截面面积的0.5%,当混凝土强度等级为C50及以上时不应小于0.6%,同时一侧钢筋的配筋率不小于0.2%;纵向受力筋净距应不小于5 cm,且不应大于35 cm,最小保护层厚度不小于3 cm;箍筋直径不应小于纵向受力钢筋直径的1/4,且不小于8 mm,箍筋间距不应大于受力钢筋直径的15倍,不大于构件短边尺寸(圆形截面采用0.8倍直径),且不大于40 cm;在受力钢筋接头处,箍筋间距应不大于纵向钢筋直径的10倍或构件短边尺寸,且不大于20 cm。

盖梁是桩(柱)式桥墩的墩帽,一般采用钢筋混凝土就地浇筑,混凝土强度等级采用 C20~C30,也可采用预制安装或预应力混凝土。当高跨比不大于 5 时,盖梁宜采用强度等级较高的混凝土,混凝土强度等级一般不应低于 C25。盖梁截面内应设箍筋,其直径不应小于 8 mm,间距不宜大于 20 cm。盖梁两侧面应设纵向水平钢筋,其直径不宜小于 12 mm,间距宜大于 20 cm。

当桩(柱)式桥墩的柱身间设置横系梁时,梁的截面高度和宽度可分别取 0.8~1.0 倍和 0.6~0.8 倍的柱直径或长边边长。横系梁一般不直接承受外力,可不作内力计算,按横截面面积的 0.1% 配置构造钢筋即可,四角应设置直径不小于 16 mm 的纵向钢筋,并设直径不小于 8 mm 的箍筋,箍筋间距不应大于横系梁的短边尺寸或 40 cm。

4) 柔性排架桩墩

柔性排架桩墩是由成排打入的单桩或多排钢筋混凝土桩与顶端的钢筋混凝土盖梁连接而成的。它依靠支座摩阻力使桥梁上下部构成一个共同承受外力和变形的整体,多用于桥墩高度小于 6 m、桥梁跨径小于 16 m 的多孔梁式桥。

柔性排架桩墩的主要特点是:上部结构传来的水平力(制动力、温度影响力等)按不同的刚度分配到各墩台,作用在每个柔性墩上的水平力较小,而作用在刚性墩台上的水平力很大。因此,柔性排架桩墩截面尺寸得以减小,具有用料省、施工进度快、修建简便等优点。主要缺点是用钢量大。

柔性排架桩墩可采用单排或双排,桩墩高于 5 m 时宜采用双排。柔性排架桩墩一般采用矩形桩,其截面尺寸常选用 25 cm×35 cm、30 cm×35 cm 和 30 cm×40 cm 等,桩长不超过 14 m,桩间中距为 1.5~2.0 m。双排架的两排间距不大于 0.4 m。桩顶盖梁单排架宽为 0.6~0.8 m,高 0.4~0.5 m。双排架盖梁宽度视桩的尺寸和间距而定。

柔性墩是桥墩轻型化的途径之一,一般布设在两端具有较大刚性桥台的多跨桥梁中。全桥除一个中墩设置活动支座外,其余墩台均采用固定铰支座。

由于柔性墩在布置上只设一个活动铰支座,当桥孔数目较多且桥较长时,柔性墩固定铰支座的墩顶位移量过大而处于不利状态,活动支座的活动量也大,刚性桥台的支座所受的水平力也大。因此,多跨长桥采用柔性墩时宜分成若干联,每联设置一个刚性墩(台)。两个活动铰支座间或刚性台与第一个活动铰支座间称为一联。

柔性排架桩墩多用于墩高为 5.0~7.0 m,跨径 13 m 以下,桥长 50~80 m 的中小型桥梁。柔性排架桩墩不宜用在山区河流或漂流物严重的河流。

5）框架式桥墩

框架式桥墩采用钢筋混凝土或预应力混凝土等压挠和挠曲构件组成平面框架代替墩身支承上部结构，必要时可做成双层或多层框架。V形墩、Y形墩、X形墩等也是框架墩的一种。此种桥墩结构的出现，给桥梁建筑增添了新的艺术造型，改变了桥墩原本较笨拙的形象，使桥梁整体结构造型更加轻巧美观，同时使桥梁的跨越能力提高，缩短了主梁的跨径，降低了梁高。

钢筋混凝土和预应力混凝土V形墩、Y形墩、X形墩可在混凝土桥梁中使用。采用V形墩、Y形墩、X形墩等，结构构造比较复杂，施工比较麻烦。

V形斜撑与水平面的夹角，依据桥下净空要求和总体布置确定，倾斜角通常大于45°。斜撑的截面形式可采用矩形、I形和箱形等。

V形墩的支座可布置在V形斜撑的顶部或底部。支座布置在斜撑的顶部，斜撑是桥墩的一个组成部分；支座布置在斜撑的底部，或采取斜撑与承台连接而不设支座时，斜撑与主梁固结，斜撑成为上部结构的一个组成部分，斜撑的受力大小依结构图式和主梁与斜撑的刚度比确定。

Y形墩、X形墩的特点与V形墩相似，当斜撑受力较大时，可在斜撑构件内布置预应力钢筋。

2. 梁桥桥台

梁桥桥台可分为重力式桥台和轻型桥台。

1）重力式桥台

重力式桥台的常用型式是U形桥台，它由台帽、台身和基础三部分组成。台后的土压力主要由自重来平衡。因此，桥台本身多数由石砌、片石混凝土或混凝土等圬工材料建造，且采用就地浇筑的方法施工。

（1）台帽。

如图 2.20 所示，顺桥向台帽最小宽度见式(2.15)：

$$b = \frac{a}{2} + e_1 + e_2 + c_1 + c_2 \tag{2.15}$$

横桥向台帽宽度一般应与路基同宽，台帽厚度一般不小于 400 mm，中小桥梁也不应小于 300 mm，并应配置 c_2 为 50～100 mm 的檐口。台帽可用 C15、C20 的钢筋混凝土或素混凝土做成，也可用 MU30 的石料圬工砌筑，所用砂浆强度不可低于 M5。

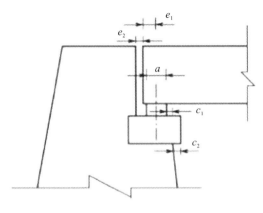

图 2.20　台帽顺桥向尺寸

(2)台身。

U 形桥台的台身由前墙和两个侧墙构成。其优点是构造简单,可以用混凝土或片、块石砌筑,适用于填土高度在 10 m 以下或跨度稍大的桥梁;缺点是桥台体积和自重较大,增加了对地基的要求。此外,桥台的两个侧墙之间填土容易积水,结冰后冻胀,使侧墙产生裂缝。所以,宜用渗水性较好的土夯填,并做好台后排水措施。

U 形桥台前墙正面多采用 10∶1 或 20∶1 的斜坡,侧墙与前墙结合成一体,兼有挡土墙和支撑墙的作用。侧墙正面一般是直立的,其长度视桥台高度和锥坡坡度而定。前墙的下缘一般与锥坡下缘相齐,桥台越高,锥坡越坦,侧墙则越长。侧墙尾端应有不小于 0.75 m 的长度伸入路堤内,以保证与路堤良好的衔接。台身的宽度通常与路堤宽度相同。

无论是梁桥还是拱桥,桥台前墙的任一水平截面的宽度,不宜小于该截面至墙顶高度的 40%。侧墙的任一水平截面的宽度,对于片石砌体不小于该截面至墙顶高度的 40%;对于块石、料石砌体或混凝土则不小于 35%。如果桥台内填料为透水性良好的砂质土或砂砾,则上述两项可分别减至 35% 和 30%。前墙及侧墙的宽度,对于片石砌体不宜小于 500 mm;对于块石、料石砌体和混凝土不宜小于 400 mm。

2)轻型桥台

轻型桥台的体积较小、自重较轻,一般由钢筋混凝土材料建造。它借助结构的整体刚度和材料强度承受外力,从而可节省材料,降低对地基承载力的要求并扩大应用范围,为在软土地基上修建桥台开辟了经济可行的途径。

常用的轻型桥台有设有支撑梁的轻型桥台、钢筋混凝土薄壁桥台和埋置式桥台等几种类型。

(1)设有支撑梁的轻型桥台。

这种桥台的特点是台身为直立的薄壁墙,台身两侧有翼墙(用于挡土)。两桥台下部设置钢筋混凝土支撑梁,上部结构与桥台通过锚栓连接,其中间空隙用小石子混凝土或砂浆填塞,构成了四铰框架结构系统,并借助两端台后的土压力来保持稳定,锚栓直径不宜小于上部结构构造主筋的直径,锚固长度为台帽厚度加上三角垫层和板厚。

按照翼墙(侧墙)的形式和布置方式,这种桥台又可分为:一字形轻型桥台、八字形轻型桥台和耳墙式轻型桥台。一字形轻型桥台的翼墙与台身连成一体,八字形轻型桥台的八字墙与台身之间设断缝分开,耳墙式轻型桥台由台身、耳墙和边柱三部分组成。

这种桥台的台帽用钢筋混凝土浇筑,混凝土强度等级不低于C20,厚度不小于30 cm,并有10 cm的挑檐。填土高度较高或跨径较大时,宜采用有台背的台帽,它具有良好的支撑作用。

台身可用混凝土或砂浆块石砌筑,混凝土强度等级不低于C20,砂浆强度不低于M5,块石强度不低于MU30。台身厚度不宜小于60 cm。

基础按支承于弹性地基上的梁进行验算,一般用混凝土浇筑。当其长度大于12 m时,应按构造要求配筋,基础埋置深度一般在原地面(无冲刷时)或局部冲刷线以下不小于1 m。

支撑梁可用20 cm×30 cm的钢筋混凝土筑成,或用尺寸不小于40 cm×40 cm的混凝土或块石砌筑。支撑梁按基础长度之中线对称布置,其间距为2~3 m。

(2)钢筋混凝土薄壁桥台。

常用的薄壁轻型桥台有悬臂式、扶壁式、撑墙式及箱式等,其主要特点是利用钢筋混凝土结构的抗弯能力来减少圬工体积,从而使桥台轻型化。相对而言,悬臂式桥台的柔性较大,钢筋用量较多,而撑墙式和箱式桥台刚度大,但模板用量多。钢筋混凝土薄壁桥台是由扶壁式挡土墙和两侧的薄壁侧墙组成。挡土墙由厚度不小于15 cm(一般为15~30 cm)的前墙和间距为2.5~3.5 m的扶壁所组成。台顶由竖直矮墙和支承于扶壁上的水平梁构成,用于支承桥跨结构。两侧薄壁可与前墙垂直,有时也可与前墙斜交。前者称为U形薄壁桥台,后者称为八字形薄壁桥台。

这种桥台不仅可以减少40%～50%的圬工体积,同时因自重减轻而减小了对地基的压力,故适用于软弱地基的条件,但其构造和施工较复杂,并且钢筋用量也较大。

(3)埋置式桥台。

埋置式桥台是将桥台台身埋在锥形护坡中,仅露出台帽用以安装支座及上部构造。桥台所受的土压力大大减小,桥台的体积也相应减小。由于台前护坡是用片石作表面防护的一种永久性设施,存在被洪水冲毁而使台身裸露的可能,故设计时必须进行强度和稳定性的验算。按台身的结构形式,埋置式桥台可分为肋形埋置式、桩柱式和框架式。

肋形埋置式桥台的台身是由两块后倾式肋板与顶面帽梁连接而成的。台高达到或超过 10 m 时必须设置系梁。帽梁、系梁和耳墙均需配置钢筋,采用 C20 以上混凝土。台身与帽梁、台身与基础之间只需布置少量接头钢筋,台身及基础可用 C15 混凝土。对于肋板式桥台,在桥台的背墙和肋板表层应设置钢筋网,其截面面积在水平方向和竖直方向分别不应小于每米 250 mm^2(包括受力钢筋),间距不应大于 400 mm。

柱式埋置式桥台适用于各种土壤地基。根据桥宽和地基承载能力可采用双柱、三柱或多柱的形式。柱与钻孔桩相连的称为桩柱式;柱子嵌固在普通扩大基础之上的称为立柱式;完全由一排钢筋混凝土桩和桩顶盖梁连接而成的称为柔性柱台。

框架式桥台往往比桩柱式桥台具有更好的刚度,比肋形埋置式桥台挖空率更高,更节约圬工体积。框架埋置式桥台结构本身存在斜杆,能够产生水平分力以平衡土压力,加之基底较厚,又通过系梁连成一个框架体,所以稳定性较好,可用于填土高度在 5 m 以上的桥台,并与跨径为 16 m 和 20 m 的梁式上部结构配合使用,其不足是必须用双排桩基,钢筋水泥用量较桩柱式要多。

2.3.2 拱桥墩台设计

与梁桥墩台一样,拱桥墩台大致也分为两大类型:重力式墩台和轻型墩台。其作用原理与梁桥墩台类似。

1. 拱桥桥墩

1)重力式桥墩

拱桥是一种有推力的结构,拱圈传到桥墩上的力,除垂直力以外,还有较大的水平推力,这是与梁桥的最大区别。从抵御恒载水平力的能力来看,拱桥桥墩又可分为普通墩和单向推力墩两种。普通墩除承受相邻两跨结构的垂直反力外,一般不承受恒载水平推力,或者当相邻两孔不相同时只承受经过相互抵消后尚余的不平衡推力。单向推力墩又称制动墩,它的主要作用是在一侧桥孔因某种原因遭到毁坏时,能承受住单侧拱的恒载水平推力,以保证其另一侧的拱桥不致倾塌。而且,当因施工造成拱架的多次周转时,或者当缆索吊装施工的工作跨径受到限制时,为了能按桥台与某墩之间或者按某两个桥墩之间作为一个施工段进行分段施工,也要设置能承受部分恒载的单向推力墩。由此可见,为了满足结构强度和稳定性的要求,普通墩的墩身可以做得薄一些;单向推力墩要做得厚实一些。由于上承式拱桥的桥面与墩顶顶面之间有一段高度,墩顶以上结构常采用以下几种形式:对于空腹式拱桥的普通墩,常采用立墙式、立柱加盖梁式或者采用跨越式;对于单向墩常采用立墙式和框架式。

拱桥实体重力式桥墩也是由墩帽、墩身和基础三部分组成,与梁桥桥墩不同的是,梁桥桥墩的顶面应设置传力的支座,且支座距顶面边缘保持一定的距离,而拱桥桥墩则在其顶面的边缘设置呈倾斜面的拱座直接承受由拱圈传来的压力。故无铰拱的拱座总是设计成与拱轴线呈正交的斜面。由于拱座承受着较大的拱圈压力,所以一般采用 C20 以上的整体式混凝土、混凝土预制块或 MU40 以上的块石砌筑。

当桥墩两侧孔径相等时,则拱座均设置在桥墩顶部的起拱线标高上,有时考虑桥面的纵坡,两侧的起拱线标高可以略有不同。当桥墩两侧的孔径不等,恒载水平推力不平衡时,将拱座设置在不同的起拱线标高上。此时,桥墩墩身可在推力小的一侧变坡或增大边坡,以减小不平衡推力引起的基底反力偏心距。从外形美观上考虑,变坡点一般设在常水位以下,墩身两侧边坡和梁桥的一样,一般为 20∶1～30∶1。

2)轻型桥墩

拱桥所用的轻型桥墩,一般为配合钻孔灌注桩基础的桩柱式桥墩。从外形上看,它与梁桥上的桩柱式桥墩非常相似。其主要区别在于:在梁桥墩帽上设置支座,而在拱桥墩顶部分设置拱座。当拱桥跨径在 10 m 左右时,常采用两根直径为 100 cm 的钻孔灌注桩;跨径在 30 m 左右时可采用三根直径为 120～130 cm 的钻孔灌注桩。桩墩较高时,应在桩间设置横系梁以增强桩柱刚性。桩柱式桥墩一般采用单排桩,跨径在 40 m 以上的高墩,可采用双排桩。在桩顶设置承台,与墩柱连成整体。如果柱与桩直接连接,则应在结合处设置横系梁。若柱高大于 6 m,还应在柱的中部设置横系梁。

2. 拱桥桥台

拱桥桥台可分为重力式桥台、轻型桥台和组合式桥台三种类型。

1) 重力式桥台

常用的重力式桥台为 U 形桥台,它由台帽、台身和基础三部分组成。U 形桥台的台身是由前墙和平行于行车方向的两侧翼墙构成,其水平截面呈 U。U 形桥台通常采用锥形护坡与路堤连接,锥坡的坡度根据台高、地形等确定。U 形桥台的优缺点与梁式桥中的 U 形桥台相同,在结构构造上除在台帽部分有差别外,其余部分也基本相同。拱桥桥台只在向河心的一侧设置拱座,其尺寸可参照相应拱桥桥墩的拱座拟定。其他部分尺寸可参考相应梁桥 U 形桥台进行设计。

2) 轻型桥台

轻型桥台是相对于重力式桥台而言的。其工作原理是,当桥台受到拱的推力时,即发生绕基底形心轴而向路堤方向的转动,此时台后的土便产生抗力来平衡拱的推力。由于土参与提供部分抗力,从而使桥台的尺寸大大小于实体重力式桥台,但此时必须验算由于拱脚位移而在拱圈内产生的不利附加内力的影响。采用轻型桥台时,要注意保证台后的填土质量,台后填土应严格按照规定分层夯实,并做好台后填土的防护工作,防止受水流的侵蚀和冲刷。常用的轻型桥台有八字形和 U 形桥台,以及由此派生的 Π 形和 E 形等背撑式桥台。

(1) 八字形桥台。

八字形桥台的构造简单,台身由前墙和两侧的八字翼墙构成,两者之间通常留沉降缝。前墙可以是等厚度的,也可以是变厚度的。变厚度台身的背坡坡度为 2∶1～4∶1,翼墙的顶宽一般为 40 cm,前坡坡度为 10∶1,后坡坡度为 5∶1,为了防止基底向河心滑动,基础应有一定的埋置深度。

(2) U 形桥台。

U 形轻型桥台是由前墙和平行于行车方向的侧墙组成,构成 U 形的水平截面。它与 U 形重力式桥台的差别在于,后者是依靠扩大桥台底面积来减小基底压力,并利用基底与地基的摩阻力和台背土侧压力来平衡拱的水平推力,因此,其基础底面积较 U 形重力式桥台的基础底面积要小。U 形轻型桥台前墙的构造和八字形桥台相同,但侧墙却是拱上侧墙的延伸,它们之间应设变形缝,以适应桥梁的可能变位。

3)组合式桥台

组合式桥台由台身和后座两部分组成。台身基础承受竖向力,一般采用桩基或沉井基础;拱的水平推力则主要由后座基底的摩阻力及台后的土侧压力来平衡,后座基底标高应低于拱脚下缘的标高。台身与后座间应密切贴合,并设置沉降缝,以适应两者的不均匀沉降。当地基土质较差时,后座基础也应适当处理,以免后座向后倾斜,导致台身和拱圈的位移和变形。

2.4 基础设计

2.4.1 浅基础设计

1. 天然地基上浅基础设计的内容

天然地基上浅基础的设计包括下述各项内容。
(1)选择基础的材料、类型,进行基础平面布置。
(2)选择基础的埋置深度。
(3)确定地基承载力设计值。
(4)确定基础的底面尺寸。
(5)必要时进行地基变形与稳定性验算。
(6)进行基础结构设计(按基础布置进行内力分析、截面计算,以满足构造要求)。
(7)绘制基础施工图,提出施工说明。

基础施工图应清楚表明基础的布置、各部分的平面尺寸和剖面,注明设计地面或基础底面的标高。如果基础的中线与建筑物的轴线不一致,应加以标明。如建筑物有地下管线等设施,也应标示清楚。至于所用材料及其强度等级等方面的要求和规定,应在施工说明中提出。

上述天然地基上浅基础设计的各项内容是互相关联的。设计时可按上述顺序首先选择基础材料、类型和埋深,然后逐步进行计算。如发现前面的选择不妥,则需修改设计,直至各项计算均符合要求且各数据前后一致为止。

如果地基软弱,为了减轻不均匀沉降的危害,在进行基础设计的同时,还需从整体上对建筑设计和结构设计采取相应的措施,并对施工提出具体要求。

2. 基础设计方法

基础的上方为上部结构的墙、柱,基础底面以下则为地基土体。基础承受上部结构的作用并对地基表面施加压力(基底压力),同时地基表面对基础产生反力(地基反力)。两者大小相等,方向相反。基础所承受的上部荷载和地基反力应满足平衡条件。地基土体在基底压力作用下产生附加应力和变形,而基础在上部结构和地基反力的作用下则产生内力和位移,地基与基础互相影响、互相制约。进一步说,地基与基础之间除荷载的作用外,还与它们抵抗变形或位移的能力有着密切关系。而且,基础和地基也与上部结构的荷载和刚度有关,即地基、基础和上部结构都是互相影响、互相制约的。它们原来互相连接或接触的部位在各部分荷载、位移和刚度的综合影响下,一般仍然保持连接或接触,墙(柱)底端位移、该处基础的变位和地基表面的沉降相一致,满足变形协调条件。上述概念可称为地基-基础-上部结构的相互作用。为了简化计算,在工程设计中,通常把上部结构、基础和地基三者分离开来,分别对三者进行计算;视上部结构底端为固定支座或固定铰支座,不考虑荷载作用下各墙(柱)端部的相对位移,并按此进行内力分析;而对基础与地基,则假定地基反力与基底压力呈直线分布,分别计算基础的内力与地基的沉降。这种传统的分析与设计方法称为常规设计法。

这种设计方法,对于良好均质地基上刚度大的基础和墙(柱)布置均匀、作用荷载对称且大小相近的上部结构来说是可行的。在这些情况下,按常规设计法计算的结果与进行地基-基础-上部结构相互作用分析的结果差别不大,可满足结构设计可靠度的要求,并已经过大量工程实践的检验。

基底压力一般并非呈直线(或平面)分布,它与土的类别性质、基础尺寸和刚度及荷载大小等因素有关。在地基软弱、基础平面尺寸大、上部结构的荷载分布不均等情况下,地基的沉降和受力将受到基础和上部结构的影响,而基础和上部结构的内力和变位也将调整。如按常规设计法计算,墙(柱)底端的位移、基础的挠曲和地基的沉降将各不相同,三者变形不协调,且不符合实际。而且,地基不均匀沉降所引起的上部结构附加内力和基础内力变化未能在结构设计中加以考虑,因此也不安全。只有进行地基-基础-上部结构的相互作用分析才能进行合理设计,做到既降低造价又能防止建筑物遭受损坏。目前,这方面的研究工作已取得进展,人们可以根据某些实测资料,借助电子计算机进行某些结构类型、基础形式和地基条件的相互作用分析,并在工程实践中运用相互作用分析的成果或概念。

3. 浅基础常用类型及适用条件

根据受力条件及构造,天然地基上浅基础的类型如下。

(1)刚性基础。

基础在外力(包括基础自重)N 和 W 作用下,基底的地基反力为 σ,此时基础的悬出部分,如图 2.21(a)中 a-a 断面左端,相当于承受着均布荷载的悬臂梁,在荷载作用下,a-a 断面将产生弯曲拉应力和剪应力。当基础圬工具有足够的截面使材料的容许应力大于由地基反力产生的弯曲拉应力和剪应力时,a-a 断面不会出现裂缝,这时基础内不需配置受力钢筋,这种基础称为刚性基础,刚性基础是桥梁、涵洞和房屋等建筑物常用的基础类型。其形式有刚性扩大基础、单独柱下刚性基础、条形基础等。

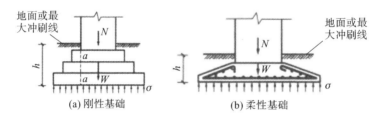

图 2.21 基础类型

刚性基础常用的材料主要有混凝土、粗料石和片石,混凝土是修筑基础最常用的材料,它的优点是强度高,耐久性好,可浇筑成任意形状的砌体,混凝土强度等级一般不宜低于 C15。对于大体积混凝土基础,为了节约水泥用量,可掺入不多于砌体体积 25% 的片石(称为片石混凝土)。

刚性基础的特点是稳定性好,施工简便,能承受较大的荷载。它的主要缺点是自重大,并且当持力层为软弱土时,对扩大基础面积有一定限制,需要对地基进行处理或加固,否则会因所受的荷载压力超过地基强度而影响建筑物的正常使用。所以,对于荷载较大或上部结构对沉降差较敏感的建筑物,当持力层的土质较差又较厚时,刚性基础作为浅基础是不合适的。

(2)柔性基础。

在基底反力作用下,基础在 a-a 断面上产生的弯曲拉应力和剪应力若超过了基础圬工的强度极限值,为了防止基础在 a-a 断面处开裂甚至断裂,可重新设计刚性基础尺寸,并在基础中配置足够数量的钢筋,这种基础称为柔性基础,见图 2.21(b)。柔性基础主要用钢筋混凝土浇筑,常见的形式有柱下扩展基础、条形基础、十字形基础、筏板基础及箱形基础。其整体性能较好,抗弯刚度较大。

4. 浅基础的构造

(1)刚性扩大基础。

将基础平面尺寸扩大以满足地基强度要求,这种刚性基础又称为刚性扩大基础。其平面形状常为矩形,其每边扩大的尺寸一般为 0.20~0.50 m。作为刚性基础,每边扩大的最大尺寸应受到材料刚性角的限制。当基础较厚时,可将纵、横两个断面都做成台阶形,以减小基础自重,节省材料。它是桥涵及其他建筑物常用的基础形式。

(2)单独和联合基础。

单独和联合基础是立柱式桥墩和房屋建筑常用的基础形式之一。它的纵、横断面均可砌筑成台阶式,但柱下单独基础用石或砖砌筑时,应在柱子与基础之间用混凝土墩连接。特殊情况下,当柱下基础用钢筋混凝土浇筑时,其断面也可浇筑成锥形。

(3)条形基础。

条形基础分为墙下条形基础和柱下条形基础。墙下条形基础是挡土墙下或涵洞下常用的基础形式。其横断面可以是矩形,或将一侧筑成台阶形。如挡土墙很长,为了避免沿墙长方向因沉降不匀而开裂,则可根据土质和地形予以分段,设置沉降缝。有时为了增强柱下基础的承载能力,将同一排若干柱子的基础联合起来,就形成了柱下条形基础。其构造与倒置的 T 形截面梁相类似,沿柱子排列方向的断面可以是等截面的,也可以在柱位处加腋。桥梁基础一般做成刚性基础,个别的也可做成柔性基础。

如地基土很软,基础在宽度方向需进一步扩大,同时要求基础具有空间的刚度来调整不均匀沉降,可在柱下纵、横两个方向均设置条形基础,即十字形基础。这是房屋建筑常用的基础形式,也是一种交叉条形基础。

5. 地基容许承载力的确定

地基容许承载力的确定一般有以下四种方法:

(1)在土质基本相同的条件下,参照邻近建筑物地基容许承载力确定;

(2)根据现场荷载试验的 p-s 曲线确定;

(3)按地基承载力理论公式计算确定;

(4)按现行规范提供的经验公式计算确定。

按照我国《公路桥涵地基与基础设计规范》(JTG 3363—2019)提供的经验公式和数据来确定地基容许承载力的步骤和方法如下:

(1)确定土的分类名称;

(2)确定土的状态;

(3)确定土的容许承载力。

当基础最小边宽超过 2 m 或基础埋深超过 3 m,且 $h/b \leqslant 4$ 时,一般地基上(除冻土和岩石外)的容许承载力$[\sigma]$可按式(2.16)计算:

$$[\sigma] = [\sigma_0] + K_1 \gamma_1 (b-2) + K_2 \gamma_2 (h-3) \quad (2.16)$$

式中:$[\sigma_0]$——当基础最小边宽 $b \leqslant 2$ m,埋置深度 $h \leqslant 3$ m 时的地基土容许承载力,kPa,可直接从规范中查取。

b——基础验算剖面底面最小边宽(或直径),m。当 $b<2$ m 时,取 $b=2$ m;当 $b>10$ m 时,按 10 m 计算。

h——基础底面的埋置深度,m。对于受水流冲刷的基础,从一般冲刷线算起;对于不受水流冲刷的基础,从天然地面算起;对于位于挖方内的基础,从开挖后地面算起。当 $h<3$ m 时,取 $h=3$ m。

γ_1——基底下持力层土的天然重度,kN/m^3。如持力层在水面以下且为透水性土,则应取用浮重度。

γ_2——基底以上土的重度(如为多层土则用换算重度),kN/m^3。如持力层在水面以下且为不透水性土,则无论基底以上土的透水性质如何,应一律采用饱和重度;如持力层为透水性土,则应一律采用浮重度。

K_1,K_2——按持力层土类确定的基础宽度和深度方面的修正系数。

式(2.16)等号右边第二项是基础在剖面底面宽度大于 2 m 时地基容许承载力的修正提高值,第三项是基础埋深超过 3 m 时地基容许承载力的修正提高值。

6. 刚性扩大基础的设计与计算

浅基础设计时,应首先充分考虑基底持力层稳定的最小深度、严寒地区的冻结深度、桥台施工难易程度、河流的冲刷深度等因素,以此拟订基础埋置深度,然后拟订可靠的基础尺寸方案进行验算。根据《公路桥涵地基与基础设计规范》(JTG 3363—2019),桥涵墩台基础(不包括桩基础)基底埋置深度应符合下列规定。

①当墩台基底设置在不冻胀土层中时,基底埋深可不受冻深的限制。

②上部为外超静定结构的桥涵基础,其地基为冻胀土层时,应将基底埋入冻

结线以下不小于 0.25 m 处。

③当墩台基础设置在季节性冻胀土层中时,基底的最小埋置深度可按《公路桥涵地基与基础设计规范》(JTG 3363—2019)中的相关公式进行计算。

④非岩石河床桥梁墩台基底埋置深度安全值可按表 2.5 确定。

表 2.5 基底埋置深度安全值　　　　　　　　　　　　(单位:m)

桥梁类别	总冲刷深度				
	0	5	10	15	20
大桥、中桥、小桥(不铺砌)	1.5	2	2.5	3	3.5
特大桥	2	2.5	3.5	4	4.5

⑤岩石河床墩台基底最小埋置深度可参考《公路工程水文勘测设计规范》(JTG C30—2015)附录 C 确定。

⑥位于河槽的桥台,当其最大冲刷深度小于桥墩总冲刷深度时,桥台基底的埋置深度应与桥墩基底相同。当桥台位于河滩时,对河槽摆动不稳定的河流,桥台基底高程应与桥墩基底高程相同;对稳定河流,桥台基底高程可按照桥台冲刷结果确定。

刚性扩大基础设计与计算的主要内容包括:基础埋置深度的确定,刚性扩大基础尺寸的拟订,地基承载力验算,基底合力偏心距验算,基础稳定性和地基稳定性验算,基础沉降验算。

1)基础埋置深度的确定

在确定基础埋置深度时,必须优先把基础设置在变形较小而强度又较大的持力层上,以保证地基强度满足要求,不致产生过大的沉降或沉降差。此外,还要使基础有足够的埋置深度,以保证基础的稳定性,从而确保基础的安全。确定基础的埋置深度时,必须综合考虑以下各种因素的影响。

(1)地基的地质条件。

覆盖土层较薄(包括风化岩层)的岩石地基,一般应清除覆盖土和风化层后,将基础直接修建在新鲜岩面上;如岩石的风化层很厚,难以全部清除,则基础在风化层中的埋置深度应根据其风化程度、冲刷深度及相应的容许承载力来确定。如岩层表面倾斜,则不得将基础的一部分置于岩层上,而将另一部分置于土层上,以防基础因不均匀沉降而发生倾斜甚至断裂。在陡峭山坡上修建桥台时,还应注意岩体的稳定性。

当基础埋置在非岩石地基上,如受压层范围内为均质土,基础埋置深度除满足冲刷、冻胀等要求外,还应根据荷载大小,由地基土的承载能力和沉降特性来确定(同时考虑基础需要的最小埋置深度)。当地质条件较复杂,如地层由多层土组成等,大、中型桥梁及其他建筑物基础持力层应通过较详细的计算或方案比较后确定。

(2)河流的冲刷深度。

在有水流的河床上修建基础时,要考虑洪水对基础下地基土的冲刷作用。洪水水流越急,流量越大,洪水的冲刷作用越强,整个河床面被洪水冲刷后要下降,这叫作一般冲刷,被冲下去的深度叫作一般冲刷深度。同时,桥墩的阻水作用使洪水在桥墩四周冲出一个深坑,这叫作局部冲刷。

因此,在有冲刷的河流中,为了防止桥梁墩台基础四周和基底下土层被水流掏空冲走以致倒塌,基础必须埋置在设计洪水最大冲刷线以下不小于 1 m 处。特别是在山区和丘陵地区的河流,更应注意考虑季节性洪水的冲刷作用。

(3)当地的冻结深度。

在寒冷地区,基础埋置深度的确定应该考虑季节性的冰冻和融化对地基土引起的冻胀影响。对于冻胀性土,如土温在较长时间内保持在冻结温度以下,则水分能从未冻结土层不断地向冻结区迁移,而引起地基的冻胀和隆起,这些都可能使基础遭受损坏。为了保证建筑物不受地基土季节性冻胀的影响,除地基为非冻胀性土外,基础底面应埋置在天然最大冻结线以下一定深度处。

(4)上部结构形式。

上部结构的形式不同,对基础产生的位移要求也不同。对中、小跨度简支梁桥来说,这项因素对确定基础的埋置深度影响不大。但对超静定结构,即使基础发生较小的不均匀沉降,也会使内力产生一定变化。例如,对拱桥桥台,为了减小可能产生的水平位移和沉降差值,有时需将基础设置在埋藏较深的坚实土层上。

(5)当地的地形条件。

当墩台、挡土墙等结构位于较陡的土坡上时,在确定基础埋置深度时,还应考虑土坡连同结构物基础一起滑动的稳定性。地基容许承载力一般是在以地面为水平面的情况下确定的,因此当地基为倾斜土坡时,应结合实际情况,予以适当折减并采取相应措施。若基础位于较陡的岩体上,则可将基础做成台阶形,但要注意岩体的稳定性。

(6)保证持力层稳定所需的最小埋置深度。

地表土在温度和湿度的影响下会产生一定的风化,其性质是不稳定的。人类和动物的活动及植物的生长作用也会破坏地表土层的结构,影响其强度和稳定性,所以一般地表土不宜作为持力层。为了保证地基和基础的稳定性,基础的埋置深度(除岩石地基外)应为天然地面或无冲刷河底以下不小于 1 m。

除此以外,在确定基础埋置深度时,还应考虑对相邻建筑物的影响,如新建建筑物基础比原有建筑物基础深,则施工挖土时有可能影响原有基础的稳定性。施工技术条件(施工设备、排水条件、支撑要求等)及经济技术指标等对基础埋深也有一定影响,这些因素也应考虑。

上述影响基础埋置深度的因素不仅适用于天然地基上的浅基础,有些因素还适用于其他类型的基础(如沉井基础)。

2)刚性扩大基础尺寸的拟订

主要根据基础埋置深度确定基础平面尺寸和基础分层厚度。所拟订的基础尺寸应是在可能的最不利荷载组合条件下,保证基础本身能有足够的结构强度,能使地基与基础的承载力和稳定性均满足规定要求,并且是经济合理的。

基础厚度应根据墩台身结构形式、荷载大小、选用的基础材料等因素来确定。基底标高应按基础埋置深度的要求确定。水中基础顶面一般不高于最低水位,季节性流水的河流或旱地上的桥梁墩台基础则不宜高出地面,以防碰损。这样,基础厚度可按上述要求所确定的基础底面和顶面标高求得。在一般情况下,大、中型桥梁墩台混凝土基础厚度为 1.0~2.0 m。

基础平面形式一般应在考虑墩台身底面的形状后确定,基础平面形状常用矩形。基础底面长、宽尺寸与高度有如下的关系,见式(2.17)和式(2.18):

长度(横桥向): $a = l + 2H\tan\alpha$ (2.17)
宽度(顺桥向): $b = d + 2H\tan\alpha$ (2.18)

式(2.17)和式(2.18)中:l——墩台身底截面长度,m;

d——墩台身底截面宽度,m;

H——基础高度,m;

α——墩台身底截面边缘至基础边缘线与垂线间的夹角。

刚性扩大基础的剖面一般做成矩形或台阶形,如图 2.22 所示。自墩台身底边缘至基顶边缘距离 c_1 称为襟边,其作用一方面是扩大基底面积以增加基础承载力,另一方面便于调整基础施工时在平面尺寸上可能发生的误差,也为了满足支立墩台身模板的需要。其值应视基底面积的要求、基础厚度及施工方法而定。桥梁墩台基础襟边最小值为 20~30 cm。

基础较厚(超过 1 m)时,可将基础的剖面浇砌成台阶形。

基础悬出总长度(包括襟边与台阶宽度之和)应使悬出部分在基底反力作用下,在 a-a 截面[见图 2.22(b)]上所产生的弯曲拉力和剪应力不超过基础圬工的强度限值。所以满足上述要求时,就可得到墩台身边缘处的垂线与基底边缘的连线间的最大夹角 $\alpha_{\max}$,称为刚性角。在设计时,应使每个台阶宽度 c_i 与厚度 t_i 保持在一定的比例范围内,使其夹角 $\alpha_i \leqslant \alpha_{\max}$,这时可认为其属于刚性基础,可不必对基础进行弯曲拉应力和剪应力的强度验算,在基础中也可不设置受力钢筋。刚性角 $\alpha_{\max}$ 的数值与基础所用的圬工材料强度有关。

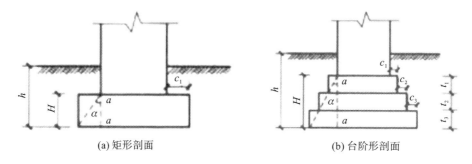

(a) 矩形剖面　　　　　　　　(b) 台阶形剖面

图 2.22　刚性扩大基础剖面图

基础每层台阶高度 t_i 通常为 0.50~1.00 m,在一般情况下各层台阶宜采用相同高度。

3)地基承载力验算

地基承载力验算包括持力层强度验算、软弱下卧层承载力验算。

(1)持力层强度验算。

持力层是指直接与基底相接触的土层。进行持力层承载力验算时要求荷载在基底产生的地基应力不超过持力层的地基容许承载力。持力层强度验算如图 2.23 所示,其基底应力计算见式(2.19):

$$\left.\begin{array}{c}\sigma_{\max}\\ \sigma_{\min}\end{array}\right\} = \frac{N}{A} \pm \frac{M}{W} \leqslant [\sigma] \tag{2.19}$$

式中: $\sigma_{\max}$, $\sigma_{\min}$——基底最大、最小应力,kPa;

N——基底以上竖向荷载,kN;

A——基底面积,m^2;

M——作用于墩台上的各外力对基底形心轴的力矩,kN·m, $M = \sum T_i h_i + \sum P_i e_i = N e_0$,其中, T_i 为水平力, h_i 为水平作用点至基底的距离, P_i 为竖向力, e_i 为竖向力 P_i 作用点至基底形心的偏心距,

e_0 为合力偏心距;

W——基底截面模量,m^3,对矩形基础,$W = \dfrac{1}{6}ah^2 = \rho A$,$\rho$ 为基底核心半径;

$[\sigma]$——基底处持力层地基容许承载力,kPa。

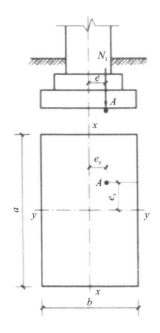

图 2.23　持力层强度验算(偏心竖直力作用在任意点)

对公路桥梁,通常基础横桥向长度比顺桥向宽度大得多,同时上部结构在横桥向的布置常是对称的,故一般由顺桥向控制基底应力计算,但当通航河流或河流中有漂流物时,应计算船舶撞击力或漂流物撞击力在横桥向产生的基底应力,并与顺桥向基底应力比较,取其大者来控制设计。

在曲线上的桥梁,除顺桥向引起的力矩 M_x 外,还有离心力(横桥向水平力)在横桥向产生的力矩 M_y。若桥面上活荷载考虑横向分布的偏心作用,则偏心竖向力对基底两个方向中心轴均有偏心距,并产生偏心力矩 $M_x = Ne_x$,$M_y = Ne_y$。故对于曲线桥,基底应力应按式(2.20)计算:

$$\left.\begin{array}{r}\sigma_{\max}\\ \sigma_{\min}\end{array}\right\} = \dfrac{N}{A} \pm \dfrac{M_x}{W_x} \pm \dfrac{M_y}{W_y} \leqslant [\sigma] \qquad (2.20)$$

式中:M_x,M_y——外力对基底顺桥向中心轴和横桥向中心轴的力矩;

W_x,W_y——基底对 x、y 轴的截面模量。

对式(2.19)和式(2.20)中的 N 值及 M(或 M_x、M_y)值,应按与能产生最大力矩 M_{max} 时的最不利荷载组合相对应的 N 值,和与能产生最大竖向 N_{max} 的最不利荷载组合相对应的 M 值,分别进行基底应力计算,取其大者来控制设计。

(2)软弱下卧层承载力验算。

当受压层范围内地基由多层土(主要相对于地基承载力有差异而言)组成,且持力层以下有软弱下卧层(其是指容许承载力小于持力层容许承载力的土层)时,还应验算软弱下卧层的承载力。验算时,先计算软弱下卧层顶面 A(在基底形心轴下)的应力(包括自重应力及附加力),其不得大于该处地基土的容许承载力(见图 2.24),见式(2.21):

$$\sigma_{h+z} = \gamma_1(h+z) + \alpha(\sigma - \gamma_2 h) \leqslant [\sigma]_{h+z} \qquad (2.21)$$

式中:γ_1——深度为 $h+z$ 以内土的换算重度,kN/m^3。

γ_2——深度为 h 范围内土层的换算重度,kN/m^3。

h——基底埋置深度,m。

z——从基底到软弱土层顶面的距离,m。

α——基底中心下土中附加应力系数,可按相关土力学教材或规范提供的系数表查用。

σ——由计算荷载产生的基底压应力,kPa,当基底压应力为不均匀分布且 z/b(或 z/d)>1 时,σ 为基底平均压应力;当 z/b(或 z/d)$\leqslant 1$ 时,σ 按基底应力图形采用距最大应力边 $b/4\sim b/3$ 处的压应力(其中,b 为矩形基础的短边宽度,d 为圆形基础直径)。

$[\sigma]_{h+z}$——软弱下卧层顶面处的容许承载力,kPa,可按式(2.19)计算。

当软弱下卧层为压缩性强且较厚的软黏土,或上部结构对基础沉降有一定要求时,除承载力应满足上述要求外,还应验算软弱下卧层的基础沉降量。

4)基底合力偏心距验算

控制基底合力偏心距的目的是尽可能使基底应力分布得比较均匀,以免基底两侧应力相差过大,使基础产生较大的不均匀沉降,导致墩台发生倾斜,影响正常使用。若使合力通过基底中心,虽然可得到均匀的应力,但这样做非但不经济,而且不可行,所以在设计时应根据有关设计规范按以下原则进行。

对于非岩石地基,以不出现拉应力为原则:当墩台仅受恒荷载作用时,基底合力偏心距 e_0 应不大于基底核心半径 ρ 的 10%(桥墩)和 75%(桥台);当墩台受荷载组合Ⅱ、Ⅲ、Ⅳ作用时,由于一般是短时的,因此对基底偏心距的要求可以放宽,一般只要求基底偏心距 e_0 不超过核心半径 ρ 即可。

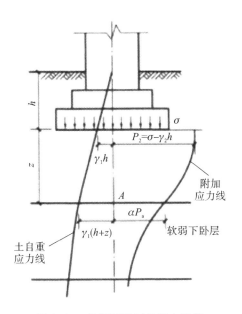

图 2.24 软弱下卧层承载力验算

对于修建在岩石地基上的基础,可以允许出现拉应力。根据岩石的强度,合力偏心距 e_0 最大可为基底核心半径 ρ 的 1.2～1.5 倍,以保证必要的安全储备(具体规定可参阅有关桥涵设计规范)。

当外力合力作用点不在基底两个对称轴中的任一对称轴上,或基底截面不对称时,可直接按式(2.22)求 e_0 与 ρ 的比值,使其满足规定的要求:

$$\frac{e_0}{\rho} = 1 - \frac{\sigma_{\min}}{N/A} \qquad (2.22)$$

式中:符号意义同前,但要注意 N 和 $\sigma_{\min}$ 应在同一种荷载组合情况下求得。

在验算基底偏心距时,应采用与计算基底应力相同的最不利荷载组合。

5) 基础稳定性和地基稳定性验算

基础稳定性验算包括基础倾覆稳定性验算和基础滑动稳定性验算。此外,对某些土质条件下的桥台、挡土墙,还要验算地基稳定性,以防桥台、挡土墙下地基产生滑动。

(1)基础稳定性验算。

①基础倾覆稳定性验算。

基础倾覆或倾斜除有地基的强度和变形原因外,往往发生在承受较大的单向水平推力而其合力作用点又与基础底面的距离较大的结构物上,如挡土墙或高桥台受侧向土压力作用,大跨度拱桥在施工中墩台受到不平衡的推力,以及在多孔拱桥中一孔被毁等,此时在单向恒荷载推力作用下,均可能引起墩台连同基础的倾覆和倾斜。

理论和实践证明,基础倾覆稳定性与合力偏心距有关。合力偏心距愈大,则基础抗倾覆的安全储备愈小,如图2.25所示。因此,在设计时,可以通过限制合力偏心距e_0来保证基础的倾覆稳定性。

设基底截面重心至压力最大一边边缘的距离为y(对于荷载作用在重心轴上的矩形基础,有$y=b/2$),如图2.25所示,外力合力偏心距为e_0,则两者的比值K_0可反映基础倾覆稳定性的安全度,K_0称为抗倾覆稳定系数,见式(2.23):

$$K_0 = \frac{y}{e_0} \tag{2.23}$$

$$e_0 = \frac{\sum P_i e_i + \sum T_i h_i}{\sum P_i} \tag{2.24}$$

式中:P_i——各竖直分力;

e_i——各竖直分力P_i的作用点与基础底面形心轴间的距离;

T_i——各水平分力;

h_i——各水平分力作用点至基底的距离。

如外力合力不作用在形心轴上[见图2.25(b)]或基底截面有一个方向不对称,而合力又不作用在形心轴上[见图2.25(c)],则基底压力最大一边的边缘线应是外包线。y值应是通过形心与合力作用点的连线并延长与外包线相交点至形心的距离。

在不同的设计规范中,不同的荷载组合对抗倾覆稳定系数K_0的容许值均有不同要求:一般对主要荷载组合,$K_0 \geq 1.5$;对各种附加荷载组合,$K_0 \geq 1.1$。

②基础滑动稳定性验算。

基础在水平推力作用下沿基础底面滑动的可能性即为基础抗滑动安全度,可用基底与土之间的摩擦阻力和水平推力的比值K_c来表示,K_c称为抗滑动稳定系数,见式(2.25):

$$K_c = \frac{\mu \sum P_i}{\sum T_i} \tag{2.25}$$

式中:μ——基础底面(圬工材料)与地基之间的摩擦系数。$\sum P_i$、$\sum T_i$符号意义同前。

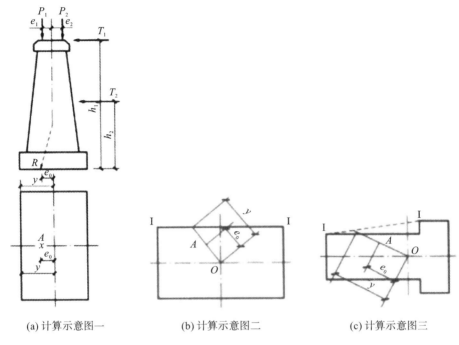

(a) 计算示意图一　　　(b) 计算示意图二　　　(c) 计算示意图三

图 2.25　基础倾覆稳定性验算

验算桥台基础的滑动稳定性时,如台前填土保证不受冲刷,则可同时考虑计入与台后土压力方向相反的台前土压力,其数值可按主动或静止土压力进行计算。按式(2.25)求得的抗滑动稳定系数值必须大于规范规定的设计容许值,一般根据荷载性质,$K_c \geqslant 1.2$。

修建在非岩石地基上的拱桥桥台基础,在拱的水平推力和力矩作用下,基础可能向路堤方向滑移或转动,此水平位移和转动还与台后土抗力的大小有关。

(2) 地基稳定性验算。

位于软土地基上的较高桥台需验算桥台沿滑裂曲面滑动的稳定性。基底下地基如在不深处有软弱夹层,在台后土推力作用下,基础有可能沿软弱夹层土层 Ⅱ 的层面滑动[见图 2.26(a)];在较陡的土质斜坡上的桥台、挡土墙也有发生滑动的可能性[见图 2.26(b)]。

这种地基稳定性验算方法可按土坡稳定分析方法即圆弧滑动面法来进行验算。在验算时,一般假定滑动面通过填土一侧基础剖面角点 A(见图 2.26)。但在计算滑动力矩时,应计入桥台上作用的外荷载(包括上部结构自重和活荷载等)及桥台和基础自重的影响,求出的稳定系数要满足规定的要求值。

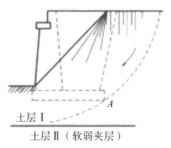 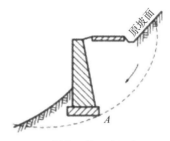

(a) 基础沿软弱夹层土层Ⅱ的层面滑动　　(b) 桥台、挡土墙滑动

图 2.26　地基稳定性验算

以上对地基与基础的验算均应满足设计规定的要求。达不到要求时，必须采取设计措施。如梁桥桥台后土压力引起的倾覆力矩比较大，基础的抗倾覆稳定性不能满足要求，可将台身做成不对称的形式。这样可以增加台身自重所产生的抗倾覆力矩，达到提高抗倾覆安全度的目的。如采用这种外形，则在砌筑台身时，应及时在台后填土并夯实，以防台身向后倾覆和转动；也可在台后一定长度范围内填碎石、干砌片石或填石灰土，以增大填料的内摩擦角，减小土压力，从而达到通过减小倾覆力矩来提高抗倾覆安全度的目的。

拱桥桥台在拱脚水平推力作用下，基础的滑动稳定性不能满足要求时，可以在基底四周做成如图 2.27(a)所示的齿槛。这样，基底与土间的摩擦滑动变为土的剪切破坏，从而提高了基础的抗滑力。如仅受单向水平推力，也可将基底设计成如图 2.27(b)所示的倾斜形，以减小滑动力，同时增加在斜面上的压力。由图 2.27(b)可见，滑动力随着 α 角的增大而减小，从安全角度考虑，α 角不宜大于 $10°$，同时要保持基底以下土层在施工时不受扰动。

当高填土的桥台基础或土坡上的挡土墙地基可能出现滑动或在土坡上出现裂缝时，可以增加基础的埋置深度或改用桩基础，以提高墩台基础下地基的稳定性；或者在土坡上设置地面排水系统，拦截和引走滑坡体以外的地表水，以减少因渗水而引起土坡滑动的不稳定因素。

6) 基础沉降验算

基础沉降验算内容包括沉降量、相邻基础沉降差、基础由于地基不均匀沉降而发生的倾斜等。

基础的沉降主要由竖向荷载作用下土层的压缩变形引起。沉降量过大将影响结构物的正常使用和安全，应加以限制。在确定一般土质的地基容许承载力时，已考虑这一变形因素，所以修建在一般土质条件上的中、小型桥梁的基础，只

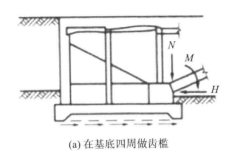 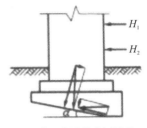

(a) 在基底四周做齿槛　　　　(b) 将基底设计成倾斜形

图 2.27　基础抗滑动措施

要满足了地基的强度要求,地基(基础)的沉降也就满足要求。但对于下列情况,则必须验算基础的沉降,使其不大于规定的容许值:

(1)修建在地质情况复杂、地层分布不均或强度较小的软黏土地基及湿陷性黄土上的基础;

(2)修建在非岩石地基上的拱桥、连续梁桥等超静定结构的基础;

(3)当相邻基础下的地基土强度有显著不同或相邻跨度悬殊而必须考虑其沉降差时;

(4)对于跨线桥、跨线渡槽要保证桥(或槽)下净空高度时。

地基土的沉降可根据土的压缩特性指标按《公路桥涵地基与基础设计规范》(JTG 3363—2019)中的单向应力分层总和法(用沉降计算经验系数修正)计算。对于公路桥梁,基础上结构重力和土重力的作用是沉降的主要影响因素,汽车等活荷载作用时间短暂,对沉降影响小,所以在沉降计算中不予考虑。

在设计时,为了防止偏心荷载使同一基础两侧产生较大的不均匀沉降,进而导致结构物倾斜和造成墩台顶面发生过大的水平位移等后果,对于较低的墩台,可用限制基础上合力偏心距的方法来解决;对于结构物较高,土质又较差或上部为超静定结构物的情况,则须验算基础的倾斜,从而保证将建筑物顶面的水平位移控制在容许范围以内,具体计算见式(2.26)。

$$\Delta = l\tan\theta + \delta_0 \leqslant [\Delta] \tag{2.26}$$

式中:l——自基础底面至墩台顶的高度;

　　　θ——基础底面的转角,$\tan\theta = \dfrac{s_1 - s_2}{b}$,其中,$s_1$、$s_2$ 分别为基础两侧边缘中心处按分层总和法求得的沉降量,b 为验算截面的底面宽度;

　　　δ_0——在水平力和弯矩作用下,墩台自身的弹性挠曲变形在墩台顶引起的水平位移;

[Δ]——根据上部结构要求,设计规定的墩台顶容许水平位移值,《公路圬工桥涵设计规范》(JTG D61—2005)规定[Δ]=$0.5\sqrt{L}$,其中,L为相邻墩台间最小跨径长度,以 m 计,跨径小于 25 m 时仍以 25 m 计算。

2.4.2 桩基础设计

1. 设计的内容和步骤

桩基设计可按下列步骤进行:
(1)确定桩的类型和几何尺寸,初步选择承台底面标高;
(2)确定单桩承载力;
(3)确定桩的数量及其在平面上的布置;
(4)确定群桩的承载力,必要时验算群桩地基的承载力和沉降;
(5)验算桩基中各桩的作用荷载;
(6)桩基结构设计;
(7)承台设计;
(8)绘制桩基施工图。

因篇幅关系,下文仅讨论步骤(6)和(7),且只限于讨论轴向(竖向)受压的桩基。

2. 桩基结构设计

(1)钢筋混凝土预制桩。

为了适应整个施工过程的需要,钢筋混凝土预制桩的混凝土强度等级不宜低于 C30,桩内应配置一定数量的纵向钢筋(主筋)和箍筋。当截面边长为 350～550 mm 时,采用 8 根直径为 12～25 mm 的纵向钢筋;当截面边长在 300 mm 以下时,钢筋根数可减为 4 根。配筋率一般为 1%左右,最小配筋率不小于 0.8%。箍筋直径为 6～8 mm,间距不大于 200 mm,在桩顶和桩尖处应适当加密。用打入法沉桩时,直接受到锤击的桩顶应放置三层钢筋网。桩尖在沉入土层以及使用期中要克服土的阻力,故应把所有主筋焊在一根圆钢上,或在桩尖处用钢板加强。主筋的混凝土保护层应不小于 35 mm。桩在混凝土强度达到要求后方可起吊和搬运。

钢筋混凝土预制桩的主筋应通过计算确定（应考虑作用在桩顶的水平力和可能存在的力矩），计算时，除首先满足工作条件下的桩身强度要求或抗裂要求外，还要验算桩在起吊、运输、吊立和锤击打入的应力。

桩在吊运和吊立时的受力情况和一般受弯构件相同。桩身在重力作用下产生的弯曲应力与吊点的数量和位置有关。桩长在 20 m 以下者，起吊时一般采用两个吊点；在打桩架龙门吊立时，只能采用一个吊点。吊点的位置应按吊点间的跨中正弯矩和吊点处的负弯矩相等的原则布置。采用两点起吊和一点起吊时的吊点位置和桩截面最大弯矩的计算公式如图 2.28 所示。其中，q 为桩单位长度的重力，k 为考虑在吊运过程中可能受到的冲撞和振动而取的动力系数，一般取 1.5。桩在运输或堆放时的支点应放在吊点处。

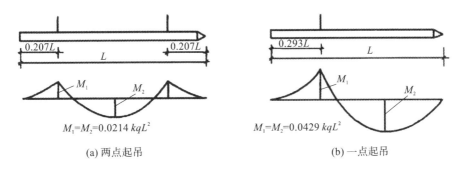

(a) 两点起吊　　　　　　　　(b) 一点起吊

图 2.28　预制桩的吊点位置和弯矩

用锤击法沉桩时，冲击产生的应力，以应力波的形式传到桩端，然后又反射回来。在周期性拉应力和压应力作用下，桩身上段常会产生环向裂缝。

影响锤击拉应力的因素主要有锤击能量和频率、锤垫及桩垫的刚度、桩的长度和材料以及土质条件等。一般说来，在锤击能量小、频率低时，采用软而厚的锤垫和桩垫，在不厚的软黏土或无密实砂夹层的黏性土中打桩以及桩长较小时，锤击拉应力比较小。设计时常根据实测资料选取锤击拉应力值。例如，按上述影响拉应力的因素适当选取 500 kPa、550 kPa 或 600 kPa，取其中的数值之一进行计算。桩长小于 20 m 者，可取小于 500 kPa 的拉应力值。近年来已开始应用波动方程来计算打桩时出现的拉应力。

预应力钢筋混凝土桩的配筋常取决于锤击拉应力。但当桩长小于 12 m 时，产生的拉应力较小，可以不考虑。

计算表明，普通钢筋混凝土桩的配筋常由起吊和吊立的强度计算控制。

(2)灌注桩。

近年来,我国广泛使用灌注桩,从中积累了不少设计、施工经验。灌注桩在使用阶段的结构设计,原则上和钢筋混凝土预制桩相同,应按桩身内力进行强度验算,必要时还应进行抗裂验算。

灌注桩的混凝土等级,一般不得低于C15,骨料粒径不大于40 mm,坍落度一般采用50~70 mm;水下导管灌注混凝土者,混凝土等级不得低于C20,骨料粒径应小于导管内径的1/4,最大粒径不大于50 mm,坍落度以160~200 mm为宜。

灌注桩受压时的最小配筋率不宜小于0.2%,受弯时不宜小于0.4%(非地震区)。对于地震区,桩的配筋率宜适当增加。桩身主筋的长度不宜小于2.5 m,地震区受压主筋的长度不宜小于1/3桩长。对于抗拔桩,钢筋应通长配置。当桩周上部为软弱土层或可液化土层时,主筋长度最好超过软弱土层或可液化土层的深度。受水平荷载作用的桩应按计算配筋,主筋长度不宜小于2/3桩长。

灌注桩的混凝土保护层厚度一般不小于30 mm(抗弯计算时取35 mm)。对于大直径桩,若采用水下导管灌注混凝土,其保护层不得小于50 mm,纵向主筋端部不宜设置弯钩,以利用桩孔周边的钢套管或灌注混凝土的导管提升。箍筋宜采用焊接环式或螺旋式箍筋,其直径一般不小于6 mm,间距为200~300 mm。当钢筋笼长度超过4 m时,宜每隔2 m设一道焊接加劲箍筋。钢筋笼的外径应比桩孔直径小100 mm以上,以预防钢筋笼被卡,其内径则应比导管接头处外径大100 mm以上,以防混凝土骨料受阻。沉管灌注桩需要将钢筋笼吊放在钢筋之内,故其箍筋宜设在主筋之内,且钢筋笼外径至少应小于钢筋内径50 mm。

3.承台设计

承台设计包括确定承台的材料、平面尺寸、高度和底面标高以及进行局部受压、受冲切、受剪和受弯的强度计算等,并应符合某些构造要求。

1)构造要求

(1)承台的宽度不应小于500 mm,边桩中心至承台边缘的距离不宜小于桩的直径或边长,且桩的外边缘至承台边缘的距离不小于150 mm。对于条形承台梁,桩的外边缘至承台梁边缘的距离不小于75 mm,垫层厚度为100 mm,混凝土强度等级为C10。

(2)承台的最小厚度不应小于300 mm。

(3)在进行承台配筋时,对于矩形承台,其钢筋应按双向均匀通长布置,钢筋直径不宜小于10 mm,间距不宜大于200 mm;对于三桩承台,钢筋应按三向板带均匀布置,且最里面的三根钢筋围成的三角形应在柱截面范围内。承台梁内主筋除须按计算配置外,尚应符合现行《混凝土结构设计规范(2015年版)》(GB 50010—2010)关于最小配筋率的规定,主筋直径不宜小于12 mm,架立筋直径不宜小于10 mm,箍筋直径不宜小于6 mm。

(4)承台混凝土强度等级不应低于C20,纵向钢筋的混凝土保护层厚度不应小于70 mm,当有混凝土垫层时,不应小于40 mm。

2)承台计算

墙下桩基条形承台受力情况的纵向计算,可按连续梁考虑,取桩的中心距作为梁的跨度,采用连续梁的计算方法,以确定条形承台在墙体荷载作用下的弯矩和剪力。各地对作用在梁上的墙体荷载,有如下三种不同的取值方法。

(1)将建筑物全部高度的墙体荷载作为梁上的均匀荷载。这时认为各桩桩顶没有相对沉降。

(2)将条形承台作为倒置梁,按直线分布的简化假设计算桩顶反力,以此反力作为梁上的外荷载,将承台上面的墙体作为弹性地基,按弹性理论的平面应力问题求解墙体与梁接触面上的压力。对此压力简化后,将其作为梁上的荷载,然后按静定分析法(柱下条形基础简化计算法)求得条形承台的内力。

(3)按砌体结构设计规范的钢筋混凝土过梁的荷载取值,这时认为各桩桩顶没有相对沉降。

当承台梁各跨的跨度较小时,按第一、第二种方法计算的结果较接近,而第三种方法得到的荷载、弯矩和剪力则小得多。可以说,当桩距不大时,墙体的大部分荷载将直接施加到桩上,只有小部分荷载通过条形承台传递到桩上。

在工程实践中,刚度不大的条形承台并不一定出问题。如果提高条形承台的刚度,其调整不均匀沉降的能力增强,承台内力也将相应加大。以往广州地区在六层砌体承重结构的住宅(桩距1.1～1.5 m)中常用的条形承台截面高度为500 mm,上下各配3ϕ12纵筋。我国北方有些地区采用截面高度更小(约35 mm)的承台。对于大直径桩且桩距较大时,可考虑按上述第一、第二种方法计算。

当桩设置在门洞、窗洞下,且承台顶面至门洞、窗洞底的砌体高度小于门洞、窗洞的净宽时,应按倒置简支梁计算该段梁的弯矩和剪力。计算时,把桩顶反力作为集中荷载,取门洞、窗洞净宽的1.05倍作为计算宽度。

当条形承台下面布置单排桩时,不存在承台横向(垂直于条形承台纵向轴线)的计算问题。如布置两排以上,可沿纵向取单位长度或取桩距来计算承台梁横向的弯矩和剪力。

按上述计算结果,可由弯矩设计值 M 计算所需的配筋量,并由剪力设计值 V 按式(2.27)确定承台的有效高度 h_0:

$$V \leqslant 0.07 f_c b h_0 \tag{2.27}$$

式中:V——剪力设计值,如承台底可能脱空时,应考虑承台及其上方填土的重力;

  b——纵向计算时为条形承台的横截面宽度,横向计算时可取桩距或 1 m;

  f_c——混凝土轴心抗压强度设计值。

以上是按混凝土的抗剪强度计算的(已按构造要求配筋)。如条形承台配置有双筋和箍筋,则宜按剪力设计值进行梁的斜截面强度计算,柱下的条形承台也按此考虑。

3)柱下桩基承台弯矩的计算

(1)多桩矩形承台。

多桩矩形承台计算截面取在桩边和承台高度变化处[杯口外侧或台阶边缘,见图 2.29(a)],其弯矩可按式(2.28)和式(2.29)确定:

$$M_x = \sum N_i y_i \tag{2.28}$$

$$M_y = \sum N_i x_i \tag{2.29}$$

式中:M_x——垂直于 y 轴方向计算截面处的弯矩设计值;

  M_y——垂直于 x 轴方向计算截面处的弯矩设计值;

  x_i——垂直于 y 轴方向自桩轴线到相应计算截面的距离;

  y_i——垂直于 x 轴方向自桩轴线到相应计算截面的距离;

  N_i——扣除承台和其上填土自重后相应于荷载效应基本组合时的第 i 桩竖向力设计值。

(2)三桩承台。

①对于等边三桩承台[见图 2.29(b)],弯矩可按式(2.30)确定:

$$M = \frac{N_{\max}}{3}\left(s - \frac{\sqrt{3}}{4}c\right) \tag{2.30}$$

式中:M——由承台形心至承台边缘距离范围内板带的弯矩设计值;

  $N_{\max}$——扣除承台和其上填土自重后的三桩中相应于荷载效应基本组合时的最大单桩竖向力设计值;

  s——桩距;

c——方柱边长,若为圆柱,取$c=0.866d$,d为圆柱直径。

②对于等腰三桩承台[见图2.29(c)],弯矩可按式(2.31)和式(2.32)确定:

$$M_1 = \frac{N_{\max}}{3}\left(s - \frac{0.75}{\sqrt{4-a^2}}c_1\right) \tag{2.31}$$

$$M_2 = \frac{N_{\max}}{3}\left(as - \frac{0.75}{\sqrt{4-a^2}}c_2\right) \tag{2.32}$$

式中:M_1——由承台形心到承台两腰的距离范围内板带的弯矩设计值;

M_2——由承台形心到承台底边的距离范围内板带的弯矩设计值;

s——长向桩距;

a——短向桩距与长向桩距之比,当a小于0.5时,应按变截面的二桩承台设计;

c_1——垂直于承台底边的柱截面边长;

c_2——平行于承台底边的柱截面边长。

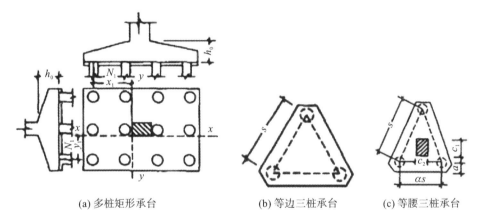

(a) 多桩矩形承台　　(b) 等边三桩承台　　(c) 等腰三桩承台

图 2.29　承台弯矩

4)柱下桩基础独立承台受冲切承载力的计算

柱下桩基础独立承台受冲切承载力的计算应符合下列规定。

(1)柱对承台的冲切。

柱对承台的冲切(见图2.30)可按式(2.33)计算:

$$F_1 \leqslant 2[\beta_{0x}(b_c + a_{0y}) + \beta_{0y}(h_c + a_{0x})]\beta_{hp}f_th_0 \tag{2.33}$$

式中:F_1——扣除承台及其上填土自重、作用在冲切破坏锥体上相应于荷载效应基本组合的冲切力设计值,冲切破坏锥体应采用自柱边或承台变阶处至相应桩顶边缘连线构成的锥体,锥体与承台底面的夹角不小于

45°(见图 2.30);

h_0——冲切破坏锥体的有效高度;

β_{hp}——受冲切承载力截面高度影响系数,当 h_0 不大于 800 mm 时,β_{hp} 取 1.0,当 h_0 不小于 2000 mm 时,β_{hp} 取 0.9,其间按线性内插法取用;

β_{0x}、β_{0y}——冲切系数。

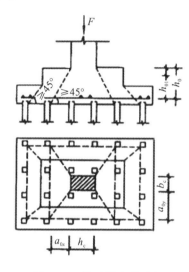

图 2.30 柱对承台的冲切

同时,

$$F_l = F - \sum N_i \tag{2.34}$$

式中:F——柱根部轴力设计值;

$\sum N_i$——冲切破坏锥体范围内各桩的净反力设计值之和。

$$\beta_{0x} = 0.84/(\lambda_{0x} + 0.2) \tag{2.35}$$

$$\beta_{0y} = 0.84/(\lambda_{0y} + 0.2) \tag{2.36}$$

式中:λ_{0x}、λ_{0y}——冲跨比,$\lambda_{0x} = a_{0x}/h_0$、$\lambda_{0y} = a_{0y}/h_0$,$a_{0x}$、$a_{0y}$ 为柱边或变阶处至桩边的水平距离,当 $a_{0x}(a_{0y}) < 0.2h_0$ 时,$a_{0x}(a_{0y}) = 0.2h_0$,当 $a_{0x}(a_{0y}) > h_0$ 时,$a_{0x}(a_{0y}) = h_0$。

对中低压缩性土上的承台,当承台与地基土之间没有脱空现象时,可根据地区经验适当减小柱下桩基独立承台受冲切计算的承台厚度。

(2)角桩对承台的冲切。

角桩对承台的冲切,应符合下列规定。

①多桩矩形承台受角桩冲切的承载力可按式(2.37)计算：

$$N_1 \leqslant \left[\beta_{1x}\left(c_2 + \frac{a_{1y}}{2}\right) + \beta_{1y}\left(c_1 + \frac{a_{1x}}{2}\right)\right]\beta_{hp}f_t h_0 \quad (2.37)$$

式中：N_1——扣除承台和其上填土自重后的角桩桩顶相应于荷载效应基本组合时的竖向力设计值；

β_{1x}、β_{1y}——角桩冲切系数；

c_1、c_2——从角桩内边缘至承台外边缘的距离；

a_{1x}、a_{1y}——从承台底角桩内边缘引45°冲切线与承台顶面或承台变阶处相交点至角桩内边缘的水平距离；

h_0——承台外边缘的有效高度。

同时，

$$\beta_{1x} = \left(\frac{0.56}{\lambda_{1x} + 0.2}\right) \quad (2.38)$$

$$\beta_{1y} = \left(\frac{0.56}{\lambda_{1y} + 0.2}\right) \quad (2.39)$$

式中：λ_{1x}、λ_{1y}——角桩冲跨比，取值范围为$0.2\sim1.0$，$\lambda_{1x}=a_{1x}/h_0$，$\lambda_{1y}=a_{1y}/h_0$。

②三桩三角形承台受冲切（见图2.31）的承载力可按式(2.40)和式(2.42)计算：

对于底部角桩，

$$N_1 \leqslant \beta_{11}(2c_1 + a_{11})\tan\frac{\theta_1}{2}\beta_{hp}f_t h_0 \quad (2.40)$$

式中：a_{11}——从承台底角桩内边缘向相邻承台边引45°冲切线与承台至角桩内边缘的水平距离，当柱位于该45°线以内时，取柱边与桩内边缘连线为冲切锥体的锥线。

同时，

$$\beta_{11} = \left(\frac{0.56}{\lambda_{11} + 0.2}\right) \quad (2.41)$$

式中：λ_{11}——角桩冲跨比，$\lambda_{11} = \dfrac{a_{11}}{h_0}$。

对于顶部角桩，

$$N_1 \leqslant \beta_{12}(2c_2 + a_{12})\tan\frac{\theta_2}{2}\beta_{hp}f_t h_0 \quad (2.42)$$

式中：a_{12}——同式(2.40)中的a_{11}。

同时，

$$\beta_{12} = \left(\frac{0.56}{\lambda_{12} + 0.2}\right) \quad (2.43)$$

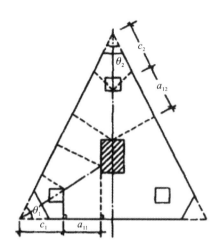

图 2.31 三角形承台角桩的冲切

式中：λ_{12}——同式(2.41)中的 λ_{11}，$\lambda_{12} = \dfrac{a_{12}}{h_0}$。

对于圆柱桩，计算时可将圆形截面换算成正方形截面。

柱下桩基独立承台应分别对柱边和桩边、变阶处和桩边连线形成的斜截面进行受剪(见图 2.32)计算。当柱边外有多排桩形成多个剪切斜截面时，尚应对每个斜面进行验算。斜截面受剪承载力可按式(2.44)计算：

$$V \leqslant \beta_{hs} \beta f_t b_0 h_0 \tag{2.44}$$

式中：V——扣除承台及其上填土自重后相应于荷载效应基本组合时斜截面的最大剪力设计值；

b_0——承台计算截面处的计算宽度，阶梯形承台变阶处的计算宽度、锥形承台的计算宽度应按《地基基础设计标准》(DGJ 08—11—2018)确定；

h_0——计算宽度处的承台有效高度，h_0 小于 800 mm 时，h_0 取 800 mm，h_0 大于 2000 mm 时，h_0 取 2000 mm；

β——剪切系数；

β_{hs}——受剪切承载力截面高度影响系数，$\beta_{hs} = \left(\dfrac{800}{h_0}\right)^{\frac{1}{4}}$。

$$\beta = \dfrac{1.75}{\lambda + 1.0} \tag{2.45}$$

式中：λ——计算截面的剪跨比，$\lambda < 0.3$ 时，取 $\lambda = 0.3$，$\lambda > 3$ 时，取 $\lambda = 3$。

λ 又分为 λ_x 和 λ_y，且有式(2.46)和式(2.47)。

$$\lambda_x = \frac{a_{0x}}{h_0} \qquad (2.46)$$

$$\lambda_y = \frac{a_{0y}}{h_0} \qquad (2.47)$$

式中：a_{0x}、a_{0y}——柱边或承台变阶处至 x、y 方向计算一排桩的桩边的水平距离。

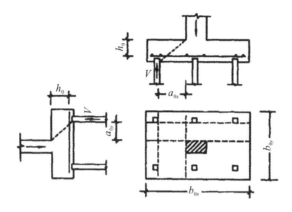

图 2.32　承台斜截面受剪

当承台的混凝土强度等级低于柱或混凝土强度等级时，尚应验算柱下或桩上承台的局部受压承载力。

承台之间的连接应符合下列要求。

(1)对于单桩承台，宜在两个互相垂直的方向上设置联系梁。

(2)对于两桩承台，宜在其短向设置联系梁。

(3)对于有抗震要求的柱下独立承台，宜在两个主轴方向设置联系梁。

(4)联系梁顶面宜与承台位于同一标高。联系梁的宽度不应小于 250 mm，梁的高度可取承台中心距的 $1/15 \sim 1/10$。

(5)联系梁的主筋应按计算要求确定。联系梁内上下纵向钢筋直径不应小于 12 mm，且不应少于 2 根，并应按受拉要求锚入承台。

2.4.3　沉井基础设计

1.沉井基础的尺寸拟定

1)沉井基础平面尺寸拟定

(1)根据墩台身尺寸拟定。

类似刚性扩大基础尺寸拟定方法，只是襟边的要求不同。沉井结构的襟边要求不小于沉井全高的 1/50,且不小于 200 mm,浮式沉井另加 200 mm。沉井顶部需设置围堰时,其襟边宽度应满足安装墩台身模板的需要。

(2)根据地基土容许承载力确定。

按地基容许承载力推算出的基底平面尺寸,一般要比墩台身底截面尺寸大得多,要求墩台身边缘尽可能支承在井壁上或顶盖板的支承面上,一般空心沉井不允许墩台身边缘全部坐落在取土井孔内。

一般还要求:在确定沉井平面形状和尺寸时,力求结构简单对称、受力合理、施工方便;矩形沉井的长边和短边之比,一般不宜大于 3,以保证下沉时的稳定性和基底应力的均匀。

(3)根据沉井高度确定。

沉井高度为基顶标高与基底标高之差。沉井井顶标高与扩大基础顶面标高确定要求相同;基底标高按持力层确定。

(4)根据沉井各结构细部尺寸拟定。

沉井各结构部分的细部尺寸,按前面构造要求初拟尺寸,经验算调整确定。

2.沉井施工过程结构验算

1)沉井下沉的自重验算

一般情况,沉井顺利下沉的重量应大于下沉时土对井壁的摩阻力,即式(2.48):

$$Q > T \tag{2.48}$$

式中:Q——沉井重力,如为不排水下沉,应扣除水的浮力;

T——土对沉井外壁的总摩阻力,按式(2.49)计算。

$$T = \sum f_i h_i u_i \tag{2.49}$$

式中:h_i,u_i——沉井穿过第 i 层土的厚度(m)和该段沉井的周长(m);

f_i——第 i 层土对井壁单位面积的摩阻力,应根据实践经验或实测资料确定,缺乏上述资料时,可根据土的性质、施工措施,按表 2.6 选用。

表 2.6 井壁与土体间的摩阻力

土的名称	摩阻力/kPa
黏性土	25~50
砂性土	12~25
砂卵石	18~30

续表

土的名称	摩阻力/kPa
砂砾石	15~20
软土	10~12
泥浆套	3~5

如不满足式(2.48)要求,可加大井壁厚度以增加自重,否则应考虑施工中的临时助沉措施或助沉设计。

2)第一节(底节)沉井竖向挠曲的抗裂验算

第一节沉井在抽垫木时,可将支承垫木固定在沉井受力最有利的位置处,使沉井在支点处产生的负弯矩与跨中产生的正弯矩基本相等或相近。而在下沉过程沉井支点位置应按排水和不排水两种情况分别考虑。

(1)排水下沉。

由于排水下沉挖土可人为控制,沉井最后支承点始终可控制在最有利位置上,同抽垫木时一样,支承点在长边 $0.7L$ 处。圆形沉井支承在相互垂直直径的 4 个支点上。

(2)不排水下沉。

由于水下挖土无法控制,可按最不利情况确定支承点,即支承在短边角点处(产生最大正弯矩)及长边中点处(产生最大负弯矩)。圆形沉井支承在直径上两个支点处,按圆环梁计算弯矩验算其抗裂性。

3)沉井刃脚的竖向和水平向强度验算

沉井刃脚在下沉过程中,有时切入土中,有时悬空(刃脚下土被挖空),是沉井受力最大、最复杂的部分。为了简化计算,现将刃脚分别作为悬臂作用和水平框架作用两种不利状态考虑。

(1)刃脚计算中的水平力分配。

实际上,作用于刃脚上的外侧水平力,是由刃脚的悬臂作用和水平框架作用共同分担承受的,这就存在一个水平力分配的问题。刃脚沿竖直方向视为悬臂梁,其悬臂长度等于斜面部分的高度。当隔墙的底面距刃脚底面为 500 mm,或大于 500 mm 而有垂直埝肋时,作用于悬臂部分的水平荷载应乘以悬臂作用折减系数 α,α 计算见式(2.50)。

$$\alpha = \frac{0.1 l_1^4}{h_k^4 + 0.05 l_1^4} \tag{2.50}$$

式中:l_1——支承在隔墙间的井壁最大计算跨径,m;

h_k——刃脚的高度,m。

刃脚水平方向计算可视为闭合框架,当满足上述要求,隔墙参与框架作用,刃脚悬臂的水平力乘以分配系数 α 时,作用于框架上的水平力应乘以框架作用折减系数 β,β 计算见式(2.51)。

$$\beta = \frac{h_k^4}{h_k^4 + 0.05 l_2^4} \qquad (2.51)$$

式中:l_2——支承于隔墙间的井壁最小计算跨径,m,其余符号同前。

当不满足前述水平力分配条件要求时,则悬臂和水平框架分别按全部水平力进行计算。

(2)刃脚竖向内力计算。

一般取刃脚为竖向单宽悬臂梁进行受力分析,悬臂固定于井壁下部,梁的跨度就是刃脚的高度。

①刃脚向外挠曲计算。

此种情况刃脚下沉的最不利状态为:沉井下沉途中,刃脚内侧切入土中约 1.0 m,在地面(或岛面)已接高一节沉井,此时,刃脚因受井孔内土体的侧向土压力而在根部产生向外弯曲的最大弯矩。刃脚所受各力:刃脚外侧的主动土压力及水压力、土对刃脚外侧摩阻力、刃脚下土的反力及刃脚自重等。

作用于刃脚外侧单位宽度上的土压力及水压力合力为 P_{e+w},土压力 e_i 按朗金主动土压力公式计算,见式(2.52):

$$e_i = \gamma_i h_i \tan^2\left(45° - \frac{\varphi}{2}\right) \qquad (2.52)$$

式中:γ_i——h_i 高度内土的平均容量,在水位以下采用浮容重;

h_i——计算位置至地面的距离。

水压力的计算式见式(2.53):

$$W_i = \gamma_w \cdot h_{iw} \qquad (2.53)$$

式中:γ_w——水的密度;

h_{iw}——计算位置至水面的距离。

为不使计算的土压力与水压力过大,《公路桥涵地基与基础设计规范》(JTG 3363—2019)规定:作用于井壁外侧的计算土压力和水压力的总和不大于静水压力的 70%。

刃脚下土的反力,取单宽井壁计算,竖向反力 R 计算见式(2.54):

$$R = G - T_0 \tag{2.54}$$

式中：G——单宽井壁自重，如不排水施工应扣除浮力；

T_0——作用于单宽井壁上的总摩阻力，由式(2.55)和式(2.56)计算，取其小者，即：

$$T_0 = f_i \cdot h_i \tag{2.55}$$

$$T_0 = 0.5E' \tag{2.56}$$

式中：E'——作用于单位宽度井壁上的主动土压力。其他符号同前。

为计算刃脚底反力在斜面上的水平分力 H，令 $R = V_1 + V_2$，V_1 为作用踏面上的竖向反力，其应力均匀分布，即 $V_1 = \sigma a$，V_2 为作用斜面上的竖向分力，其应力按三角形分布，即 $V_2 = \frac{1}{2}\sigma b$，$a$ 为踏面宽度，b 为切入土中 1.0 m 刃脚斜面的水平投影，$b = \cos\alpha$，则有 $\frac{V_2}{V_1} = \frac{b}{2a}$，$V_2 = R - V_1$，得式(2.57)和式(2.58)：

$$V_1 = \frac{2a}{2a+b}R \tag{2.57}$$

$$V_2 = \frac{b}{2a+b}R \tag{2.58}$$

则有式(2.59)：

$$H = V_2 \tan(\alpha - \delta) \tag{2.59}$$

式中：δ——土与刃脚斜面间的外摩擦角，可取 $\delta = \varphi$，φ 为土的内摩擦角。

作用在刃脚外侧单位宽度上的摩阻力 T_1，也按式(2.60)和式(2.61)计算，但取其大者。

$$T_1 = fh_k \tag{2.60}$$

$$T_1 = 0.5E \tag{2.61}$$

式中：E——刃脚外侧单位宽度主动土压力，其他符号同前。

单位宽度刃脚自重 g 计算见式(2.62)：

$$g = \frac{\lambda + a}{2}h_k \cdot \gamma_k \tag{2.62}$$

式中：λ——井壁厚度；

γ_k——钢筋混凝土刃脚容重，不排水施工应扣除浮力。

根据以上各力对刃脚根部中点求出弯矩 M、剪力 Q 及轴向力 N，然后进行强度验算和配筋设计。一般刃脚钢筋配筋率不宜小于 0.1%，悬臂部分的竖直钢筋应伸入悬臂根部以上 $0.5l_1$ 的高度，并在悬臂全高按剪力和构造设置箍筋。

②刃脚向内挠曲计算。

此种情况刃脚下沉的最不利状态为:沉井已沉至(接近)设计标高,刃脚踏面下土已挖空,尚未浇筑封底混凝土,此时刃脚外侧作用最大的土压力和水压力,产生向内弯曲的最大弯矩。刃脚所受各力:刃脚外侧的主动土压力及水压力、土对刃脚外侧摩阻力、刃脚自重等。

作用于刃脚外侧单位宽度井壁上的主动土压力及水压力、刃脚自重等计算同前。计算的外侧土压力和水压力应按规定考虑悬臂分配系数 α。水压力按下列情况计算:不排水下沉时,井壁外侧水压力值按 100% 计算,内侧水压力值按 50% 计算,也可按施工中可能出现的水头差计算;排水下沉时,在不透水的土中,可按静水压力的 70% 计算,在透水性土中,可按静水压力的 100% 计算。

作用在刃脚外侧单位宽度上的摩阻力,仍按 $T_1 = fh_k$ 和 $T_1 = 0.5E$ 来计算,但应取其小者。最后强度验算和配筋计算与向外挠曲相同。

(3)刃脚的水平内力计算。

刃脚在水平面内产生最大内力的沉井下沉最不利状况为:沉井已沉至设计标高,刃脚踏面下的土已挖空而尚未浇筑封底混凝土。这时刃脚是作为一个封闭的水平框架计算,受有最大的均布水平力。当刃脚作为单宽悬臂梁计算已考虑水平悬臂折减系数 α 时,作用于水平框架上的水平力应乘以折减系数 β。

关于框架内力计算,有很多设计计算手册可供参考,因篇幅关系,在此不再赘述。

算出控制截面上的弯矩 M、轴向力 N 和剪力 Q 后,可根据内力设计刃脚的水平钢筋。当框架跨度很小时,水平钢筋可不必按正负弯矩进行弯起,而按正负弯矩的需要布置成内外两圈钢筋。

4)井壁验算

井壁验算同刃脚一样,也分竖向验算和水平向验算两种情况。

(1)井壁竖向拉力验算。

沉井下沉过程中,当刃脚下的土已挖空,而上层土摩阻力较大,可能将沉井箍住,此时沉井处于悬吊状态,这样在下部沉井自重作用下井壁处于受拉状态,需要验算井壁的竖向拉力而配置竖向受拉钢筋,及沉井分节之间的锚固钢筋。

①根据地质条件可明确判断软硬土层位置时。

此时,上层土较坚硬,摩阻力也大,沉井最大拉力 S_{max} 发生在硬土层与软土层的界面处(见图 2.33),即有式(2.63):

$$S_{max} = Q'_{max} - T' \tag{2.63}$$

式中：Q'_{max}——硬土与软土交界面处以下部分沉井的最大重力；
T'——土层界面处以下井壁与土之间的摩阻力。

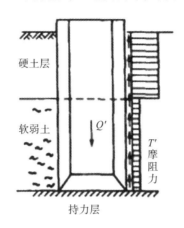

图 2.33　硬软土层明显时井壁拉力计算图

②当沉井周围土质较均匀时。

此时不能明确判断产生最大摩阻力土层位置，可近似地假定井壁上的摩阻力沿井壁为倒三角分布，也就是说，某深度累积的总摩阻力按该深度以下的三角形面积计算（即地面处 $\tau = \dfrac{2F}{h}$，F 为总摩阻力）（见图 2.34）。

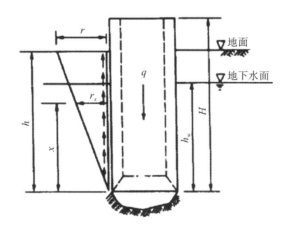

图 2.34　土质均匀情况下井壁拉力计算图

取单宽井壁计算，单宽井壁自重为 q，由井底算起 x 处截面拉力见式(2.64)：

$$S_x = q\frac{x}{h} - \frac{1}{2}\tau_x x = q\frac{x}{h} - \frac{\tau x^2}{2h} \tag{2.64}$$

由于沉井呈悬吊状态,摩阻力大于沉井自重,即有式(2.65):

$$\frac{1}{2}h\tau \geqslant q \tag{2.65}$$

按 $\tau = \dfrac{2q}{h}$ 代入式(2.64)得式(2.66):

$$S_x = \frac{qx}{h} - q\frac{x^2}{h^2} \tag{2.66}$$

求最大拉力,可令 $\dfrac{\mathrm{d}S_x}{\mathrm{d}x} = 0$,得式(2.67):

$$\frac{\mathrm{d}S_x}{\mathrm{d}x} = \frac{q}{h} - \frac{2q}{h^2}x = 0 \tag{2.67}$$

求得式(2.68):

$$x = \frac{1}{2}h \tag{2.68}$$

得式(2.69):

$$S_{\max} = \frac{q}{h} \cdot \frac{h}{2} - \frac{q}{h^2}\left(\frac{h}{2}\right)^2 = \frac{q}{4} \tag{2.69}$$

根据算得的 $S_{\max}$ 就可以计算井壁是否需设竖向受拉钢筋。对不排水下沉,由于浮力作用使井壁受到的竖向拉力很小,可不进行此项验算。

沉井节与节接缝处拉力,要根据实际下沉情况计算。现一般的计算,都是假定接缝处混凝土不承受拉力而由接缝处的钢筋承受,此时钢筋的抗拉安全系数可采用1.25,同时须验算钢筋的锚固长度。

(2)井壁水平内力验算。

沉井在下沉过程中,井壁始终承受着水平方向的土压力和水压力作用,而且这种水平压力是由上到下随深度增加的。所以其计算的最不利下沉状况是:沉井已沉至设计标高,刃脚下土已挖空而尚未封底时。计算图式与刃脚水平方向内力计算相同,也是按平面封闭框架计算,井壁上的土压力和水压力计算时,不考虑折减系数(见图2.35)。

井壁水平受力计算,其水平框架首先选取刃脚根部以上、高度取刃脚根部厚度 λ 的框架,它受由井壁外侧作用的最大土压力和水压力,同时在该框架的均布荷载中,还要考虑刃脚作为悬臂作用(向内挠曲),通过刃脚固端传来的水平剪力。

当分节浇筑且各节井壁厚度不同时,在各变断面处,取高1.0 m的框架计

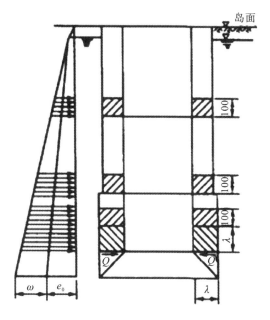

图 2.35 井壁框架计算示意图(单位:cm)

算,控制该厚度井壁受力。

采用泥浆润滑套下沉的沉井,泥浆压力要大于土压力和水压力,所以井壁压力应按泥浆压力(即泥浆容重乘以泥浆高度)计算。采用空气幕下沉的沉井,井壁压力与普通沉井的计算相同。

5)内隔墙的验算

主要验算底节沉井的内隔墙。要根据内隔墙与井壁的相对刚度来确定内隔墙与井壁的连接。

一般当 t_2 小于 t_1 很多,两者的抗弯刚度(t_2^3/l_2、t_1^3/l_1)相差很大时,可将隔墙视为两端铰支于井壁上的梁来计算。当两者抗弯刚度相差不大时,隔墙与井壁可视为固接梁来计算(见图 2.36)。

底节沉井隔墙最不利状态是隔墙下的土已挖空,其作用的荷载除底节隔墙自重外,尚应考虑灌注第二节沉井时内隔墙混凝土的重力作用。排水下沉的沉井一般隔墙挖有过人孔,减弱了隔墙截面抗弯能力,此时隔墙还可能受有由于刃脚悬臂作用(向外挠曲)而传来的附加弯矩,致使隔墙下缘产生很大的拉力而极易产生裂缝拉环。我国一座桥梁沉井基础,就是由于隔墙设计没有考虑附加弯矩而造成隔墙开裂,使整个沉井裂成几块,造成很大的施工事故。

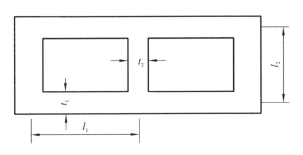

图 2.36 隔墙计算图示

6)混凝土封底层及顶盖板的验算

(1)混凝土封底层验算。

沉井封底混凝土在施工时主要承受沉井自重作用产生的基底均布反力和向上的水压力(浮力),不排水施工,则可不考虑水压力;若使用阶段不用混凝土或圬工填塞井孔,要考虑营运阶段基础承受的最大设计反力来验算封底层厚度,如有其他填塞物(如水、砂石等),可计入其对封底混凝土的压重作用。

封底混凝土的厚度主要由板的中心弯矩控制。一般按支承于凹槽或隔墙底面刃脚斜面上的周边支承双向板计算,荷载按均布考虑。周边支承的双向板(矩形沉井)在均布荷载作用下的最大弯矩,可参考表 2.7、图 2.37 和式(2.70)计算。

表 2.7 均布荷载作用下周边支承板计算系数表

l_x/l_y	M_x	M_y
0.50	0.0965	0.0174
0.55	0.0892	0.0210
0.60	0.0820	0.0242
0.65	0.0750	0.0271
0.70	0.0683	0.0296
0.75	0.0620	0.0317
0.80	0.0561	0.0334
0.85	0.0506	0.0348
0.90	0.0456	0.0358
0.95	0.0410	0.0364
1.00	0.0368	0.0368

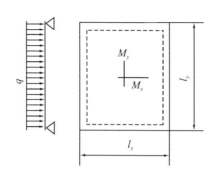

图 2.37 均布荷载作用下周边支承板示意图

$$M = \alpha \times ql^2 \tag{2.70}$$

式中：M——弯矩；

α——表 2.7 中系数；

l——l_x 和 l_y 中的较小者。

表 2.7 中弯矩系数是按泊松比 $\mu=0$ 的一种实际上并不存在的假想材料计算而得。实际上混凝土和钢筋混凝土 $\mu=\dfrac{1}{6}$，其最后计算弯矩应按式(2.71)和式(2.72)计算：

$$M_{x(\mu)} = M_x + \mu M_y \tag{2.71}$$

$$M_{y(\mu)} = M_y + \mu M_x \tag{2.72}$$

周边支承的圆板在均布荷载作用下，板中心点弯矩见式(2.73)：

$$M = \frac{qd^3}{16}(3+\mu) \tag{2.73}$$

式中：d——圆板计算直径(取刃脚斜面一半计)。

除按上面板中心点弯矩确定板厚外，尚应考虑在井孔范围内封底混凝土沿刃脚斜面高度截面上的剪力验算(见图 2.38)。如不满足要求，应增加封底混凝土厚度以加大抗剪面积。

(2)沉井顶盖板验算。

对于不是混凝土或圬工填实的沉井，要在井顶修筑钢筋混凝土顶盖板。顶盖板同封底混凝土一样，可看作支承在井壁和隔墙上的双向板或圆板计算。其计算可分下述两种情况。

①当墩身底面积有相当大的部分支承在井壁上时，顶盖板按只承受浇筑墩身混凝土的均布荷载来计算板的内力；同时，还应验算墩身承受全部最不利作用下支承墩身的井壁和隔墙的抗压强度。

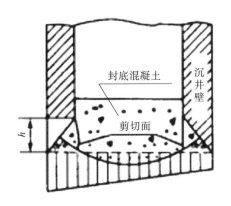

图 2.38　封底混凝土剪力验算图

②当墩身底面全部位于井孔之内时,除按前面第一种情况的规定计算外,还应按最不利作用组合验算墩身边缘处的抗剪强度。

3. 浮运沉井浮运时的稳定性验算

薄壁浮运沉井作为一个浮体,其在浮运过程中的稳定性,是沉井安全施工的必要条件。

1)正浮状态稳定性验算

正浮状态就是要求浮体处于一个正常稳定的浮运状态,其表现在稳定方面的必要条件见式(2.74):

$$\rho - y > 0 \tag{2.74}$$

式中：ρ——浮运沉井处于正浮状态下的定倾半径,即定倾中心至浮心的距离;

　　　y——沉井重心至浮心的高差,重心在浮心之上时为正;重心在浮心之下为负,浮心是浮运沉井吃水部分体积的重心。

当处于绝对的水平状态时,浮心位于沉井的对称轴上。但沉井浮运过程总是要产生倾斜的,此时浮心的位置就要发生变化,如图 2.39 所示。浮运沉井在倾斜且保证稳定状态下,沉井的对称轴也必然随之产生倾斜,浮心的垂直线和沉井的对称轴线的交点称为定倾中心,只有该点位于沉井重心之上时浮体才处于稳定状态。浮心与定倾中心的连线为定倾半径。

(1)y 的计算。

以钢筋混凝土薄壁沉井为例,说明 y 的计算方法,以验算浮运沉井的稳定性。

从底板算起的吃水深度见式(2.75):

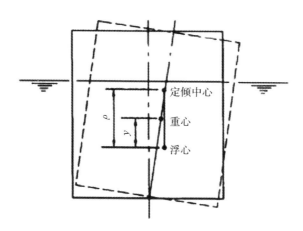

图 2.39 浮运沉井稳定计算图

$$h_0 = \frac{V_0}{A_0} \tag{2.75}$$

式中：V_0——沉井底板以上部分排水体积，$V_0 = V - V_1 - V_2$；V 为总排水体积（按沉井重量为排开水的重量计），V_1 为底板以下刃脚体积，V_2 为底板以下隔墙体积；

A_0——沉井吃水线截面面积，倾斜角度很小，不考虑其影响，直接用吃水线处沉井水平截面面积。

以 y_1 来表示浮心位置与隔墙底的距离，则浮心位置与刃脚底距离为 $h_3 + y_1$，应用各排水体积重心对刃脚底的体积矩（即各排水体积与体积重心至刃脚底距离的乘积）来求得浮心位置。有式(2.76)：

$$h_3 + y_1 = \frac{M_1}{V} \tag{2.76}$$

M_1 分别为各排水体积 V_0、V_1、V_2 的体积矩，计算见式(2.77)～式(2.80)：

$$M_0 = V_0 \left(h_1 + \frac{h_0}{2} \right) \tag{2.77}$$

$$M_1 = V_1 \cdot \frac{h_1}{3} \cdot \frac{2\lambda' + a}{\lambda' + a} \tag{2.78}$$

$$M_2 = V_2 \left(\frac{h_4}{3} \cdot \frac{2\lambda_1 + a_1}{\lambda_1 + a_1} + h_3 \right) \tag{2.79}$$

$$M_1 = M_0 + M_1 + M_2 \tag{2.80}$$

式(2.77)～式(2.80)中：h_1——底板至刃脚踏面的距离；

h_3——隔墙底至刃脚踏面的距离；

h_4——底板下的隔墙高度;

λ'——底板下井壁的厚度;

λ_1——隔墙厚度;

a_1——隔墙底面宽度;

a——刃脚踏面的宽度。

重心的位置引用上面同样的方法求得。重心位置至刃脚踏面的距离为 y_2,则有式(2.81):

$$y_2 = \frac{M_{\text{II}}}{V} \tag{2.81}$$

式中:M_{II}——沉井各部分体积与其重心至刃脚踏面距离的乘积。最后计算得式(2.82):

$$y = y_2 - (h_3 + y_1) \tag{2.82}$$

(2)ρ 的计算。

定倾半径 ρ 为定倾中心到浮心的距离,可由式(2.83)计算:

$$\rho = \frac{I}{V_0} \tag{2.83}$$

式中:I——吃水截面面积对该截面上的倾斜轴线的惯性矩,按沉井轮廓面积计算,对矩形沉井为 $I = \frac{1}{12}LB^3$,L、B 为矩形截面的长、宽;

V_0——沉井排水体积。

对于带钢气筒的浮运沉井,其 I 值的计算很复杂,要按沉井轮廓面积,并考虑气筒布置及是否连通的情况(各气筒互不连通时,I 值为最大)和各阶段沉井入水深度计算。

2)倾斜角度验算

实际上,浮式沉井在浮运过程中总要受到牵引力、流水压力、风力等作用,所以沉井必然要产生倾斜,这是不可避免的。在沉井稳定性验算时,除应满足($\rho - y$)>0 外,尚要求控制倾斜角度。按式(2.84)验算:

$$\varphi = \arctan \frac{M}{\gamma_w V_0 (\rho - y)} \leqslant 6° \tag{2.84}$$

式中:φ——沉井浮体稳定倾斜角;

M——各种外力对浮心产生的外力矩,kN·m;

V_0——排水体积,m³;

γ_w——水的容重,取 10 kN/m³;

ρ——定倾半径,m;

y——沉井重心至浮心距离,m。

3)井壁出水高度验算

在沉井浮运验算中,一般还要验算沉井倾斜后露出水面的高度,以保证沉井在拖运中的安全。其验算式为式(2.85):

$$h = H - h_0 - h_1 - B\tan\varphi \geqslant [h] \tag{2.85}$$

式中:H——浮运时沉井高度;

h_0——由底板算起的吃水深度;

h_1——底板至刃脚踏面距离;

B——矩形或圆端形沉井的宽度;

$[h]$——浮运发生最大倾斜时,井顶出水高度的安全值,一般取 0.5~1.0 m。

第3章 桥梁工程施工

3.1 基础施工

3.1.1 明挖扩大基础施工

1. 基坑定位放样

在桥梁施工过程中,首先要建立施工控制网;其次进行桥梁轴线标定和墩台中心定位;最后进行墩台施工放样,定出基础和基坑的各部分尺寸。桥梁的施工控制网除用来测定桥梁长度外,还要用于各个位置控制,保证上部结构的正确连接。施工控制网常用三角控制网,其布设应根据总平面图设计和施工地区的地形条件来确定,并作为整个工程施工设计的一部分。布网时要考虑施工程序、方法以及施工场地的布置情况,可以用桥址地形图拟定布网方案。

桥梁轴线的位置是在桥梁勘测设计中根据路线的总走向、地形、地质、河床情况等选定的,在施工时必须现场恢复桥梁轴线位置,并进行墩台中心定位。中小桥梁一般采用直接丈量法标定桥梁轴线长度并定出墩台的中心位置,有条件的可以用测距仪或全站仪直接确定。

施工放样贯穿于整个施工过程,是质量保证的一个方面。施工放样的目的是将设计图上的结构物位置、形状、大小和高低在实地标定出来,以作为施工的依据。桥梁施工放样的主要内容如下。

(1)墩台纵横向轴线的确定。

(2)基坑开挖及墩台扩大基础的放样。

(3)桩基础的桩位放样。

(4)承台及墩身结构尺寸、位置放样。

(5)墩帽和支座垫石的结构尺寸、位置放样。

(6)各种桥型的上部结构中线及细部尺寸放样。

(7)桥面系结构的位置、尺寸放样。

(8)各阶段的高程放样。

基础放样是以实地标定的墩台中心位置为依据来进行的,在无水地点可直接将经纬仪安置在中心位置,用木桩准确固定基础纵横轴线和基础边缘。由于定位桩随着基坑开挖必将被挖去,所以必须在基坑开挖范围以外设置定位桩的保护桩,以备施工中随时检查基坑位置或基础位置是否正确,基坑外围通常用龙门板固定或在地上用石灰线标出。

对于建筑物标高的控制,常将拟建建筑物区域附近设置的水准点引测到施工现场附近不受施工影响的地方,设置临时水准点。

2. 旱地基坑施工

1)旱地基坑开挖

旱地基坑开挖分为无围护开挖和围护开挖,当基坑较浅,地下水位较低时基坑可以不加围护,一般采用放坡开挖方法,基坑坑壁坡度可以参考表3.1选用,表中n称为边坡系数,表示斜坡的竖向尺寸为1时对应的水平尺寸。当基坑开挖深度大于5 m时,可将坑壁适当放缓或在适当部位加设0.5~1.0 m的平台。基坑周围应设置排水沟防止地面水流入基坑,当基坑顶缘有动荷载时,顶缘与动荷载之间留有1 m的护道,以减小动荷载对坑壁的不利影响。当基坑边坡稳定性差,或受建筑场地限制,或放坡给工程带来过大的工程量时,可以采用设置围护结构的直立坑壁。

表3.1 无围护基坑坑壁坡度

坑壁土类别	坑壁坡度(1∶n)		
	基坑壁顶缘无荷载	基坑壁顶缘有静荷载	基坑壁顶缘有动荷载
砂类土	1∶1	1∶1.25	1∶1.5
碎石、卵石类土	1∶0.75	1∶1	1∶1.25
亚砂土	1∶0.67	1∶0.75	1∶1
亚黏土、黏土	1∶0.33	1∶0.5	1∶0.75
极软土	1∶0.25	1∶0.33	1∶0.67
软质岩	1∶0	1∶0.1	1∶0.25
硬质岩	1∶0	1∶0	1∶0

2)基坑形式

(1)垂直坑壁基坑。天然湿度接近于最佳含水量,构造均匀,不致发生坍塌、移动、松散或不均匀下沉的地基土开挖时可以采用垂直坑壁。

(2)斜坡和阶梯形基坑。基坑深度在 5 m 以内,土的湿度正常、构造均匀,基坑坑壁可以参照表 3.1 选用坡度,可作斜坡或台阶开挖。采用台阶开挖时,每阶高度以 0.5~1.0 m 为宜,台阶可兼作人工运土。当基坑深度大于 5 m 时,可以在表 3.1 基础上适当放缓或做平台。

(3)变坡度坑壁基坑。开挖穿过不同土层时,可以采用变坡坑壁,当下层土为密实黏质土或岩石时,下层可以采用垂直坑壁。在变坡处可根据需要设置小于 0.5 m 宽的平台。

3)无水基坑施工方法

一般小桥、涵洞基础、工程量不大的基坑可以用人工施工方法;大中桥基础工程,基坑深、基坑平面尺寸大、开挖土方量多,可以用机械施工方法;无水基坑开挖方法可以参见表 3.2。

表 3.2　无水基坑施工方法

地质及支撑状况	挖掘方式	提升方法	运输方式	附注
土质、无支撑	挖土机(正铲)	挖土机(正铲)	挖土机直接装车	挖土机在坑底
土质、无支撑	挖土机(反铲)	挖土机(反铲)	挖土机回旋弃土	挖土机在坑缘上
土质、无支撑	挖土机(拉铲)	挖土机(拉铲)	挖土机回旋弃土	挖土机在坑缘上
土质、无支撑或有支撑	起重机抓泥斗:软土(无齿双开)、硬土(有齿双开)、大砾石或漂石(四开)	抓泥斗	吊臂回旋弃土或直接装车支撑	—

续表

地质及支撑状况	挖掘方式	提升方法	运输方式	附注
土质、无支撑或有支撑	人工挖掘	用锹向上翻弃（$H<2$ m）或人工接力上翻	弃土或装车	—
土质或石质、无支撑或有支撑	人工或风动工具	传送带（$H<4.5$ m）	传送带接运	传送带可分设在坑底或坑上
土质或石质、无支撑或有支撑	人工或风动工具	起重机、各种动臂起重机或摇头扒杆，配带活底吊斗	回旋弃土或直接装车	起重机具设在坑缘或坑下，必要时可在坑上脚手架平台接运
土质或石质、无支撑或有支撑	人工或风动工具	爬坡车：有轨（石质坑）、无轨（土质坑）、用卷扬机或绞车	爬坡车、接斗车或手推车	—

4）基坑坑壁的支护和加固

在下列情况下宜采用挡板支护或加固基坑坑壁：①基坑坑壁不易稳定，并有地下水的影响；②放坡开挖工程量过大，不符合工程经济的要求；③受施工场地或邻近建筑物限制，不能采用放坡开挖。常用坑壁支护结构有挡板支护、板桩墙支护、临时挡土墙支护和混凝土加固等形式。挡板支护有木挡板、钢木结合挡板、钢结构挡板等形式；板桩墙支护有悬臂板桩、锚拉式板桩等。

（1）挡板支护。挡板围护结构适用于开挖面积不大、深度较浅的基坑，挡板的作用是挡土，工作特点是先开挖后设置围护结构，挡板支护形式包括木挡板、钢木结合挡板。木挡板支护有垂直挡板式支护、水平挡板式支护以及垂直和水平挡板混合支护等形式。垂直挡板式支护是垂直挡板直立放置，挡板外用横枋加横撑木支撑；水平挡板式支护是水平挡板横向放置，挡板外用竖枋加横撑木支撑；垂直挡板和水平挡板混合支护是上层支护采用水平挡板连续支护到一定深度后改用垂直挡板。

挡板支撑方式有连续式和间断式。一般可以一次开挖到基底后再安装支撑,对于黏性差、易坍塌的土,可以分段下挖,随挖随撑。采用间断支撑时应以保证土不从挡板间隙中坍落为前提。

对于大型基坑,土质较差或地下水位较高时,宜采用钢木混合支护或钢结构支护基坑,采用定型钢模板作为挡板,用型钢做立木和纵横支撑。钢结构支护的优点是便于安装、拆卸,材料消耗少,有利于标准化、工具化发展。其缺点是刚度较弱,施工中应根据土质和荷载情况,合理布置千斤顶位置。

(2)板桩墙支护。当基坑面积较大,且深度较深,尤其基坑底面在地下水位以下超过1 m,涌水量较大不宜用挡板支护时,可以在基坑四周先沉入板桩,然后开挖基坑,必要时加内撑或锚杆。这种板桩支护既能挡土,又能挡水。板桩墙分为无支撑式、支撑式和拉锚式。无支撑式只适用于基坑较浅的情况,并且要求板桩有足够的入土深度,以保证板桩的稳定性;支撑式板桩适用于较深基坑的开挖,按照设置支撑的层数可分为单支撑板桩和多支撑板桩。板桩墙按照材料分为木板桩、钢板桩和钢筋混凝土板桩等。钢板桩强度较大、结构轻,能穿过较坚硬的土层,不易漏水,并可以重复使用,在桥梁施工中应用较为广泛。

(3)混凝土加固。常用方式有现浇混凝土和喷射混凝土护壁等形式。现浇混凝土是采用逐节向下开挖进行支模、浇筑混凝土,基坑每节开挖深度视土质或定型钢模板尺寸而定,一般1.0～1.5 m为一节,在开挖深度内架立模板,并在模板上部预留混凝土浇筑口,通过浇筑口浇筑混凝土支护结构。混凝土厚度一般为8.0～15 cm,强度等级不低于C15,混凝土一般要掺早强剂。

喷射混凝土护壁是以高压空气为动力,用喷混凝土机械将混凝土喷涂于坑壁表面,并在坑壁形成混凝土加固层,对土体起加固和保护作用,防止坑壁风化、雨水冲刷和浅层坍塌剥落。宜用于土质较稳定、渗水量不大、深度小于10 m,直径为6～12 m的圆形基坑。施工时在基坑口开挖环形沟槽作土模,浇筑混凝土坑口护筒,然后分层开挖,喷护混凝土,每层高度约1 m,渗水较大时不宜超过0.5 m。

3. 基坑排水

基坑如在地下水位以下,随着基坑的下挖,渗水将不断涌入基坑,因此施工过程中必须不断地排水,以保持基坑的干燥,便于基坑挖土和基础的砌筑与养护。目前常用的基坑排水方法有明式排水和井点法降低地下水位两种。

(1) 明式排水。

明式排水是在基坑整个开挖过程及基础砌筑和养护期间,在基坑四周开挖集水沟汇集坑壁及基底的渗水,并引向一个或数个更深一些的集水井。集水沟和集水井一般设在基础范围以外。在基坑每次下挖以前,必须先挖沟和井,集水井的深度应大于抽水泵吸水龙头的高度,在抽水泵吸水龙头上套竹筐围护,以防土石堵塞龙头。

这种排水方法设备简单、费用低,一般土质条件下均可采用。但当地基土为饱和粉细砂等黏聚力较小的细粒土层时,由于抽水会引起流砂现象,造成基坑的破坏和坍塌,因此这类土应避免采用表面明式排水法。

(2) 井点法降低地下水位。

对粉质土、粉砂类土等如采用明式排水极易引起流砂现象,影响基坑稳定,可采用井点法降低地下水位排水。根据使用设备的不同,主要有轻型井点、喷射井点、电渗井点和深井泵井点等类型,可根据土的渗透系数、要求降低水位的深度及工程特点选用。

轻型井点降水布置,即在基坑开挖前预先在基坑四周打入(或沉入)若干根井管,井管下端1.5 m左右为滤管,滤管部分钻有若干直径约2 mm的滤孔,外面包扎过滤层。各个井管用集水管连接抽水。由于井管两侧一定范围内的水位逐渐下降,各井管相互影响形成了一个连续的疏干区。在整个施工过程中不断抽水,保证在基坑开挖和基坑施工期间保持无水状态。

3.1.2 桩基础施工

桩基础施工前应根据已定出的墩台纵横中心轴线直接定出桩基础轴线和各基桩桩位,目前,已普遍应用全站仪设置固定标志或控制桩,以便施工时随时校核。常用的施工方法有预制沉桩、钻孔灌注桩、挖孔灌注桩等。

1. 预制沉桩施工

1) 沉桩前准备

桩可在预制厂预制,当预制厂距离较远而运桩不经济时,宜在现场选择合适的场地进行预制,但应注意:场地布置要紧凑,尽量靠近打桩地点,要考虑到防止被洪水所淹;地基要平整密实,并应铺设混凝土地坪或专设桩台;制桩材料的进场路线与成桩运往打桩地点的路线,不应互受干扰。

预制桩的混凝土必须连续一次浇筑完成,宜用机械搅拌和振捣,以确保桩的质量。桩上应标明编号、制作日期,并填写制桩记录。桩的混凝土强度必须大于设计强度的 70% 方可吊运;达到设计强度时方可使用。核验沉桩的尺寸和质量,并在每根桩的一侧用油漆划上长度标记(便于随时检查沉桩入土深度)。

此外,应备好沉桩地区的地质和水文资料、沉桩工艺施工方案以及试桩资料等。

预制的钢筋混凝土桩由预制场地吊运到桩架内,在起吊、运输、堆放时,都应该按照设计计算的吊点位置起吊(一般吊点应在桩内预埋直径 20～25 mm 的钢筋吊环,或以油漆在桩身标明),否则桩身受力情况与计算不符,可能引起桩身混凝土开裂。预制钢筋混凝土桩主筋是沿桩长按设计内力配置的,吊运时吊点位置,常根据吊点处由桩重产生的负弯矩与吊点间由桩重产生的正弯矩相等原则确定,这样较为经济。一般的桩在吊运时,采用两个吊点,如桩长为 L,吊点离每端距离为 $0.207L$,如图 3.1(a)所示;插桩时为单点起吊,为了使桩内正、负弯矩相等,可将吊点设在 $0.293L$ 处,如图 3.1(b)所示,如桩长不超过 10 m,也可利用 $0.207L$ 吊点。吊运较长的桩,为减少内力,节省钢筋,采用三点或四点起吊,吊点的布置如图 3.1(c)所示。根据相应的弯矩值进行桩身配筋或验算其吊运时的强度。

2)锤击沉桩法

锤击沉桩法是靠桩锤的冲击能量将桩打入土中,因此桩径不能太大(在一般土质中桩径不大于 0.6 m),桩的入土深度也不宜太深(在一般土质中不超过 40 m),否则打桩设备要求较高,打桩效率很差。一般适用于松散的中密砂土或黏性土。

所用的基桩主要为预制的钢筋混凝土桩或预应力混凝土桩。

锤击沉桩常用的设备是桩锤和桩架。此外,还有射水装置、桩帽和送桩等辅助设备。

(1)桩锤。常用的桩锤有坠锤、单动汽锤、双动汽锤、柴油机锤及液压气垫锤等几种。坠锤是最简单的桩锤,它是由铸铁或其他材料做成的锥形或柱形重块,重 2～20 kN,用绳索或钢丝绳通过吊钩由人力或卷扬机沿桩架导杆提升 1～2 m,然后使锤自由落下锤击桩顶。此法打桩效率低,每分钟仅能打数次,但设备较简单,适用于小型工程中打木桩或小直径的钢筋混凝土预制桩。

单动汽锤、双动汽锤是利用蒸汽或压缩空气将桩锤在桩架内顶起下落锤击基桩,单动汽锤重 10～100 kN,每分钟冲击 20～40 次,冲程 1.5 m 左右;双动汽

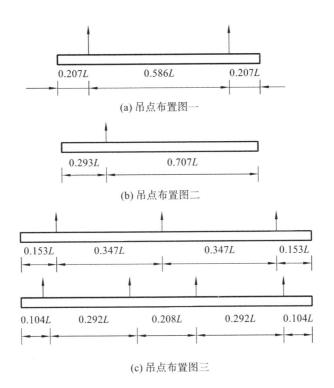

(a) 吊点布置图一

(b) 吊点布置图二

(c) 吊点布置图三

图 3.1 吊点布置

锤重 3~10 kN,每分钟冲击 100~300 次,冲程数百毫米,打桩效率高。单动汽锤适用于打钢桩和钢筋混凝土实心桩,双动汽锤冲击频率高,一次冲击动能较小,适用于打较轻的钢筋混凝土桩或钢板桩,它除了打桩还可以拔桩。

柴油机锤实际上是一个柴油汽缸,工作原理同柴油机,利用柴油在汽缸内压缩发热点燃而爆炸将汽缸沿导向杆顶起,下落时锤击桩顶。导杆式柴油机锤适用于木桩、钢板桩;筒式柴油机锤宜用于钢筋混凝土管桩、钢管桩。柴油机锤不适宜在过硬或过软的土中沉桩。另外,施工中还应考虑防音罩。从能准确地获得桩的承载力看,锤击法是一种较为优越的施工方法,但因噪声高而在市区内难以采用,防音罩是为了防止噪声,用它将整个柴油机锤包裹起来,可达到防止噪声扩散和油烟发散的目的。

打入桩施工时,应适当选择桩锤重量,桩锤过轻桩难以打下,效率太低,还可能将桩头打坏,所以一般认为应重锤轻打,但桩锤过重,则各机具、动力设备都需加大,不经济。

(2)桩架。桩架的作用是装吊桩锤、插桩、打桩、控制桩锤的上下方向,由导杆、起吊设备（滑轮、绞车、动力设备等）、撑架（支撑导杆）及底盘（承托以上设备）等组成。

桩架在结构上必须有足够强度、刚度和稳定性，保证在打桩过程中的动力作用下不会发生移动和变位。桩架的高度应保证桩吊立就位时的需要及锤击的必要冲程。

常用的桩架有木桩架和钢桩架，木桩架只适用于坠锤或小型的单动汽锤。柴油锤本身带有钢制桩架，由型钢装成。桩移动时可在底盘托板下面垫上滚筒，或用轮子和钢轨等方式，利用动力装置牵引移动。

钢制万能打桩架的底盘带有转台和车轮（下面铺设钢轨），撑架可以调整导向杆的斜度，因此它能沿轨道移动，能在水平面作360°旋转，也能打斜桩，施工很方便，但桩架本身笨重，拆装运输较困难。

在水中的墩台桩基础，应先打好水中支架桩（小型的钢筋混凝土桩或木桩），上面搭设打桩工作平台，当水中墩台较多或河水较深时，也可采用船上打桩架施工。

（3）射水装置。在锤击沉桩过程中，若下沉遇到困难，可用射水方法助沉，因为利用高压水流通过射水管冲刷桩尖或桩侧的土，可减小桩的下沉阻力，从而提高桩的下沉效率。

（4）桩帽与送桩。桩帽的作用是直接承受锤击、保护桩顶，并保证锤击力作用于桩的断面中心。因此，要求桩帽构造坚固，桩帽尺寸与锤底、桩顶及导向杆相吻合，顶面与底面均平整且与中轴线垂直，还应设吊耳以便吊起。桩帽上部为由硬木制成的垫木，下部套在桩顶上，桩帽与桩顶间宜填麻袋或草垫等缓冲物。

送桩构造可用硬木、钢或钢筋混凝土制成。当桩顶位于水下或地面以下，或打桩机位置较高时，可用一定长度的送桩套连在桩顶上，就可使桩顶沉到设计标高。送桩长度应按实际需要确定，为施工方便，应多备几根不同长度的送桩。

（5）锤击沉桩施工要点及注意事项。

①桩帽与桩周围应有5～10 mm间隙，以便锤击时桩在桩帽内可做微小的自由转动，避免桩身产生超过允许的扭转应力。

②打桩机的导向杆应固定，以便施打时稳定桩身。

③桩在导向杆件上不应钳制过死，更不允许施打时导向杆件发生位移或转动，使桩身产生超过许可的拉力或扭矩。

④导向杆件的设置应使桩锤上、下活动自由。

⑤在有条件的情况下,导向杆件宜有足够的长度,以便不再使用送桩。

⑥钢筋混凝土或预应力混凝土桩顶面,应附有适合桩帽大小的桩垫,其厚度视桩垫材料、桩长及桩尖所受抗力大小决定,桩垫因承受高压力而炭化或破碎时,应及时更换。

⑦如桩顶的面积比桩锤底面积小,则应采用适当的桩帽,将锤的冲击力均匀分布到整个顶面上。

(6)沉桩施工中的常见问题及预防与处理措施见表3.3。

表3.3 沉桩施工常见问题及预防与处理措施

问题	产生原因	一般预防与处理措施
桩顶破损	①桩顶部分混凝土质量差,强度低; ②锤击偏心,即桩顶面与桩轴线不垂直,锤与桩面不垂直; ③未安置桩帽或帽内无缓冲垫或缓冲垫不良没有及时调换; ④遇坚硬土层,或中途停歇后土质恢复阻力增大,用重锤猛打所致	①加强桩预制、装、运的管理,确保桩的质量要求; ②施工中及时纠正桩位,使锤击力顺桩轴方向; ③采用合适桩帽,并及时调换缓冲垫; ④正确选用合适桩锤,且施工时每桩要一气呵成
桩身破裂	①桩质量不符合设计要求; ②吊装时,吊点或支点不符合规定,悬臂过长或中跨过多所致; ③打桩时,桩的自由长度过大,产生较大纵向挠曲和振动; ④锤击或振动过度	①加强预制、装、运、卸管理; ②木桩可用8号镀锌铁丝捆绕加强; ③混凝土桩当破裂位置位于水上部位时,用钢夹箍加螺栓拉紧焊接补强加固,位于水中部位时用套筒横板浇筑混凝土加固补强; ④适当减小桩锤落距或降低锤击频率
桩身扭转或位移	桩尖制造不对称,或桩身有弯曲	用棍撬、慢锤低击纠正;偏心不大,可不处理

续表

问题	产生原因	一般预防与处理措施
桩身倾斜或位移	①桩头不平,桩尖倾斜过大; ②桩接头破坏; ③一侧遇石块等障碍物,土层有陡的倾斜角; ④桩帽桩身不在一直线上	①偏差过大,应拔出移位再打; ②入土深小于1 m,偏差不大时,可利用木架顶正,再慢锤打入; ③障碍物如不深,可挖除回填后再继续沉桩
桩涌起	遇较软土或流砂现象	应选择涌起量较大桩作静载试验,如合格可不再复打,如不合格,进行复打或重打
桩急剧下沉,有时随着发生倾斜或位移	①遇软土层、土洞; ②接头破裂或桩尖劈裂; ③桩身弯曲或有严重的横向裂缝; ④落锤过高,接桩不垂直	①应暂停沉桩查明情况,再决定处理措施; ②如不能查明,可将桩拔起,检查改正重打,或在靠近原桩位作补桩处理
桩贯入深度突然减小	①桩由软土层进入硬土层; ②桩尖遇到石块等障碍物	①查明原因,不能硬打; ②改用能量较大桩锤; ③配合射水沉桩
桩不易沉入或达不到设计标高	①遇旧埋设物、坚硬土夹层或砂夹层; ②打桩间歇时间过长,摩阻力增大; ③定错桩位	①遇障碍或硬土层,用钻孔机钻透后再复打; ②根据地质资料正确确定桩长,如确实已达要求,可将桩头截除
桩身跳动,桩锤回弹	①桩尖遇障碍物,如树根或坚硬土层; ②桩身过曲,接桩过长; ③落锤过高; ④冻土地区沉桩困难	①检查原因,穿过或避开障碍物; ②如入土不深,应将桩拔起避开或换桩重打; ③应先将冻土挖除或解冻后进行,如用电热解冻,应在切断电源后沉桩

3) 振动沉桩法

振动沉桩法是用振动打桩机(振动桩锤)将桩打入土中的施工方法。其原理是由振动打桩机使桩产生上下方向的振动,在清除桩与周围土层间摩擦力的同时使桩尖地基松动,从而使桩贯入或拔出。一般适用于砂土,硬塑及软塑的黏性土和中密及较软的碎石土。振动法施工不仅可有效地用于打桩,也可用于拔桩;虽然振动下沉,但噪声较小;在砂性土中最有效,硬地基中难以打进;施工速度快;不会损坏桩头;不用导向架也能打进;移位操作方便;需要的电源功率大。桩的断面大和桩身长者,桩锤重量应大;地基的硬度加大,桩锤的重量也应增大;振动力大则桩的贯入速度快。

振动沉桩施工要点及注意事项如下。

(1)振动时间的控制。每次振动时间应根据土质情况及振动机能力大小,通过实地试验决定,一般不宜超过 15 min。振动时间过短,则土的结构尚未彻底破坏,振动时间过长,则振动机的部分零件易于磨损。在有射水配合的情况下,振动持续时间可以缩短。一般当振动下沉速度由慢变快时,可以继续振动,由快变慢,如下沉速度小于 5 cm/min 或桩头冒水,即应停振。当振幅甚大(一般不应超过 16 mm)而桩不下沉时,则表示桩尖端土层坚实或桩的接头已振松,应停振继续射水,或另作处理。

(2)振动沉桩停振控制标准。应以通过试桩验证的桩尖标高控制为主,以最终贯入度(cm/min)或可靠的振动承载力公式计算的承载力作为校核。如果桩尖已达标高而最终贯入度或计算承载力相差较大时,应查明原因,报有关单位研究后另行确定。

(3)管桩改用开口桩靴振动吸泥下沉。当桩基土层中含有大量卵石或碎石或破裂岩层,如采用高压射水振动沉桩尚难下沉,可将锥形桩尖改为开口桩靴,并在桩内用吸泥机配合吸泥,非常有效。

(4)振动沉桩机、机座、桩帽应连接牢固;沉桩机和桩中心轴应尽量保持在同一直线上。

(5)开始沉桩时宜用自重下沉或射水下沉,桩身有足够稳定性后,再采用振动下沉。

4) 射水沉桩法

射水沉桩法是利用小孔喷嘴以 300~500 kPa 的压力喷射水,使桩尖和桩周围土松动的同时,桩受自重作用而下沉的方法。它极少单独使用,常与锤击和振动法联合使用。当射水沉桩到距设计标高尚差 1~1.5 m 时,停止射水,用锤击或振动恢复其承载力。这种施工方法对黏性土、砂性土都可适用,在细砂土层中特别有效。射水沉桩不会使较小尺寸的桩损坏,施工时噪声和振动极小。

射水沉桩施工注意事项如下。

(1)射水沉桩前,应对射水设备如水泵、输水管道,射水管水量、水压等及其与桩身的连接进行设计、组装和检验,符合要求后,方可进行射水施工。

(2)水泵应尽量靠近桩位,减少水头损失,确保有足够水压和水量。采用桩外射水时,射水管应对称等距离地装在桩周围,并使其能沿着桩身上下移动,以便能在任何高度处冲刷土壁。为检查射水管嘴位置与桩长的关系和射水管的入土深度,应在射水管上自上而下标志尺寸。

(3)沉桩过程中,不能任意停水,如因停水导致射水管或管桩被堵塞,可将射水管提起几十厘米,再强力冲刷疏通水管。

(4)细砂质土中用射水沉桩时,应注意避免桩下沉过快造成射水嘴堵塞或扭坏。

(5)射水管的进入管应设安全阀,以防射水管被堵塞时水泵设备损坏。

(6)管桩下沉到位后,如设计需要以混凝土填芯,应用吸泥等方法清除泥渣以后,用水下混凝土填芯。在受到管外水压影响时,管桩内的水头必须保持高出管外水面 1.5 m 以上。

5)静力压桩法

静力压桩法是用液压千斤顶或桩头加重物以施加顶进力将桩压入土层中的施工方法。其特点为:施工时产生的噪声和振动较小;桩头不易损坏;桩在贯入时相当于给桩做静载试验,故可准确知道桩的承载力;压入法不仅可用于竖直桩,也可用于斜桩和水平桩;但机械的拼装移动等均需要较多的时间。

2. 钻孔灌注桩施工

钻孔灌注桩施工应根据土质、桩径大小、入土深度和机具设备等条件选用适当的钻具和钻孔方法,以保证能顺利达到预计孔深;然后,清孔、吊放钢筋笼架、灌注水下混凝土。现按施工顺序介绍其主要工序。

1)准备工作

(1)准备场地。

施工前应将场地平整好,以便安装钻架进行钻孔。当墩台位于无水岸滩时,钻架位置处应整平夯实,清除杂物,挖换软土;场地有浅水时,宜采用土或草袋围堰筑岛;当场地为深水或陡坡时,可用木桩或钢筋混凝土桩搭设支架,安装施工平台支承钻机(架)。深水中在水流较平稳时,也可将施工平台架设在浮船上,就位锚固稳定后在水上钻孔。水中支架的结构强度、刚度和船只的浮力、稳定性都应事前进行验算。

(2)埋置护筒。

护筒的作用是:固定钻孔位置;开始钻孔时对钻头起导向作用;保护孔口防止孔口土层坍塌;隔离孔内孔外表层水,并保持钻孔内水位高出施工水位以产生足够的静水压力稳住孔壁。护筒制作要求坚固、耐用、不易变形、不漏水、装卸方便和能重复使用。一般用木材、薄钢板或钢筋混凝土制成,护筒内径应比钻头直径稍大,旋转钻须增大0.1~0.2 m,冲击或冲抓钻增大0.2~0.3 m。

护筒埋设可采用下埋式,适用于旱地埋置;上埋式,适用于旱地或浅水筑岛埋置;下沉埋设,适用于深水埋置。护筒埋置时应注意下列几点。

①护筒平面位置应埋设正确,偏差不宜大于50 mm。

②护筒顶标高应高出地下水位和施工最高水位1.5~2.0 m。无水地层钻孔因护壁顶部设有溢浆口,筒顶也应高出地面0.2~0.3 m。

③护筒底应低于施工最低水位(一般低于0.1~0.3 m即可)。深水下沉埋设的护筒应沿导向架借自重、射水、振动或锤击等方法将护筒下沉至稳定深度,入土深度黏性土应达到0.5~1 m,砂性土则为3~4 m。

④下埋式及上埋式护筒挖坑不宜太大(一般比护筒直径大0.1~0.6 m),护筒四周应夯填密实的黏土,护筒应埋置在稳固的黏土层中,否则应换填黏土并密实,其厚度一般为0.5 m。

(3)泥浆制备。

泥浆在钻孔中的作用是:在孔内产生较大的静水压力,可防止坍孔;泥浆向孔外土层渗漏,在钻进过程中,由于钻头的活动,孔壁表面形成一层胶泥,具有护壁作用;同时,将孔外水流切断,能稳定孔内水位;泥浆比重大,具有挟带钻渣作用,利于钻渣的排出。因此,在钻孔过程中,孔内应保持一定稠度的泥浆,一般比重以 1.1~1.3 为宜，在冲击钻进大卵石层时可用 1.4 以上，黏度为 20 Pa·s，含砂率小于 3%。在较好的黏性土层中钻孔，也可灌入清水，使钻孔时孔内自造泥浆，达到固壁效果。调制泥浆的黏土塑性指数不宜小于 15，粒径大于 0.1 mm 的砂粒不宜超过 6%。

(4)安装钻机或钻架。

钻架是钻孔、吊放钢筋笼、灌注混凝土的支架。我国生产的定型旋转钻机和冲击钻机都附有定型钻架，其他还有木制的和钢制的四脚架，三脚架或人字扒杆。在钻孔过程中，成孔中心必须对准桩位中心，钻机(架)必须保持平稳，不发生位移、倾斜和沉陷。钻机(架)安装就位时，应详细测量，底座应用枕木垫实塞紧，顶端应用缆风绳固定平稳，并在钻进过程中经常检查。

2)钻孔

(1)钻孔方法和钻具。

①旋转钻进成孔。由于旋转钻进成孔的施工方法受到机具和动力的限制，适用于较细、软的土层，如各种塑性状态的黏性土、砂土、夹少量粒径小于 200 mm 的砂卵石土层，在软岩中也可使用。这种钻孔方法的深度可达 100 m 以上。旋转钻进成孔包括普通旋转钻机成孔法、人工机动推钻与全叶式螺旋钻成孔法和潜水钻机钻孔法。

a.普通旋转钻机成孔法(正、反循环回转钻)利用钻具的旋转切削体钻进，并在钻进的同时采用循环泥浆的方法护壁排渣，继续钻进成孔。旋转钻机成孔按泥浆循环的程序有正、反循环回转之分。泥浆以高压通过空心钻杆，从底部射出，随着泥浆上升而溢出流至井外沉浆池，待沉淀净化后再循环使用的方式，称为正循环。泥浆由钻杆外流入井孔，旧泥浆由钻杆吸上排走的方式称为反循环。反循环钻机的钻进及排渣效率较高，但在接长钻杆时装卸较麻烦，如钻渣粒径超过钻杆内径(一般为 120 mm)易堵塞管路，则不宜采用。

b.人工机动推钻与全叶式螺旋钻成孔法。用人工或机动旋转钻具钻进，钻孔时利用电动机带动钻杆转动，使钻头螺旋叶片旋转削土成孔，土块随叶片上升排出孔外，一般孔深 8~12 m，钻进速度较慢，遇大卵石、漂石土层不易钻进。

c.潜水钻机钻孔法。利用密封电动机、变速机构带动钻头在水中旋转削土，并在端部喷出高速水流冲刷土体，以水力排渣。同正循环一样，压入泥浆，钻渣随泥浆上升溢出井口。如此连续钻进、排土而成孔。

②冲击钻进成孔。利用钻锥(重为10~35 kN)不断地提锥、落锥,反复冲击孔底土层,把土层中泥砂、石块挤向四壁或打成碎渣,钻渣悬浮于泥浆中,利用掏渣筒取出,重复上述过程冲击钻进成孔。

主要采用的机具有定型的冲击式钻机(包括钻架、动力、起重装置等)、冲击钻头、转向装置和掏渣筒等,也可用30~50 kN带离合器的卷扬机配合钢、木钻架及动力组成简易冲击钻机。冲击钻孔适用于含有漂卵石、大块石的土层及岩层,也能用于其他土层。成孔深度一般不宜大于50 m。

③冲抓钻进成孔。此法是利用冲抓锥张开的锥瓣向下冲击切入土石中,收紧锥瓣将土石抓入锥中,提升出孔外卸去土石,然后再向孔内冲击抓土,如此循环钻进的成孔方法。施工时,泥浆仅起护壁作用,当土层较好时,可不用泥浆,而用水头护壁。冲抓成孔适用于较松或紧密黏性土、砂性土及夹有碎卵石的砂砾土层,成孔深度一般小于30 m。用冲抓钻钻进时,应以小冲程稳而准地开孔,待锥具全部进入护筒后,再松锥进行正常冲抓。提锥应缓慢,冲击高度一般为1.0~2.5 m。

(2)钻孔注意事项。

在钻孔过程中应防止坍孔、孔形扭歪或孔斜,钻孔漏水、钻杆折断,甚至把钻头埋住或掉进孔内等事故,因此钻孔时应注意下列各点。

①在钻孔过程中,始终要保持孔内外既定的水位差和泥浆浓度,以起到护壁、固壁作用,防止坍孔。若发现有漏水(漏浆)现象,应找出原因及时处理。如为护筒本身漏水或因护筒埋置太浅而发生漏水,应堵塞漏洞或用黏土在护壁周围夯实加固,或重埋护筒;若因孔壁土质松散,泥浆加固孔壁作用较差,应在孔内重新回填黏土,待沉淀后再钻进,以加强泥浆护壁。

②在钻孔过程中,应根据土质等情况控制钻进速度、调整泥浆稠度,以防止坍孔及钻孔偏斜、卡钻和旋转钻机负荷超载等情况发生。

③钻孔宜一气呵成,不宜中途停钻以避免坍孔,若坍孔严重应回填重钻。

④钻孔过程中应加强对桩位、成孔情况的检查工作。终孔时应对桩位、孔径、形状、深度、倾斜度及孔底土质等情况进行检验,合格后立即清孔、吊放钢筋笼,灌注混凝土。

(3)钻孔中常见的施工事故及预防与处理措施。

钻孔中常见的施工事故及预防与处理措施,见表3.4。

表 3.4　钻孔中常见的施工事故及预防与处理措施

事故种类	原因分析	预防与处理措施
坍孔	①护筒埋置太浅，周围封填不密实而漏水； ②操作不当，如提升钻头、冲击（抓）锥或掏渣筒倾倒，或放钢筋骨架时碰撞孔壁； ③泥浆稠度小，起不到护壁作用； ④泥浆水位高度不够，对孔壁压力小； ⑤向孔内加水时流速过大，直接冲刷孔壁； ⑥在松软砂层中钻进，进尺太快	①孔口坍塌时，可拆除护筒，回填钻孔、重新埋设护筒再钻； ②轻度坍孔，可加大泥浆相对密度和提高水位； ③严重坍孔，用黏土泥膏（或纤维素）投入，待孔壁稳定后采用低速钻进； ④汛期或潮汐地区水位变化过大时，应采取升高护筒、增加水头或用虹吸管等措施保证水头相对稳定； ⑤提升钻头、下钢筋笼架保持垂直，尽量不要碰撞孔壁； ⑥在松软砂层钻进时，应控制进尺速度，且用较好泥浆护壁； ⑦坍塌情况不严重时，可回填至坍孔位置以上1～2 m，加大泥浆比重继续钻进； ⑧遇流砂坍孔情况严重，可用砂夹黏土或小砾石夹黏土，甚至块片石加水泥回填，再行钻进
钻孔偏斜	①桩架不稳，钻杆导架不垂直，钻机磨耗，部件松动； ②土层软硬不匀，致使钻头受力不匀； ③钻孔中遇有较大孤石或探头石； ④扩孔较大处，钻头摆偏向一方； ⑤钻杆弯曲，接头不正	①将桩架重新安装牢固，并对导架进行水平和垂直校正，检修钻孔设备； ②偏斜过大时，填入石子黏土，重新钻进，控制钻速，慢速提升、下降，往复扫孔纠正； ③如有探头石，宜用钻机钻透，用冲孔机时用低锤击密，把石打碎，基岩倾斜时，可用混凝土填平，待凝固后再钻

续表

事故种类	原因分析	预防与处理措施
卡钻	①孔内出现梅花孔、探头石、缩孔等未及时处理； ②钻头被坍孔落下的石块或误落入孔内的大工具卡住； ③入孔较深的钢护筒倾斜或下端被钻头撞击严重变形； ④钻头尺寸不统一、焊补的钻头过大； ⑤下钻头太猛，或吊绳太长，使钻头倾斜卡在孔壁上	①对于向下能活动的上卡可用上下提升法，即上下提动钻头，并将钢丝绳左右拔移旋转； ②上卡时可用小钻头冲击法； ③对于下卡和不能活动的上卡，可采用强提法，即除用钻机上卷扬机提拉外，还可采用滑车组、杠杆、千斤顶等设备强提
掉钻	①卡钻时强提强拉、操作不当，使钢丝绳或钻杆疲劳断裂； ②钻杆接头不良或滑丝； ③电动机接线错误，使不应反转的钻机反转，钻杆松脱	①卡钻时应设有保护绳子才准强提，严防钻头空打； ②经常检查钻具、钻杆、钢丝绳和联结装置； ③掉钻后可采用打捞叉、打捞钩、打捞活套、偏钩和钻锥平钩等工具打捞
扩孔及缩孔	①扩孔是因孔壁坍塌而造成的结果； ②缩孔原因有三种：钻锥补焊不及时；磨耗后的钻锥直径缩小；地层中有软塑土，遇水膨胀后使孔径缩小	①如扩孔不影响进尺，则可不必处理，如影响钻进，则按坍孔事故处理； ②对缩孔可采用上下反复扫孔的方法以扩大孔径

3) 清孔及吊装钢筋笼骨架

清孔目的是除去孔底沉淀的钻渣和泥浆，以保证灌注的钢筋混凝土质量，保证桩的承载力。

（1）常用的清孔方法。

①抽浆清孔。用空气吸泥机吸出含钻渣的泥浆而达到清孔目的。由风管将压缩空气输进排泥管，使泥浆形成密度较小的泥浆空气混合物，在水柱压力下沿排泥管向外排出泥浆和孔底沉渣，同时用水泵向孔内注水，保持水位不变直至喷出清水或沉渣厚度达到设计要求为止，此法清孔较彻底，适用于孔壁不易坍塌的

各种钻孔方法的柱桩和摩擦桩,一般用反循环钻机、空气吸泥机、水力吸泥机或真空吸泥泵等进行。

②掏渣清孔。该法是用抽渣筒、大锅锥或冲抓锥清掏孔底粗钻渣,仅适用于机动推钻、冲抓、冲击钻孔的各类土层摩擦桩的初步清孔。掏渣前可先投入水泥1~2袋,再以钻锥冲击数次,使孔内泥浆、钻渣和水泥形成混合物,然后用掏渣工具掏渣。当要求清孔质量较高时,可使用高压水管插入孔底射水,使泥浆相对密度逐渐降低。

③换浆清孔。适用于正循环钻孔法的摩擦桩,钻孔完成后,提升钻锥距孔底10~20 cm,继续循环,以相对密度较低(1.1~1.2)的泥浆压入,把钻孔内的悬浮钻渣和相对密度较大的泥浆换出。

④喷射清孔。只宜配合其他清孔方法使用,是在灌注混凝土前对孔底进行高压射水或射风数分钟,使剩余少量沉淀物飘浮后,立即灌注水下混凝土。

(2)清孔时应注意的事项。

①不论采用何种清孔方法,在清孔排渣时,必须注意保持孔内水头,防止坍孔。

②柱桩应以抽浆法清孔,清孔后,将取样盒(即开口铁盒)吊到孔底,待灌注水下混凝土前取出并检查沉淀在盒内的渣土,渣土厚度应符合规定要求。

③用换浆法或掏渣法清孔后,孔口、孔中部和孔底提出的泥浆应符合质量标准要求;灌注水下混凝土前,孔底沉淀厚度不应大于设计规定的数值。

④不得用加深孔底深度的方法代替清孔。

钻孔桩的钢筋应按设计要求预先焊成钢筋骨架,整体或分段就位,吊入钻孔。钢筋骨架吊放前应检查孔底深度是否符合设计要求、孔壁有无妨碍骨架吊放和正确就位的情况。钢筋骨架吊装可利用钻架或另立扒杆进行。吊放时应避免骨架碰撞孔壁,并保证骨架外混凝土保护层厚度,应随时校正骨架位置。钢筋骨架达到设计标高后,即将骨架牢固定位于孔口,立即灌注混凝土。

4)灌注水下混凝土

(1)灌注方法。

目前我国多采用直升导管法灌注水下混凝土。将导管居中插入离孔底0.30~0.40 m(不能插入孔底沉积的泥浆中),导管上口接漏斗,在接口处设隔水栓,以隔绝混凝土与导管内水的接触。在漏斗中储备足够数量的混凝土后,放开隔水栓,储备的混凝土连同隔水栓向孔底猛落,这时孔内水位骤涨外溢,说明混凝土已灌入孔内。当落下有足够数量的混凝土时,则将导管内水全部压出,并使导管下口埋入孔内混凝土1～1.5 m深,保证钻孔内的水不可能重新流入导管。随着混凝土不断通过漏斗、导管灌入钻孔,钻孔内初期灌注的混凝土及其上面的水或泥浆不断被顶托升高,相应地不断提升导管和拆除导管,这时应保持导管的埋入深度为2～4 m,最大不宜大于4 m,拆除导管时间不超过15 min,直至钻孔灌注混凝土完毕。

(2)对混凝土材料的要求。

为了保证水下灌注混凝土的质量,应按设计强度等级提高20%进行混凝土的配合比设计;混凝土坍落度宜在180～220 mm;每立方米混凝土中水泥用量不少于350 kg,水灰比宜用0.5～0.6,并可适当将含砂率提高至40%～50%,使混凝土有较好的和易性;为防卡管,石料尽可能用卵石,适宜粒径为5～30 mm,最大粒径不应超过40 mm。

(3)混凝土浇筑。

为了随时掌握钻孔内混凝土顶面的实际高度,可用测绳和测深锤直接测定。测深锤一般用锥形锤,锤底直径15 cm左右,高20 cm,质量为5 kg,外壳可用钢板焊制,内装铁砂配重后密封。为保证灌注桩成桩后的质量,现在可用超声波法等进行无损检测。

(4)灌注水下混凝土注意事项。

①灌注首批混凝土时导管下口至孔底的距离一般宜为25～40 cm;导管埋入混凝土中的深度不得小于1 m。

②灌注开始后应连续地进行,并应尽可能缩短拆除导管的时间。当导管内混凝土不满时,应徐徐地灌注,防止在导管内造成高压气囊;在灌注过程中,特别是潮汐地区,应经常保持井孔水头,防止坍孔;应经常探测井孔内混凝土面位置,及时地调整导管埋深,导管的埋深一般不宜小于2 m或大于6 m,当拌和物掺有缓凝剂、灌注速度较快、导管较坚固并有足够起重能力时,可适当加大埋深;在灌注过程中,应将井孔内溢出的泥浆引流至适当地点处理,防止污染环境;灌注的桩顶标高应预加一定高度,一般应比设计高出至少0.5 m,预加高度可于基坑开挖后凿除,凿除时须防止损毁桩身。

③混凝土面位置应采用较为精确的器具进行探测。若无条件,可采用测探锤,禁止使用其他不符合要求的方法。灌注将近结束时,可用取样盒等容器直接取样,鉴定良好混凝土面位置。

④混凝土面接近钢筋骨架时,宜使导管保持稍大的埋深,并放慢灌注速度,以减少混凝土的冲击力;混凝土面进入钢筋骨架一定深度后,应适当提升导管,

使钢筋骨架在导管下口有一定的埋深。

⑤护筒拔出及提升操作时,处于地面及桩顶以下的井口整体式刚性护筒,应在灌注完混凝土后立即拔出;处于地面以上、能拆卸的护筒,须待混凝土抗压强度达到 5 MPa 后方可拆除;使用全护筒灌注时,应逐步提升护筒,护筒内的混凝土高度应考虑本次护筒将提升的高度及为填充提升护筒所产生的空隙所需高度。在灌注中途提升时,尚应包括提升护筒后应保留的混凝土高度(一般不小于 1 m),以防提升后脱节。但护筒内混凝土也不得过高,以防护筒内外侧摩阻力超过起拔力。

3. 挖孔灌注桩施工

挖孔灌注桩适用于无地下水或少量地下水,且较密实的土层或风化岩层。桩的直径(或边长)不宜小于 1.4 m,孔深一般不宜超过 20 m。若孔内产生的空气污染物超过规定的浓度限值,必须采用通风措施,方可采用人工挖孔施工。每一桩孔开挖、提升出土、排水、支撑、立模板、吊装钢筋骨架、灌注混凝土等作业都应事先准备好,紧密配合。

(1)开挖桩孔。

一般采用人工开挖,开挖之前应清除现场四周及山坡上悬石、浮土等,排除一切不安全的因素,做好孔口四周临时围护和排水设备。孔口应采取措施防止土石掉入孔内,并安排好排土提升设备(卷扬机或木绞车等),布置好弃土通道,必要时孔口应搭雨棚。

挖孔过程中要随时检查桩孔尺寸和平面位置,防止误差。注意施工安全,下孔人员必须佩戴安全帽和安全绳,提取土渣的机具必须经常检查。孔深超过 10 m 时,应经常检查孔内二氧化碳含量,如超过 0.3% 应增加通风措施。孔内如用爆破施工,应采用浅眼爆破法,严格控制炸药用量并在炮眼附近加强支护,以防止振坍孔壁。孔深大于 5 m 时,应采用电雷管引爆,爆破后应先通风排烟 15 min 并经检查孔内无毒后施工人员方可下孔继续开挖。

(2)护壁和支撑。

挖孔桩开挖过程中,开挖和护壁两个工序必须连续作业,以确保孔壁不坍塌。应根据地质、水文条件、材料来源等情况因地制宜选择支撑及护壁方法。桩孔较深,土质较差,出水量较大或遇流砂等情况时,宜采用就地灌注混凝土护壁,每下挖 1~2 m 灌注一次,随挖随支。护壁厚度一般为 0.15~0.20 m,混凝土为 C15~C20,必要时可配置少量的钢筋,也可采用下沉预制钢筋混凝土圆管护壁。

如土质较松散而渗水量不大,可考虑用木料作框架式支撑或在木框架后面铺架木板作支撑。木框架或木框架与木板间应用扒钉钉牢,木板后面也应与土面塞紧。当土质情况尚好,渗水不大时也可用荆条、竹笆作护壁,随挖随护壁,以保证挖土安全进行。

(3) 排水。

孔内如渗水量不大,可采用人工排水(手摇木绞车或小卷扬机配合提升);渗水量较大,可用高扬程抽水机或将抽水机吊入孔内抽水。若同一墩台有几个桩孔同时施工,可以安排一孔超前开挖,使地下水集中在一孔排除。

(4) 吊装钢筋骨架及灌注桩身混凝土。

挖孔达到设计深度后,应进行孔底处理。必须做到孔底表面无松渣、泥、沉淀土,以保证桩身混凝土与孔壁及孔底密贴,受力均匀。如地质复杂,应钎探了解孔底以下地质情况,若不能满足设计要求则应与监理、设计单位研究处理。吊装钢筋骨架及灌注水下混凝土的有关方法及注意事项与钻孔灌注桩基本相同。

3.1.3　沉井基础施工

沉井的施工方法与墩台基础所在地点的地质和水文情况有关。如沉井要在水中施工则应对河流汛期、通航、河流冲刷、航道等情况调查研究,并制定施工计划,尽量安排在枯水季节施工。对需在施工中度汛的沉井,应有可靠的措施以确保安全。常用方法有旱地施工、水中筑岛施工及浮运沉井施工等方法。

1. 旱地沉井施工

旱地沉井施工可以就地进行,施工内容包括定位放样、平整场地、浇筑底节沉井、拆模和抽除垫木、挖土下沉沉井、接高沉井、地基检验及处理、封底、填充井孔及浇筑盖板等。

(1) 定位放样、平整场地、浇筑底节沉井。

在定位放样以后,应将基础所在地的地面进行整平和夯实,在地面上铺设厚度不小于 0.5 m 的砂或砂砾垫层。然后铺垫木、立底节沉井模板和绑扎钢筋。在砂垫层上先在刃脚踏面处对称地铺设垫木,垫木一般为方木(可用 200 mm × 200 mm 方木),其数量可按垫木底面压力不大于 100 kPa 计算。垫木的布置应考虑抽除方便。然后在垫木上面放出刃脚踏面大样,铺上踏面底模,安放刃脚的型钢,刃脚斜面底模、隔墙底模和沉井内模,绑扎钢筋,最后立外模和模板拉杆。在场地土质较好处,也可采用土模。

在浇筑混凝土之前,必须检查核对模板各部尺寸和钢筋布置是否符合设计要求,支承及各种紧固联系是否安全可靠。浇筑混凝土要随时检查有无漏浆和支撑是否良好。混凝土浇好后要注意养护,夏季防暴晒,冬季防冻结。

(2)拆模和抽除垫木。

混凝土达到设计强度的25%时可拆除内外侧模,达到设计强度的75%时可拆除各墙底面和刃脚斜面模板,强度达到设计强度后才能抽撤垫木。抽撤垫木应按一定的顺序进行,以免引起沉井开裂、移动或倾斜。其顺序是:先撤除内隔墙下的垫木,再撤除沉井短边下的垫木,最后撤除长边下的垫木。撤除长边下的垫木时,以定位垫木(最后抽撤的垫木)为中心,对称地由远到近拆除,最后拆除定位垫木。注意在抽垫木过程中,抽除一根垫木应立即用砂回填并捣实。

(3)挖土下沉沉井。

垫木抽完后,应检查沉井位置是否有移动或倾斜,位置正确,即可在井内挖土。沉井下沉施工可分为排水下沉和不排水下沉。当沉井穿过稳定的土层,不会因排水产生流砂时,可采用排水挖土下沉,可采用人工挖土或机械除土。人工挖土时应采取施工安全措施,挖土要有规律、分层、对称、均匀地开挖,使沉井均匀下沉。通常是先挖井孔中心,再挖隔墙下的土,后挖刃脚下的土,一般情况下高差不宜超过50 cm。挖到一定程度,沉井即可借自重切土下沉一定深度,这样不断地挖土、下沉。不排水下沉一般采用抓土斗或水力吸泥机。使用吸泥机时要不断向井内补水,使井内水位高出井外水位1~2 m,以免发生流砂或涌土现象。在井孔内需均匀除土,否则易使沉井产生较大的偏斜。

在沉井下沉过程中,要经常检查沉井的平面位置和垂直高度。有偏斜就要及时纠正,否则下沉愈深纠偏愈难。

(4)接高沉井。

当沉井顶面离地面1~2 m时,如还要下沉,应停止挖土,接筑上一节沉井。每节沉井高度以4~6 m为宜。接高的沉井中轴应与底节沉井中轴重合。为防止沉井在接高时突然下沉或倾斜,必要时应回填刃脚下的土,接高时应尽量对称均匀加重。混凝土施工接缝应按设计要求,布置好接缝钢筋,清除浮浆并凿毛,然后立模浇筑混凝土,待接筑沉井达到设计强度,即可继续挖土下沉,直至井底达到设计标高。如最后一节沉井顶面在地面或水面下,应在沉井上加筑井顶围堰,围堰的平面尺寸略小于沉井,其下端与井顶预埋锚杆相连,视其高度大小分别用混凝土或砌石或砌砖。围堰是临时性的,待墩台身出水后可拆除。

(5)地基检验及处理。

沉井下沉至设计标高后,必须检验基底的地质情况是否与设计资料相符,地基是否平整,能抽干水的可直接检验,否则要由潜水员下水检验,必要时用钻机取样鉴定。如检验符合要求,宜尽可能在排水的情况下立即清理和处理地基。基底应尽量整平,清除污泥,并使基底没有软弱夹层;基底为砂土或黏性土时,应铺一层砾石或碎石垫层至刃脚踏面以上 20 cm;基底为风化岩时,应将风化层凿掉,以保证封底混凝土、沉井与地基连接紧密。

(6)封底、填充井孔及浇筑盖板。

地基经检验、处理合格后,应立即封底,宜在排水情况下进行;抽干水有困难时用水下浇筑混凝土的方法,待封底混凝土达到设计强度后方可抽水,然后填井孔。对填砂砾或空孔的沉井,必须在井顶浇筑钢筋混凝土盖板。盖板达到设计强度后,方可砌筑墩台。

2. 水中下沉沉井的措施

当沉井下沉施工处于水中时,可以采用筑岛法和浮运法,一般根据水深、流速、施工设备及施工技术等条件选用。

(1)筑岛法。

河流的浅滩或施工最高水位不超过 4 m 时,可用筑岛法,即先修筑人工岛,再在岛上进行沉井的制作和挖土下沉。筑岛材料为砂或砾石,常称作砂岛,砂岛分无围堰和有围堰两种。无围堰砂岛应保证施工期在水流冲刷作用下,砂岛本身有足够的稳定性,一般用于水深不超过 2 m 的情况,水流速度不大时,砂岛边坡坡度通常为 1∶2,周围用草袋、卵石、竹笼等护坡。砂岛面的宽度应比沉井周围宽出 2.0 m 以上,岛面高度应高出施工最高水位 0.5 m 以上。当河流较深或流速较大时,宜用钢板桩围堰筑岛。

(2)浮运法。

在深水河流中,如水深超过 10 m,用筑岛法有困难或不经济,可采用浮运沉井的方法进行施工。

采用浮运法的沉井,一种是普通沉井,在刃脚处安装临时性不漏水的木底板,就位后再在井内灌水下沉,沉到河底再拆除底板。另一种是空腹薄壁沉井,井壁可用钢筋混凝土、水泥钢丝网或钢壳制成,空腹中设置支撑,向空腹中灌水或混凝土即可下沉。浮运沉井一般先在岸上预制,再用滑道等方法将沉井放入水中,浮于水面上最后拉运到墩位处,也可用船只浮运沉井。

沉井准确就位后,用水或混凝土灌入空体,徐徐下沉直至河底。或依靠在悬浮状态下接长沉井及填充混凝土使它逐步下沉至河底,最后在土中挖土下沉。在浮运、下沉沉井过程中,沉井顶到水面的高度均不得小于1 m。

3. 沉井下沉过程中常遇到的问题及处理方法

(1)突然下沉。

在软土地基沉井施工中,常发生突然下沉现象。如某工程的一个沉井,一次突沉3 m之多。突沉的原因是井壁外的摩阻力很小,当刃脚附近土体挖除后,沉井失去支承而剧烈下沉。这样,容易使沉井产生较大的倾斜或超沉,应予避免。采用均匀挖土、增大踏面宽度或加设底梁等措施可以解决沉井突然下沉问题。

(2)沉井偏斜。

沉井开始下沉阶段,井体入土不深,下沉阻力较小,且由于沉井大部分还在地面上,外侧土体的约束作用很小,容易产生偏斜。这一阶段应控制挖土的程序和深度,注意均匀挖土。继续挖土时,可在沉井高的一侧集中挖土。还可以采取不对称加重、不对称射水和施加侧向力把沉井扶正等措施。开始阶段要经常检查沉井的平面位置,注意防止较大的倾斜。在中间阶段,可能会出现下沉困难的现象,但接高沉井后,下沉又变得顺利,但易出现偏移。如沉井中心位置发生偏移,可先使沉井倾斜。均匀挖土让沉井斜着下沉,直到井底中心位于设计中心线上,再将沉井扶正。

沉井沉至设计标高时,其位置误差不应超过下述规定。

①底面中心和顶面中心在纵横向的偏差不大于沉井高度的1/50,对于浮式沉井,允许偏差值还可增加25 cm。

②沉井最大倾斜度不大于1/50。

③矩形沉井的平面扭角偏差不大于1°,浮式沉井不得大于2°。

(3)沉井下沉困难。

沉井下沉至最后阶段,主要问题是下沉困难。沉井发生下沉困难的主要原因是井外壁摩阻力太大,超过了自重,或刃脚下遇到大的障碍物。当刃脚遇到障碍物时,必须予以清除后再下沉。清除方法可以是人工排除,如遇树根或钢材可锯断或烧断,遇大孤石宜用炸药炸碎,以免损坏刃脚。在不能排水的情况下,由潜水员进行水下切割或水下爆破。解决摩阻力过大而使下沉困难的方法可从增加沉井自重和减小沉井外壁的摩阻力两方面来考虑。

①增加沉井自重。可以在沉井顶面铺设平台,然后在平台上放置重物,如砂

袋、块石、铁块等,但应防止重物倒塌。对不排水下沉的沉井,可从井孔中抽出一部分水,从而减小浮力,增加向下的压力使沉井下沉。此法对渗水性大的砂、卵石层效果不大,对易发生流砂的土也不宜用此法。

②减小沉井外壁的摩阻力。可以将沉井设计成台阶形、倾斜形,或在施工中尽量使外壁光滑;也可在井壁内埋设高压射水管组,利用高压水流冲松井壁附近的土,水沿井壁上升润滑井壁,减小井壁摩阻力,帮助沉井下沉。沉井下沉至一定深度后,如有下沉困难,可用炮震法强迫沉井。此法是在井孔的底部埋置适量的炸药,一般每个爆炸点用药 0.2 kg 左右为宜,引爆产生的震动力迫使沉井下沉,但要避免震坏沉井。

对下沉较深的沉井,为减小井壁摩阻力常用泥浆润滑套或空气幕帮助沉井下沉。泥浆润滑是把按一定比例配置好的泥浆灌注在沉井井壁周围形成一个具有润滑作用的泥浆套,可大大减小沉井下沉时的井壁摩阻力,使沉井顺利下沉。

射口挡板可用角钢或钢板制作,置于每个泥浆射出口处固定在井壁台阶上。它的作用是防止泥浆管射出的泥浆直冲土壁而起缓冲作用,防止土壁局部坍落堵塞射浆口。为了保持土壁的稳定性及一定数量的泥浆储备,压入的泥浆应高出地面。因此,需在地面设置围圈。围圈由混凝土或钢板制成,高 1.5~2.0 m,顶面高出地面约 0.5 m,圈顶面加盖,以防土石掉入泥浆套。泥浆套的施工按压浆管与井壁位置关系分为内管法和外管法。厚壁沉井多采用内管法,薄壁沉井宜采用外管法。

沉井在下沉过程中要不断补充泥浆,泥浆面不得低于地表围圈的底面。同时,要注意使沉井孔内外水位相近,以防发生流砂、漏水,而使泥浆套受到破坏。当沉井达到设计标高时,应压进水泥砂浆把触变泥浆挤出,使井壁与四周的土重新获得新的摩阻力。在卵石、碎石层中采用泥浆润滑套效果一般较差。

空气幕法是井壁四周按喷气管分担范围设置空气管喷射高压气流,气流沿喷气孔喷出,再沿沉井外井壁上升,形成一圈空气幕,使井壁周围土松动,减少井壁摩阻力,促使沉井顺利下沉。

施工时分层设置压气管,压气管由竖管和水平横管组成。每层水平横管上钻有很多小孔,压缩空气通过小孔向外喷射,压沉井所需的压力可取静水压力的 2.5 倍。空气幕法在停气后可恢复土对井壁的摩阻力,下沉量易于控制,施工设备简单,可以水下施工,经济效果好。空气幕法主要适用于细、粉砂类土和黏性土。

3.2 墩台施工

在墩台施工前首先要测设墩台中心位置,这是墩台施工放样的基础。桥梁墩台定位所依据的原始资料是桥梁轴线控制桩的里程和桥梁墩台的设计里程。根据里程可以算出它们之间的距离,并按此距离标定出墩台的中心位置。墩台定位的方法,可视河宽、河深及墩台位置等具体情况而定,根据现场条件可采用直接丈量法、极坐标法及方向交会法等。因篇幅关系,在此不进行详细叙述。

3.2.1 钢筋混凝土墩台施工

桥墩按其构造,可分为实体桥墩、空心桥墩、柱式桥墩、排架式桥墩、框架式桥墩、弹性墩、拼装式桥墩、预应力桥墩8种类型;按照截面形状,可分为矩形、圆形、圆端形、尖端形、矩形圆角、I字形以及各种空心式桥墩。钢筋混凝土桥梁墩台施工方法通常分为两大类:现场就地浇筑与砌筑和拼装预制。现场就地浇筑与砌筑的墩台工序简便、机具较少、技术操作难度小,因而应用较多,但施工工期长,需消耗较多的劳动力与物力。拼装预制墩台结构形式轻便、建桥速度快、预制构件质量有保证,主要用于山谷架桥、跨越平缓无漂流物的河沟、河滩等的桥梁,特别是在工地干扰多、施工场地狭窄、缺水与砂石供应困难地区,其效果更显著。

下文主要阐述墩台模板制作、安装与混凝土浇筑这两种主要工序。

钢筋混凝土现浇桥墩的一般施工工艺流程如图 3.2 所示。

1. 墩台模板的类型与构造

混凝土及钢筋混凝土墩台常用的模板,一般包括四种类型:固定式模板、拼装式模板、整体吊装模板和组合钢模板。

(1)固定式模板。

固定式模板一般用木材或竹材制作,其各部件均在现场加工制作和安装。固定式模板主要由立柱、肋木、壳板、撑木、拉杆、钢箍、枕梁与铁件等组成。

固定式模板的优点:整体性好,模板接缝少,适应性强,能根据墩、台形状进行制作和组装,不需起重设备,运输安装方便。但其存在显著的缺点,就是重复使用率低,材料消耗量大,装拆、清理费时费工,不经济。固定式模板一般只宜用

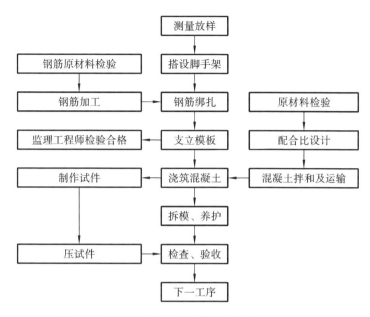

图 3.2 钢筋混凝土现浇桥墩的一般施工工艺流程

于中小规模的墩台。

根据墩台外形的不同,模板可由竖直平面、斜平面、圆柱面和圆锥面等组成。立柱、肋木、拉杆和钢箍形成骨架。骨架的立柱安放在基础枕梁上,肋木固定在立柱上,木模壳板竖直布置在肋木上,立柱两端用钢拉杆连接,使模板有足够的刚度。

木模半圆形端头采用圆弧形肋板分段对接。双层交错叠合,形成紧密的半圆,两端与水平肋木用螺栓连接,肋木之间设置拉杆。若桥墩较高,要加设斜撑或横撑式抗风拉索。

对于桥台而言,其模板多了背墙、耳墙等部位,比桥墩复杂,但其基本构造仍如上述,对于拉杆螺栓均应穿通到立柱,并且在拆模后,将表面的孔穴用砂浆填实。

(2)拼装式模板。

拼装式模板是由各种尺寸的标准模板利用销钉连接并与拉杆、加劲构件等组成墩台形状的模板,又称盾状模板。其优点是预制构件尺寸准确,拆装容易,运输方便,可周转使用。它适用于高大桥墩或在同类墩台较多时使用,可用钢材或木材加工制作。钢模板采用 2.5~4 mm 厚的薄钢板并以型钢为骨架,可重复使用,装拆方便,节约材料,成本较低。但钢模板需用机械加工,稍有不便。木模则耗用木材较多,周转使用次数少,只宜用于中、小桥梁。

①标准模板。一般采用钢、木、胶合板等材料制作,边框多用角钢制作,面板宜采用薄钢板、胶合板等,亦可采用木面板。标准模板的尺寸可根据构造物的形状和需要确定。标准模板宜用各种类型的销钉,如销扣与销钉、套环与销钉、回形销等连接。

②异形模板。对墩台圆弧或拐角处,可按需要制作一定数量的异形模板,如角模或梯形模板。角模用于墩台拐角处分内角膜和外角模。梯形模板与标准模板配合使用,组成墩台弧形模板,并能满足桥墩收坡要求。

③拉杆。拉杆保证了内外模板保持较精确的间距,并提高了模板承受混凝土侧压力的能力,从而保证结构尺寸达到施工规范要求的精度。拉杆一般采用圆钢制作,防止浇筑表面不平整,可用混凝土块作撑垫,再用螺母拧紧或锥形螺母与拉杆连接。

④加劲构件。为了增加模板的强度、刚度和稳定性,在模板的外侧应安装横肋和立柱,其数量由计算确定。横肋宜用型钢(角钢、槽钢或木枋)制作。立柱常用的有单柱或桁架两种,单立柱宜用较大的型钢加工,如工字钢、槽钢或较大的木枋制作,桁架立柱宜用钢桁架。

(3)整体吊装模板。

整体吊装模板的组装方法:根据墩台高度分层支模和灌注混凝土,每层的高度应视墩台尺寸和模板数量、灌筑混凝土的能力以及吊装能力而定,一般宜为2~4 m。用吊机吊起大块板扇,按分层高度安装好第一层模板,其组装方法与低墩、台组装模板的方法相同。模板安装完后在灌筑第一层混凝土时,应在墩、台身内预埋支撑螺栓,以支撑第二层模板和安装脚手架。

整体吊装模板的优点是:安装时间短,施工进度快,大大缩短工期,不留工作缝;将拆装模板的高空作业改为平地操作,施工安全;模板刚度大,可少设拉筋,节约钢材;可利用模板外框架作简易脚手架;结构简单,拆装方便,可重复使用。缺点是需要一套吊装设备,且起吊质量大。

对于圆形、方形柱式墩,可根据施工现场的吊装能力,分节组装成整体模板,以加快施工进度、减轻劳动强度和保证施工安全。为了保证整体模板具有足够的强度和刚度,吊装前应进行验算。

(4)组合钢模板。

组合钢模板因其质轻且装拆方便,成为运用较多的一种模板类型。它由钢模板和配件两大部分组成。钢模板包括平面模板、阴角模板、阳角模板、连续角模等通用模板和倒棱模板、柔性模板、搭接模板、可调模板及嵌补模板等专用模板。钢模板采用模数制设计,通用模板的宽度模数以 50 mm 进级,长度模数以 150 mm 进级(长度超过 900 mm 时,以 300 mm 进级),模板的具体形式及规格见《组合钢模板技术规范》(GB/T 50214—2013)附录。配件的连接包括 U 形卡、L 形插销、钩头螺栓、紧固螺栓、对拉螺栓、扣件等,配件还有不同形式的支撑件。

组合钢模板能节约大量木材,组装拆卸方便、通用性好,可多次周转使用,具有较好的经济效益。它是桥梁墩台施工中常用的模板之一,也是其他土木工程施工中常用的模板之一,因而在其他书目中均介绍较多,在此不再赘述。下面仅列出组合钢模板的拼配原则。

①尽量使用规格最大的钢板,可使用模板块数少,拼接少,节省连接和支承配件,减少装拆工作量,增强模板整体刚度。

②对于构造上有特殊要求的转角,可使用连接角模代替阳角模板。阴角模板宜用于长度较大的转角处。

③配板时应将钢模板的长度沿着墙、柱、墩台的高度方向和梁的长度方向排列,以利于用长度规格较大的钢模板和增大钢模板的支承跨度。

④钢模板的制作偏差和拼接安装误差,一般板长 4 m 以内可不考虑,超过 4 m,则每 4.5 m 留 3~5 mm 的富余,一般可在安装端头时统一处理。

⑤选择连接点和支撑点位置时,应尽量利用材料和地形,以便于安装操作与达到美观要求。

2. 墩台混凝土浇筑

(1)混凝土的拌制和运输。

①混凝土的拌制。混凝土的搅拌顺序宜按下列要求进行。

当无外加剂、混合料时,依次进入上料斗的顺序宜为粗集料→水泥→细集料。

当掺有混合料时,其顺序宜为粗集料→水泥→混合料→细集料。

当掺干粉状外加剂时,其顺序宜为粗集料→外加剂→水泥→细集料或粗集料→水泥→细集料→外加剂。

为了保证混凝土拌和物搅拌均匀,对于拌和程序和时间,应通过拌和试验确定。一般而言,混凝土搅拌的最短时间,必须符合规范规定。通常设置时间控制装置,以检查拌和时间。在每次用搅拌机拌和第一罐混凝土之前,应先开动搅拌机空转,运转正常后,再加拌和料。搅拌好的混凝土要做到基本卸尽,在全部混凝土卸出之前不得再投入拌和料,不得采用边出料边进料的办法。

冬季施工时室外日平均气温连续 5 d 稳定低于 5 ℃时,混凝土拌制应采取冬季施工措施,并应及时采取气温突然下降的防冻措施。

冬季拌制混凝土应优先采用加热水的方法。水泥不得直接加热,宜在使用前运入暖棚内存放。当集料不加热时,水可加热到 100 ℃,但水泥不应与 80 ℃以上的水直接接触。其投料顺序与普通混凝土的投料顺序不同,应先投入集料和已加热的水,然后再投入水泥。对于混凝土的拌制时间以及具体温度都有一定的限制,拌制时间应取常温的 1.5 倍;混凝土拌和物的出机温度不宜低于 10 ℃,入模温度不低于 5 ℃。

②混凝土运输。混凝土从搅拌处至浇筑地点的运输过程中,应采取措施使混凝土保持均匀性和规定的坍落度,不出现漏浆、失水、离析等现象,保证在初凝前有充分的时间进行浇筑和捣实。否则需在浇筑前进行二次搅拌。

根据运输量大小和运距远近,采用不同的运输设备,总的要求是运输能力适应混凝土凝结速度和浇筑速度的需要,当混凝土拌和物运距较近时,可采用无搅拌器的运输工具运输;当运距较远时,宜采用搅拌运输车、混凝土泵车等运输。对于运输工具,要求不吸水,不漏浆。

(2)混凝土浇筑。

①浇筑混凝土前的检查。

浇筑混凝土前,应对支架、模板、钢筋和预埋件进行检查,合格后方可进行,并将基础顶面冲洗干净,凿除表面浮浆。倘若运至浇筑地的混凝土有离析现象或坍落度不符合要求,应重新搅拌均匀,直到满足坍落度要求方能入模。在明挖基础上浇筑墩台第一层混凝土时,要防止水分被基底吸收或基底水分渗入混凝土而降低强度。对桥梁墩台基底的处理,除可按有关要求和规定外,还应注意做到以下几点。

a.基底为非黏性土或干土时,应将其湿润。

b.基底为岩石时,应加以湿润,并铺一层厚为 2~3 cm 的水泥砂浆,然后在水泥砂浆凝结前浇筑第一层混凝土。

②墩台混凝土浇筑。

a.浇筑速度。控制混凝土浇筑速度,以满足浇筑质量。公式如式(3.1)所示:

$$v = Ah/t \qquad (3.1)$$

式中：v——混凝土配制、输送及浇筑的容许最小速度，m^3/h；

A——浇筑的面积，m^2；

h——浇筑层的厚度，m；

t——所用水泥的初凝时间，h。

如混凝土的配制、输送及浇筑需要时间较长，则应符合式（3.2）：

$$v \geqslant Ah/(t-t_0) \tag{3.2}$$

式中：t_0——混凝土的配制、输送及浇筑所消耗的时间，h。

b.混凝土分层浇筑。混凝土应按一定厚度、顺序和方向分层浇筑，应在下层混凝土初凝或能重塑前浇筑完成上层混凝土。上、下层同时浇筑时，上层与下层前后浇筑距离应保持 1.5 m 以上。在倾斜面上浇筑混凝土时，应从低处开始逐层扩展升高，保持水平分层。混凝土分层浇筑厚度可参考表 3.5 确定。

表 3.5　混凝土分层浇筑厚度

捣实方法		浇筑层厚度/mm
用插入式振动器		300
用附着式振动器		300
用表面振动器	无筋或配筋稀疏时	250
	配筋较密时	150
人工捣实	无筋或配筋稀疏时	200
	配筋较密时	150

c.混凝土振捣。在振捣成型之前，应根据施工对象及混凝土拌和物性质选择适当的振捣器，并确定振捣时间。一般，除少量塑性混凝土可用人工捣实外，宜采用振动器振实。用振动器捣实时应符合下列规定。

（a）使用插入式振动器时，移动间距不应超过振动器作用半径的 1.5 倍；与侧模应保持 50～100 mm 的距离；插入下层混凝土 50～100 mm；每一处振动完毕后应边振动边徐徐提出振动棒；应避免振动棒碰撞模板、钢筋及其他预埋件。

（b）表面振动器的位移距离，应以使振动器平板能覆盖已振实部分 100 mm 左右为宜。

（c）附着式振动器的布置距离，应根据构造物形状及振动器性能等情况并通过试验确定。

（d）对每一振动部位，必须振动到该部位混凝土密实为止。密实的标志是混凝土停止下沉，不再冒出气泡，表面呈现平坦、泛浆。

d. 大体积墩台混凝土温度应力控制措施。桥梁墩台结构体积一般都偏大,属于大体积混凝土工程。对桥台与墩身来说,因常年浸泡在泥水中,除满足结构强度外,还必须具备良好的耐久性和抗渗性,同时还应有较好的抗冲击、抗震及耐侵蚀性能。因此,严格控制大体积墩台混凝土的温度应力,减少温度裂缝的产生,是保证桥梁工程质量的关键。

对于大体积混凝土而言,一般有降温收缩和自身收缩共同的作用。其主要是通过减少混凝土中的水化热,使其各部位的温差不超过 25 ℃,温度梯度不超过 10 ℃。在实际施工中,可采取如下措施。

(a)掌握混凝土浇筑时的外界温度和控制出机温度。混凝土内部散热慢,而表面散热速度快,这样就造成了混凝土内外部温度差加大。所以,掌握好外界温度来降低混凝土的浇筑温度,不仅可以直接降低混凝土浇筑的温度,减小温度应力,同时还可以使浇筑温度降低到周围环境温度以下,形成负的初始温差。这种温差初期将在混凝土内引起压应力,以抵消内外温差及温度梯度引起的表面拉应力,有利于防止早期混凝土的表面裂缝。对混凝土的浇筑,在正确掌握好外界温度的同时要控制好出机温度。出机温度一般是根据搅拌前混凝土原材料总的热能与搅拌后混凝土总热量相等的原理来得出。因此如碰到高温天气,尽可能采取降温措施(必要时要加冰屑),可在晚上气温降低时浇筑,对于一些粗细集料最好搭设遮阳棚防止日晒,或在使用前用冷水冲洗。

(b)控制混凝土水化热。桥梁墩台中混凝土强度一般较高,水泥的用量也较大,这样就造成浇筑完成的混凝土由于水泥的水化热引起内部温度急剧升高,体积也膨胀增大,对于这个问题,施工中尽量采用低水化热的水泥(如大坝水泥、矿渣水泥、粉煤灰水泥等)配制混凝土;或者在混凝土中掺入少量粉煤灰来取代部分水泥,不仅能改善混凝土的工作性和可泵送性,并且能明显地降低混凝土的水化热。

(c)埋入石块,降低水泥用量。

(d)合理地分层浇筑。

(e)做好混凝土的养护及表面温度控制。

(f)采用降温法人为控制结构内部温度。墩台施工时预埋一定数量的水平冷水管,利用流动冷水的冷却能有机地控制整个结构的内部温度,减少大体积混凝土内外温差。

(g)严格控制混凝土配合比。

③混凝土养护。

a.在养护工序中,应控制混凝土处在有利于硬化及强度增长的温度和湿度环境中,使硬化后的混凝土具有必要的强度和耐久性。应在浇筑完毕后 12 h 内对混凝土加以覆盖并保湿养护。

b.一般混凝土的养护时间为 7 d,但对有抗渗要求的混凝土浇水养护时间宜为 14 d。

c.应根据施工对象、环境、水泥品种、外加剂以及对混凝土性能的要求,提出具体的养护方案,并严格执行规定的养护制度。

d.为了满足清水混凝土的表观质量要求,宜采用覆盖塑料薄膜的方法进行养护,保证混凝土在不失水的情况下得到充足的养护,同时保持薄膜布内有凝结水。

e.自然养护混凝土时,应每天记录大气气温的最高和最低温度以及天气的变化情况,并记录养护方式和制度。采用薄膜养护时,应经常检查薄膜的完整情况和混凝土的保湿效果。

f.冬季浇筑的混凝土,应养护到具有抗冻能力的临界强度后,方可拆除养护措施。对于采用硅酸盐水泥或普通硅酸盐水泥配制的清水混凝土,其临界强度应为设计要求的强度等级标准值的 30%。

g.冬季施工时,模板和保温层应在混凝土冷却到 5 ℃ 后方可拆除。当混凝土与外界温度相差大于 20 ℃ 时,拆模后的混凝土应临时覆盖,使其缓慢冷却。

3.2.2 砌筑墩台施工

墩台的砌筑工作流程包括原材料的准备、砂浆的拌制、石料砌筑、表面勾缝及养护。

1.原材料的准备

(1)砂浆中所用的砂应采用中砂或粗砂,砂的最大粒径不应超过 2.5 mm,砂的含泥量不可超过 5%。

(2)石料应符合设计规定的类别和强度,石质应均匀、不易风化、无裂纹。石料强度、试件规格及换算应符合设计要求,石料强度的测定应按现行《公路工程岩石试验规程》(JTG E 41—2005)执行。

(3)片石厚度不应小于 150 mm,卵形和薄片者不得采用。

(4)块石形状应大致方正,上下面大致平整,厚度 200~300 mm,宽度为厚度的 1.0~1.5 倍,长度为厚度的 1.5~8.0 倍。

(5)粗料石外形应方正,成六面体,厚度 200~300 mm,宽度为厚度的 1~

1.5倍,长度为厚度的2.5～4倍,表面凹陷深度不大于20 mm,加工镶面粗料石时,丁石长度应比相邻顺石宽度至少大150 mm,正面凹陷深度不超过15 mm。

2. 砂浆的拌制

(1)砂浆的配合比可通过试验确定,采用质量比,当变更砂浆的组成材料时,其配合比应重新试验确定。

(2)砂浆必须具有良好的和易性,其标准圆锥体沉入度应为50～70 mm,气温较高时,可适当增大。

(3)砂浆应用机械拌和,拌和时间为3～5 min。

(4)砂浆配制应采用质量比,砂浆应随拌随用、保持适宜的稠度,一般定在3～4 h内使用完毕,气温超过30 ℃时,应在2～3 h内使用完毕。

3. 石料砌筑

砌筑墩台施工要点如下。

(1)石料在使用前必须浇水湿润,表面如有泥土、水锈,应清洗干净。

(2)砌筑基础的第一层砌块时,如基石为岩层或混凝土基础,应先将基底表面清洗、湿润,再坐浆砌筑;如基底为土质,可直接坐浆砌筑。

(3)砌体应分层砌筑,砌体较长时,可分段分层砌筑,但两相邻工作段的砌筑差一般不应超1.2 m;分段位置尽量设在沉降缝或伸缩缝处,各段水平砌缝应一致。

(4)各砌层应先砌外圈定位行列,然后砌筑里层,拱圈砌块应与里层砌块交错连成一体,里外应分层一致。

(5)各砌层的砌块应安放稳固,砌块间砂浆饱满,黏结牢固,不得直接贴靠或脱空。

(6)砌筑上层砌块时,应避免振动下层砌块。砌筑工作中断后、恢复砌筑时,已砌筑的砌层,表面应加以清扫和湿润。

(7)砌体的沉降缝应垂直上下贯通。

形状比较复杂的工程,应先作出配料设计图,注明块石尺寸;形状简单的,也要根据砌块高度、尺寸、错缝等,先行放样配好料石再砌。圆端形、尖端形桥墩的砌筑如图3.3所示,圆端形桥墩的顶点不得有垂直灰缝,应从顶端开始先砌筑石块,然后应丁顺相间排列,安砌四周镶面石;尖端形桥墩的尖端及转角处不得有垂直灰缝,砌石应从两端开始,先砌石块①,如图3.3(b)所示,再砌侧面转角②,然后丁顺相间排列,安砌四周的镶面石。

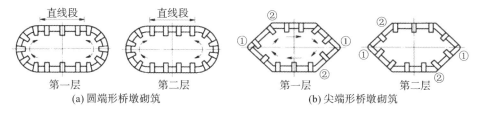

图 3.3 桥墩砌筑图

4. 表面勾缝及养护

(1)砌体勾缝,除设计有规定外,一般可采用凸缝或平缝。

(2)勾缝砂浆强度应不低于砌体砂浆强度,一般主体工程不低于M10,附属工程不低于M7.5,流水和严重冲刷部位应采用高强度水泥砂浆。

(3)石砌体勾缝应嵌入砌缝内约20 mm深。缝槽深度不足时,应凿够深度后再勾缝。

(4)浆砌砌体应在砂浆初凝后,洒水覆盖养护7~14 d。

3.2.3 装配式墩台施工

装配式墩台适用于山谷架桥,跨越平缓无漂流物的河沟、河滩等的桥梁,特别是在工地干扰多、施工场地狭窄,缺水与砂石供应困难地区,其效果更为显著。装配式墩台施工有砌块式墩台施工、柱式墩台施工等。

1. 砌块式墩台施工

砌块式墩台的施工大体上与石砌墩台相同,只是预制砌块的形式因墩台形状不同而有很多变化。例如1975年建成的兰溪大桥,主桥墩身是采用预制的素混凝土壳块分层砌筑而成。壳块按平面形状分为Ⅱ型和工型两大类,再按其砌筑位置和具体尺寸又分为5种型号,每种块件等高,均为35 cm,块件单元重量为90~100 kg,每砌三层为一段落。该桥采用预制砌块建造桥墩,不仅节约混凝土数量约26%,节省木材50 m³和大量铁件,而且砌缝整齐,外貌美观;更主要的是加快了施工速度,避免了洪水对施工的威胁。

2. 柱式墩台施工

装配式柱式墩台是将桥墩分解成若干轻型部件,在工厂工地集中预制,再运送到现场装配,其形式有双柱式、排架式、板凳式和刚架式等。施工工序为预制构件、安装连接与混凝土填缝养护等。其中拼装接头是关键工序,既要牢固、安全,又要结构简单便于施工。

常用的拼装接头如下。

(1)承插式接头。

将预制构件插入相应的预留孔内,插入长度一般为 1~1.5 倍的构件宽度,底部铺设 2 cm 砂浆,四周以半干硬性混凝土填充,常用于柱与基础的接头连接。

(2)钢筋锚固接头。

构件上预留钢筋或型钢,插入另一构件的预留槽内,或将钢筋相互焊接,再灌注半干硬性混凝土。多用于立柱与顶帽处的连接。

(3)焊接接头。

将预埋在构件中的铁件与另一构件的预埋铁件用电焊连接,外部再用混凝土封闭。这种接头易于调整误差,多用于水平连接杆与主柱的连接。

(4)扣环式接头。

相互连接的构件按预定位置预埋环式钢筋,安装时柱脚先坐落在承台的柱芯上,上下环式钢筋互相错接,扣环间插入 U 形短钢筋焊牢,四周再绑扎一圈钢筋,立模浇筑外围接头混凝土,要求上下扣环预埋位置正确,施工较为复杂。

(5)法兰盘接头。

在相连接构件两端安装法兰盘,连接时用法兰盘连接,要求法兰盘预埋位置必须与构件垂直,接头处可不用混凝土封闭。

装配式柱式墩台施工应注意以下几点。

①墩台柱构件与基础顶面预留杯形基座应编号,并检查各个墩台高度和基座标高是否符合设计要求;基杯口四周与柱边的空隙不得小于 2 cm。

②墩台柱吊入基杯内就位时,应在纵横方向测量,使柱身竖直度或倾斜度以及平面位置均符合设计要求;对重大、细长的墩柱,需用风缆或撑木固定后方可摘除吊钩。

③在墩台柱顶安装盖梁前,应先检查盖梁口预留槽眼位置是否符合设计要求,否则应先修凿。

④柱身与盖梁(顶帽)安装完毕并检查符合要求后,可在基杯空隙与盖梁槽眼处灌筑稀砂浆,待其硬化后,撤除楔子、支撑或风缆,再在楔子孔中灌填砂浆。

3.2.4　高墩施工

公路或铁路通过深沟宽谷或大型水库时,常采用高桥墩。高桥墩可分为实体墩、空心墩与钢架墩。高桥墩的施工设备与一般桥墩所用设备大体相同,但其模板却另有特色,一般有滑升模板、提升模板、滑升翻板、爬升模板、翻板钢模板等几种,这些模板都是依附于已灌筑的混凝土墩壁上,随着墩身的逐步加高而向上升高。

1. 高墩施工准备

(1)现场准备。

根据施工现场平面布置图清理平整场地;接通用水用电线路;保证临时道路畅通;布置好材料堆放场地和设备机具安装位置;测量设定好控制桥墩垂直度和高程的基准点。

(2)设备物资准备。

根据高墩施工选用的模板体系准备相应的物资,为施工顺利开始做准备,以爬模为例,根据爬模设计图清点检查各零部件的规格数量是否齐全和质量是否符合组装要求,清点液压千斤顶的质量是否符合组装要求并进行试转试爬等工作,确保爬模施工过程中液压动力设备正常运转;备齐各种连接用螺栓、垫圈、螺母等标准件,并应有一定数量的备用;准备好液压油、润滑剂、脱模剂等专用消耗材料;备齐各种工具和电气焊设备。

(3)劳动力准备。

根据爬模施工特点及进度安排,成立爬模施工专业班组,施工前应对作业人员进行专业技术培训,以保证施工顺利进行,编制相应的劳动力组织表。

2. 高墩滑升模板施工

本书重点介绍高墩的滑升模板(简称滑模)施工。

滑升模板是将模板悬挂在工作平台的围圈上,沿着所施工的混凝土结构截面的周界组拼装配,并随着混凝土的灌筑由千斤顶带动向上滑升。

滑模的优点是施工进度快、缩短工期、节省劳动力,工作接缝少。但由于滑模是在混凝土强度还较低的情况下脱模的,故有可能使混凝土表面出现变形或环向勾缝,有时还会因水平力的作用产生旋转。滑模在动态下灌注混凝土,提升操作频繁,因而对中线的水平控制要求严格,施工中稍有不当就会发生中线水平偏差。由于滑模脱模快,对混凝土防冻十分不利,故一般不适宜冬季施工。

(1)滑模构造。

滑升模板的构造因桥墩、提升工具类型的不同而不同,但其主要部分与功能则大致相同,一般主要由模板、围圈、支撑杆、操作平台、千斤顶和吊架等组成。

(2)滑模施工过程。

滑模施工分为初滑、正常滑升、停滑和空滑4个阶段。

①初滑。

开始滑升,时间由试验决定。要防止过早滑升造成混凝土垮塌;或过晚滑升导致摩阻力太大,使滑升困难。一般滑模内灌入的混凝土高度达50 cm以上,混凝土已初凝,方可进行滑升。经初滑后,对混凝土凝固情况观察得出结论,并且同时对施工机具、滑模、油路、电路系统进行一次检查,保证后续的正常滑升。

②正常滑升。

滑升时混凝土应均匀对称入模,其入模速度与季节、滑模提升能力等因素有关。每浇筑一层混凝土时提升一次模板,不仅加快施工速度,而且使新旧混凝土接合完整,保证新旧接缝看不出。在正常的气温下,一般时间间隔不少于1 h。随着模板不断向上滑升,应将千斤顶支承杆不断接长,并利用混凝土自身的砂浆进行抹面,使桥墩光滑美观。

③停滑。

按照墩身依次滑升浇筑混凝土,或一次滑升完成墩壁混凝土浇筑后再浇墩身横隔板混凝土的施工程序,混凝土浇至要求高程后,即停止滑升。停滑后,要防止混凝土粘模,故每隔1 h需提动1次模板,一般经8 h左右可不再提动模板。

④空滑。

在依次滑升浇筑混凝土时,当滑模滑升至横隔板处需将滑模向上空滑1 m,以便安置下节外侧模板,绑扎横隔板钢筋,浇横隔板混凝土。由于空滑时千斤顶支承杆自由长度大,为避免造成失稳,需进行加固。

(3)滑模施工中的安全措施及质量检查。

滑模施工是高空作业,要经常对施工人员进行安全教育,严格执行高空作业安全制度和规定。要经常检查并保障支承工作台及上、下吊架铁木结构的可靠性和周围栏杆的牢固性。

模板提升过程中,容易产生偏移和扭转,为了保证质量,在正常施工中,每天要用仪器测量墩中线和拱架水平度1~2次。每次提升后要用水平尺检查各个顶架本身的水平度和顶架横梁的水平度等,如发现偏移和扭转应及时纠正。

3. 混凝土配制、浇筑与养护

(1)一般要求。

墩台混凝土的配置与一般结构混凝土配置相同,其材料的质量和技术要求详见《公路桥涵施工技术规范》(JTG/T 3650—2020)。

(2)高墩泵送混凝土施工。

高墩采用泵送混凝土施工,既解决了混凝土的水平运输及垂直运输的难题,又避免了材料及混凝土的二次倒运;不但可以提高工效、缩短工期,而且还节省劳动力。

高墩泵送混凝土施工应满足以下要求。

①高墩泵送混凝土施工应严格按照混凝土泵送施工技术规程、规范进行。除满足设计强度、耐久性外,还要考虑泵送距离、具体的施工条件等因素,合理选择配合比。

②泵送混凝土的坍落度(8~12 cm)较现场拌制的低塑性混凝土大,在混凝土浇筑后应及时压面和反复搓面,以改善混凝土表层结构,防止混凝土出现不均匀收缩,混凝土终凝前应及时密封,进行保湿和保温养护。这样可减少混凝土表面热扩散,减少内外温差,延缓散热时间,控制降温速率,有利于混凝土强度增长和防止应力松弛,避免产生贯穿裂缝。

③均匀振捣,时间不宜过长(一般为10~30 s),避免漏振或过振,防止混凝土拌和物离析和出现沉降裂缝。

④为提高混凝土的可泵性,降低水化热,增加密实度,增加混凝土的和易性,在满足混凝土强度的前提下,严格按照比例掺入粉煤灰和减水剂。

4. 高墩施工注意事项

(1)根据工程墩柱的特点合理选用机械设备或投入支架。例如,对于高度较高的墩柱,可以采用大吨位吊车与小吨位吊车搭配使用,墩柱较矮部分用小吨位吊车施工,较高部分用大吨位吊车,各尽其用,充分发挥不同墩位吊车的作用,以达到节约机械租赁费用的目的。对于机械设备无法施工的墩柱,可以采用支架法,但同时需要注意支架的稳定性及吊装设备的安全性。

(2)尽量保证施工的连续性,减少中间停顿的时间,做好工序安排工作,加快进度。

(3)高墩墩身的垂直度要求较高,施工测量时应采取相应的办法(如坐标法)控制墩身倾斜度和轴线偏位。

(4)根据墩柱高度及截面,设计合适的模板,亦可采用表面特殊处理过的木模板以减小高空吊装、安装重量。

(5)在恶劣环境下的高墩施工,应采取措施解决混凝土快速施工与养护间的矛盾,保证高墩施工的流水作业。可采取的措施有负温泵送混凝土技术,蒸汽加热和暖棚保温的混凝土综合养护技术,以及一些混凝土施工温度控制技术等。

(6)混凝土布料应沿模板周边均匀多点布料。墩身混凝土浇筑完毕后,必须将墩顶冒出的多余水分及时清理,并做二次振捣,以保证墩顶混凝土的施工质量。

(7)作业高处风力达到 6 级以上,或遇有雷雨天气时,须立即停止任何作业。

(8)搞好安全施工是高墩柱施工的关键环节之一,要经常对施工操作人员进行安全教育,强化安全意识,各工序应按安全操作规程办事。

3.3 桥梁上部结构施工

3.3.1 钢筋混凝土梁桥施工

1. 模板和支架的施工

1)模板和支架的制作、安装与拆除

(1)模板的制作与安装。

①模板的制作。钢模板应按批准的施工图进行制作,成品经检验合格后方可使用。组装前应对零部件的几何尺寸和焊缝进行全面检查,合格后方可进行组装。制作钢木组合模板时,钢与木之间接触面应贴紧,木模板与混凝土接触的

表面应刨光且应保持平整,所有接缝应严密、平整。

②模板的安装。模板的设计要求准确就位,且不应与脚手架连接;安装侧模板时,支撑应牢固,防止模板在浇筑混凝土时产生侧移;模板在安装过程中,必须设置防倾覆的临时固定设施;固定在模板上的预埋件和预留孔洞均不得遗漏,安装牢固,位置应准确。

模板的制作、安装精度应符合规范的要求。

(2)支架的制作与安装。

①支架的制作。支架宜采用标准化、系列化、通用化的钢构件制作拼装;制作木支架时,两相邻立柱的连接接头宜分设在不同的水平面上,并应减少长杆件接头主要压力杆的接长连接,宜使用对接法,并宜采用木夹板或铁夹板夹紧;次要构件的连接可采用搭接法。

②支架的安装。支架应按施工图设计的要求进行安装,立柱应垂直,节点连接应可靠;支架在纵桥向和横桥向均应加强水平、斜向连接,增强整体的稳定性。高支架应设置足够的斜向连接、扣件或缆风绳。横向稳定应有保证措施,应通过预压的方式,消除支架地基的不均匀沉降和支架的非弹性变形并获取弹性变形参数,或检验支架的安全性预压荷载宜为支架需承受全部荷载的 1.05~1.10 倍,预压荷载的分布应模拟需承受的结构荷载及施工荷载。支架在安装完成后,应对其平面位置、顶部高程、节点连接及纵、横向稳定性进行全面检查,符合要求后,方可进入下一道工序。

(3)支架应结合模板的安装设置预拱度和卸落装置。

设置的预拱度值,应包括结构本身需要的预拱度和施工需要的预拱度两部分。专用支架应按其产品的要求进行模板的卸落,自行设计的普通支架应在适当部位设置相应的木楔、木马、砂筒或千斤顶等卸落模板的装置,并应根据结构型式,承受的荷载大小确定卸落量,支架的制作、安装和其质量应分别符合规范的有关规定。

(4)支架与模板的拆除。

①模板、支架的拆除期限和拆除程序等应严格按施工图设计的要求进行,设计未要求时,应根据结构物的特点、模板部位和混凝土所应达到的强度要求决定。

②非承重侧模板应在混凝土抗压强度达到 2.5 MPa,且能保证其表面及棱角不致因拆模而受损坏时,方可拆除。

③芯模和预留孔道的内模,应在混凝土强度能保证其表面不发生塌陷或裂缝现象时,方可拆除。

④钢筋混凝土结构的承重模板、支架,应在混凝土强度能承受其自重荷载及其他可能的叠加荷载时,方可拆除。

⑤对预应力混凝土结构,在符合规范规定的条件下,其侧模应在预应力钢束张拉前拆除;底模及支架应在结构建立预应力后拆除。

⑥模板、支架的拆除应遵循后支先拆、先支后拆的原则按顺序进行;墩台模板宜在其上部结构施工前拆除。

⑦拆除梁、板等结构的承重模板时,在横向应同时、在纵向应对称均衡卸落。简支梁、连续梁结构的模板宜从跨中向支座方向依次循环卸落;悬臂梁结构的模板宜从悬臂端开始顺序卸落。

⑧在低温、干燥或大风环境下拆除模板时,应采取必要的措施,防止混凝土表面产生裂缝。

⑨拆除模板、支架时,不得损伤混凝土结构。

2)施工预拱度

(1)确定预拱度时应考虑的因素。

在支架上浇筑梁式上部构造时,在施工时和卸架后,上部构造要发生一定的下沉和产生一定的挠度。因此,为使上部构造在卸架后能顺利地获得设计规定的外形,须在施工时设置一定数值的预拱度。在确定预拱度时应考虑下列因素。

①卸架后上部构造本身及活载1/2所产生的竖向挠度δ_1。

②支架在荷载作用下的弹性压缩δ_2。

③支架在荷载作用下的非弹性变形δ_3。

④支架基底在荷载作用下的非弹性沉陷δ_4。

⑤由混凝土收缩及温度变化而引起的挠度δ_5。

(2)预拱度的计算。

上部构造和支架的各项变形值之和,即为应设置的预拱度。各项变形值可按下列方法计算和确定。

①桥跨结构应设置预拱度,其值等于恒载和1/2静活载所产生的竖向挠度δ。当恒载和静载产生的挠度不超过跨径的1/1600时,可不设预拱度。

②满布式支架,当其杆件长度为L、压应力为σ时,其弹性变形见式(3.3)。

$$\varphi_2 = \frac{\sigma L}{E} \tag{3.3}$$

当支架为桁架等形式时,应按具体情况计算其弹性变形。

预留施工沉落值参考数据见表3.6。

表3.6 预留施工沉落值参考数据　　　　　　　　　　　　　　(单位:mm)

项目		沉落值
接头承压非弹性变形	木与木	每个接头顺纹约2,横纹为3
	木与钢	每个接头约为2
卸落设备的压缩变形	砂筒	2~4
	木楔与木马	每个接缝为1~3
支架基础沉陷	底梁置于砂土上	5~10
	底梁置于黏土上	10~20
	底梁置于砌石或混凝土上	约为3
	打入砂土中的桩	约为5
	打入黏土中的桩	5~10(桩承受极限荷载时用10,低于极限荷载时用5)

3) 预拱度的设置

根据梁的挠度和支架的变形所计算出来的预拱度之和,为预拱度的最高值,应设置在梁的跨径中点。其他各点的预拱度,应以中间点为最高值,以梁的两端为零,按直线或二次抛物线比例进行分配。

2. 钢筋的制作与安装

1) 钢筋的下料

(1)钢筋调直和清除污锈要求。

①钢筋的表面应洁净,使用前应将表面油渍、漆皮、铁锈等清除干净。

②钢筋应平直、无局部弯折,成盘的钢筋和弯曲的钢筋均应调直。

③采用冷拉方法调直钢筋时,R235钢筋的冷拉率不宜大于2%;HRB330、HRB400牌号钢筋的冷拉率不宜大于1%。

(2)钢筋的弯制和末端弯钩要求。

钢筋的弯制和末端弯钩的设计,如设计无规定,应符合表3.7的规定。

表 3.7 受力主钢筋制作和末端弯钩形状

弯曲部位	弯曲角度	形状图	钢筋种类	公称直径 d/mm	弯曲直径 D	平直段长度
末端弯钩	180°	图 3.4(a)	HPB235 HPB300	6~22	≥2.5d	≥3d
	135°	图 3.4(b)	HRB335	6~25	≥3d	≥5d
				28~40	≥4d	
				50	≥5d	
			HRB400	6~25	≥4d	
				28~40	≥5d	
				50	≥6d	
			RRB400	8~25	≥3d	
				28~40	≥4d	
	90°	图 3.4(c)	HRB335	6~25	≥3d	≥10d
				28~40	≥4d	
				50	≥5d	
			HRB400	6~25	≥4d	
				28~40	≥5d	
				50	≥6d	
			RRB400	8~25	≥3d	
				28~40	≥4d	
中间弯钩	≤90°	图 3.4(d)	各种钢筋		≥20d	—

注:表中 d 为钢筋直径。采用环氧树脂涂层钢筋时,除应满足表内规定外,当钢筋直径 d≤20 mm 时,弯钩内直径 D 不应小于 4d;当 d≥20 mm 时,弯钩内直径 D 不应小于 6d;直径段长度不应小于 5d。

(3)用 HPB235 钢筋制作箍筋的要求。

用 HPB235 钢筋制作的箍筋,其末端应做弯钩,弯钩的弯曲直径应大于受力主钢筋的直径,且不小于箍筋直径的 2.5 倍。弯钩平直部分的长度,一般结构不宜小于箍筋直径的 5 倍,有抗震要求的结构,不应小于箍筋直径的 10 倍。弯钩的形式,如设计无要求,可按图 3.5(a)、(b)进行加工;有抗震要求的结构,应按图 3.5(c)进行加工。

2)钢筋连接

钢筋的连接方式有绑扎连接、焊接连接和机械连接 3 种,其中机械连接又有

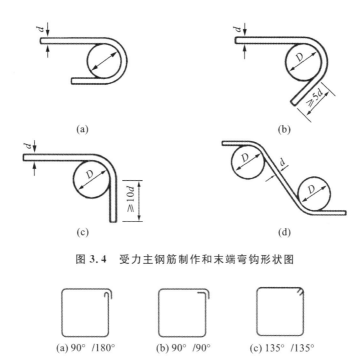

图 3.4 受力主钢筋制作和末端弯钩形状图

(a) 90°/180°　(b) 90°/90°　(c) 135°/135°

图 3.5 箍筋的弯钩形式

套筒挤压接头、锥螺纹接头及镦粗直螺纹接头等方法。

(1)钢筋的连接宜采用焊接接头或机械连接接头。

绑扎接头仅当钢筋构造复杂、施工困难时方可采用,绑扎接头的钢筋直径不宜大于 28 mm,对轴心受压和偏心受压构件中的受压钢筋可不大于 32 mm;轴心受拉和小偏心受拉构件不应采用绑扎接头。

(2)受力钢筋的连接接头应设置在内力较小处,并应错开布置。

对焊接接头和机械连接接头,在接头长度区段内,同一根钢筋不得有两个接头;对绑扎接头,两接头间的距离应不小于 1.3 倍的搭接长度,配置在接头长度区段内的受力钢筋,其接头的截面面积占总截面面积的百分率,应符合规范规定。

(3)钢筋的焊接接头。

钢筋的焊接接头宜采用闪光对焊,或采用电弧焊、电渣压力焊或气压焊,但电渣压力焊仅可用于竖向钢筋的连接,不得用作水平钢筋和斜筋的连接。钢筋焊接的接头形式、焊接的方法和材料应符合现行行业标准《钢筋焊接及验收规程》(JGJ 18—2012)的规定。

每批钢筋焊接前,应先选定焊接工艺和焊接参数,按实际条件进行试焊,并检验接头外观质量及规定的力学性能,试焊质量经检验合格后方可正式施焊。焊接时,对施焊场地应有适当的防风、防雨、防雪、防严寒的设施。

电弧焊宜采用双面焊缝,仅在双面焊无法施焊时,方可采用单面焊缝。采用搭接电弧焊时,两钢筋搭接端部应预先折向一侧,两接合钢筋的轴线应保持一致;采用帮条电弧焊时,帮条应采用与主筋相同的钢筋,其总截面面积不应小于被焊接钢筋的截面面积。电弧焊接头的焊缝长度,对双面焊缝不应小于 $5d$,单面焊缝不应小于 $10d$(d 为钢筋直径),电弧焊接与钢筋弯曲处的距离不应小于 $10d$,且不宜位于构件的最大弯矩处。

(4)钢筋的机械连接。

钢筋的机械连接宜采用镦粗直螺纹、滚轧直螺纹或套筒挤压连接接头。镦粗直螺纹和滚轧直螺纹连接接头适用于直径不小于 25 mm 的 HRB335、HRB400 级热轧带肋钢筋;套筒挤压连接接头适用于直径在 16~40 mm 的 HRB335、HRB400 级热轧带肋钢筋,各类接头的性能均应符合现行行业标准《钢筋机械连接技术规程》(JGJ 107—2016)的规定。

(5)钢筋的绑扎接头。

绑扎接头的末端距钢筋弯折处的距离,不应小于钢筋直径的 10 倍,接头不宜位于构件的最大弯矩处。

受拉钢筋绑扎接头的搭接长度,应符合规范规定。受压钢筋绑扎接头的搭接长度,应取受拉钢筋绑扎接头搭接长度的 70%。

3)钢筋的安装

(1)安装钢筋时应符合下列规定。

①钢筋的级别、直径和根数等应符合设计的规定。

②对于多层多排钢筋,宜根据安装需要在其间隔外设立一定数量的架立钢筋或短钢筋,但架立钢筋或短钢筋端头不得伸入混凝土的保护层内。

③当钢筋过密影响到混凝土质量时,应及时与设计人员协商解决。

(2)钢筋与模板之间应设置垫块,垫块应与钢筋绑扎牢固,且其绑丝的丝头不应进入混凝土保护层内。混凝土浇筑前,应对垫块的位置、数量和紧固程度进行检查,不符合要求时应及时处理,保证钢筋混凝土保护层的厚度应满足设计要求和规范的规定。

(3)钢筋骨架的焊接拼装应在坚固的工作台上进行。

拼装前应按设计图纸放样,放样时应考虑焊接变形的预留。拱度拼装时,在需要焊接的位置宜采用楔形卡卡紧,防止焊接时局部变形。骨架焊接时,不同直径钢筋的中心线应在同一平面上,较小直径的钢筋在焊接时,下面宜垫以厚度适当的钢板,施焊顺序宜由中到边对称地向两端进行,先焊骨架下部,后焊骨架上部,相邻的焊缝应采用分区对称跳焊,不得顺方向一次焊成。钢筋骨架拼装的允许偏差不得超过相关规范的规定。

绑扎或焊接的钢筋网和钢筋骨架不得有变形、松脱和开焊,钢筋安装质量应符合规范要求。

3. 混凝土工程

1) 原材料的检测

(1) 水泥。

①公路桥涵工程采用的水泥应符合现行国家标准《通用硅酸盐水泥》(GB 175—2007)的规定,水泥的品种和强度等级应通过混凝土配合比试验选定,且其特性应不会对混凝土的强度、耐久性和工作性能产生不利影响。当混凝土中采用碱活性集料时,宜选用含碱量不大于0.6%的低碱水泥。

②水泥进场时,应附有生产厂的品质试验检验报告等各种合格证明文件,并应按批次对同一生产厂、同一品种、同一强度等级及同一出厂日期的水泥进行强度、细度、安定性等方面的复验。凝结时500 t为一批,袋装水泥应以每200 t为一批,不足500 t或200 t时,宜按一批计,当对水泥质量有怀疑或受潮或存放时间超过3个月时,应重新取样复验,并应按其复验结果使用。水泥的检验试验方法应符合现行行业标准《公路工程水泥及水泥混凝土试验规程》(JTG 3420—2020)的规定。

③公路桥涵混凝土工程宜用散装水泥,散装水泥在工地上应用专用水泥罐储存;采用袋装水泥时,在运输和储存过程中应防止受潮,且不得长时间露天堆放,临时露天堆放时应设支垫并覆盖。不同品种、强度和出厂日期的水泥应分别按批存放。

(2) 细集料。

①细集料的选择。细集料宜用级配良好、质地坚硬、颗粒洁净且粒径小于5 mm的河砂;当河砂不易得到时,可采用符合规定的其他天然砂或人工砂;细集料不宜采用海砂,不得不采用时,应经冲洗处理,细集料的技术指标应符合规范的要求。

②细集料试验。细集料宜按同产地、同规格、连续进场数量不超过400 m³或600 t为一验收批,小批量进场的宜以不超过200 m³或300 t为一验收批进行

检验;当质量稳定且进料量较大时,可以 1000 t 为一验收批。检验内容应包括外观、筛分、细度模数、有机物含量、含泥量、泥块含量及人工砂的石粉含量等;必要时应对坚固性、有害物质含量、氯离子含量及碱活性等指标进行检验。检验试验方法应符合现行行业标准《公路工程集料试验规程》(JTG E42—2005)的规定。

(3)粗集料。

粗集料宜采用质地坚硬、洁净、级配合理、粒形良好、吸水率小的碎石或卵石,其技术指标应符合规范的要求。

粗集料宜根据混凝土最大粒径采用连续两级配或连续多级配,不宜采用单粒级配或间断级配配制。必须使用时,通过试验验证粗集料的级配范围应符合规范要求。粗集料最大粒径宜按混凝土结构情况及施工方法选取,但最大粒径不得超过结构最小边尺寸的 1/4 和钢筋最小净距的 3/4;在两层或多层密布钢筋结构中,最大粒径不得超过钢筋最小净距的 1/2,同时不得超过 75.0 mm。混凝土实心板的粗集料最大粒径不宜超过板厚的 1/3 且不得超过 37.5 mm。泵送混凝土时的粗集料最大粒径,除应符合上述规定外,对碎石不宜超过输送管径的 1/3;对卵石不宜超过输送管径的 1/2.5。

施工前应对所用的粗集料进行碱活性检验,在条件许可时宜避免采用有碱活性反应的粗集料,必须采用时应采取必要的抑制措施。粗集料的进场检验组批应符合规范规定,检验内容应包括外观、颗粒级配、针片状颗粒含量、含泥量、泥块含量及压碎值指标等,检验试验方法应符合现行行业标准《公路工程集料试验规程》(JTG E42—2005)的规定。

无论是粗集料,还是细集料,在进场之前,必须报请监理工程师抽验,填写进场材料检验申请单,经监理工程师检验合格并签证后方可进场使用。

此外,组成混凝土的材料还有水、外加剂以及混合材料。人畜可用的洁净水可用来拌制混凝土。主要的外加剂类型有普通减水剂、高效减水剂、早强减水剂、缓凝减水剂、引气减水剂、抗冻剂、膨胀剂、阻锈剂及防水剂等;混合材料包括粉煤灰、火山灰质材料以及粒化高炉矿渣等。混凝土用的外加剂、混合材料应符合规范的要求。

2)混凝土的配合比

由于大部分桥梁施工远离城市,特别是中、小桥以及涵洞工程混凝土数量不大,基本上都是采用现场拌制混凝土,除非是城市桥梁施工,才采用商品混凝土(预拌混凝土)。因此,工程技术人员要设计并控制好现场混凝土的配合比,确保混凝土的质量。

混凝土的配合比应以质量比表示,并应通过计算和试配选定。试配时,应使用施工实际采用的材料,配制的混凝土拌和物应满足和易性、凝结时间等施工技术条件,制成的混凝土应满足强度、耐久性(抗冻、抗渗、抗侵蚀)等质量要求。

普通混凝土的配合比,可按照《普通混凝土配合比设计规程》(JGJ 55—2011)的规定进行计算,并应通过试配确定混凝土的试配强度,应根据设计强度等级并考虑施工条件的差异和变化以及原材料质量可能的波动,按照规范进行计算来确定。混凝土的坍落度和工作性能宜根据结构物情况和施工工艺的要求确定。在满足工艺要求的前提下,宜采用低坍落度的混凝土施工。通过设计和试配确定的配合比,应经批准后方可使用,且应在混凝土拌制前将理论配合比换算为施工配合比。

混凝土的最大水胶比、最小水泥用量及最大氯离子含量应符合表3.8的规定。在混凝土中掺入外加剂时,应符合下列规定。

(1)在钢筋混凝土和预应力混凝土中,均不得掺用氯化钙、氯化钠等氯盐。

(2)当从各种组成材料引入的氯离子含量(折合氯盐含量)大于表3.8规定的限值时,宜在混凝土中采取掺加阻锈剂、增加保护层厚度、提高密实度等防腐蚀措施。

(3)掺入引气剂的混凝土,其含气量宜为3.5%~5.5%。

表3.8 混凝土的最大水胶比、最小水泥用量及最大氯离子含量表

环境类别	环境条件	最大水胶比	最小水泥用量/(kg/m³)	最低混凝土强度等级	最大氯离子含量/%
Ⅰ	温暖或寒冷地区的大气环境、与无侵蚀的水或土接触的环境	0.55	275	C25	0.30
Ⅱ	严寒地区的大气环境、使用除冰盐环境、滨海环境	0.50	300	C30	0.15
Ⅲ	海水环境	0.45	300	C35	0.10
Ⅳ	受侵蚀性物质影响的环境	0.40	325	C35	0.10

注:①水胶比、氯离子含量系指其与胶凝材料用量的百分比。②最小水泥用量,包括掺合料。当掺用外加剂且能有效地改善混凝土的和易性时,水泥用量可减少25 kg/m³。③严寒地区系指最冷月平均气温低于或等于-10 ℃,且日平均温度低于或等于5 ℃的天数在145 d以上的地区。④预应力混凝土结构中的最大氯离子含量为0.06%,最小水泥用量为350 kg/m³。⑤封底、垫层及其他临时工程的混凝土,可不受表3.8的限制。

除应对由各种组成材料带入混凝土中的碱含量进行控制外,尚应控制混凝土的总碱含量。每立方米混凝土的总碱含量,对一般桥涵不宜大于 3.0 kg/m³;对特大桥、大桥和重要桥梁不宜大于 1.8 kg/m³;对混凝土结构处于受严重侵蚀的环境,不得使用有碱活性反应的集料。

3) 混凝土拌制

混凝土应采用机械拌制,人工拌制仅用于少量的辅助或修补工程。混凝土的配料宜采用自动计量装置,各种衡器的精度应符合要求,计量应准确。计量器具应定期标定,迁移后应重新进行标定。拌制混凝土所用的各项材料应按质量投料,材料数量的允许质量偏差应符合规范规定。

混凝土拌制时,自全部材料加入搅拌筒开始搅拌至开始出料的最短拌制时间,应按搅拌机产品说明书的要求并经试验确定。混凝土拌和物应搅拌均匀,颜色一致,不得有离析和泌水现象。

混凝土搅拌完毕后,应检测混凝土拌和物的坍落度及损失。必要时,尚宜对工作性能、泌水率及含气量等混凝土拌和物的其他指标进行检测。

4) 混凝土的运输

运输能力应与混凝土的凝结速度和浇筑速度相适应,应使浇筑工作不间断且混凝土运到浇筑地点时仍能保持其均匀性和规定的坍落度。混凝土的运输宜采用搅拌运输车,或在条件允许时采用泵送方式输送;采用吊斗或其他方式运输时,运距不宜超过 100 m 且不得使混凝土产生离析。

采用搅拌运输车运输混凝土时,途中应以 2~4 r/min 的慢速进行搅动,卸料前应以常速再次搅拌。混凝土运至浇筑地点后发生离析、泌水或坍落度不符合要求时,应进行第二次搅拌,二次搅拌时不宜任意加水,确有必要时,可同时加水、相应的胶凝材料和外加剂,并保持其原水胶比不变;二次搅拌仍不符合要求时,则不得使用。

混凝土采用泵送方式时,混凝土的供应宜使输送混凝土的泵能连续工作,泵送的间歇时间不宜超过 15 min。在泵送过程中,受料斗内应具有足够的混凝土,应防止吸入空气产生阻塞;输送管应顺直,转弯处应圆缓,接头应严密不漏气;向低处泵送混凝土时,应采取必要的措施,防止混凝土离析或堵塞输送管。

5) 混凝土的浇筑

浇筑前应做好准备工作,应根据待浇筑结构物的情况、环境条件及浇筑量等制定合理的浇筑方案,工艺方案应对施工缝的设置、浇筑顺序、浇筑工具,以及防裂措施保护层的控制等作出明确的规定；应对支架、模板、钢筋和预埋件进行检查，模板内的杂物、积水及钢筋上的污物应清理干净，模板如有缝隙或孔洞，应堵塞严密不漏浆；应对混凝土的坍落度和均匀性进行检测。

自高处向模板内倾卸混凝土时，应防止混凝土的离析。直接倾卸时，其自由倾落高度不宜超过 2 m；超过 2 m 时，应通过串筒、滴管等设施下落；倾落高度超过 10 m 时，应设置减速装置。

(1)混凝土的浇筑厚度。

混凝土应按一定的厚度、顺序和方向分层浇筑，应使在下层混凝土初凝或能重塑前完成上层混凝土的浇筑；上下层同时进行浇筑时，上层与下层的前后浇筑距离应保持在 1.5 m 以上；在倾斜面上浇筑混凝土时，应从低处开始逐层扩展升高，并保持水平分层。混凝土分层浇筑的厚度满足规范要求。

(2)混凝土的浇筑顺序。

在考虑主梁混凝土的浇筑顺序时，不应使模板和支架产生有害的下沉；为了使混凝土振捣密实，应采用相应的分层浇筑；当在斜面或曲面上浇筑混凝土时，一般应从低处开始。

①水平分层浇筑。对于跨径不大的简支梁桥，可在钢筋全部扎好以后，将梁和板沿一跨全长内水平分层浇筑，在跨中合龙。分层的厚度视振捣器的能力而定，一般为 0.15～0.3 m；当采用人工捣实时，可采用 0.15～0.20 m。为避免支架受不均匀沉陷的影响，浇筑工作应尽量快速进行，以便在混凝土失去塑性之前完成。

②斜层浇筑。跨径不大的简支梁桥混凝土的浇筑，还可用斜层法从主梁两端对称地向跨中进行，并在跨中合龙。T 形梁和箱梁采用斜层浇筑的顺序如图 3.6(a)所示。当采用梁式支架、支点不设在跨中时，应在支架下沉量大的位置先浇混凝土，使应该发生的支架变形及早完成，其浇筑顺序如图 3.6(b)所示。采用斜层浇筑时，混凝土的倾斜角与混凝土的稠度有关，一般为 20°～25°。

对于较大跨径的简支梁桥，可用水平分层或斜层法先浇筑纵横梁，待纵横梁浇筑完毕后，再沿桥的全宽浇筑桥面板混凝土。在桥面板与纵横梁间应按设置工作缝处理。

③单元浇筑法。当桥面较宽且混凝土数量较大时，可分成若干纵向单元分别浇筑。每个单元的纵横梁可沿其长度方向水平分层浇筑或用斜层法浇筑，在纵梁间的横梁上设置工作缝，并在纵横梁浇筑完成后填缝连接。之后，桥面板可沿桥全宽全面积一次浇筑完成，不设工作缝。桥面板与纵横梁间设置水平工作缝。

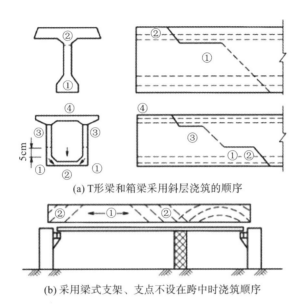

(a) T形梁和箱梁采用斜层浇筑的顺序

(b) 采用梁式支架、支点不设在跨中时浇筑顺序

图 3.6　简支梁桥在支架上的浇筑顺序

注：图中的①、②、③、④表示浇筑的顺序。

(3)混凝土的振捣。

混凝土的振捣分为人工振捣(用铁钎)和机械振捣两种。人工振捣一般用于坍落度大、混凝土数量少或钢筋过密部位的振捣。大规模的混凝土浇筑，必须用机械振捣。

机械振捣设备有平板式、附着式、插入式振动器和振动台等。平板式振动器用于大面积混凝土施工，如桥面。附着式振动器可设在侧模板上，但附着式振动器是借助振动模板来振捣混凝土，故对模板要求较高，常用于薄壁混凝土部分的振捣，如梁肋上和空心板两侧部分。插入式振动器常用的是软管式，当构件断面足够大，而钢筋又不太密时，采用插入式振动器的振捣效果比平板式振动器和附着式振动器都要好。

采用振动器振捣混凝土，应符合下列规定。

①插入式振动器的移位间距应不超过振动器作用半径的 1.5 倍，与侧模应保持 50～100 mm 的距离，且插入下层混凝土中的深度宜为 50～100 mm。

②平板式振动器的移位间距应使振动器平板能覆盖已振实部分，且不小于 100 mm。

③附着式振动器的布置距离，应根据结构物形状和振动器的性能通过试验确定。

④每一振点的振捣延续时间宜为20～30 s,以混凝土停止下沉、不出现气泡、表面呈现浮浆为度。

6)混凝土的养护

对新浇筑混凝土的养护,应满足其对温度、湿度和时间的要求。应根据施工对象、环境条件、水泥品种、外加剂或掺合料以及混凝土性能等因素,制订具体的养护方案,并严格实施。

混凝土浇筑完成后,应在其收浆后尽快予以覆盖并洒水保湿养护。对于硬性混凝土、高强度和高性能混凝土、炎热天气浇筑的混凝土以及桥面等大面积裸露的混凝土,应加强初始保湿养护,具备条件的可在浇筑完成后立即加设棚罩,待收浆后再予以覆盖和洒水养护,覆盖时不得损伤或污染混凝土的表面。混凝土面有模板覆盖时,应在养护期间使模板保持湿润。

混凝土的养护不得采用海水或含有害物质的水。混凝土的洒水保湿养护时间应不少于7 d,对重要工程或有特殊要求的混凝土,应根据环境的湿度、温度、水泥品种以及掺用的外加剂和掺合料等情况,酌情延长养护时间,并应使混凝土表面始终保持湿润状态。当气温低于5 ℃时,应采取保温养护的措施,不得向混凝土的表面洒水。当采用喷洒养护剂对混凝土进行养护时,所使用的养护剂应不会对混凝土产生不利影响,且应通过试验验证其养护效果。

新浇筑的混凝土与流动的地表水或地下水接触时,应采取临时防护措施,保证混凝土在7 d以内且强度达到设计强度的50%以前,不受水的冲刷侵袭;当环境水具有侵蚀作用时,应保证混凝土在10 d以内且强度达到设计强度的70%以前,不受水的侵袭。混凝土处于冻融循环作用的环境时,宜在结冰期到来4周前完成浇筑施工,且在混凝土强度未达到设计强度等级的80%前不得受冻,否则应采取技术措施,防止发生冻害。

4. 装配式构件的起吊、运输和安装

1)预制构件的起吊、堆放

(1)起吊位置。

构件移运时的起吊位置应按设计规定,一般即为吊环或吊孔的位置。如设计无规定,又无预埋的吊环或吊孔,对上、下面有相同配筋的等截面直杆构件的吊点位置,一点吊可设在离端头0.29L处,两点吊可设在离端头0.21L处(L为构件长)。其他配筋形式的构件应根据计算决定吊点位置。

(2)起吊方法。

①三脚扒杆偏吊法,将手拉葫芦斜挂在三脚扒杆上,偏吊一次,移动一次扒杆,把构件逐步移出。

②横向滚移法。横向滚移法就是把构件从预制底座上抬高后,在构件底面两端装置横向移动设备,用手拉葫芦牵引,把构件移出底座。

在装置横向滚移设备时,从底座上抬高构件的办法有吊高法和顶高法。吊高法是用小型门架配神仙葫芦把构件从底座吊起。顶高法是用特制的凹形托架配千斤顶把构件从底座顶起。滚移设备包括走板、滚筒和滚道3部分。走板托在构件底面,与构件一起行走。滚筒放在走板与滚道之间,由于它的滚动而使构件行走。滚筒用硬木或无缝钢管制成,其长度比走板宽度每边长出15～20 cm,以便操作。滚道是滚筒的走道,有木滚道和钢轨滚道两种。

③龙门吊机法。龙门吊机法就是用专设的龙门吊机把构件从底座上吊起,横移至运输轨道,卸落在运构件的平车上。

龙门吊机(也称龙门架)由底座、机架和起重行车3部分组成,运行在专用的轨道上。吊机的运动包括荷重上下升降、行车的横向移动和机架的纵向运动。推动这3种运动的动力可用电力或人力。

龙门吊机的结构有钢木组合和钢桁架组合两种。钢木组合龙门吊机是以工字梁为行车梁、以原木为支柱组成的支架,安装在窄轨平车和方木组成的底座上,可以在专用的轨道上纵向运行。钢桁架组合龙门吊机以钢桁架片为主要构件,配上少量原木组成的机架,安装在由平车和方木组成的底座上,也在专用的轨道上纵向运行。

2)构件的运输

装配式混凝土预制板、梁及其他预制构件通常在桥头附近的预制场或桥梁预制厂内预制。为此,需配合吊装架梁的方法,通过一定的运输工具将预制梁运到桥头或桥孔下,从工地预制场到桥头或桥孔下的运输称为场内运输,将预制梁从桥梁预制厂(或场)运往桥孔或桥头的运输称为场外运输。

(1)场内运输。

①纵向滚移法运梁。用滚移设备,以人力或电动绞车牵引,把构件从工地预制场运往桥位,其设备和操作方法与横向滚移基本相同,不过走板的宽度要适当加宽,以便在走板装置斜撑,使T形梁具有足够的稳定性。

②轨道平车法运梁。把构件吊装在轨道平车上,用电动绞车牵引,沿专用临时铁路线运往桥位。轨道平车设有转盘装置,以便装上车后能在曲线轨道上运

行。同时装设制动装置,以便在运行过程中发生情况时制动。运构件时,牵引的钢丝绳必须挂在后面一辆平车上,或从整根构件的下部编绕一周后再引向导向轮至绞车。对于 T 形梁,还应加设斜撑,以确保稳定。

(2)场外运输。

距离较远的场外运输,通常采用汽车、大型平板拖车、火车或驳船。

受车厢长度、载重量的限制,一般中、小跨径的预制板、梁或小构件(如栏杆和扶手等)可用汽车运输。重 50 kN 以内的小构件可用汽车吊装卸;重量大于 50 kN 的构件可用轮胎吊、履带吊、龙门架或扒杆装卸。要运较长构件时,可在汽车上先垫以长的型钢或方木,再搁放预制构件,构件的支点应放在近两端处,以避免道路不平、车辆颠簸引起的构件开裂。特别长的构件应采用大型平板拖车或特制的运梁车运输。运输道路应平整,如有坑洼而高低不平,应事先修理平整,或采取如图 3.7 所示的措施,防止构件产生负弯矩。使用大型平板拖车运梁时,车长应满足支承间距的要求,构件下的支点需设活动转盘,以免搓伤混凝土。梁运输时应顺高度方向竖立放置,同时应设固定措施防止倾倒。用斜撑支撑梁时,应支在梁腹上,不得支在梁翼缘板上,以防止根部开裂。装卸梁时,必须等支撑稳妥后,才可卸除吊钩。

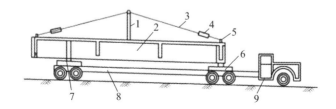

图 3.7 防止构件发生负弯矩的措施

注:1—立柱;2—构件;3—钢丝绳;4—花篮螺丝;5—吊环;6,7—转盘装置;8—连接杆;9—主车。

3)构件的安装

简支式梁、板构件的架设,不外乎起吊、纵移、横移、落梁等工序。从架梁的工艺类别来分,可分为陆地架梁法、浮运架梁法和高空架梁法等。下面简要介绍各种常用的架梁方法的工艺特点。

(1)陆地架梁法。

①自行式吊机架梁法。当桥梁跨径不大、质量较轻时可以采用自行式吊车(汽车吊车或履带吊车)架梁。其特点是机动性好、架梁速度快。如果是岸上的引桥或者桥墩不高,可以视吊装质量的不同,用一台或两台(抬吊)吊车直接在桥

下进行吊装,也可配合绞车进行吊装。

②跨墩或墩侧龙门架架梁法。对于桥不太高,架桥孔数又多,沿桥墩两侧铺设轨道不困难的情况下,可以采用跨墩或墩侧龙门吊车来架梁,通过运梁轨道或者用拖车将梁运到后,就用门式吊车起吊、横移,并安装在预定位置。当一孔架完后,吊车前移,再架设下一孔。用本方法的优点是架设安装速度较快,河滩无水时也较经济,而且架设时不需要特别复杂的技术工艺,作业人员较少。但龙门吊机的设备费用一般较高,尤其是高桥墩的情况。

③移动支架架梁法。对于高度不大的中、小跨径桥梁,可在桥下顺桥轴线方向铺设轨道,其上设置可移动支架来架梁。预制梁的前端搭在支架上,通过移动支架将梁移运到要求的位置后,再用龙门架或人字扒杆吊装;或者在桥墩上设枕木垛,用千斤顶卸下,再将梁横移就位。

④摆动式支架架梁法。摆动式支架架梁法较适宜用于桥梁高跨比稍大的场合。本方法是将预制梁沿路基牵引到桥台或已架成的桥孔上并稍悬出一段,悬出距离根据梁的截面尺寸和配筋确定。从桥孔中心河床上悬出的梁端底下设置人字扒杆或木支架,前方用牵引绞车牵引梁端,此时支架随之摆动而到对岸。

为防止摆动过快,应在梁的后端用制动绞车牵引制动,配合前牵引逐步放松。

当河中有水时也可用此方法架梁,但需在水中设一个简单小墩,以供设立木支架用。

(2)浮运架梁法。

浮运架梁法是将预制梁用各种方法移装到浮船上,并浮运到架设孔以后就位安装。采用浮运架梁法时,要求河流须有适当的水深,以浮运预制梁时不致搁浅为准;同时水位应平稳或涨落有规律,流速及风力不大,河岸能修建适宜的预制梁装卸码头,具有坚固适用的船只。本方法的优点是桥跨中不需设临时支架,可以用一套浮运设备架设多跨同跨径的预制梁,设备利用率高,较经济,架梁时浮运设备停留在桥孔的时间很少,不影响河流的通航。

浮运架设的方法有如下 3 种。

①将预制梁装船浮运至架设孔起吊就位安装法。预制梁上船可采用在引道栈桥或岸边设置栈桥码头,在码头上组拼龙门架,用龙门架吊运预制梁上船。

②对浮船充排水架设法。将预制梁装载在一艘或两艘浮船中的支架枕木垛上,使梁底的高度高于墩台支座顶面 0.2～0.3 m,然后将浮船托运至架设孔,充水入浮船,使浮船吃水加深,降低梁底高度,使预制梁安装就位。在有潮汐的河

流上架设预制梁时,可利用潮汐时水位的涨落来调整梁底高程,安装就位。若潮汐水位高度不够,可在浮船中用水泵充水或排水进行解决。

③浮船支架拖拉架设法。将预制梁拖拉滚移到岸边,并将其一端拖至浮船支架上,再用如前所述的移动式支架架设法沿桥轴线拖拉浮船至对岸,预制梁亦相应拖拉至对岸,预制梁前端抵达安装位置后,用龙门架或人字扒杆安装就位。

(3)高空架梁法。

①联合架桥机架梁法(蝴蝶架架梁法)。此方法适用于架设安装 30 m 以下的多孔桥梁,其优点是完全不设桥下支架,不受水深流急的影响,架设过程中不影响桥下通航、通车,预制梁的纵移、起吊、横移、就位都比较方便。缺点是架设设备用钢量较多,但可周转使用。

联合架桥机由两套门式吊机、一个托架(蝴蝶架)、一根两跨长的钢导梁 3 部分组成。钢导梁顶面铺设运梁平车和托架行走的轨道,门式吊车顶横梁上设有吊梁用的行走小车。

联合架桥机架梁的顺序如下。

a.在桥头拼装导梁,梁顶铺设钢轨,并用绞车纵向拖拉导梁就位。

b.拼装蝴蝶架和门式吊机,用蝴蝶架将两个门式吊机移运至架梁孔的桥墩(台)上。

c.用平车将预制梁沿轨道运送至架梁孔位,将导梁两侧可以安装的预制梁用两个门式吊机吊起,横移并落梁就位。

d.将导梁所占位置的预制梁临时安放在已架设好的梁上。

e.用绞车纵向拖拉导梁至下一孔后,将临时安放的梁由门式吊机架设就位,并用电焊将各梁连接起来。

f.在已架设的梁上铺接钢轨,再用蝴蝶架按顺序将两个门式吊机托起并运至前一孔的桥墩上。如此反复,直至将各孔梁全部架设好为止。

②双导梁穿行式架梁法。本方法是在架设孔间设置两组导梁,导梁上安设配有悬吊预制梁设备的轨道平车和起重行车或移动式龙门吊机,将预制梁在双导梁内吊着运到规定位置后,再落梁、横移就位。横移方法有两种:第一种方法是横移时可将两组导梁吊着预制梁整体横移;第二种方法是导梁设在宽度以外,预制梁在龙门吊机上横移,导梁不横移。第二种横移方法比第一种横移方法安全。

双导梁穿行式架梁法的优点与联合架桥机架梁法相同,适用于墩高、水深的情况下架设多孔中小跨径的装配式梁桥,但不需蝴蝶架而配备双组导梁,故架设跨径可较大,吊装的预制梁可较重。我国用该类型的吊机架设了梁长 51 m、重 1310 kN 的预应力混凝土 T 形梁桥。

两组分离布置的导梁可用公路装配式钢桥桁节、万能杆件设备或其他特制的钢桁节拼装而成。两组导梁净距应大于待安装的预制梁宽度。导梁顶面铺设轨道,供吊梁起重行车行走。导梁设 3 个支承点,前端可伸缩的支承点设在架桥孔前方桥墩上。

两根型钢组成的起重横梁支承在能沿导梁顶面轨道行走的平车上,横梁上设有带复式滑车的起重行车。行车上的挂链滑车供吊装预制梁用。其架设顺序如下。

a. 在桥头路基上拼装导梁和行车,并将拼装好的导梁用绞车拖拉就位,使可伸缩支脚支承在架梁孔的前墩上。

b. 先用纵向滚移法把预制梁运到两导梁间,当梁前端进入前行车的吊点下面时,将预制梁前端稍吊起,前方起重横梁吊起,继续运梁前进至安装位置后,固定起重横梁。

c. 用横梁上的起重行车将梁落在横向滚移设备上,并用斜撑撑住,以防倾倒,然后在墩顶横移落梁就位(除一片中梁处)。

d. 直接用起重行车架设中梁。如用龙门吊机吊着预制梁横移,其方法同联合架桥机架梁。使用此方法时,预制梁的安装顺序是先安装两个边梁,再安装中间各梁。全孔各梁安装完毕并符合要求后,将各梁横向焊接联系,然后在梁顶铺设移运导梁的轨道,将导梁向前推进,安装下一孔。重复上述工序,直至整桥架梁完毕。

③自行式吊车桥上架梁法。在预制梁跨径不大,重量较轻,且梁能运抵桥头引道上时,可直接用自行式伸臂吊车(汽车吊或履带吊)来架梁。但是,对于架桥孔的主梁,当横向尚未连成整体时,必须核算吊车通行和架梁工作时的承载能力。此种架梁方法简单方便,几乎不需要任何辅助设备。

④扒杆架梁法。

a. 扒杆纵向"钓鱼"架梁法。此方法是用立在安装孔墩台上的两副人字扒杆,配合运梁设备,以绞车互相牵吊,在梁下无支架、导梁支托的情况下,把梁悬空吊过桥孔,再横移落梁就位安装的架梁法。

本方法不受架设孔墩台高度和桥孔下地基、河流水文等条件的影响;不需要导梁、龙门吊机等重型吊装设备而可架设 30~40 m 以下跨径的桥梁;扒杆的安装移动简单,梁在吊着状态时横移容易,且也较安全,故总的架设速度快。但本方法需要技术熟练的起重工,且不宜用于不能设置缆索锚碇和梁上方有障碍物处。

b.扒杆横向"钓鱼"架梁法。本方法是在架设孔墩上下游两侧各竖立独脚扒杆。

本方法只适用于施工时河流无水或浅水时的情况。与扒杆纵向"钓鱼"架梁法相比,本方法的预制梁运送和扒杆的转移较方便、安全。

4)装配式混凝土梁(板)的横向连接

装配式钢筋混凝土和预应力混凝土简支梁(板)的施工工序一般为:装配式梁(板)等构件预制→构件移运堆放→运输→预制梁(板)架设安装→横向连接施工→桥面系施工。

装配式混凝土简支梁(板)桥横向一般由多片主梁(板)组成,为了使多片装配式主梁(板)能连成整体共同承受桥上荷载,必须使多片主梁(板)间有横向连接,且有足够的强度。

(1)装配式混凝土板桥的横向连接。

装配式板桥的横向连接常用企口混凝土铰连接和钢板焊接连接等形式。板与板之间的连接应牢固可靠,在各种荷载作用下不松动、不解体,以保证各预制装配式板通过企口混凝土铰接或焊接钢板连接连成整体共同承受车辆荷载。

①企口混凝土铰接。企口混凝土铰接是在板预制时,在板两侧(边板为一侧)按设计要求预留各种形状的企口(如菱形、漏斗形和圆形等),预制板安装就位后,在相邻板间的企口中浇筑纵缝混凝土。纵缝混凝土应采用C30以上的细集料混凝土,施工时应注意插捣密实。实践证明,这种纯混凝土铰已能保证传递竖向剪力,使各预制板共同参与受力。有的还从预制板中伸出钢筋相互绑扎后填塞铰缝混凝土,并浇筑在桥面铺装混凝土中。

②焊接钢板连接。由于企口混凝土铰接需要现场浇筑混凝土,并需待混凝土达到设计强度后才能作为整体板桥承受荷载。为了加快施工进度,可以采用焊接钢板的横向连接形式。板预制时,在板两侧相隔一定距离预埋钢板,待预制板安装就位后,用一块钢板焊在相邻两块预埋钢板上形成铰接构造。焊接钢板的连接构造沿纵向中距通常为0.8~1.5 m,在桥跨中间部分布置较密,向两端支点逐渐减疏。

(2)装配式混凝土简支梁桥的横向连接。

装配式混凝土简支梁桥,待各预制梁在墩台安装就位后,必须进行横向连接施工,把各片主梁连成整体梁桥,才能将其作为整体共同承担二期恒载和活载。

实践证明,横向连接刚度越大,各主梁共同受力性能就越好。因此,必须重视横向连接施工。

装配式简支梁桥的横向连接可分成横隔梁的横向连接和翼缘板的横向连接两种情况。

①横隔梁的横向连接。通常在设有横隔梁的简支梁桥中均通过横隔梁的接头把所有主梁连接成整体。接头要有足够的强度,以保证结构的整体性,并在桥梁营运过程中接头不致因荷载反复作用和冲击作用而发生松动。横隔梁接头通常有扣环式、焊接钢板和螺钉接头等形式。

a.扣环式接头。扣环式接头是在梁预制时,在横隔梁接头处伸出钢筋扣环A(按设计计算要求布置),待梁安装就位后,在相邻构件的扣环两侧安装上腰圆形的接头扣环B,再在形成的圆形环内插入短分布筋后,现浇混凝土封闭接缝。接缝宽度为 0.2～0.6 m。通过接缝混凝土将各主梁连成整体。

b.焊接钢板接头。在预制T形梁横隔梁接头处下端两侧和顶部的翼缘内预埋接头钢板(应焊在横梁主筋上),当T形梁安装就位后,在横隔梁的预埋钢板上再加焊接钢盖板,将相邻T形梁连接起来,并在接缝处灌筑水泥浆封闭。

c.螺钉接头。为简化接头的现场施工,可采用螺钉接头。预埋钢板和焊接钢板接头,钢盖板不是用电焊,而是用螺钉与预埋钢板连接起来,然后用水泥砂浆封闭。为此,钢板上要预留螺钉孔。这种接头不需特殊机具,施工迅速,但在营运中螺钉易松动,挠度较大。

②翼缘板的横向连接。以往具有横隔梁的装配式T形梁桥中,主梁间通过横隔梁连成整体,T形梁翼缘板之间不连接,翼缘板是作为自由悬臂处理的。目前,为改善翼缘板的受力状态,翼缘板之间也进行横向连接。另外,无横隔梁的装配式T形梁桥,主梁是通过相邻翼缘板之间的横向连接连成整体梁桥的。

翼缘板之间通常做成企口铰式的连接。由主梁翼缘板内伸出连接钢筋,横向连接施工时,将此钢筋交叉弯制,并在接缝处再安放局部的φ6钢筋网,然后将它们浇筑在桥面混凝土铺装层内。也可将主梁翼缘板内的顶层钢筋伸出,施工时将它弯转并套在一根沿纵向通长布置的钢筋上,形成纵向铰,然后浇筑在桥面混凝土铺装层中。接缝处的桥面铺装层内应安放单层钢筋网,计算时不考虑铺装层受力。该种连接构造由于连接钢筋较多,对施工增加了一些困难。

(3)装配式混凝土梁(板)桥横向连接施工的注意事项。

横向连接施工是将单个预制梁(板)连成整体使其共同受力的关键施工工序,施工时必须保证质量,并注意以下几点。

①相邻主梁(板)间连接处的缺口填充前应清理干净,接头处应湿润。

②填充的混凝土和水泥浆应特别注意质量,在寒冷季节,要防止较薄的接缝或小截面连接处填料热量的损失,这时可采取保温和蒸汽养护等措施以保证硬化。在炎热天气,要防止填料干燥得太快,粘固不牢,以致开裂。若接缝处很薄(约 5 mm),可灌入纯水泥浆。

③横向连接处有预应力筋穿过时,接头施工时应保证现浇混凝土不致压扁或损坏预应力筋套管。套管内的冲洗应在接头混凝土浇筑后进行。

④钢材及其他金属连接件,在预埋或使用前应采取防腐措施,如刷油漆或涂料等,也可用耐腐蚀材料制造预埋连接件。焊接时,应检查所用钢筋的可焊性,并应由熟练焊工施焊。

3.3.2　预应力混凝土梁桥施工

1. 先张法施工

先张法是先张拉预应力筋,并将其临时锚固在张拉台座上,然后浇筑混凝土的施工方法。采用这种方法,一般待混凝土的强度和弹性模量达到规定值时,逐渐将预应力筋放松,这样预应力筋会产生弹性回缩,通过预应力筋与混凝土之间的黏结作用,使混凝土获得预压应力。

先张法施工可采用台座法或流水机组法。采用流水机组法施工时,构件在移动式的钢模中生产,钢模按流水方式通过张拉、浇筑、养护等各个固定机组完成每道工序。流水机组法能够加快生产速度,但是需要大量的钢模和较高的机械化程度,并且需要配合蒸汽养护,因此适用于在工厂内预制定型构件。采用台座法施工时,构件施工的各道施工工序全部在固定台座上进行。台座法不需要复杂的机械设备,施工适应性强,故应用较广。

1)台座

先张法施工的承力台座应进行专门设计,并应具有足够的强度、刚度和稳定性,台座的抗倾覆安全系数应不小于1.5,抗滑移系数应不小于1.3。按照结构构造的不同,先张法的台座可分为墩式和槽式两类。

(1)墩式台座。墩式台座主要靠自重和土压力来平衡张拉力所产生的倾覆力矩,并且靠土体的反力和摩擦力来抵抗水平位移。台座由台面、承力架、横梁和定位钢板等组成。台座的台面有整体式台面和装配式台面两种,是预制构件的底模。承力架承受全部的张拉力,又分为重力式和构架式两种,重力式主要靠自重平衡张拉力所产生的倾覆力矩,构架式主要靠土压力来平衡张拉力所产生的倾覆力矩。横梁是将预应力筋张拉力传给承力架的构件。定位钢板用来固定预应力筋的位置,其厚度必须保证施加张拉力后具有足够的刚度;定位板上圆孔的位置则按构件中预应力筋的设计位置来确定。

(2)槽式台座。当现场的地质条件较差,张拉力和倾覆力矩又较大时,一般采用槽式台座。槽式台座由台面、传力柱、横梁和横系梁等构件组成,传力柱和横系梁一般用钢筋混凝土制作。

2)预应力筋的线形

为适应简支梁内力分布的变化,预应力筋的线形以折线形和曲线形为宜。但是,从制造工艺简单、便利的角度出发,预应力筋的线形以直线形为宜。目前,国内绝大多数先张梁的预应力筋线形为直线。

3)预应力筋的张拉

预应力筋的张拉工作,必须严格按照设计要求和张拉操作规程进行。

(1)张拉前的准备。张拉前,应先在端横梁上安装预应力筋的定位钢板,检查其孔位和孔径是否符合设计要求。安装定位板时,要保证最下层和最外侧预应力筋的混凝土保护层厚度,然后在台座上安装预应力筋,并将其穿过端横梁和定位板后用锚具固定在定位板上,穿筋时应注意不要碰掉台面上的隔离剂和沾污预应力筋。穿筋完成后,应对台座、端横梁及张拉设备进行详细检查,符合要求后才可以张拉。

预应力筋的控制张拉力通过油压表显示。从理论上讲,将油压表读数乘以千斤顶油缸内活塞面积就可得张拉力的大小。但由于油缸与活塞之间存在着摩阻损失,实际上的张拉力要小于理论计算值。另外,油压表本身也存在示值误差。因此,张拉前要用标准压力计和标准油压表,分级(一般 50 kN 一级)来测定千斤顶的校正系数 K_1 和油压表的校正系数 K_2。

(2)张拉应力控制。预应力筋张拉控制应力应符合设计规定。若需要超张拉或计入锚圈口预应力损失,控制应力可比设计规定高 5%,但任何情况下均不得超过设计规定的最大张拉控制应力。当采用应力控制方法张拉时,应以伸长值校核,实际伸长值与理论伸长值的差值应符合设计规定;设计未规定时,偏差应控制在±6%以内。张拉可分单根张拉和多根同时张拉两种。多根同时张拉时,为使每根预应力筋的初应力基本相等,在整体张拉前要进行单根预应力筋初应力调整,调整一致后再进行张拉。张拉过程中,活动横梁与固定横梁应始终保持平行,并应检查预应力筋的预应力值,要保证其偏差的绝对值不超过按一个构件全部预应力筋预应力总值的5%。

(3)张拉程序。预应力筋的张拉程序应符合设计规定。张拉时,台座两端不得站人,操作人员要站在台座侧面的油泵外侧进行工作,以保证安全。钢筋拉到张拉力后,要暂停2～3 min,待稳定后再锚固。

(4)断丝控制。张拉过程中,预应力筋的断丝数量不得超过钢丝总数的1%。预应力筋张拉完毕后,其位置与设计位置的偏差应不大于5 mm,同时不应大于构件最短边长的4%,且在4 h内浇筑混凝土。

4)混凝土浇筑和养护

预应力混凝土梁的混凝土,因所用强度等级较高,在配料、制备、浇筑、振捣和养护等方面更应严格要求,但其基本操作与钢筋混凝土结构相仿。为加快台座周转,一般采用蒸汽养护。此外,在台座内每条生产线上的构件,混凝土必须一次连续浇筑完毕;振捣时,应避免碰到预应力筋。

5)预应力筋放张

预应力筋放张是先张法生产中的一个重要工序。放张方法选择的好坏和操作的正确与否,将直接影响预应力构件的质量。

(1)放张规定。

①预应力筋的放张,必须待混凝土的强度和弹性模量(或龄期)达到设计规定值后才可以进行,若设计未规定,则混凝土强度应不低于设计强度等级值的80%,弹性模量不低于混凝土28 d弹性模量的80%时才能放张。放张过早会造成较多的预应力损失,主要是指混凝土的收缩、徐变产生的损失;或因混凝土与钢筋的黏结力不足,造成预应力筋弹性收缩滑动和在构件端部出现水平裂缝等。放张过迟,则会影响台座和模板的周转。放张前,应将限制位移的模板拆除。

②预应力筋放张顺序应符合设计规定;设计未规定时,应分阶段、均匀、对称、相互交错放张,放张操作时速度不应过快。对于多根整批预应力筋的放张,当采用砂筒放张时,放砂速度应均匀一致;若采用千斤顶放张,则宜分数次完成。对于单根钢筋采用拧松螺母的方法放张时,宜先两侧后中间,并不得一次将一根预应力筋松完。

③待预应力筋放张完成后,才能切割每个构件端部的钢筋。对于钢丝和钢绞线,应采用机械切割方式切断预应力筋;对于螺纹钢筋,可采用乙炔-氧气方式

切断,但应采取措施防止高温对预应力筋产生的不利影响。对于长台座上的预应力筋,应由放张端开始,依次向另一端切断。

(2)放张方法。

放张预应力筋的方法有千斤顶放张、砂筒(箱)放张、滑楔放张、螺杆、张拉架放张等。

①千斤顶放张。当混凝土达到规定强度后,再安装千斤顶重新将钢筋张拉至能够拧松固定螺帽为止,随着固定螺帽的拧松,逐渐放张千斤顶,让钢筋慢慢回缩。当逐根放张预应力筋时,应严格按照有利于梁受力的次序分阶段进行。通常应自构件两侧对称地向中心放张,以免较后一根钢筋断裂时使梁承受较大的水平弯曲冲击作用。放张的分阶段次数,应视张拉台座至梁端外露钢筋长短而定,较长时分阶段次数可少些,过短时次数应增加。

②砂筒放张。在张拉预应力筋之前,在承力架(或传力柱)与横梁间各放置一个灌满(约达 2/3 筒身)烘干细砂子的砂筒。张拉时筒内砂子被压实,需要放张预应力筋时,可将出砂口打开,使砂子慢慢流出,活塞则徐徐顶入,直至张拉力全部放张完为止。

③滑楔放张。滑楔由三块钢楔块组成,中间一块上装有螺钉,将螺钉拧进螺杆就使 3 个楔块连成一体。进行放张时,将螺钉慢慢拧松,由于钢筋的回缩力,中间楔块向上滑移,张拉力就被释放。

④螺杆、张拉架放张。在台座的固定端,设置锚固预应力筋的螺杆和张拉架。放张时,拧松螺杆上的螺帽,钢筋慢慢回缩,张拉力即被放张。

2. 后张法施工

后张法制梁,是先制作留有预应力筋孔道的梁体;待梁体混凝土达到规定强度后,再进行预应力筋的张拉锚固;最后进行孔道压浆并浇筑梁封端混凝土。后张法工序较先张法复杂(如需要留孔道、穿筋、灌浆等),而且构件上耗用的锚具和预埋件等增加了用钢量和制作的成本。但后张法不需要强大的张拉台座,便于现场施工,而且又适宜于配置曲线形预应力筋。因此,目前在公路、铁路桥梁上得到广泛的应用。

后张法预应力混凝土桥梁常用高强碳素钢丝束、钢绞线和冷拉Ⅲ、Ⅳ级粗钢筋作为预应力筋。对于跨径较小的 T 形梁,也可采用冷拔低碳钢作为预应力筋。

1)模板制作

对于采用预制安装法进行施工的梁,模板通常可采用钢模板、木模板、钢木组合模板、钢筋混凝土模板等。模板在制作时,应保证表面平整光滑、转角圆顺、连接孔配合准确。制作钢模板时应考虑焊缝收缩对模板长度的影响,木模制作时应采取构造措施防止漏浆,底模制作时应考虑预制梁的预拱度设置。预制梁模板按使用部位,通常可分为底模、侧模、端模和内模等。

(1)底模。底模一般支撑在底座上或设置在流水台车上,可用12~16 mm的钢板制成。底模一般采用混凝土底座,也可采用钢轨底座。底模在预制梁时不必拆除,仅在下一次使用前进行整平和校准即可。底模在构造上应注意设置底模与侧模、底模与端模、底模接长的联系构件。

(2)侧模。梁的侧模沿梁长置于预制梁的两侧,对于小跨径的梁、板,侧模可采用整体模板。对于跨径较大的梁、板,考虑到起吊重量和简化构造等原因,模板单元长度一般采用4~5 m,在横隔梁处进行分隔。当横隔梁间距较大时,可在中间进行划分。侧模一般由侧板、水平加劲肋、斜撑等构件组成。侧模在构造上应当考虑悬挂振捣器的构件,同时要加强侧模间的连接构造,并需要设置拆模板的设施。

(3)端模。端模设置在梁的两端,安装时连接在侧模上,用于形成梁端形状。端模在制造时,要根据主筋或预埋件的布置设置一些预留孔。如果主筋或预留孔位置有变,则需在模板上重新设预留孔,原来的预留孔处则容易漏浆。因此,端模最好专梁专用,以减少对模板的破坏。

(4)内模。内模是空心截面梁、板预制的关键,内模的结构形式直接影响到其制作的经济性、施工的方便性以及周转率高低等问题。目前桥梁工程中常见的内模多为钢模,部分横截面较小的梁体或板的内模也可采用木模或充气橡胶模。

2)高强钢丝束的制备

钢丝束的制作包括下料和编束工作。高强碳素钢丝都是盘状,若盘径小于1.5 m,则下料前应先在钢丝调直机上调直。对于在厂内先经矫直回火处理,且盘径为1.7 m的高强钢丝,一般不必整直就可以下料。若发现局部存在波弯现象,可在木制台座上用木锤整直后下料。下料前除应抽样试验钢丝的力学性能外,还要测量钢丝的圆度。对于直径为5 mm的钢丝,其正负允许偏差为+0.8 mm和-0.4 mm。调直好了的钢丝,最好成直线存放。如果需将钢丝盘起来存放,其盘径应不小于钢丝直径的 400 倍,否则钢丝将发生塑性变形而又弯曲。钢丝的下料长度 L 应为 $L=L_0+L_1$,L_0 为构件混凝土预留孔道长度,L_1 为固定端和张拉端(或两个张拉端)所需要的钢丝工作长度。

为了防止钢丝扭结,必须进行编束。编束时,可将钢丝对齐后穿入特制的梳丝板,使排列整齐。然后一边梳理钢丝一边每隔 1.0～1.5 m 衬以 3～4 cm 长的螺旋衬圈或短钢管,并在设衬圈处用 2 号钢丝缠绕 20～30 道捆扎成束。这种制束工艺对防锈和压浆有利,但操作较麻烦。另一种编束方式是每隔 1.0～1.5 m 先用 18～20 号铅丝将钢丝编成帘子状。然后每隔 1.5 m 设置一个螺旋衬圈,并将编好的帘子绕衬圈围成圆束。

绑扎好的钢丝束,应挂牌标出其长度和设计编号,并应按编号分批堆放。当采用环销锚锚具时,宜先将钢丝绑扎成小束而后绑扎成大束。绑束完毕后,在钢丝束两端将其分成内外两层,并分别用铅丝编成帘状或作出明显标志,以防两端内外层钢筋出现交错张拉的情况。

3)钢绞线束的制备

钢绞线是用若干根钢丝围绕一根中心丝绞捻而成的。如 7ϕ5 钢绞线是由 6 根直径为 5 mm 的钢丝围绕一根直径为 5.15～5.20 mm 的钢丝扭结后,再经低温回火处理而成。钢绞线出厂时缠于圆盘上,使用时按需要长度进行下料。钢绞线的下料长度,同样由孔道长度和工作长度决定,下料方法主要有氧气-乙炔切割法、电弧熔割法和机械切割法 3 种。钢绞线在编束前应进行预拉,或在正式张拉前进行预拉。钢绞线的成束,也可采用与钢丝束相同的方法,即用 18～20 号铅丝每隔 1.0～1.5 m 绑扎一道。当采用专门的穿束机时,钢绞线不需预拉和编束。

4)孔道形成

后张法施工的预应力梁,在浇筑梁体混凝土前,须在预应力筋的设计位置预先安放制孔器,以便在梁体制成后在梁内形成孔道。在进行预应力施工时,即可将预应力筋穿入孔道,然后进行张拉和锚固。孔道形成根据制孔器的种类,可分为埋置式制孔和抽拔式制孔。

(1)埋置式制孔。在预应力束设计位置上采用埋置式制孔器进行预应力孔道预制,制孔器在梁体制成后留在梁内,形成的孔道壁对预应力筋的摩阻力小,但它们的加工成本高,使用后不能回收。埋置式制孔器主要包括铁皮管和铝合金波纹管,现在也开始应用塑料波纹管。铁皮管采用薄铁皮制作,安放时应分段连接。铁皮管制作时费人工、速度慢,在接缝和接头处还容易漏浆,造成穿束和张拉的困难。波纹管是由铝合金片材用制管机卷制而成,横向刚度大,不易变形,不漏浆,与构件混凝土的黏结也较好,故较常采用。塑料波纹管的应用也越来越广泛,它主要有以下优点:耐蚀性好,能防止氯离子侵入;不导电,可防电流腐蚀;强度高,不易压坏;耐疲劳性好等。

(2)抽拔式制孔。制孔器预先安放在预应力束设计位置上,待混凝土强度达到抽拔的要求后将它拔出,即在构件内形成孔道。这种方法的最大优点是制孔器能够周转使用,因此应用较广。常用的抽拔式制孔器有以下3种。

①橡胶管制孔器,分为夹布胶管和钢丝网胶管两种。一般选用具有5～7层夹布的高压输水(气)管作为制孔器,要求输水(气)管管壁牢固,耐磨性能好,能承受5 kN以上的工作拉力,并且弹性恢复性能好,有良好的挠曲适应性。当胶管出厂长度小于预应力孔道预留长度时,考虑到制孔器安装和抽拔的方便,常采用专门的接头。接头要牢固严密,以防止浇筑混凝土时脱节或进浆堵塞。胶管内利用充气或充水来增加刚度时,管内压力不得低于500 kPa。充气(水)后胶管的外径应符合孔道直径的要求。为了增加胶管的刚度和控制胶管位置的准确,还需要在橡胶管内置一圆钢筋(称芯棒)。

②金属伸缩管制孔器,是一种用金属丝编织成的可伸缩网套。这种制孔器具有压缩时直径增大而拉伸时直径减小的特性。为了防止漏浆和增强刚度,网套内可衬以普通橡胶衬管并插入圆钢或钢丝束芯棒。

③钢管制孔器,用表面平整光滑的铜管焊接制成,焊接接头应打磨平顺。钢管制孔器抽拔力大,但不能弯曲,因此仅适用于短而直的预应力孔道。混凝土浇筑完毕后,要定时转动钢管。无论采用何种制孔器,都应按设计规定或施工需要预留排气排水和灌浆用的孔眼。

制孔器可由人工逐根抽拔,也可用机械分批抽拔。抽拔完毕后,应用通孔器或压气、压水等方法进行通孔检查。抽拔时先抽芯棒,后拔胶管;先拔内层胶管,后拔外层胶管。混凝土浇筑后,选择合适的抽拔时间,是顺利抽拔和保证成孔质量的关键。如抽拔过早,混凝土容易塌陷而堵塞孔道;如抽拔过迟,则可能拔断胶管。因此,制孔器的抽拔时间要选在混凝土初凝之后和终凝之前,一般以混凝土抗压强度达到0.4～0.8 MPa为宜。由于抽拔时间的变化幅度较大,施工中也可通过试验来掌握其规律。

(3)预应力管道安装允许偏差。进行预应力孔道预制时,管道安装的允许偏差应符合规范规定。

5)穿钢丝束

预应力筋可在浇筑混凝土之前或之后穿入孔道。穿束前,为保证孔道内的畅通,可用空压机吹风等方法清理孔道内的污物和积水。穿束时,宜将一根钢束中的全部预应力筋编束后整体穿入预应力孔道中,束的前端宜设置穿束网套或特制的牵引头。同时应保持预应力筋的顺直,不得扭转预应力筋。钢丝束从孔道一端穿入,在孔道两头伸出的长度要大致相等。目前也常用专门的穿束机,将钢绞线从盘架上拉出后从孔道的一端快速(速度为 3~5 m/s)推送入孔道,当戴有护头的束前端穿出孔道另一端时,按规定的伸出长度截断,再将新的端头戴上护头穿第二根,直至穿完一束规定的根数。

6)混凝土浇筑和养护

预应力混凝土梁的混凝土施工,因所用强度等级较高而在配料、制备、浇筑、振捣和养护等方面更应严格要求,但其基本操作与钢筋混凝土结构中的相仿。振捣时,应避免振动棒碰击预应力孔道,以免造成孔道的破坏而漏浆,给工程施工带来不便。混凝土养护可采用草袋覆盖洒水养护、蒸汽养护和喷淋养护等。

7)预应力筋张拉

(1)准备工作。张拉前需做好的工作包括:千斤顶和压力表的校验,与张拉吨位相应的油压表读数和钢筋伸长量的计算,张拉顺序的确定和清孔、穿束等。应对千斤顶和油泵仔细检查,以保证各部分不漏油,并能正常工作;应画出油压表读数和实际拉力的标定曲线,确定预应力筋(束)中应力值和油压表读数间的直接关系。

(2)张拉时混凝土性能。张拉时,结构或构件的混凝土强度、弹性模量(或龄期)应符合设计规定;若设计时未规定,则混凝土强度应不低于设计强度等级值的 80%,弹性模量应不低于混凝土 28 d 弹性模量的 80%。

(3)张拉方式。直线筋和螺纹钢筋可在一端张拉。曲线预应力筋应根据施工计算的要求采取两端或一端张拉的方式。当锚固损失的影响长度小于或等于结构或构件长度的一半时,应采用两端张拉;当大于结构或构件长度的一半时,可采用一端张拉。采用两端张拉时,宜选用两端同时张拉,或先张拉锚固一端,然后张拉锚固另一端。对于同一截面有多束一端张拉的预应力筋,张拉端宜分别交错设置在结构或构件的两端。

(4)张拉方式及应力控制。各钢丝束的张拉顺序应符合设计规定;设计未规定时,应采取分批、分阶段的方式对称张拉,同时考虑不使构件的上下缘混凝土应力超过允许值。张拉时钢筋或钢丝应力用油压表读数来控制,同时测量伸长量来校核。张拉控制应力应符合设计规定。若需要超张拉或计入锚圈口预应力损失,控制应力可比设计规定高5%,但任何情况下均不得超过设计规定的最大张拉控制应力。当采用应力控制方法张拉时,应以伸长值校核,实际伸长值与理论伸长值的差值应符合设计规定;设计未规定时,偏差应控制在±6%以内。

(5)张拉程序。张拉程序应符合设计规定;设计未规定时,应按表3.9的规定进行。

表3.9 后张法预应力筋张拉程序

锚具和预应力筋类别		张拉程序
夹片式等具有自锚性能的锚具	钢绞线束、钢丝束	普通松弛预应力筋:0→初应力→$1.03\sigma_{con}$(锚固)
		低松弛预应力筋:0→初应力→σ_{con}(持荷5min锚固)
其他锚具	钢丝束	0→初应力→$1.05\sigma_{con}$(持荷5min)→σ_{con}(锚固)
	螺纹钢筋	0→初应力→$1.05\sigma_{con}$(持荷5min)→0→σ_{con}(锚固)
螺母锚固锚具	钢绞线束、钢丝束	0→初应力→σ_{con}(持荷5 min)→0→σ_{con}(锚固)

注:①表中σ_{con}为张拉时的控制应力值,包括预应力损失值。②两端同时张拉时,两端千斤顶升降压、画线、测伸长等工作应基本一致。③超张拉数值超过规范规定的最大超张拉应力限值时,应按规范规定的限值进行张拉。

(6)断丝及滑移控制。张拉过程中,预应力筋的断丝及滑移数量不得超过表3.10的规定。

表3.10 后张法预应力筋断丝、滑移限制

类别	检查项目	控制数
钢丝束、钢绞线束	每束钢丝断丝或滑丝	1根
	每束钢绞线断丝或滑丝	1丝
	每个断面断丝之和不超过该断面钢丝总数的百分比	1%
螺纹钢筋	断筋或滑移	不允许

注:①钢绞线断丝是指单根钢绞线内钢丝的断丝。②超过表列控制数时,原则上应更换;当不能更换时,在许可的条件下,可采取补救措施,如提高其他束预应力值,但必须满足设计各阶段极限状态的要求。

8)孔道压浆和封锚

压浆的目的是防护预应力筋(束)免于锈蚀,并使它们与构件相黏结而形成整体。预应力筋张拉锚固后,孔道压浆应尽早进行,且应该在48 h内完成,否则应采取措施避免预应力筋锈蚀。

(1)压浆材料。孔道压浆宜采用专用压浆料或专用岩浆剂配置的浆液进行。压浆液的水泥应采用性能稳定、强度等级不低于42.5的低碱硅酸盐或普通硅酸盐水泥。外加剂应与水泥具有良好的相容性,且不得含有氯盐、亚硝酸盐或其他对预应力筋有腐蚀作用的成分。矿物掺合料的品种宜为Ⅰ级粉煤灰、磨细矿渣粉或硅粉。水中不应含有对预应力筋或水泥有害的成分,最好采用符合国家卫生标准的清洁饮用水。膨胀剂宜采用钙矾石系或复合型膨胀剂,不得采用以铝粉为膨胀源的膨胀剂或总碱量在0.75%以上的高碱膨胀剂。以上材料还应符合现行国家标准的有关规定。

(2)压浆设备与方法。压浆是用压浆机(拌和机加水泥泵)将水泥浆压入孔道,使水泥浆从孔道一端到另一端而充满整个孔道,并且不使水泥浆在凝结前漏掉。为此需在两端锚头上或锚头附近的构件上设置连接带阀压浆嘴的接口和排气孔。为提高压浆效果,真空压浆法已在工程实践中得到应用。

(3)压浆。压浆前应先压入水冲洗孔道,然后从压浆嘴慢慢压入水泥浆。这时另一端的排气孔有空气排出,直至有水泥浓浆流出为止,关闭压浆和出浆口的阀门。压浆前须将预应力筋(束)外露于锚头的部分(张拉时工作长度)截除。压浆后将所有锚头用混凝土封闭,最后完成梁的预制工作。

(4)封锚。压浆完毕后,应及时对锚固端按照设计要求进行封闭保护或防腐处理。需要封锚的锚具,在压浆完成后对梁端混凝土进行凿毛并冲洗干净,然后设置钢筋网并浇筑封锚混凝土。封锚混凝土应采用与结构或构件强度相同的混凝土,同时要严格控制封锚后梁体的长度。对于长期外露的锚具,应采取必要的防锈措施。

9)预制梁、板的施工质量标准

装配式预制梁、板的施工质量应符合相关规范要求。

3.3.3 钢筋混凝土拱桥施工

1. 拱桥就地浇筑施工

当拱桥的跨径不大、拱圈净高较小或孔数不多时,可以采用就地浇筑方法来进行拱圈施工。就地浇筑方法可分为两种:拱架浇筑法和悬臂浇筑法。下文就这两种施工方法作详细介绍。

1)有支架的拱桥浇筑施工

(1)现浇混凝土拱桥。

①施工程序。

现浇混凝土拱桥施工一般分3个阶段进行。

第1阶段:浇筑拱圈(或拱肋)及拱上立柱的底座。

第2阶段:浇筑拱上立柱、连接系及横梁等。

第3阶段:浇筑桥面系。

前一阶段的混凝土达到设计强度的75%以上才能浇筑后一阶段的混凝土。拱架则在第2阶段或第3阶段混凝土浇筑前拆除,但必须事先对拆除拱架后拱圈的稳定性进行验算。若设计文件对拆除拱架另有规定,应按设计文件执行。

双曲拱桥的拱坡应在拱肋强度或其间隔缝混凝土强度达到设计强度的75%后开始砌筑。

②拱圈或拱肋的浇筑。

a.浇筑流程。满堂式拱架浇筑流程为:支架设计→基础处理→拼设支架→安装模板→安装钢筋→浇筑混凝土→养护→拆模→拆除支架。满堂式拱架宜采用钢管脚手架、万能杆件拼设;模板可以采用组合钢模、木模等。

拱式拱架浇筑流程为:钢结构拱架设计→拼设拱架→安装模板→安装钢筋→浇筑混凝土→养护→拆模→拆除拱架。拱式拱架一般采用六四式军用梁(三脚架)、贝雷架拼设。

b.连续浇筑。跨径小于16 m的拱圈(或拱肋)混凝土,应按拱圈全宽度,自两端拱脚向拱顶对称地连续浇筑,并在拱脚处混凝土初凝前全部完成。如预计不能在限定时间内完成,则需在拱脚处预留一个隔缝并最后浇筑隔缝混凝土。

薄壳拱的壳体混凝土,一般从四周向中央进行浇筑。

c.分段浇筑。大跨径拱桥的拱圈或拱肋(跨径不小于16 m),为避免拱架变形而产生裂缝以及减小混凝土的收缩应力,应采用分段浇筑的施工方法。分段长度一般为6~15 m。分段长度应以能使拱架受力对称、均匀和变形小为原则,拱式拱架宜设置在拱架受力反弯点、拱架结点、拱顶及拱脚处,满堂式拱架宜设置在拱顶$L/4$部位、拱脚及拱架节点等处。各段的接缝面应与拱轴线垂直。

分段浇筑程序应符合设计要求,且对称于拱顶进行,使拱架变形保持对称均匀和尽可能地小。填充间隔缝混凝土,应由两拱脚向拱顶对称进行。拱顶及两拱脚间隔缝应在最后封拱时浇筑,间隔缝与拱段的接触面应事先按施工缝进行处理。间隔缝的位置应避开横撑、隔板、吊杆及刚架节点等处。间隔缝的宽度以便于施工操作和钢筋连接为宜,一般为 5～100 cm。间隔缝混凝土应在拱圈分段混凝土强度达到 75% 设计强度后进行;为缩短拱圈合龙和拱架拆除的时间,间隔缝内的混凝土强度可采用比拱圈高一等级的半干硬性混凝土。封拱合龙温度应符合设计要求,如设计无规定,一般宜在接近当地的年平均温度或在 5～15 ℃ 之间进行。

d.箱形截面拱圈(或拱肋)的浇筑。大跨径拱桥一般采用箱形截面的拱圈(或拱肋),为减轻拱架负担,一般采取分环、分段的浇筑方法。分段的方法与上述相同。分环的方法一般是分成 2 环或 3 环。分 2 环时,先分段浇筑底板(第 1 环),然后分段浇筑肋墙、隔墙与顶板(第 2 环);分 3 环时,先分段浇筑底板(第 1 环),然后分段浇筑肋墙脚(第 2 环),最后分段浇筑顶板(第 3 环)。

分环分段浇筑时,可采取分环填充间隔缝合龙和全拱完成后最后一次填充间隔缝合龙两种不同的合龙方法。箱形截面拱圈采用分环分段浇筑的施工程序(见图 3.8)。

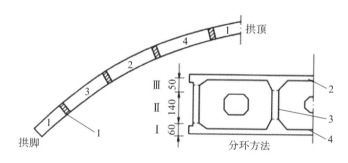

图 3.8　箱形截面拱圈分环分段浇筑的施工程序示意图(单位:cm)
注:1—工作缝;2—顶板;3—肋墙;4—底板。

③卸拱架。

采用就地浇筑施工的拱架,卸拱架的工作相当关键。拱架拆除必须在拱圈砌筑完成后 20～30 d,待砂浆砌筑强度达到设计强度的 75% 后方可拆除。此外还必须考虑拱上建筑、拱背填料、连拱等因素对拱圈受力的影响,尽量选择对拱体产生最小应力的时候卸落拱架。为了能使拱架所支承的拱圈重力能逐渐转给拱圈自身来承受,拱架不能突然卸除,而应按一定的程序进行。

a.卸架设备。为保证拱架能按设计要求均匀下落,必须采用专门的卸架设备。常用的卸架设备有砂筒、木模和千斤顶。

(a)砂筒。砂筒一般用钢板制成,筒内装以烘干的砂子,上部插入活塞(木制或混凝土制)。卸落是靠砂子从筒的下部预留泄砂孔流出,因此要求筒内的砂子干燥、均匀、清洁。砂筒与活塞间用沥青填塞,以免砂子受潮而不易流出。由砂子泄出量来控制拱架卸落高度,这样就能由泄砂孔的开与关,分数次进行卸架,并能使拱架均匀下降而不受振动,使用效果良好。

(b)木模。木模有简单木模和组合木模等不同构造形式。简单木模由两块1∶(6~10)斜面的硬木模组成,落架时,只需轻轻敲击木模小头,将木模取出,拱架即下落;组合木模由3块楔形木和1根拉紧螺栓组成,卸架时只需扭松螺栓,木模下降,拱架即降落。

(c)千斤顶。采用千斤顶拆除拱架常与拱圈调整内力同时进行。一般在拱顶预留放置千斤顶的缺口,千斤顶用来消除混凝土的收缩、徐变以及弹性压缩的内力和使拱圈脱离拱架。

b.卸架程序。

(a)满布式拱架的卸落。满布式拱架可根据计算和分配的各支点的卸落量,从拱顶开始,逐次同时向拱脚对称地卸落。多孔连续拱桥,拱架的卸落应考虑相邻孔的影响。若桥墩设计为单向推力墩,可以直接卸落拱架,否则应多孔同时卸落拱架。

(b)工字梁活用钢拱架的卸落。这种拱架的卸落设备一般放于拱顶。卸落拱架时,先将绞车摇紧,然后将拱顶卸拱设备上的螺栓松两转,即可放松绞车,敲松拱顶卸拱木,如此循环松降,直至降落到设定的卸落量。

(c)钢桁架拱架的卸落。当钢桁架拱架的卸落设备架设于拱顶时,可在系吊或支撑的情况下,逐次松动卸架设备,逐次卸落拱架,直至拱架脱离拱圈后,才将拱架拆除。当卸架设备架设于拱脚时(一般为砂筒),为防止拱架与墩台顶阻碍下降,应在拱脚三角垫与墩台之间设置木楔。卸落拱架时,先松动木模,再逐次对称地泄砂落架。拼装式钢桁架拱架可利用拱圈体进行拱架的分节拆除,拆除后的拱架节段可用缆索吊车吊移。

扣件式钢管拱架没有卸落设备,卸架时,只需用扳手拧紧扣件,取走拱架杆件即可。可以由点到面多处操作。

斜拉式贝雷平梁拱架的卸落,应视平梁上拱架的形式而定,一般可采取满布式的卸架程序和方法,同时应考虑相邻孔拱架卸落的影响。

(2)拱上建筑浇筑。

拱上建筑施工,应对称均衡地进行。施工中浇筑的程序和混凝土数量应符合设计要求。

在拱上建筑施工过程中,应对拱圈的内力和变形及墩台的位移进行观测和控制。

下文介绍上承式拱桥拱上建筑的浇筑。

主拱圈拱背以上的结构物称为拱上建筑,它主要有横墙座、横墙、横墙帽或立柱座、立柱、盖梁、腹拱圈或梁(板)、侧墙、拱上结构伸缩缝及变形缝、护拱、拱上防水层、拱腔填料、泄水管、桥面铺装、栏杆系等。

①伸缩缝及变形缝的施工。

伸缩缝缝宽 1.5~2 cm,要求笔直,两侧对应贯通。现浇混凝土侧墙,须预先安设塑料泡沫板,将侧墙与墩台分开,缝内采用锯末沥青,按 1∶1(质量比)配合制成填料填塞。

变形缝不留缝宽,设缝处现浇混凝土时用油毛毡隔断,以适应主拱圈变形。

当护拱、缘石、人行道、栏杆和混凝土桥面跨越伸缩缝或变形缝时,在相应位置要设置贯通桥面的伸缩缝或变形缝(栏杆扶手一端做成活动的)。

②拱上防水设施。

a.拱圈混凝土自防水。采用优良品质的粗、细集料和优质粉煤灰或硅灰制作高耐久性的混凝土,同时严格控制施工工艺。

b.拱背防水层。小跨径拱桥可采用石灰土防水层。对于具有腹拱的拱桥,可采用砂浆或小石子混凝土防水层。大型拱桥及冰冻地区的砖石拱桥一般设沥青毡防水层,其做法常为三油两毡或二油一毡。

当防水层经过拱上结构物伸缩缝或变形缝时,要做特殊处理。一般采用 U 形防水土工布过缝,或橡胶止水带过缝。泄水管处的防水层,要紧贴泄水管漏斗之下铺设,防止漏水。在拱腔填料填充前,要在防水层上填筑一层砂性细粒土,以保证防水层完好。

③拱圈排水处理。

拱桥的台后要设排水设施,集中于盲沟或暗沟排出路基外。拱桥的桥面纵向、横向均设坡度,以利顺畅排水,桥面两侧与护轮带交接处隔 15~20 m 设泄水管。拱桥除桥面和台后应设排水设施外,对渗入拱腹内的水应通过防水层汇积于预埋在拱腹内的泄水管排出。泄水管可采用混凝土管、陶管或 PVC 管。泄水管内径一般为 6~10 cm,严寒地区须适当增大,但不宜大于 15 cm。宜尽量避免采用长管和弯管。泄水管进口处周围防水层应做积水坡度,并用大块碎石做成倒滤层,以防堵塞。

④拱背填充。

拱背填充应采用透水性强和安息角较大的材料,一般可用天然砂砾、片石、碎石夹砂混合料以及矿渣等材料。填充时应按拱上建筑的顺序和时间,对称而均匀地分层填充并碾压密实,但须防止损坏防水层、排水管和变形缝。

2)拱桥的悬臂浇筑施工

(1)塔架、斜拉索及挂篮浇筑拱圈。

这是国外采用最早、最多的大跨径钢筋混凝土拱桥无支架施工的方法。这种方法的要点是:在拱脚墩台处安装临时钢塔架或钢筋混凝土圈塔架,用斜拉索(或斜拉粗钢筋)将拱圈(或拱肋)用挂篮浇筑一段系吊一段,从拱脚开始,逐段向拱顶悬臂浇筑,直至拱顶合龙。塔架的高度和受力应按拱的跨径、矢跨比等确定。斜拉索可用预应力钢筋或钢束,其面积及长度由所系吊的拱段长度和位置确定。用设在已浇完的拱段上的悬臂挂篮逐段悬臂浇筑拱圈(或拱肋)混凝土,整个拱圈混凝土的浇筑工作应从两拱脚开始,对称地进行,最后在拱顶合龙。塔架、斜拉索法一般多采用悬臂施工,也可用悬拼法施工,但后者用得较少。

(2)斜吊式悬臂浇筑拱圈。

它是借助于专用挂篮,结合适用斜吊钢筋将拱圈、拱上立柱和预应力混凝土桥面板等齐头并进地、边浇筑边构成桁架的悬臂浇筑方法。施工时,用预应力钢筋作为桁架的斜吊杆和桥面板的临时拉杆,将桁架锚固在后面的桥台(或桥墩)上。此过程中作用于斜吊杆的力是通过布置在桥面板上的临时拉杆传至岸边的地锚上(也可利用岸边桥墩作地锚)的。用这种方法修建大跨径拱桥时,个别的施工误差对整体工程质量的影响很大,对施工测量、材料规格和强度及混凝土的浇筑等必须进行严格检查和控制。施工技术管理方面需要重视的问题有:斜吊钢筋的拉力控制,斜吊钢筋的锚固和地锚地基反力的控制,预拱度的控制,混凝土应力的控制等。其主要架设步骤是:拱肋除第一段用斜吊支架现浇混凝土外,其余各段均用挂篮现浇施工。斜吊杆可以用钢丝束或预应力粗钢筋,架设过程中作用在斜吊杆的力是通过布置在桥面板上的临时拉杆传至岸边的地锚上,也可利用岸边桥墩作地锚。

2. 装配式拱桥施工

混凝土装配式拱桥主要包括双曲拱、肋拱、组合箱形拱、悬砌拱、桁架拱、钢管拱、刚架拱和扁壳拱等。

目前在大跨径拱桥中,较多采用箱形截面拱,因此下文将着重介绍箱形截面拱桥的装配式施工。下面以拱肋结构的缆索吊装施工为例来介绍拱桥的装配式施工。

1）缆索吊装的应用

在峡谷水深流急的河段上，或在通航的河段上，缆索吊装由于具有跨越能力大，水平和垂直运输机动灵活，适应性广，施工比较稳妥方便等优点，成为拱桥施工中适用最为广泛的方案。

采用缆索吊机吊装拱肋时，为使在起重索的偏角不超过15°的限度内减少主索横向移动次数，可采用两组主索或加高主索塔架高度的方法施工。

在采用缆索吊装的拱桥上，为了充分发挥缆索的作用，拱上建筑也可以采用预制装配施工。缆索吊装对加快桥梁施工速度、降低桥梁造价等方面起到很大作用。

2）构件预制

（1）预制方法。

a.拱肋构件坐标放样。装配式混凝土拱桥，拱肋坐标放样与有支架施工拱肋坐标放样相同。

b.拱肋立式预制。采用立式浇筑方法预制拱肋，具有起吊方便、节省木材的优点。底模采用土牛拱胎密排浇筑时，能减少预制场地，是预制拱肋最常用的方法，尤其适用于大跨径拱桥。

（a）土牛拱胎立式预制。该法施工方便，适用性较强。填筑土牛拱胎时，应分层夯实，表面土中宜掺入适量石灰，并加以拍实，然后用栏板套出圆滑的弧线。为便于固定侧模，拱胎表层宜按适当距离埋入横木，也可用粗钢筋或钢管固定侧模。

（b）木架立式预制。当取土及填土不方便时，可采用木支架进行装模和预制，但拆除支架时须注意拱肋的强度和受力状态，防止拱肋发生裂纹。

（c）条石台座立式预制。条石台座由数个条石支墩、底模支架和底模等组成。

c.拱肋卧式预制。卧式预制，拱肋的形状和尺寸较易控制，特别是空心拱肋，浇筑混凝土时操作方便，且节省木材，但起吊时容易损坏。卧式预制一般有下列几种方法。

（a）木模卧式预制。预制拱肋数量较多时，宜采用木模。浇筑截面为L形或倒T形时（双曲拱拱肋），拱肋的缺口部分可用黏土砖或其他材料垫砌。

（b）土模卧式预制。在平整好的土地上，根据放样尺寸，挖出与拱肋尺寸大小相同的土槽，然后将土槽壁仔细抹平、拍实，铺上油毛毡或铺筑一层砂浆，便可浇筑拱肋。虽然此法节省材料,但土槽开挖较费工时且容易损坏,尺寸也不如木模精确,仅适用于预制少量的中小跨拱桥。

(c)卧式叠浇。采用卧式预制的拱肋混凝土强度达到设计强度的30%以后,在其上安装侧模,浇筑下一片拱肋,如此连续浇筑称为卧式叠浇。卧式叠浇一般可达5层。浇筑时每层拱肋接触面用油毛毡、塑料布或其他隔离剂将其隔开。卧式叠浇的优点是节省预制场地和模板,但先期预制的拱肋不能取出,影响工期。

(2)拱肋分段与接头。

①拱肋的分段。拱肋跨径在30 m以内时,可不分段或仅分两段;在30~80 m范围时,可分3段;大于80 m时一般分5段。拱肋分段吊装时,理论上接头宜选择在拱肋自重弯矩最小的位置及其附近,但一般为等分,这样各段重力基本相同,吊装设备较省。

②拱肋的接头形式。

a.对接。为方便预制,简化构造,拱肋分两段吊装时多采用对接形式。吊装时先使中段拱肋定位,再将边段拱肋向中段拱肋靠拢,以防中段拱肋搁置在边段拱肋上,增加扣索拉力及中段拱肋搁置弯矩。

对接接头在连接处为全截面通缝,要求接头的连接材料强度高,一般采用螺栓或电焊钢板等。

b.搭接。分3段吊装的拱肋,因接头处在自重弯矩较小的部位,一般宜采用搭接形式。拱肋吊装时,采用边段拱肋与中段拱肋逐渐靠拢的合龙工艺,拱肋通过搭接混凝土接触面的抗压来传递轴向力而快速成拱。然而中段拱肋部分质量搁置在边段拱肋上,扣索拉力和中段肋自重弯矩较大,设计扣索时必须考虑这种影响。分5段安装的拱肋,边段与次边段拱肋的接头也可采用搭接形式。

搭接接头受力较好,但构造复杂,预制也较困难,须用样板校对、修凿,确保拱肋安装质量。

c.现浇接头。用简易排架施工的拱肋,可采用主筋焊接或主筋环状套接的现浇接头。

③接头连接方法及要求。用于拱肋接头的连接材料,有电焊型钢、钢板(或型钢)螺栓、电焊拱肋钢筋、环氧树脂水泥胶等。

接头处的混凝土强度等级应比拱肋混凝土强度等级高一级。对连接钢筋、钢板(或型钢)的截面要求,应按计算确定。钢筋的焊缝长度,应满足《公路钢筋混凝土及预应力混凝土桥涵设计规范》(JTG 3362—2018)的有关规定。

(3)拱座。

拱肋与墩台的连接称为拱座。拱座形式包括插入式、预埋钢板式、方形肋座式、钢铰连接式,其中插入式及方形肋座式因其构造简单、钢材用量少、嵌固性能好而采用较为普遍。

3)吊装准备工作

(1)预制构件质量检查。预制构件起吊安装前必须进行质量检查,不符合质量标准和设计要求的不准使用,有缺陷的应预先予以修补。

拱肋接头和端头应用样板校验,凸出部分应予以凿除,凹陷部分应用环氧树脂砂浆抹平。接头混凝土接触面应凿毛,钢筋应除锈;螺栓孔应用样板套孔,如不合适应适当扩孔。拱肋接头及端头应标出中线。

应仔细检测拱肋上下弦长,如与设计不符,应将长度大的弧长凿短。拱肋在安装后如发生接合面张口现象,可在拱座和接头处垫塞钢板。

(2)墩台拱座尺寸检查。墩台拱座混凝土面要修平,水平顶面高程应略低于设计值,预留孔长度应不小于计算值,拱座后端面应与水平顶面相垂直,并与桥墩中线平行。在拱座面上应标出拱肋安装位置的台口线及中线,用红外线测距仪或钢尺(装拉力计)复核跨径,每个拱座在肋宽范围内左右均应至少丈量两次。用装有拉力计的钢尺丈量时,丈量结果要进行温度和拉力的修正。

(3)跨径与拱肋的误差调整。每段拱肋预制时拱背弧长宜小于设计弧长 $0.5\sim10~\mathrm{cm}$,使拱肋合龙时接合面保留上缘张口,便于嵌塞钢片,调整拱轴线。通过丈量和计算所得的拱肋长度和墩台之间净跨的施工误差,可以在拱座处垫铸铁板来调整。背垫板的厚度一般比计算值增加 $1\sim12~\mathrm{cm}$,以缩短跨径。合龙后,应再次复核接头高程以修正计算中一些未考虑的因素和丈量误差。

4)缆索设备的检查与试吊

缆索吊装设备在使用前必须进行试拉和试吊。

(1)地锚试拉。一般每一类地锚取一个进行试拉。缆风索的土质地锚要求位移小,因此在有条件时宜全部试拉,使其预先完成一部分位移。可利用地锚相互试拉,受拉值一般为设计荷载的 $1.3\sim1.5$ 倍。

(2)扣索对拉。扣索是悬挂拱肋的主要设备,必须通过试拉来确保其可靠性。可将两岸的扣索用卸甲连在一起,将收紧索收紧进行对拉,这样可全面检查扣索、扣索收紧索、扣索地锚和动力装置等是否达到了要求。

(3)主索系统试吊。主索系统试吊一般分跑车空载反复运转、静载试吊和吊重运行3步骤。必须待每一步骤检查、观测工作完成并无异常现象后,方可进行下一步骤。试吊重物可以利用钢筋混凝土预制构件、钢轨和钢梁等,一般按设计吊重的60%、100%、130%,分几次进行。

试吊后应综合各种观测数据和检查情况,对设备的技术状况进行分析和鉴定,然后提出改进措施,确定能否进行正式吊装。

5)拱肋缆索起吊

拱肋由预制场运到主索下后,一般用起重索直接起吊。当不能直接起吊时,可采用下列方法进行。

(1)翻身。卧式预制拱肋在吊装前,需要"翻身"成立式,常用就地翻身和空中翻身两种方法。

①就地翻身。先用枕木垛将平卧拱肋架至一定高度,使其在翻身后两端头不致碰到地面,然后用一根短千斤顶将拱肋吊点与吊钩相连,边起重拱肋边翻身直立。

②空中翻身。在拱肋的吊点处用一根串有手链滑车的短千斤顶,穿过拱肋吊环,将拱肋兜住,挂在主索吊钩上,然后收紧起重索起吊拱肋,当拱肋起吊至一定高度时,缓慢放松手链滑车,使拱肋翻身为立式。

(2)掉头。为方便拱肋预制,边段拱肋有时采用同一方向预制,这样部分拱肋在安装时,掉头方法常因设备不同而不同。

①在河中起吊时,可利用装载拱肋的船进行掉头。

②在平坦场地采用胶轮平车运输时,可将跑车与平车配合起吊将拱肋掉头。

③用一跑车吊钩将拱肋吊离地面约50 cm,再用人工拉动麻绳使拱肋旋转180°掉头放下,当一个跑车承载力不够时,可在两个跑车下另加一钢扁担起吊,旋转掉头。

(3)吊鱼。当拱肋从塔架下面通过后,在塔架前起吊而塔架前场地不足时,可先用一个跑车吊起一个吊点并向前牵出一段距离后,再用另一个跑车吊起第二个吊点。

(4)穿孔。拱肋在桥孔中起吊时,最后几段拱肋常需在该孔已合龙的拱肋之间穿过,俗称穿孔。

穿孔前应将穿孔范围内的拱肋横夹木暂时拆除,在拱肋两端另加稳定缆风索。穿孔时应防止碰撞已合龙的拱肋,故主索宜布置在两拱肋中间。

(5)横移起吊。当主索布置在对中拱肋位置,不宜采用穿孔工艺起吊时,可以用横移索帮助拱肋横移起吊。

6）缆索吊装边段拱肋悬挂方法

在拱肋无支架施工中，边段拱肋及次边段拱肋均用扣索悬挂。按支撑的结构物的位置和扣索本身的特点分为天扣、塔扣、通扣、墩扣等类型，可根据具体情况选用，也可混合使用。

扣索一般都设置有一对收紧滑轮组。在不同的悬挂方法中，收紧滑轮组的位置也各不相同。在墩扣和天扣中，其设置在拱肋扣点前，在通扣中则设置在地锚前。塔扣中如用粗钢丝绳做扣索，为方便施工，收紧滑轮组设在两岸地锚前；如为单孔桥或扣索为细钢丝绳，则收紧滑轮组设在塔架和拱肋扣点之间。在横桥方向按扣索和主索的相互位置不同，可以有几种不同的悬挂就位方法。

在墩扣和通扣中，扣索和主索不在同一高度上，可采用正扣正就位和正扣歪就位方法施工。在塔扣和天扣中，由于扣索和主索均布置在塔架上，因此都采用正扣歪就位的方法。

7）拱肋缆索吊装合龙方式

边段拱肋悬挂固定后，就可以吊运中段拱脚进行合龙。拱肋合龙后，通过接头、拱座的连接处理，使拱肋由铰接状态逐步成为无铰拱，因此，拱肋合龙是拱桥无支架吊装中一项关键工作。拱肋合龙的方式比较多，主要根据拱肋自身的纵向与横向稳定性、跨位大小、分段多少、地形和机具设备条件等不同情况，选用不同的合龙方法。

（1）单基肋合龙。拱肋整根预制吊装或分两段预制吊装的中小跨径拱桥，当拱肋高度大于 $0.009L$（L 为跨径），拱肋底面宽度为肋高的 $60\%\sim100\%$，且横向稳定系数不小于 4 时，可以进行单基肋合龙，嵌紧拱脚后，松索成拱。这时其横向稳定性主要依靠拱肋接头附近所设的缆风索加强，因此缆风索必须十分可靠。

单基肋合龙的最大优点是所需要的扣索设备少，相互干扰也少，因此也可用在扣索设备不足的多孔桥跨中。

（2）悬挂多段拱脚段或次拱脚段拱肋后单基肋合龙。拱肋分 3 段或 5 段预制吊装的大、中跨径拱桥，当拱肋高度不小于跨径的 1/100 且其单肋合龙横向稳定安全系数不小于 4 时，可采用悬挂边段或次边段拱肋，用木夹板临时连接两拱肋后，设置稳定缆风索，单根拱肋合龙，成为基肋。待第 2 根拱肋合龙后，立即安装两肋拱顶段及次边段的横夹木，并拉好第 2 根拱肋的风缆。如横系梁采用预制安装，应将横系梁逐根安上，使两肋及早形成稳定、牢固的基肋。其余拱肋的安装，可依靠与基肋的横向连接达到稳定。

(3)双基肋同时合龙。当拱肋跨径不小于 80 m,或虽小于 80 m 但单肋合龙横向稳定安全系数小于 4 时,应采用"双基肋"合龙的方法。即当第 1 根拱肋合龙并调整轴线,楔紧拱脚及接头缝后,松索压紧接头缝,但不卸掉扣索和起重索,然后将第 2 根拱肋合龙,并使两根拱肋横向连接固定。拉好风缆后,再同时松卸两根拱肋的扣索和起重索,这种方法需要两组主索设备。

(4)留索单肋合龙。在采用两组主索设备吊装而扣索和卷扬机设备不足时,可以先用单肋合龙方式吊装一片拱肋合龙。待合龙的拱肋松索成拱后,将第 1 组主索设备中的牵引索、起重索用卡子固定,抽出卷扬机和扣索移到第 2 组主索中使用。等第 2 片拱肋合龙并将两片拱肋用木夹板横向连接、固定后,再松起重索并将扣索移到第 1 组主索中使用。

8)拱上构件吊装

主拱圈以上的结构部分均称为拱上构件。拱上构件的砌筑同样应按规定的施工程序对称均衡地进行,以免产生过大的拱圈应力。为了能充分发挥缆索吊装设备的作用,可将拱上构件中的立柱、盖梁、行车道板、腹拱圈等做成预制构件,用缆索吊装施工,以加快施工进度。

3.3.4 斜拉桥与悬索桥施工

1.斜拉桥施工技术

1)索塔施工

(1)索塔施工顺序。

混凝土斜拉桥可先施工墩、塔,然后施工主梁和安装拉索,也可索塔、拉索及主梁 3 者同时并进。典型的塔墩固结混凝土索塔的施工可按照如图 3.9 所示的施工顺序进行。

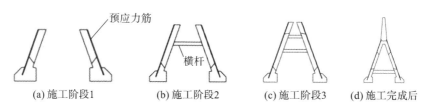

图 3.9 混凝土索塔的施工顺序

(2)塔柱的施工。

塔柱混凝土施工一般采用就地浇筑,模板和脚手平台的做法常用支架法、滑模法、爬模法或大型模板构件法等。

为保证塔柱混凝土的浇筑达到一定的精度,必须控制模板的变形,特别是当塔柱为倾斜的内倾或外倾布置时,应考虑每隔一定高度在塔柱内设受压支架(塔柱内倾)或受拉拉条(塔柱外侧),以保证斜塔柱的受力、变形和稳定性。另外,应保证斜拉索锚固预埋件位置的精度,特别在高空作业条件下,施工有一定的难度,为此,可将锚固各斜拉索用的预埋件,事先在地面或工厂内组装成一个整体的骨架,然后整体吊装预埋,这样可确保斜拉索锚固位置的精度。施工中除应保证各部位的几何尺寸正确之外,还应进行索塔局部测量系统的控制,并与全桥总体测量系统接轨,以便根据实际施工情况及时进行调整,避免误差累计过大。

(3)拉索锚固区塔柱的施工。

拉索锚固区的施工,应根据不同的锚固形式来选择合理的方案。国内所建的斜拉桥,索塔多为混凝土塔,拉索在塔顶部的锚固主要有交叉锚固、钢梁锚固、箱形锚固、固定锚固、铸钢索鞍等类型。固定锚固与铸钢索鞍两种锚固形式较少使用。

①交叉锚固塔柱的施工。

适用范围:交叉锚固适用于中小跨度的斜拉桥。

施工程序:立劲性骨架→钢筋绑扎→拉索套筒的制作与定位→立模→混凝土浇筑及养护。

立劲性骨架:为便于施工时固定钢筋、拉索锚箱定位及调模,一般在索塔锚固段中设有劲性骨架。劲性骨架分现场加工和预制拼装两种施工方式。底节预埋段和变幅段施工因与现场高程有关,常现场加工;其余标准段用预制拼装既可加快进度,又可保证质量。

钢筋绑扎:一般采用场外预制、现场绑扎的方式进行,主筋连接分焊接和挤压套筒两种方法,焊接和绑扎应满足《公路桥涵施工技术规范》(JTG/T 3650—2020)的要求。施工时,首先对钢筋端部的弯折、扭曲作矫正或切割处理,清理其表面杂物,每根钢筋在车间将套筒压接一端,另一端运到塔上现场压接。挤压时,压膜应对准套筒及压痕标记,从套筒中央逐道向端头压接。

拉索套筒的制作与定位:其精确度要求较高,一般预先按设计要求准备锚板和钢管,然后下料,修理角度,将钢管焊接在锚板上。要求钢管与锚板圆孔同心,锚固面与钢管垂直。拉索套筒的定位涉及套筒上下口的空间位置、套筒倾斜度和高程等。可采用天顶法或空间坐标法测量。

注:钢筋和套筒的安装并不是截然分开的两个施工步骤,一般情况下,当主筋定位后,就要安装套筒,这是施工时必须要注意的。

立模:关系到锚固段混凝土浇筑质量,装模时应注意使拉索套筒的下口贴合紧密,以消除模板接头间的不平整现象。调模时应注意保护套筒,不宜采用装有套筒的劲性骨架调模,以免造成套筒移位,然后,紧固连接螺杆,固定模板。

②拉索钢梁锚固施工。

大跨度斜拉桥多采用对称拉索锚固,其方法之一是采用拉索钢梁锚固构造。

施工程序:立劲性骨架→钢筋绑扎→套筒安装→套筒定位→安装外侧模板→浇筑混凝土→横梁安装。

拉索锚固钢横梁,应按桥梁钢结构的加工要求在加工厂完成,并经严格验收合格后方可出厂,在施工组织设计中,选择塔吊的起重高度和起重能力应考虑钢横梁的要求。

当钢横梁太重,主塔的垂直起吊能力不能适应时,应将分部件用高强度螺栓连接,现场组拼安装,但需事先在加工厂预拼装合格。由于主塔柱空心断面尺寸有限,设施多,空间紧凑,同时支撑钢横梁的塔壁混凝土牛腿占据一定的空间,安装不便,因此在施工前应仔细研究各细部尺寸及安装方法,并与塔柱施工相协调。

③预应力箱形锚固施工。

施工程序:立劲性骨架→钢筋绑扎→套筒安装→套筒定位→安装预应力管道及钢束→模板安装→混凝土的浇筑与护养→施加预应力→压浆。

施工平面布置的预应力束分为体内有黏结预应力束和体外预应力束,一般为体内有黏结预应力束。

管道安装:预应力管道安装时,其设置的高程和位置要通过测量定位确定,也可依靠已定位的劲性骨架来固定管道位置。由于塔柱为承压结构,故要切实检查。

施工时,严禁电焊、氧割等作业所产生的焊渣与预应力筋接触,以免造成预应力筋损伤,导致张拉时断裂。

预应力张拉:由于施工场地小,除采用较小的高压油泵和更轻便的千斤顶外,还要对张拉端口处的预埋件认真处理,使张拉有足够的空间位置,以保证机具设备的运用自如,防止施工不便带来的损失,施加预应力时以延伸量和张拉吨位双控。

2）主梁施工

（1）主梁施工方法。

斜拉桥主梁的施工方法与梁式桥基本相同，主要有以下4种方法。

①顶推法施工。顶推法施工时需在跨间设置若干临时支墩，顶推过程中主梁反复承受正、负弯矩。该法较适用于桥下净空较低、修建临时支墩造价不大、支墩不影响桥下交通、抗压和抗拉能力相同及能承受反复弯矩的钢斜拉桥主梁的施工，对混凝土斜拉桥主梁而言，由于拉索水平分力能对主梁提供预应力，如在拉索张拉前顶推主梁，临时支墩间距又超过主梁负担自重弯矩能力，为满足施工需要，需设置临时预应力束，造价较高。

②平转法施工。平转法施工是将上部构造分别在两岸或一岸顺河流方向的矮支架上现浇，并在岸上完成所有的安装工序（落架、张拉、调索），然后以墩、塔为圆心，整体旋转到桥位合龙。平转法适用于桥址地形平坦、墩身矮和结构系适合整体转动的中小跨径斜拉桥。

③支架法施工。支架法施工涉及在支架上现浇、在临时支墩间设托架或劲性骨架现浇、在临时支墩上架设预制梁段等几种施工方法。其优点是施工简单方便，能确保结构满足设计线形，但又适用于桥下净空低、搭设支架不影响桥下交通的情况。

④悬臂法施工。悬臂法施工可以是在支架上修建边跨，然后中跨采用悬臂拼装法和悬臂施工的单悬臂法，也可以是对称平衡方式的双悬臂法。悬臂施工法分为悬臂拼装法和悬臂浇筑法两种。悬臂拼装法，一般是先在塔柱区现浇一段放置起吊设备的起始梁段，然后用各种起吊设备从塔柱两侧依次对称安装节段，使悬臂不断伸长直至合龙。悬臂浇筑法，是从塔柱两侧用挂篮对称逐段就地浇筑混凝土。我国大部分混凝土斜拉桥主梁都采用悬臂浇筑法施工。

（2）塔梁临时固结。

为了保证大桥在整个梁部结构架设安装过程中的稳定、可靠、安全，要求施工安装时采取塔梁临时固结措施，以抵抗安装钢梁桥面板及张拉斜拉索过程中可能出现的不平衡弯矩和水平剪力。

上海杨浦大桥施工中的临时固结装置，主要是将0号钢主梁与主塔下横梁刚性固结，使大桥在悬臂拼装施工阶段成为稳定结构。临时固结装置是以直径为609 mm的钢管组成刚性的空间框架结构。其上与钢主梁底板外伸钢板焊接，下与主塔下横梁上的预埋钢板和钢筋焊接。临时固结装置，按能承受最大抗倾覆弯矩27 MN·m，最大抗不平剪力10 MN设计。

杨浦大桥的临时固结措施,吸取了南浦大桥的成功经验,而且固结位置更加合理,安装、拆除都很方便。特别是在中孔合龙后,在很短时间内就顺利解除了临时固结,满足了大桥结构体系转换的需要。施工实践证明,该临时固结措施在整个架设过程中稳定可靠,满足了设计要求,达到了预期效果。

(3)中孔合龙。

为保证大桥中孔能顺利合龙,根据以往斜拉桥的成功经验,一般选择自然合龙的方法。自然合龙的方法需要考虑以下几个方面。

①合龙温度的确定:大桥能在自然状态下顺利合龙,关键是要正确选择合龙温度。该温度的持续时间,应能满足钢梁安装就位及高强螺栓定位所需的时间。

②全桥温度变形的控制:由于大桥跨度大,温度变形对中跨合龙段长度的影响相当敏感,因此在整个施工过程中应对温度变形进行监测,特别是对将接近合龙段时的中孔梁端和温度变形更应重点量测,找出温度变形与环境湿度的关系,为确定合龙段钢梁长度提供科学依据。

③合龙段钢梁长度的确定:设计合龙段长度原定为 5.5 m,在实际施工时再予以修正。其实际长度应为设计长度加减湿度变形量。

④合龙段的安装:合龙段钢梁的安装是一个抢时间、抢速度的施工过程,必须在有限的时间里完成,因此,在合龙前必须做好一切准备工作。钢梁应预先吊装就位,一旦螺孔位置平齐,即打入冲钉,施拧高强螺栓,确保合龙一次成功。

⑤临时固结的解除:中孔梁一旦合龙,必须马上解除临时固结,否则由于温度变化所产生的结构变形和内力,会使结构难以承受,因此在合龙段钢梁高强螺栓施拧完毕后,立即拆除临时固结。

3)斜拉索的施工

斜拉桥斜拉索的施工技术包括制索、运索、穿索、张拉及调索等。

(1)斜拉索的制作。

①斜拉索制作的工艺流程。

制作成品拉索的工艺流程:钢丝经放线托盘放出粗下料→编束→钢束扭绞成型→下料齐头→分段抽验→焊接牵引钩→缠绕包带→热挤 PE 护套→水槽冷却→测量护套厚度及偏差→精下料→端部入锚部分去除 PE 套→锚板穿丝→分丝墩头→冷装铸锚→锚头养护固化→出厂检验→包装打盘待运。

②钢索下料长度计算。

索长计算的结果是要得出制作拉索的下料长度 L_0。

先确定一根拉索的长度基数,即该拉索上下两个索孔出口处锚板中心的空间距离,对这一基数进行若干修正即可得到下料长度。

a. 对于使用拉锚式锚具的拉索,需要修正的有:

ΔL_e——弹性拉伸修正值;

ΔL_f——拉索垂度修正值;

ΔL_{ML}——张拉端锚具位置修正值;

ΔL_{MD}——固定端锚具位置修正值。

弹性拉伸修正值和拉索垂度修正值分别按式(3.4)和式(3.5)计算:

$$\Delta L_e = L_0 \frac{\sigma}{E} \tag{3.4}$$

$$\Delta L_f = \frac{\omega^2 L_x^2 L_0}{24 T^2} \tag{3.5}$$

式中:σ——拉索设计应力;

E——拉索的弹性模量;

T——拉索设计索力;

L_0——拉索长度基数;

L_x——L_0的水平投影长;

ω——拉索每单位长度重力。

锚具的位置修正量 ΔL_{ML} 及 ΔL_{MD} 取决于该型锚具的构造尺寸和锚具的最终设定位置。以冷铸锚具为例,张拉端锚具的最终位置可以设定螺母定位于锚杯的前1/3处,固定端可设定锚杯的正中。根据锚具制作厂商提供的锚具构造尺寸,就可推算出索钢丝端头与磁板平面间的距离,要考虑板的厚度 L_D,对于墩头锚,每一个墩头需要的钢丝长度为 $1.5d$,d 为钢丝直径,如图 3.10 所示。

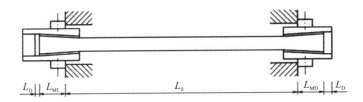

图 3.10 钢丝下料长度计算

最后得拉索下料长度 L,见式(3.6)。

$$L = L_0 - \Delta L_e + \Delta L_f + \Delta L_{ML} + \Delta L_{MD} + 2L_D + 2d \tag{3.6}$$

b. 对于使用拉丝式锚具的拉索,要加上满足张拉千斤顶工作所需的拉索操作长度 ΔL_J,见式(3.7)。

$$L = L_0 - \Delta L_e + \Delta L_f + \Delta L_{ML} + \Delta L_{MD} + 2L_D + \Delta L_J \tag{3.7}$$

如工厂落料时的温度和桥梁设计中取定标准温度不一致,则在落料时还应加温度修正。如采用应力下料,则要考虑应力下料修正。

拉锚式拉索的长度要求相当严格。通常,对于短索,要求其误差不大于 30 mm;对于长索,则不大于索长的 0.03%。对于重要的桥梁,也可以根据具体情况,制定更高的标准。

拉丝式拉索的长度误差要求稍宽,一般按宁长毋短的原则掌握。

对于大跨和特大跨的斜拉桥,拉索的制作宜和挂索协调进行。要时刻注意上一阶段挂索的情况,根据反馈的信息,对下一阶段拉索的长度做出是否需要调整的决定。

(2)斜拉索的安装。

①放索及索的移动。

a.放索。

立式索盘放索:设置一个立式支架,在索盘轴孔内穿上圆轴,徐徐转动索盘将索放出。

水平转盘放索:对于自身成盘的索,则需设置一个水平转盘,将索放在转盘上,边转动边将索放出。

b.索的移动。在放索及安索过程中,为了防止在移动过程中损坏拉索的防护层或损伤索股,应采取以下措施。

若盘索是利用驳船运来,放索可将盘索吊到桥面进行,并在梁上放置吊装设备;也可以在船上进行,并在梁端设置转向装置。

对于现浇梁,其转向装置应设在施工挂篮上,若是拼装结构,则设在主梁上。

滚筒法:在桥面设置一条滚筒带,当索放出后,沿滚筒运动。

移动平车法:当斜拉索上桥后,每隔一段距离垫一个平车,由平车载索移动。

导索法:在索塔上部安装一根斜向工作悬索,当斜拉索上桥后,前段拴上牵引索,每隔一段距离设一个吊点,使拉索移动。这种方法能省去大型的牵索设备,能安装成卷的斜拉索。

垫层法:对于一些索劲小、自重轻的斜拉索,可在梁面放索线铺设麻袋、草袋等柔软的垫层,可就地拖移拉索。

②斜拉索的塔部安装。

若斜拉桥的拉索张拉端设于塔部,则应该先安装塔部,后安装梁部。斜拉索的安装法主要有吊点法、吊机安装法及分步牵引法。

吊点法可分为单吊点法与多吊点法。

a. 单吊点法。拉索上桥面后,从索塔孔道中放下牵引绳,连接拉索的前端,在离锚具下方一定距离设一个吊点。当锚头提升到锁孔位置时,采用牵引绳与吊绳相互调节,使锚头尺寸准确,牵引至索塔孔道内就位后,穿入锚头固定。该方法简便,安装迅速,一般适于较柔软的短拉索。

b. 多吊点法。同前述导索法,只要将导索法中的牵引索从预穿索孔中引出即可。吊点分散、弯折小,可使拉索均匀吊起,使拉索大致呈直线状态,不需要大吨位千斤顶牵引。

吊机安装法采用索塔施工时的提升吊机,用特制的扁担梁捆扎拉索起吊。拉索前端由索塔孔道内伸出的索引牵引入索塔拉索锚孔内,下端用移动式吊机提升。

分步牵引法是根据斜拉索在安装过程中索力递增的特点,分别采用不同的工具将拉索安装到大吨位,可先用卷扬机将索张拉端从桥面提升到预留孔外,然后用穿心式千斤顶将其引至张拉锚固面。

分步牵引法的特点是牵引功率大,辅助施工少,桥面无附加荷载,施工方便。在各种挂索过程中,各种构件连接处较多,如锚头与拉杆、牵引头的连接,滑轮与塔柱拉索的连接等,任何一处发生问题,都会发生事故。在施工过程中,应特别注意各处连接的可靠性。

③斜拉索的梁部安装。

斜拉索的梁部安装方法主要有吊点法和拉杆接长法两种。

吊点法是在梁上设置转向滑轮,牵引绳从套筒中伸出。用吊机将索吊起后,随锚头逐渐牵引入套筒,缓缓放下吊钩,向套筒口平移,直至将锚头牵引入套筒内。对于梁部为张拉端的安装,采用拉杆接长法较为简单,施工时先加工长度为 50 cm 左右的短拉杆与主拉杆连接,使其总长度超过套筒加千斤顶的长度。利用千斤顶多次运动,逐渐将张拉端拉出锚固面,并逐渐拆除多余短拉杆,安装锚固螺母。

④拉索的张拉。

拉索的张拉是拉索完成挂索施工后导入一定的拉力,使拉索开始受拉而参与工作。通过对拉索的张拉,可以对索力和桥面高程进行调整,这是斜拉桥施工的关键。

实拉位置选择在索塔一侧还是主梁一侧,应根据千斤顶所需的张拉空间和移动空间等决定。为减少塔与梁承受的不平衡力矩且方便施工,应尽量采用索塔两侧平衡、对称、同步张拉或相差一个数量吨位差的张拉施工方法。必要时,可考虑单边张拉,但须经过仔细的计算。

拉索的张拉一般包括悬臂架设时最外一根拉索的初次张拉、内侧紧邻一根拉索的二次张拉,在张拉过程中要通过张拉拉索对索力进行调整,并且准确控制索力。对于长索的非线性影响,大伸长量及相应的各种因素的影响,在施工中应充分考虑,并采取有效的技术措施。

a. 拉索张拉的方法。

(a)用千斤顶直接张拉。在拉索的主梁端或索塔端的锚固点处安装千斤顶直接张拉拉索。此方法简单直接,但需在索塔内或主梁上有足够的千斤顶张拉空间。国内几乎都采用液压千斤顶直接张拉拉索这种施工工艺。

(b)用临时钢索将主梁前端拉起。依靠主梁伸出前端的临时钢索,将主梁吊起,然后锚固拉索,再放松临时钢索使拉索中产生拉力。此法不需大规模的机具设备,但仅靠临时钢索不能满足主梁前端所需的上移量,需补充拉索索力,所以此法一般较少采用。

(c)在支架上将主梁前端向上顶起,方法同(b),仅仅由上拉改为向上顶。此法适用于主梁可用支架来架设的斜拉桥。

b. 索力测量的方法。

(a)千斤顶油压表。拉索用液压千斤顶张拉时,千斤顶油缸中的液压与张拉力有直接关系,只要测定油缸中的液压就可求出索力。在使用前,油压表需精确标定,求得压力表的力和张拉力之间的关系。此法测定索力的精度可达 $1\% \sim 2\%$。由液压换算索力简单方便,此法是施工过程中控制索力最实用的一种方法。

(b)测力传感器。拉索张拉时,千斤顶的张拉力是由连接杆传到拉索锚具上的,如果将一个穿心式测力传感器套在连接杆上,则张拉拉索时,传感器在受压后输出电信号,可在配套的二次仪表上读出张拉力。此法测定索力的精度可达 $0.5\% \sim 1.0\%$,是规范推荐采用的测定索力的方法,但是测力传感器的价格较高。

(c)频率振动法。根据拉索索力和振动频率之间的关系求得索力。对于跨径较小的斜拉桥,预先进行实索标定来求得索力和频率之间的关系,然后用人工激震的方法测得拉索频率,从而求出索力。

2. 悬索桥施工技术

1) 锚碇与索塔施工

(1) 锚碇施工。

① 锚碇基础施工。

a. 基坑施工。锚碇基坑由于体积较庞大,可采用机械开挖,也可采用爆破和人工开挖的方法。开挖应采用沿等高线自上而下分层进行,并在坑外和坑底分别设排水沟。采用机械开挖时应在基底高程以上预留 15～30 cm 厚土层用人工清理,以免破坏基底结构。采用爆破方法施工时,对深陡边坡应使用预裂爆破方法,以免对边坡造成破坏。

b. 边坡支护。对于深大基坑及不良土质,应采用支护措施保证边坡稳定,其支护方法有以下两种。

(a) 喷射混凝土。其水泥为强度等级不低于 42.5 的硅酸盐水泥,砂的粒径不大于 2.5 mm,石子粒径小于 5 mm,混凝土的配合比为 1:2:2.5,水灰比为 0.4～0.5,且宜采用喷射机喷浆,水泥、砂、石等材料进入料斗前应充分拌和均匀,并做到随拌随用,喷浆气压宜在 0.3～0.7 MPa,喷射距离宜在 0.5～1.5 m,喷射角度应保持在 $90°±8.5°$,喷浆混凝土厚度一般为 50～150 mm,必要时可加钢筋网,以增加混凝土层的强度和整体性。其适用于岩层节理不发育、稳定性较好的地层。对于节理发育,有掉块危险、稳定性中等的岩层,可采用喷射混凝土加锚杆支护的方法。

(b) 喷锚网联合支护。这种方法适用于岩体破碎、稳定性差或坡面坡度大而高的基坑。其中锚杆分为普通锚杆和预应力锚杆两类。普通锚杆采用螺纹钢,预应力锚杆多采用钢绞线。

喷锚网联合支护的施工程序:开挖→清理边坡→喷射底层混凝土→钻孔→安装锚杆(锚索)→注浆→挂网→喷射面层混凝土(若是预应力锚杆则还有张拉锚固→二次注浆→封锚等工作)。

c. 地下连续墙。地下连续墙是沿着深开挖的周边,按类似的一条狭长深槽,在槽内放置钢筋笼后,灌注水下混凝土,筑成一个单元槽段,如此逐段浇筑,以一定的方式在地下形成一道连续的钢筋混凝土墙壁。连续墙基础适用于锚碇下方持力层高程相差很大,不适宜采用沉井基础的情况。其适应面广,可用于各种黏性土、砂土、冲填土及 50 mm 以下的砂砾层中,不受深度限制。地下连续墙按槽孔形式可分为壁板式和桩排式两种。作为锚碇基础,一般采用环形连续墙,可以防水、防渗、挡土和保证大面积干法施工的作业,也有设计成方形的。

d.沉井基础。在覆盖层较厚、土质均匀、持力层较平缓的地区可采用沉井基础。

由于悬索桥锚碇的基础极为庞大,设计和施工具有一定难度,因此,在施工中要根据现场的情况来研究施工方案。例如江苏江阴大桥北锚碇施工的一些特点可以借鉴。该工程由于沉井庞大,又处于软土地基,在下沉过程中地表一定范围内承载力不足,采用砂桩进行临时加固。

沉井内设置了各舱内填充不同容量的填充物,以获得相当的稳定力矩。沉井隔墙内设置连通管,以便下沉过程中平衡各隔舱内的水位。井壁内设置了探测管和高压射水管,以控制沉井下沉。为了不影响基础水平力的传递效果,防止对土地产生扰动,可使用空气幕助沉而不采用泥浆套助沉,同时当沉井下沉到设计高程后,采取压浆等措施以加速土地固结。

②主缆锚固体系。

a.型钢锚固系统施工。

型钢锚固系统主要由锚架和支架组成。锚架包括锚杆、前锚梁、拉杆、后锚梁等,是主要传力构件。支架是安放锚杆、锚梁并使之精确定位的支撑构件。

(a)施工程序。施工程序如下:锚杆、锚梁等工厂制造→现场拼装锚支架→安装后锚梁→安装锚杆与锚支架→安装前锚梁→精确调整位置→浇筑锚体混凝土。

(b)施工要求。所有构架安装应按照钢结构施工规范要求进行。

锚支架安装,将散件运到现场拼装,也可将若干杆件先拼装成片,再逐片安装。锚杆由下至上逐层安装,每安装完一层,需拼装相应的支架与托架后才能安装另一层锚杆。

由于锚杆与锚梁质量较大,应加大锚支架及锚梁托梁的刚度,以防止支架变形,影响锚杆位置。

(c)质量要求。构件质量要求:由于锚杆、锚梁为永久受力构件,制作时必须进行除锈、表面涂装和焊接件探伤工作,出厂前,应对构件进行试拼,以保证安装质量。安装精度:锚杆、锚梁安装精度应满足《公路桥涵施工技术规范》(JTG/T 3650—2020)的规定要求。

b.预应力锚固体系施工。

(a)施工程序。施工程序如下:基础施工→安装预应力管道→浇筑锚体混凝土、穿预应力钢筋→安装锚固连接器→预应力钢筋张拉→预应力管道压浆→安装与张拉索股。

(b)施工要求。预应力张拉与压浆工艺,应严格按设计与施工规范要求进行。前锚面的预应力锚头应安装防护帽,并向帽内注入保护性油脂,进行构件探伤检查,运输及堆放过程中应避免构件受损。

③锚碇体施工。

由于悬索桥属于大体积混凝土构件,尤其是重力式锚碇,其体积十分庞大。在施工阶段,水泥会产生大量的水化热引起体积变形及变形不均,产生温度收缩应力,易使混凝土产生裂缝,并影响质量,因此,水化热的控制是锚碇混凝土施工的关键。

a.大体积混凝土的温度控制。水化热越大,混凝土的温度上升值越大,致使混凝土的温度应力增大,从而使混凝土产生裂缝。减小混凝土温度上升值主要有以下措施。

(a)选用低水化热品种的水泥。一般来说,矿渣水泥、火山灰水泥、粉煤灰水泥等具有较低的水化热,施工时宜尽量采用。对于普通硅酸盐水泥应经过水化热试验后才可选用。

(b)减少水泥用量。使用粉煤灰作为外加剂,可替代部分水泥,以减少水泥的用量,且混凝土的后期强度仍有较大的增长。其粉煤灰的用量一般为水泥用量的15%~20%,亦可使用缓凝型的外加剂以延缓水化热峰值产生的时间,有利于减小混凝土的最高温度上升值。对于低强度等级的混凝土,掺加一定量的片石是减少水泥用量的有效办法。

(c)降低混凝土的入仓温度。不要使用刚出厂的高温水泥,可采用冷却水作为混凝土的拌和用水,以达到直接对混凝土降温的效果。对砂、石料,应该防止日光直照,可采用搭遮阳棚和淋水降温的方法。

(d)在混凝土结构中布置散热水管。

b.大体积混凝土施工。施工要求:大体积混凝土应采用分层施工,每层厚度一般为1~2 m。浇筑能力越大,降温措施越充足,则分层厚度可适当大一些。分层浇筑时,要求后一层混凝土必须在前一层混凝土初凝前加以覆盖,以防出现施工裂缝。亦可采用预留的湿接缝法浇筑混凝土,各块分别浇筑,分别冷却至稳定温度,最后在槽缝里浇筑微膨胀混凝土。

c.养护及保温。混凝土浇筑完并终凝后要求覆盖麻袋、草垫等,并洒水保持表面湿润,一方面是对混凝土进行养护,另一方面是为了减少混凝土表面与内部的温差。可覆盖塑料布等保温材料对混凝土进行保温,通过内散外保的方法使混凝土整体上均匀降温,并对混凝土内部最高温度、相邻两层及相邻两块之间的温差进行监测。

(2)索塔施工。

①混凝土塔柱施工。

悬索桥混凝土塔柱施工工艺与斜拉桥塔身基本相同。

塔身施工的模板主要有滑模、爬模、翻模 3 大类型。塔柱竖向主钢筋的接长可采用冷压管连接、电渣焊、气压焊等方法。混凝土应采用泵送或吊罐浇筑,当施工至塔顶时,应注意预埋索鞍钢框架支座螺栓和塔顶吊架、施工猫道的预埋件。

②钢塔施工。

根据索塔的规模、结构形式和架桥地点的地理环境以及经济性等,钢索塔的施工可选用浮吊、塔吊和爬升式吊机 3 种有代表性的施工架设方法。

a. 浮吊法。浮吊法是将索塔整体一次性起吊的大体积架设方法。该施工方法的特点是可显著缩短工期,但由于浮吊的起重能力和起吊高度有限,因而使用时以 80 m 以下高度的索塔为宜。

b. 塔吊法。塔吊法是在索塔旁边安装与索塔完全独立的塔吊进行索塔架设。由于索塔上不安装施工用的机械设备,因而施工方便,施工精度易于控制,但是塔吊基础费用较高。

c. 爬升式吊机法。这种方法是在已架设部分的塔柱上安装导轨,使用可沿导轨爬升的吊机进行索塔架设。该方法由于爬升式吊机安装在索塔柱上,因此索塔柱铅垂度的控制就需要较高的技术。吊机本身较轻,又可用于其他桥梁的施工,现已成为大跨度悬索桥索塔架设的主要方法。

③主索鞍施工。

a. 主索鞍施工程序。

(a)安装塔顶门架。按照索体质量设计吊装支架及配置起重设备。支架可选用贝雷架、型钢及其他构件拼装,固定在塔顶混凝土中的预埋件上。

起重设备一般采用卷扬机、滑轮组。当构件吊着塔顶时,以手拉葫芦牵引横移到塔顶就位。近年来,国内开始采用液压提升装置为起重设备,即在横联梁上安装一台连续提升的穿心式千斤顶,以钢绞线代替起重钢丝绳。液压提升设备具有轻便、安全等优点,有广阔的发展前景。

(b)安装钢框架。钢框架是主索鞍的基础,要求平整、稳定,一般在塔柱顶层混凝土浇筑前预埋数个支座,以螺栓调整支座面高程至误差小于 2 mm。后将钢框架吊放在支座上,并精确调整平面位置后固定,再浇筑混凝土,使之与塔顶结为一体。

(c)吊装上下支撑板。首先检查钢框架顶面高程,符合设计要求后清理表面和四周的销孔,然后吊装下支撑板。下支撑板就位后,销孔和钢框架对齐销接。在下支撑板表面涂油处理后安装上支撑板。

(d)吊装鞍体。因鞍体质量较大,吊装时应认真谨慎,吊装过程中需体现稳、慢、轻,并注意不得碰撞。鞍体入座后用销钉定位,要求底面密贴,四周缝隙用黄油填塞。

b.主索鞍施工要点。

(a)吊架及所有吊具要经过验算,符合起重要求。

(b)吊装过程中须有专人指挥,中途要防止扭转、摆动、碰撞。

(c)所有构件接触面销孔精加工表面,必须清理干净,不得留有沙粒、纸屑等,在四周两层接缝处涂以黄油,以防水汽侵入而锈蚀构件。

2)主缆施工

(1)施工概要。

①准备工作。

在架设缆索之前的准备工作有安装塔顶吊机、塔顶主鞍座、支架副鞍座、散索鞍座以及各种绞车和转向设备等的驱动装置。

②架设导索。

导索是缆索工程中最先拉过江河(或海湾)的一根钢丝绳索,也是缆索工程中的第一道难关。一般架设导索有如下4种方法。

a.海底拽拉法。较早时期的导索架设用的办法,是将导索从一侧岸塔临时锚固;然后将装有导索索盘的船只驶往对岸塔,并随时将导索放入水底,然后封闭航道,用塔顶两端的提升设备将导索提升至塔顶,置入导轮组中,并引至两端锚碇后,再将导索的一端引入卷扬机筒上,另一端与拽拉索(主或副牵引索或无端牵引绳)相连。接着开动卷扬机,通过导索将拽拉索牵引过河。此时,若采用往复式拉拽系统,则拽拉索(主或副)与等候在此的牵引索(副或主)通过拽拉器相连,并将其牵拉过河,然后将两端连接形成环套的无端牵引绳。

b.浮子法。将准备渡江(或海)的导索每隔一定距离装上一个浮子,使导索由浮子承重而不下沉水中。然后由拽船将导索的一端,从始发墩旁浮子拖至需到达的墩旁,再由到达墩的塔顶垂挂下来的拉索直接拉到塔顶。此法在潮流速度缓慢且无凸出岩礁等障碍物时,是较为可靠的。日本的关门桥和因岛桥均采用此法。

c. 自由悬挂法。当桥位处水流较急时,采用浮子法会使水面上拖运的导索流散得较远,同时导索所受水流的冲击力也大,故导索所需截面也大。另外,当桥位附近有岩礁时,导索流散越远,它被挂阻于岩礁的可能性也越大,此时就可用自由悬挂法。自由悬挂法是在桥台锚碇墩附近,设置可连续发送导索的一种装置。从此装置引拉出的导索,经过塔顶后其前端固定在拽船上。拽船横越水面,可使连续发送出来的导索不沉落到水中,并在始终保持悬挂状态下来完成导索的渡架。为提高安全度,有时还用重锤作平衡重,以调整导索在引拉过程中的拉力。

d. 直升飞机牵引法。日本明石海峡大桥采用直升机空中牵引架设导索的方法。此法回避了通航及湖流条件的限制,由直升飞机直接从空中放索架设。导索垂度最低点,始终满足桥下通航净空要求。

通常悬索桥两侧主缆的两根导索都用同一方法渡架。但当渡架作业较为困难时,也可只渡架一根导索,而另一根导索可直接在第一根完成后设法在高空横渡。

③架设拽拉索及猫道。

拽拉索是布置在两岸之间的一根环状无端头的钢丝绳索,可由两岸的驱动装置来使拽拉索走动,从而一来一往地引拉其他需要架设的缆索或钢丝。拽拉索架设完毕之后,首先要架设猫道。所谓猫道,就是悬索桥架设施工中,为其空中架设的工作走道。它是主缆编制和架设必不可少的临时设施。每座悬索桥的施工,一般设有两个猫道。每个猫道各供一侧主缆施工所需。因猫道是悬索桥施工的特有设备,下面加以简介。

a. 猫道的构造与布置。猫道由猫道承重索、猫道面层结构(包括栏杆立柱及扶手索等)、横向天桥及抗风索等组成。猫道承重索是猫道的承重构件,悬索桥的两侧猫道,各有若干根猫道承重索。猫道面层结构(包括横梁及面层)可以吊挂于猫道承重索之下,如旧金山-奥克兰海湾大桥,也可固接在猫道承重索之上,如日本关门桥及大鸣门桥等。

猫道空间位置应使猫道面层结构与主缆之间的净空均匀一致。主缆中心与猫道面层结构的位置关系由主缆截面尺寸及主缆捆紧机和缠绕机的尺寸等决定。

b. 猫道面层结构。每个猫道的若干根猫道索,由拽拉索引拉架设完之后,即可铺设猫道面层及架设横向天桥。横向天桥是沟通两个猫道的空中工作走道。

它除了满足工作所需,还有增加猫道横向稳定性的作用。

猫道面层的横梁及铺料早期采用木板材,后来为了防火、减轻重量和风阻,以及施工方便和经济等原因,一般均改用在焊接钢丝网上再加铺合成纤维网或钢丝网布。焊接钢丝网钉在横梁上,它已有足够的支撑强度,但其孔眼尺寸对工作走道面来说过于粗大,故在它上面覆盖小孔眼的网材以提供良好的走道面,并可防止小工具的掉落。

在施工猫道面层结构时,一般先将横木和面材预制成可折叠并能卷起的节段,然后由塔顶吊机将它吊到塔顶后,沿着猫道索逐节滑下。在下滑过程中,各节之间进行逐节连接,待全部铺到最后位置时,再将横木固定在猫道索上。然后,再在横木顶端装上栏杆立柱,并在立柱上安装扶手索及栏杆横索等。为了架设主缆工作的需要,沿猫道相隔一定距离还设置有门式框架。在猫道面上还铺设有各种管路和照明系统。在两侧猫道之间的横向天桥也可以和面层结构一起铺设。

c.抗风索的布置。设置抗风索的目的是提高猫道的抗风稳定性,同时还可调整猫道的曲线形状。猫道的抗风体系除抗风索外,还包括连接猫道索与抗风索之间的垂直吊索或斜吊索。

为了减小猫道承重索的荷载,同时在某些通航的水域由于净空等限制不能布置抗风索,在保证猫道抗风稳定性的条件下,不设抗风索。国内的厦门海沧大桥、重庆鹅公岩大桥等桥的猫道,都没有设置抗风索。

④架设主缆。

在猫道架设全部完成之后,就可在猫道上正式开始架设主缆。主缆的架设方法目前有两种:一种为空中编缆(AS)法,含送丝、纺丝、纺线、架线之意;另一种为预制丝股(PS)法(也称 PWS 法),此为 parallel wire strand 之意。这里,AS 法是以钢丝为单元,先在空中编成丝股,然后再由若干丝股组成主缆;PS 法则是以工厂预制成的股缆在空中组成主缆。

⑤架吊索。

主缆架设完毕,将猫道转载于主缆后,拆除抗风索,并在猫道上开始架设吊索。全桥主缆缠丝防护工作完成后,即可拆除猫道。至此,悬索桥的缆索工程全部完成。

(2)空中编缆(AS)法。

用 AS 法架设主缆之前,先要在猫道上编制组成主缆的钢丝索股。然后,再将若干根钢丝索股捆紧扎成主缆。编制钢丝索股的施工步骤如下。

①将出厂的成卷钢丝连接器接长后,卷入专用卷筒运至悬索桥一端锚碇旁。

②利用无端头的环形拽拉索,将接长的钢丝引拉到猫道上。引拉的方法是将两个编丝轮分别连于环形拽拉索的两个分支上,当拽拉索受动力机驱动引拉做环状运动时,两个编丝轮即作一来一往的走动。编丝轮上带有绕挂钢丝的槽口,将置于桥两端的接长钢丝从卷筒中拉出,并绕挂在编丝轮的槽口内。此时,先将钢丝端头临时固定,然后由拽拉索带动一个编丝轮从桥的一头走到另一头。此编丝轮即在猫道上拉铺2根钢丝。与此同时,另一编丝轮从另一头走到此一头,它也带来2根钢丝,故共拉铺4根钢丝。如果每个编丝轮改单槽为双槽,每走动一次拉铺的钢丝根数也加倍。当钢丝根数达到能组成一股钢丝股时,即可捆紧成股,当丝股数达到可以组成一根主缆的数量时,即可捆紧成主缆。

一根索股的具体编制过程如下:沿着主缆设计位置,从锚到锚,布置一根无端环形牵引索,也称拽拉索,这种无端环形牵引索,实际上就是将两牵引绳的端头互相连接起来,共同形成一根从这岸到那岸的长绳圈,且在牵引索上安设有编丝轮;然后由一岸锚碇旁设置的卷丝筒中抽出钢丝头,将其暂时固定在某梨形丝股蹄铁上(可编为1号),也称此头为"死头",继续将钢丝向外抽,将由此形成的钢丝套圈套在编丝轮的槽路上,由牵引机驱动牵引索,将编丝轮带着钢丝套圈送到对岸,再将套圈从编丝轮上取下,并将其套到对应的梨形蹄铁上(相应编号为2);与此同时,对岸的一组钢丝卷筒和编丝轮也同样带着一钢丝套圈过来,从而完成编号为3、4梨形蹄铁间的编股;随着牵引索的驱动,两编丝轮就这样不断将钢丝套上,当编丝轮这样行走几百次,在其套在两岸对应梨形蹄铁(如1号、2号)上的丝数达到绳股钢丝的设计数目时,就将钢丝"活头"剪断,并将该"活头"同上述暂时固定的"死头"用钢丝连接器连起来。这样一根索股的空中编制即告完成。

(3)预制丝股(PS)法。

预制丝股法,是在工厂或桥址旁的预制场内事先将钢丝预制成平行丝股,利用拽拉设施将其通过猫道拽拉架设。其主要工序为:丝股牵引架设→测调垂度→锚跨拉力调整。其与AS法比较,由于每次牵拉上猫道的是丝股而不是单根钢丝,故重量要大数倍,所需牵引能力也要大得多,一般采用全液压无级调速卷扬机。牵引方式有门架支承的拽拉器和轨道小车两种。

无论采用何种方式,都必须在猫道上设导向滚轮,以支撑丝股并使其顺利前行,每丝股牵引完成后,即将其从滚轮上移入鞍座,然后调整主跨及边跨的垂度(调整应在夜间温度稳定时进行)。对中上层丝股,为观察其丝股垂度,需将其位置稍微抬高,调好再落下。

至今我国所建设的大跨度悬索桥,都是采用预制平行丝股法架设,以下从平行丝股的制造、丝股的架设两方面对该方法进行介绍。

①平行丝股的制造。

丝股制造前对原材料——高强钢丝、锚杆和合金填料、定型带等按设计的各项技术指标进行检验,保证所提供的材料和构件是合格品。

根据桥梁的具体情况,制定严格的生产工艺流程,并在生产过程中严格执行。图3.11所示为一般丝股制造的生产工艺流程图。

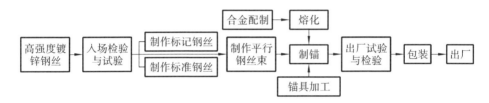

图3.11 一般丝股制造的生产工艺流程图

a.标记钢丝制作。为了在架设主缆时检测平行钢丝束的扭曲,在平行钢丝束六角形截面的一顶点设置一根着色醒目的标记钢丝(采用涂漆工艺)。标记钢丝的制作长度,须与生产束股时钢丝的倍尺匹配。

b.标准钢丝制作。为了控制平行钢丝束的长度精度,在平行钢丝束六角形截面的另一顶点设置一根标准钢丝。标准钢丝长度精度,一般要求不低于$l/15000$。

标准钢丝的制作方法有两种:一种方法是基线测长法;另一种方法是直流脉冲磁信号测长法。相对而言,磁信号测长法测长精度较基线测长法低,但基线测长法占地面积大、人员多。在我国制作的平行丝股中,为了保证标准钢丝的制作精度,都是采用基线测长法或分段基线测长法制作。

c.平行钢丝束制作。

(a)工艺流程。其工艺流程为:放线→分丝→聚并→整形→矫直→绕包→颜色标记→牵引→成盘。

在整个制束过程中,牵引是保证丝股长度精度的关键。生产厂家一般采用一套机械自动装置作牵引,在保证束股长度精度的同时,还解决了其与成盘之间速度同步的问题,及绕包时束股扭转问题。

(b)制锚。主缆丝股通过热铸锚工艺,使平行钢丝束与锚具相固接。其原理是,依靠锌铜合金对钢丝的黏结力以及热铸料锥体楔入锚杯的共同作用达到锚固目的。合金成分的配比、钢丝表面的处理、合金浇铸时的温度及速度、合金的冷却方式与速度都会影响合金对钢丝的黏结力。因此,在制作时须严格按工艺规程操作,具体要点如下。

锚杯内腔用清洗液清洗干净,并灌水测量容积。

用配制的清洗液除去钢丝表面的杂质和油污。

钢丝穿入锚杯并固定,按工艺卡控制伸入锚杯的钢丝长度。

锚杯与钢丝束用夹具垂直固定,并用角尺校正,钢丝束的轴线与锚杯的前表面成直角,其公差应小于0.5°。

锚杯预热至(175±25)℃,并用温度控制仪进行控制。

合金在一个有温控仪控制的容器中加热;灌入温度为(480±10)℃,并连续浇铸,注入合金的重量不少于理论重量的92%。

冷却。通过空气和水来冷却,先进行空气冷却至170℃,然后进行水冷却。

反顶。进行反顶压检验。

主缆丝股热铸锚的锚固力,由锌铜合金的致密性和黏结力决定。而考核锌铜合金致密性的一项重要指标是合金铸入率。每个锚具的合金铸入率通过锚杯腔体注水法测定。用量杯灌水测量出锚杯的内腔容积,乘以锌钢合金的比重即为合金理论铸入重量,再加上合金浇包在铸入锚杯前后的重量差,即为合金的实际铸入量,由此得出锚具的合金铸入率。

②丝股的架设。

预制平行丝股法架设主缆的作业工序为:索股锚头引出→把锚头连接在拽拉器上→索股牵引→索股前端到达锚碇→检查索股的扭曲并校正→把前端锚头从拽拉器上卸下→前端、后端锚头安装引入装置→鞍座部位安装临时拽拉装置→中跨上提横移→边跨上提横移→塔顶鞍座部分整形就位→与固定侧塔顶标记对合→散索鞍部分整形就位→两端锚头引入、临时锚固→确认向上的抬高量→索股线形调整。

a.丝股牵引。

架设PS索股的牵引系统,根据猫道承载装置的不同,可分为3种:门架式牵引系统、轨道小车牵引系统和架空索道牵引系统。

(a)门架式牵引系统。该系统除猫道滚筒外,还需在猫道上设置若干猫道门架(一般间距40 mm左右),并在猫道门架、塔顶门架、锚碇门架上安装相应的门架导轮组。牵引索上固接有拽拉器,通过牵引索带动拽拉器,穿过这些导轮作往复运动。索股前端锚头与拽拉器相连,使得索股前端约30 m长的索股在空中运行,其余部分则在猫道支承滚筒上运行。这种索股拽拉系统,源于空中送丝法,后来通过改进应用于平行丝股架设。

该系统具有技术要求高、系统结构复杂、自动化程度高、机械加工件多、造价昂贵等特点。我国的虎门大桥、海沧大桥及润扬大桥等桥的施工都采用了此种牵引法。

(b)轨道小车牵引系统。轨道小车牵引系统是针对架设预制平行丝股而设计的。它的牵引索运行于猫道滚筒上。小车运行于铺在猫道滚筒两边的轨道上。索股前端锚头置于小车上。小车与牵引索固接,通过卷扬机牵引,使牵引索带着小车在轨道上作往复运动。这种系统自丹麦首次采用以后,得到了进一步完善和发展,轨道由初期的木质轨道发展为采用钢丝绳作为小车运行轨道,大大提高了系统运行的可靠度。但该系统仍存在系统要求高、加工件偏多等缺点。

(c)架空索道牵引系统。架空索道牵引拽拉法与架空索道运输方式相同。承重绳载着运输小车将丝股前端锚头吊起一定的高度。牵引索与丝股前端锚头相连并运行于猫道滚筒上。我国的江阴大桥、丰都长江大桥的主缆架设采用了此种方法。

b.索股提升、横移和入鞍。

(a)索股提升和横移。牵引结束后,索股位于猫道一侧的滚轮上,需要将其从滚轮上提起,并移至正确的位置。该操作一般是通过设于塔顶及锚上的拽拉装置或钢索张拉千斤顶来完成的。

(b)整形入鞍。预制平行丝股的外形,为保持其截面稳定性和排列密实,一般截面为正六边形。但在鞍座内为了排列紧密和保持索股的位置,应将其丝股形状改为四边形。由六边形改为四边形的过程就是整形。丝股只有在鞍座附近被改为四边形后,才能放入鞍座内。

丝股被提起移到排放位置后,在索鞍区段内处于无应力状态下整形。目的是在索鞍前3 m至索鞍后3 m段,将正六边形的丝股整成矩形。散索鞍处整形方向,从锚跨向边跨方向进行。而主索鞍处整形方向,是从边跨向中跨前进。整形分为初整形和连续整形两个阶段。

初整形是用整形器在局部把正六边形的丝股整理成矩形丝股。

连续整形是用连续整形器,将用初整形器整成的局部矩形索股往前延伸,把索鞍段索股全部整成矩形。

整形后进行入鞍。入鞍时,先入主鞍,后入散索鞍。在主鞍处,从边跨端向主跨方向进行;在散索鞍,从锚跨端向边跨方向进行。入鞍时要严格控制索股的着色丝在鞍槽中的位置,以防索股扭转。为防止已入鞍索股的侧向力使隔板变形,应在该索股的相邻鞍槽内填进楔形块。入鞍后,索股高于其最终位置。一个桥塔处的索股标记,处在鞍座的中线上。而另一桥塔处索股标记向边跨偏离主鞍中线一定的距离。

c.丝股线形控制。

为了使架设后的主缆线形与设计一致,必须在施工中对主缆的形成进行控制。主缆由基准丝股和非基准丝股组成。丝股线形控制,就是指丝股架设时,基准丝股的跨中绝对标高和非基准丝股的跨中相对标高及锚跨张力的控制。

基准丝股是非基准丝股调整的基础。因此,首先要选定和监控好基准丝股。基准丝股的选择原则是:丝股要处于相对自由状态,周围丝股对其干扰性最小;便于测量其他丝股,依据每根基准丝股管理一定数量的非基准索股;丝股应分组以减少误差累积。

一般选择第一根丝股作为主缆的基准丝股,如果主缆中丝股数较多,可根据施工需要设置第二根甚至多根基准丝股。

丝股矢度的调整,一般选择在温度相对稳定、风力不大的夜间进行。调整前要事先进行外界气温和丝股温度的计测,一般桥的丝股调整时间选择在晚上12点到第二天早上6点,主要根据当地气候条件确定。温度对丝股的线形影响很大,线形调整前先要监测好温度。索股温度的测定用接触温度计,沿长度方向布置,一般是边跨1/2处、东、西塔顶处及中跨1/4、1/2、3/4处。沿断面方向布置为索股上缘、下缘的点。每隔5~10 min同时读数一次,并注意不要让灯光直接照射索股。

判定索股温度稳定性的条件如下。

(a)长度方向索股的温差不超过2 ℃。

(b)断面方向索股的温差不超过1 ℃。

不符合温度稳定的条件,或者当风力超过12 m/s(索股摆动太大),以及雾太浓(测量目标不清楚)时都不能进行索股调整。

在满足温度的稳定性条件下,根据监控给定的在不同温度下的设计垂度,调整丝股的垂度及锚固张力。

基准丝股中跨与边跨跨中垂度调整方法一般采用三角高程法。在跨中悬挂反光棱镜,测出基准丝股跨中点高程,计算出丝股跨中点垂度,与设计垂度进行比较。依据垂度调整表,计算出丝股需移动调整长度,同时进行温度修正,来进行垂度调整。

调整时,首先锚固一侧塔顶主索鞍鞍槽内的丝股(固定侧)。适当放松另一侧塔主索鞍处的锚固点,利用倒链葫芦及专用夹具调整中跨丝股长度。用木榔头敲打索鞍附近的丝股,使丝股在鞍槽内滑动,直至调整好中跨丝股。为加快调整速度,在进行中跨索股垂度调整的同时调整靠丝股固定塔侧的边跨丝股的垂度。在中跨垂度符合设计要求且活动塔侧主索鞍处丝股锚固好后进行另一边跨丝股垂度调整。

中跨垂度调整好后调整锚跨拉力。施工中采用专用千斤顶顶压丝股锚头。通过松紧拉杆螺母使锚跨索股拉力达到设计要求。为了确保基准丝股拉力值的精度,一般还利用传感器及索力仪进行双重校核。

在温度稳定的时间内,多次观察索股垂度,并连续观察 3 个夜晚以上,确认基准丝股垂度稳定性达到要求。如观察中因天气或其他原因引起变化,需重新调整直至达到设计要求。

在单根基准丝股的绝对垂度满足要求的同时要调整两根丝股的相对垂度。通过横向通道桥上设置的连通器水管,利用钢板尺测量水管内液面距基准丝股的高度,调整两根基准丝股的相对高差。

一般丝股的架设方法、垂度调整顺序同基准丝股。垂度调整方法采用相对垂度调整法:在各跨垂度调整点,利用专用大型卡尺测出待调索股与基准索股之间相对垂度差。根据垂度差计算调整量,并结合温度修正,利用手拉葫芦纵移索股,直至相对垂度差在 0~5 mm 之间。

垂度调整过程中,根据中、边跨的垂跨比,在索股整形入鞍固定前,均进行不同程度预抬高,以确保索股不至于压在已调好的索股上,调整好的索股及时采用硬柞木块镇压,并在鞍槽上部施以千斤顶反压索股进行固定,防止产生移动。

索股架设过半时,每隔 80 m 设置 V 形保持器,同时在 V 形保持器之间设置主缆竖向形状保持器,并间隔 20 m 用麻绳捆绑,防止大风吹动索股相互撞击、摆动,影响已调索股精度。用此法架设所有主缆索股,施工期间,需要对基准索股进行多次复测。

(4)主缆紧缆。

无论 AS 法还是 PS 法,在主缆丝股架设完毕后,都要对相应部位各丝股排列顺序进行检查,复测基准索股垂度,对有问题的钢丝进行处理,并全面复测锚跨拉力。如有变化适当进行调整后,接下来的工作是紧缆。紧缆的目的是使主缆压紧成圆形,达到设计要求的空隙率,以满足安装索夹要求和便于以后的长期防护。一般紧缆的过程有初紧缆和正式紧缆两阶段。

①初紧缆。

紧缆工作应在夜间气温稳定时段进行。利用手拉葫芦、千斤顶对主缆进行初整圆,同时拆除形状保持器、V形保持器及摆绑绳。初紧缆按照先疏后密原则进行,每间隔5 m用临时钢带捆扎。在挤压过程中拆除表面缠包带,用大木锤敲打,直至主缆表面平顺。主缆初紧缆后的孔隙率,控制在28%~30%。

②正式紧缆。

初紧缆完成后,利用紧缆机进行正式紧缆。4台紧缆机分别从两条主跨跨中向塔顶方向进行挤紧作业。首先由跨中一侧的两台紧缆机正式紧缆,紧至5 m左右,另一侧两台紧缆机向已紧缆一侧回退至跨中的第一条钢带就位,开始紧缆,正式紧缆挤紧包距为1.0 m,每距1 m打一标志点,并统一编号。当紧缆机挤压蹄块挤压后,在紧靠挤压带处用打带机连续打两道3 cm宽的镀锌钢带,对主缆进行捆扎,双钢带间距为5 cm,这样钢带受力均匀,紧缆过程中测量主缆横径和竖径,计算出空隙率,与设计空隙率比较,使得空隙率符合要求。考虑主缆重力刚度影响,紧缆时通过液压系统适当调整6块挤压蹄块上下两块高度,克服打带后主缆直径回弹影响,由于主缆横径超过竖径对安装索夹产生影响,故采用特殊工装克服。当中跨正式紧缆完毕,移至边跨进行,紧缆顺序由锚跨向塔顶进行。紧缆过程中,靠近索鞍处挤压力较大。

(5)索夹、吊带安装和缠丝。

紧缆后,就可安装索夹铸件。每个索夹在主缆上的位置及主缆的斜度各不同,导致夹紧两半索夹所需螺栓数量不同,这样索夹铸件的长度也不相同。

3)加劲梁施工

悬索桥加劲梁的架设方法按其推进方式分类,主要有两种:①先从跨中节段开始,向两侧主塔方向推进,主要有旧金山-奥克兰海湾大桥、韦拉扎诺海峡大桥等;②从主塔附近的节段开始,向跨中及桥台推进,如金门大桥及日本本四连络线上的悬索桥等。我国近期施工的大跨度悬索桥,都是采用从跨中向两塔方向吊装的方式。

但无论采用哪种方法,均须考虑主缆变形对加劲梁线形的影响。故有条件时,应在施工前进行加劲梁施工架设的模型试验,或架设过程模拟计算。根据试验和计算资料,验证或修正架设工序。一般在架设中,为使加劲梁的线形能适应主缆变形,架上的各加劲梁节段之间不应马上作刚性连接,可在上弦先作铰接连接,而下弦暂不连接。待某一区段或全桥加劲梁吊装完毕,再作永久性连接。

加劲梁从跨中向两侧主塔推进的施工步骤,一般分为以下四个阶段。

①加劲梁从主跨中央开始架设,当加劲梁节段的重量逐段加于主缆时,梁的线形不断变化。所以,梁段间的连接仅作为施工临时连接,以避免梁段的过分变形。

②边跨加劲梁开始架设,以减小塔顶水平位移。

③主塔处加劲梁段合龙。

④加劲梁所有接头封合。

此架设方法的优点是靠近塔柱的梁段是主缆刚达最终线形时就位的。这样,靠近塔柱的吊索索夹的最后夹紧,可推迟到塔顶处主缆仅留有很小永久角变形阶段,可以减小主内缆的次应力。

加劲梁从主塔向跨中架设方法的施工步骤正好与加劲梁从跨中向两侧主塔推进的施工步骤相反。这种架设方法有利于施工操作和管理。这是因为此方法中施工操作和管理人员可以很方便地从塔墩到桥面,而且可以很方便地在主跨和边跨之间往返。而加劲梁从跨中向两侧主塔推进的施工方法中,工作人员必须通过狭窄的空中猫道才能到达主跨内已被架好的加劲梁段上。

如上所述,悬索桥加劲梁架设一大特点是可以将其先架设完成的主缆作为悬吊脚手架。但该脚手架是柔性的,它的几何形状随着梁段的逐渐增加而不断改变。其情况是,当所架梁段不多时,梁段的上弦或上翼缘板相互挤压,梁段的下弦或下翼缘板互相分离而出现"张口",若过早使下弦或下翼缘板闭合,则梁段结构或连接就有可能因强度不够而破坏。因此悬索桥的加劲梁,要先作施工临时连接。

加劲梁梁段或杆件的吊装方式主要分为三种:采用能沿桁架上弦或纵梁走行的德立克吊机安装、缆索吊机吊装和缆载吊机安装。前两种吊装方式是一般桥梁施工中常用的方式。后一种专用于大跨度悬索桥施工。其特点是,利用已架好的两条主缆为支撑,将提升梁段用的设备固定于主缆上,进行垂直提升吊装。缆载吊机提升的方式有两种:一种是利用卷扬机收卷钢丝绳;另一种是利用液压提升系统拉拔钢绞线。

第4章　岩溶地区桥梁桩基设计与施工

4.1　岩溶的发育规律及不良影响

4.1.1　岩溶及岩溶发育的基本规律

岩溶地质作为一种在我国分布较广且危害较大的工程地质条件，在工程建设中经常遇见。岩溶塌陷是指岩溶化岩石上面的盖层向隐伏在其下的早期岩溶洞隙塌陷，并在地表形成塌陷的一种动力地质作用和现象。岩溶塌陷是在洞隙可溶岩、盖层及其中包含的水、气综合体，受各种作用使其平衡遭到破坏时产生的。导致平衡破坏的各种作用可以是自然的、人为活动诱发的，也可以是自然和人为作用的叠加。

岩溶发育具有以下基本规律。

(1)在不同成分、岩性、组织结构与层厚的岩体中，岩溶发育具有明显的分选性。厚层、质纯、粒粗的石灰岩中，发育强烈，洞体规模大；随组分中杂质(硅铝等)含量增加、层理变薄、结构致密而发育程度渐弱，规模渐小。当不同岩性倾斜成层时，岩溶在平面上呈带状分布，与非(弱)可溶岩接触处，岩溶较为发育。

(2)岩体中各类结构面是岩溶发育的温床。各种成因的宽大裂隙是岩溶水流动的集中通道，是岩溶发育的有利场所。地质构造线往往决定了岩溶水的流动趋向，也控制了岩溶发育的延伸方向，在两组或两组以上裂隙交接处岩溶尤为发育，且个体规模较大。

(3)河流水系是内陆岩溶区岩溶水的排泄基准面和归宿。岩溶形态在垂直河谷方向上具有分带性，在横剖面方向上，由河谷向分水岭过渡。岩溶形成具有如下分布规律：在深切河谷，落水洞数量向分水岭方向渐少，深度也较浅；在切割不深的河流近旁，向河排泄的暗流发育规模大且水流集中，向外侧则渐小且分散。

(4)水平状洞穴系统在竖向分布上具有成层性。某一高程水平的洞穴与既定的排水基准面相适应,两者高程相当,水平洞穴是这一基准面岩溶水长期作用的结果。地壳或基准面升降,也可以出现数级水平洞穴,其发育程度与规模与地壳、基准面相对稳定时间有关。两层水平洞穴之间一般均有垂直通道相连。

(5)岩溶发育程度与规模总的规律有向深处减弱、渐小的趋势。

(6)岩溶水运动,有集中的管状流和分散的网状流等形式,其动态具明显的季节变化,雨季时,在山麓地段或正常通道受阻处,可产生较大的动水压力。土洞和溶洞是岩溶作用的两个方面,因此它的分布同样受到决定岩溶发育的岩性、岩溶水、地质构造等因素的控制。土洞发育区必然是岩溶发育区,例如粤北某矿地表塌陷的分布与岩溶发育区极为吻合,见表4.1。

表4.1 岩溶发育与地表塌陷分布的关系

岩溶分区	线岩溶率K/(%)	地表塌陷分布/(%)
极强烈岩溶区	>15	71
强烈岩溶区	10~15	14.5
中等岩溶区	5~10	14.5
弱岩溶区	<5	0

土洞或塌陷下的基岩中必有岩溶水通道,但这一通道不一定是巨大的裂隙或岩溶空间,尤其是地表水形成的土洞更是如此,据云南个旧地区对塌陷的开挖揭露,连接洞底的往往是一些上大下小的裂隙。桂林地区某工程由地下水形成的土洞多分布于溶沟的两侧、落水洞、石芽壁的上口等部位。

岩溶塌陷是广东、广西、江西、湖南、辽宁五个省区的主要塌陷类型,造成塌陷的主要原因是人为因素。在调查的632处岩溶塌陷中,自然塌陷192处,占总数的30.4%,成因不明的8处,占1.3%,人为因素诱发的432处,占68.3%。其中因矿坑排水诱发的157处,占24.8%,生活用抽水诱发的187处,占29.6%。湖南省统计资料显示,人为因素诱发的岩溶塌陷占86.6%,塌坑占总数的99.8%。广西人为因素诱发的岩溶塌陷也占总数的77.24%。总而言之,凡是矿区大强度排水或过量抽汲岩溶地下水的地区,都是岩溶地面塌陷发育强烈及损失惨重的地区,其特点是诱发岩溶塌陷的突然性、广布性,塌坑大小形状不一,小者不足1 m^2,大者达数百平方米,且发育具有持续和重复性,发育时间和分布范围较集中,造成的危害也大。

4.1.2 岩溶的不良影响

在岩溶发育地区最常见的地质灾害便是岩溶塌陷。其表现形式主要为突然毁坏城镇设施,导致道路和建筑物破坏、通信中断、农田毁坏、水库渗漏、大量水溃入矿坑或隧道,以及一些供水水源受到不同程度的污染,严重时造成人员死伤。据不完全统计,我国每年因岩溶塌陷造成的直接经济损失在1.2亿元以上。

岩溶对工程的影响有下列几方面。

(1)岩溶岩面起伏,导致其上覆土质地基压缩变形不均。在水平方向上相距很近(如1~2 m)的两点上,土层厚度相差可达4~6 m,以至十余米。在土层较厚的溶槽(沟)底部,往往又有软弱土存在,更加剧了地基的不均性。

(2)岩溶洞穴顶板变形造成地基失稳,尤其是一些浅埋、扁平状、跨度大的洞体,其顶板岩体受数组结构面切割,在自然或人为作用下,有可能坍塌陷落造成地基的局部破坏。

(3)岩溶水的动态变化给施工和建筑物使用造成不良影响。雨季深部岩溶水通道连接地表的垂向通道(漏斗落水洞等)向地面涌泄;由于各种原因,岩溶垂直通道堵塞而丧失消泄地面水流的功能,都可造成场地暂时性淹没。以分布不均为特征的岩溶水依附于裂隙洞穴体系而存在,常无统一水面,旱季时,在某一深度的岩体可能呈干燥状态,雨季可突发涌水,水位和水量骤变,如补给源位置较高,管状裂隙水流在巨大的动水压力下可冲毁建筑物地坪及地下室底板。

在岩溶发育地区建设重要的工程,由于对上部建筑物(构筑物)或桥梁的承载力要求较高,采用一般的填堵或强夯等简单的方法往往只能消除浅部的土洞,对承载力的提高幅度不大。因此需寻求有效的基础施工方法(包括嵌岩桩),以满足建筑设施对承载力的要求。

4.2 岩溶地区基桩稳定性分析

基桩指的是群桩基础中的单桩。根据基桩与岩溶发育形态的相互关系,岩溶地区桥梁桩基的稳定性问题可分为两大类:一类是桩端下部存在各种形态的溶洞,此时桩基的稳定性问题可转化为桩端下伏溶洞的稳定问题;另一类是桩端落在溶沟、石芽、溶槽等形成的陡峭岩壁上,这时桩基的稳定性问题可看作覆盖岩溶临空面的稳定问题。在岩溶地区进行桥梁桩基工程建设,这两类问题不但给桩基工程的施工造成极大的麻烦,也常会给桥梁的运行带来极大的安全隐患。因此,应对基桩下伏溶洞和基桩作用下覆盖岩溶临空面的稳定性进行较为深入的研究。

下文运用弹塑性力学理论的分析方法,计算出两种形状的基桩下伏溶洞的应力集中影响范围,并探讨地下水位和溶洞形状对基桩下伏溶洞稳定性的影响;利用极限平衡理论对基桩作用下覆盖岩溶临空面进行稳定性分析,建立其安全系数计算公式,并探讨影响其稳定性的几种因素。

4.2.1 基桩下伏溶洞的稳定性分析

1. 基于各种规则形状分析的溶洞稳定计算

大量工程实践表明,岩溶洞穴的破坏往往是从局部破坏开始的,进而发展到整体破坏,即由内部破坏发展到外部的塌陷失稳。同时,实际工程中的溶洞形状大都不规则,对其进行稳定分析困难极大,因此可抓住主要因素,把不规则的溶洞简化成几种简单的模型。基于以上考虑,为研究基桩作用下溶洞的稳定性,可从弹塑性力学基本理论出发,来分析岩溶洞穴洞壁周围岩体的应力状态。

(1)基于厚壁圆环分析的溶洞应力集中影响范围。

为研究基桩作用下溶洞的稳定性,可计算在基桩和原岩压力共同作用下溶洞的应力集中影响范围。由于实际工程中的下伏岩溶洞穴规模一般都不大,竖直方向上断面大致为圆形的溶洞,其应力集中影响范围确定可简化成平面厚壁圆环的应力集中问题。假设溶洞断面附近区域是置于无限大弹性体薄板中的一平面圆环,可由弹塑性力学基本理论求得圆环周围的应力,见式(4.1)~式(4.3):

$$\sigma_r = \frac{b^2 p}{b^2 - a^2}\left(\frac{a^2}{r^2} - 1\right) \tag{4.1}$$

$$\sigma_\theta = -\frac{b^2 p}{b^2 - a^2}\left(1 + \frac{a^2}{r^2}\right) \tag{4.2}$$

$$\tau_{r\theta} = \tau_{\theta r} = 0 \tag{4.3}$$

式中:p——外边界所受均布荷载;

a——溶洞的内半径;

b——岩体到溶洞的中心距离。

由式(4.1)~式(4.3)可知,薄板内径向应力 σ_r 和切向应力 σ_θ 都随薄板尺寸参数 b 和径向距离 r 而变化,其变化的趋势图可见图 4.1 和图 4.2。由图 4.1 和图 4.2 很容易看出:在圆孔周边附近,切向应力 σ_θ 最大,但是径向应力 $\sigma_r = 0$,剪应力 $\tau_{r\theta} = \tau_{\theta r} = 0$,并且随着 r 的逐渐变大,σ_θ 和 σ_r 就越趋向于岩体上的原始应力 p。当 $b = 7a$,且 $r > 7a$ 时,径向应力 σ_r 随着 r 的变大而变大,但无限趋近于 1.021

p;切向应力 σ_θ 由 $1.042p$ 逐渐变小,无限趋近于 $1.021p$。因此,只要 $r>7a$,溶洞周围岩体应力与原始应力相差不足 5%,这在工程界是可以的。因此,可认为基于厚壁圆环分析时,溶洞应力集中的影响区域大概在 $7a$ 的半径范围。

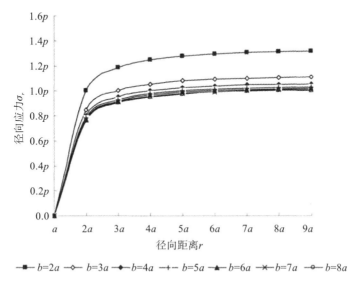

图 4.1　基于平面圆环分析的径向应力 σ_r 分布图

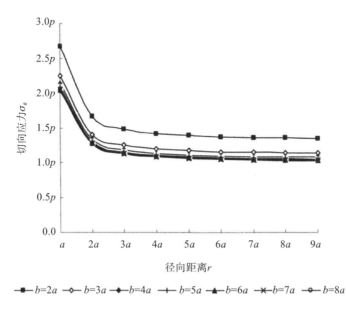

图 4.2　基于平面圆环分析的切向应力 σ_θ 分布图

(2)基于厚壁圆球分析的溶洞应力集中影响范围。

对于在三维空间上大致呈球形的溶洞,则可把溶洞简化成一个厚壁圆球。假设溶洞所处的岩体是均匀、连续、变形微小且各向同性的无限弹性体,则可把溶洞简化为一个厚壁圆球来确定其应力集中影响的范围。可由弹塑性力学基本理论解得厚壁圆球的应力,见式(4.4)和式(4.5):

$$\sigma_r = \frac{b^3}{r^3}\left(\frac{a^3 - r^3}{b^3 - a^3}\right)p \tag{4.4}$$

$$\sigma_\theta = -\frac{b^3}{r^3}\left(\frac{2r^3 + a^3}{b^3 - a^3}\right)p \tag{4.5}$$

式中:p——外边界所受均布荷载;

a——溶洞的内半径;

b——岩体到溶洞的中心距离。

由式(4.4)和式(4.5)可知,无限弹性体内的径向应力 σ_r 和切向应力 σ_θ 也都随着圆球尺寸参数 b 和径向距离 r 变化,其变化的趋势可见图4.3和图4.4。由图4.3和图4.4可以清楚地看出:在圆球的内面,切向应力 σ_θ 最大,但是径向应力 $\sigma_r=0$,并且随着 r 的逐渐变大,σ_θ 和 σ_r 就越趋向于岩体上的原始应力 p,其收敛的速度比平面圆环应力集中收敛速度更大。当 $b=4a$,且 $r>4a$ 的时候,径向应力 σ_r 随着 r 的变大而变大,但无限趋近于 $1.016p$;切向应力 σ_θ 由 $1.024p$ 逐渐变小,也无限趋近于 $1.016p$。因此,只要 $r>4a$,溶洞周围岩体应力与原始应力相差不足5%,在工程界是允许的。因此,可认为在基于厚壁圆球分析时,溶洞应力集中影响的区域大概在 $4a$ 的半径范围。

对式(4.1)~式(4.3)和式(4.4)~式(4.5)两套公式进行对比分析可得如下要点。

①溶洞的应力集中范围和溶洞尺寸 a 有关,并且溶洞尺寸越大,其应力集中范围越大。

②基桩的作用力变大尽管不能改变应力集中范围内应力与原始应力的比值,但其绝对值会增大,对溶洞的稳定性不利。

2. 影响溶洞稳定性的因素分析

(1)溶洞形状对其稳定性的影响。

为研究溶洞形状对其稳定性的影响,假设距地表以下 h 处有一长半轴为 a

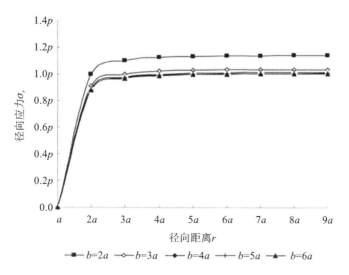

图 4.3 基于厚壁圆球分析的径向应力 σ_r 分布图

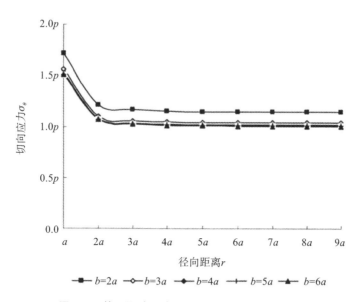

图 4.4 基于厚壁圆球分析的切向应力 σ_θ 分布图

(水平轴)、短半轴为 b(竖直轴)椭圆断面形状的溶洞,可通过改变椭圆 y 半轴与 x 半轴比值 m 来改变溶洞的形状。假设地基岩层是各向同性、均匀的、连续的弹性体,而溶洞埋藏较深,其洞径很小的时候,可将溶洞的某一剖面作为研究对象。此时,可把溶洞视为一个双向受压无限板孔的应力分布问题。为便于计算,可先分析有椭圆孔口的无限薄板在受单向应力作用下的结果(见图 4.5)。

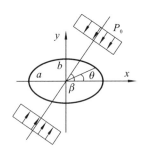

图 4.5 单向应力作用下椭圆形溶洞周边应力计算图

在单向应力 p 作用下按椭圆孔复变函数解得,椭圆溶洞周围任一点的径向应力为 σ_r、切向应力为 σ_θ、剪应力为 $\tau_{r\theta}$,计算见式(4.6)。

$$\sigma_r = 0, \tau_{r\theta} = 0$$

$$\sigma_\theta = P_0 \frac{(1+m)^2 \sin^2(\theta+\beta) - \sin^2\beta - m^2\cos^2\beta}{\sin^2\theta + m^2\cos^2\theta} \tag{4.6}$$

式中:m——y 半轴与 x 半轴比值,即 b/a;

θ——洞壁上任意一点 M 和椭圆形中心的连线与 x 轴的夹角;

β——荷载 P_0 作用线与 x 轴的夹角;

P_0——外荷载,为上覆土岩重力和桩基产生的附加应力之和。

当 $\beta=0, P_0=\lambda p$,则:$\sigma_\theta = \lambda p \dfrac{(1+m)^2 \sin^2\theta - m^2}{\sin^2\theta + m^2\cos^2\theta}$ (4.7)

当 $\beta=90°, P_0=p$,则:$\sigma_\theta = p \dfrac{(1+m)^2 \cos^2\theta - 1}{\sin^2\theta + m^2\cos^2\theta}$ (4.8)

式中:λ 是土体的侧压力系数。再由叠加原理,可计算出溶洞断面周边在受双向等压应力作用下的应力 σ_θ,计算示意图如图 4.6 所示,计算见式(4.9)。

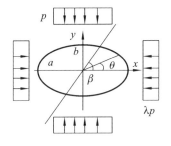

图 4.6 双向等压应力作用下椭圆形溶洞周边应力计算图

$$\sigma_\theta = p \frac{(1+m)^2\cos^2\theta - 1 + \lambda\left[(1+m)^2\sin^2\theta - m^2\right]}{\sin^2\theta + m^2\cos^2\theta} \tag{4.9}$$

椭圆水平方向两侧中点处($\theta=0,\pi$)的切向应力见式(4.10):

$$\sigma_{\theta 1} = p\left[\left(1+\frac{2}{m}\right)-\lambda\right] = p\left(1+\frac{2a}{b}-\lambda\right) \tag{4.10}$$

椭圆竖直方向两端中点($\theta=\frac{1}{2}\pi,\frac{3}{2}\pi$)的切向应力见式(4.11):

$$\sigma_{\theta 2} = p[(1+2m)\lambda-1] = p\left[\left(1+2\frac{b}{a}\right)\lambda-1\right] \tag{4.11}$$

令岩体侧压力系数 λ 为一定值,求洞穴周边关键部位的应力。表 4.2~表 4.4 分别给出了 $\lambda=1/4$、$\lambda=1/3$ 以及 $\lambda=1/2$ 时椭圆形溶洞水平处两边中点和顶底板中点的应力值。

表 4.2　$\lambda=1/4$ 时溶洞轴比与 σ_θ 的关系

轴比 m	σ_θ	
	两边中点	顶底板中点
5	$1.15p$	$1.75p$
4	$1.25p$	$1.25p$
3	$1.42p$	$0.75p$
2	$1.75p$	$0.25p$
1	$2.75p$	$-0.25p$
1/2	$4.7p$	$-0.5p$
1/3	$6.75p$	$-0.58p$
1/4	$8.75p$	$-0.63p$
1/5	$10.75p$	$-0.65p$

表 4.3　$\lambda=1/3$ 时溶洞轴比与 σ_θ 的关系

轴比 m	σ_θ	
	两边中点	顶底板中点
5	$1.06p$	$2.67p$
4	$1.17p$	$2.0p$
3	$1.33p$	$1.33p$
2	$1.67p$	$0.67p$
1	$2.67p$	0
1/2	$4.67p$	$-0.33p$

续表

轴比 m	σ_θ	
	两边中点	顶底板中点
1/3	6.67p	-0.44p
1/4	8.67p	-0.5p
1/5	10.67p	-0.53p

表 4.4 $\lambda=1/2$ 时溶洞轴比与 σ_θ 的关系

轴比 m	σ_θ	
	两边中点	顶底板中点
5	0.9p	4.5p
4	1.0p	3.5p
3	1.17p	2.5p
2	1.5p	1.5p
1	2.5p	0.5p
1/2	4.5p	0
1/3	6.50p	-0.17p
1/4	8.5p	-0.25p
1/5	10.5p	-0.3p

对表 4.2～表 4.4 进行分析可得如下要点。

①当 $m\leqslant 1$ 时,溶洞顶板和底板会出现拉应力,并且在其他条件相同时,侧压力系数 λ 越小,则拉应力出现的时间也越早。

②在 λ 为一定值时,随着 m 的减小,即溶洞由近似"瘦高状"向"扁平状"变化时,溶洞两边中点的应力值增大,而其顶板和底板处的应力值变小。当 m 减小到一定程度时,洞壁出现拉应力。

③在 $\lambda=1/4,m=4;\lambda=1/3,m=3;\lambda=1/2,m=2$ 时,溶洞两边的应力值和顶底板的切应力值相等的状态,即等应力轴比状态,此时 $\lambda=1/m$,将其代入式(4.10)和式(4.11)容易求出:$\sigma_{\theta 1}=(1+\lambda)p$ 和 $\sigma_{\theta 2}=(1+\lambda)p$。不难理解,等应力轴比时溶洞周边的应力分布比较合理。

(2)地下水对溶洞稳定性的影响。

地下水位的改变也会影响溶洞的稳定性。当地下水下降到一定程度的时候,假设溶洞周围的土体紧密,则在洞体内会形成相对真空,即产生所谓的岩溶"真空吸蚀作用"。岩溶洞穴的真空作用,相当于在地表施加1个大气压的附加应力,也就是近似等于 100 kPa,即增加 100 kPa 的大面积附加荷载。当地下水上升,则会产生相反的作用。因此,地下水位的高低将会影响溶洞洞壁周围的应力状态。

作用在岩溶洞壁周围处一点 A(参见图 4.7)的荷载 p 可由式(4.12)求出:

$$p = \alpha_A p_N + \sigma_{CA} \tag{4.12}$$

式中:α_A——基桩底至 A 点的附加应力系数;

p_N——基桩底附加应力;

σ_{CA}——A 点处岩体的自重应力。

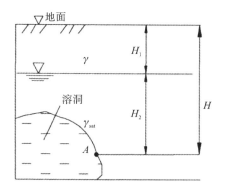

图 4.7 地下水对溶洞稳定性的影响

再假设 A 点深度为 H,地下水埋深为 H_1,地下水位至 A 点的距离为 H_2,地下水位以上岩体的容重为 γ,地下水位以下岩体的饱和容重用 γ_{sat} 来表示。由有效应力计算原理可知 A 点处所受荷载为式(4.13),把式(4.13)变形得式(4.14)。

$$p = \alpha_A p_N + \gamma H_1 + \gamma' H_2 \tag{4.13}$$

$$p = \alpha_A p_N + \gamma' H + (\gamma - \gamma') H_1 \tag{4.14}$$

式中:γ'——岩体的浮容重,$\gamma' = \gamma_{sat} - \gamma_w$。

由于岩体容重都大于其浮容重,故由式(4.14)可知,H_1 越小,即地下水位越高,A 点所受的荷载则越小,对溶洞稳定越有利;反之,地下水位越低,对其稳定越不利。究其原因,地下水位越高,可相当于在洞室内产生一个内压,使洞室膨胀,利于稳定;而桩基作用产生一个洞室压缩,将会产生对溶洞的破坏作用,并且桩基作用力越大越不利于溶洞稳定。

4.2.2 基桩作用下覆盖岩溶临空面的稳定性分析

覆盖岩溶临空面指的是覆盖岩溶场地中建筑物基底压力影响范围内具有陡倾角土岩交界面的一种岩土组合地质体,常存在于裂隙、槽谷和溶沟的边缘。如果基桩位于此处,并且在临空面的岩体内存在向外倾斜的不利软弱结构面,需要对其稳定性进行分析。

1. 基桩作用下覆盖岩溶临空面的稳定性计算

岩坡的破坏类型从形态上来看一般分为岩崩和岩滑两种。岩崩一般发生在边坡过陡的岩坡中,是大块的岩体与岩坡分离而向前倾倒,或者坡顶岩体因某种原因脱落而在坡脚下堆积。岩滑是指一部分岩体沿着岩体较深处某种面的滑动。此处研究的结构面倾角不是太陡,并且滑块受到覆盖层的压力及前方的侧压力,故一般不会产生倾倒破坏。因此,下文仅考虑滑块沿结构面的滑动破坏。

取一宽度为 B 的滑块为研究对象,假设滑体两侧的切割对滑块不会产生阻力,则滑体的受力简图如图 4.8 所示。

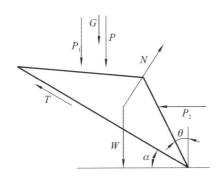

图 4.8　滑体受力简图

根据极限平衡理论,可以求得滑动面上的安全系数 K,见式(4.15):

$$K = \frac{T + P_2\cos\alpha}{(W + G + P + P_1)\sin\alpha} \tag{4.15}$$

式中:W——滑块自重,$W = r_2 h_2 bL$;

G——桩基的自重,$G = \dfrac{1}{4}\pi d^2 h\gamma$;

P——桩基荷载;

P_1——上覆土层对滑块的水平投影面的作用力,$P_1 = \gamma h_1 (BL\cos\alpha - \dfrac{\pi}{4}d^2)$;

P_2——上覆土层对滑块的侧向约束力,$P_2 = \lambda\gamma_1 h_3 BL\sin\alpha$;

T——滑床对滑块的抗滑力,$T = cBL + [(W+G+P+P_1)\cos\alpha + P_2\sin\alpha]f$。

以上各式中:

γ_1——覆盖层的容重;

γ_2——滑块的容重;

γ——桩基的容重;

B——滑块的宽度;

h_1——覆盖层的平均厚度;

h_2——结构面的平均高度;

h_3——地表至滑块形心的高度;

h——桩基的长度;

d——桩基的直径;

L——滑块的平均长度;

c——滑面上的凝聚力;

f——抗剪摩擦系数;

θ——临空面倾角;

α——结构面的倾角;

λ——覆盖层土的侧压力系数。

对于式(4.15),当以上各种数值都是已知的时候,用其计算安全系数很简单。但有时需要对不同的临空面几何要素、不同抗剪强度及桩基作用力的影响进行比较时,用它就比较麻烦。为简化起见,可将公式中的各种参数代入式(4.15)重新整理得到式(4.16):

$$K = \frac{cBL + \left\{\left[W + \frac{1}{4}\pi d^2 h\gamma + \gamma_1 h_1\left(BL\cos\alpha - \frac{1}{4}\pi d^2\right) + P\right]\cos\alpha + \lambda\gamma_1 h_3 BL\sin^2\alpha\right\}f + \lambda\gamma_1 h_3 BL\sin\alpha\cos\alpha}{\left[W + \frac{1}{4}\pi d^2 h\gamma + \gamma_1 h_1\left(BL\cos\alpha - \frac{1}{4}\pi d^2\right) + P\right]\sin\alpha}$$

(4.16)

由于基桩的断面面积与滑块面积在水平面上的投影相差不大,为简化计算,可将基桩的自重代替为与基桩同体积的覆盖层的重量,则式(4.16)可写成式(4.17)。

$$K = \frac{cBL + [(W + \gamma_1 h_1 BL\cos\alpha + P)\cos\alpha + \lambda\gamma_1 h_3 BL\sin^2\alpha]f + \lambda\gamma_1 h_3 BL\sin\alpha\cos\alpha}{(W + \gamma_1 h_1 BL\cos\alpha + P)\sin\alpha}$$

(4.17)

显然,在式(4.15)~式(4.17)中,分子都是阻碍滑块沿滑床向下滑动的力的总和,分母都是使滑块沿滑床向下滑动的力的总和。因此,可以得知:安全系数 K 值越大,滑块越稳定;反之,越不稳定。

2. 影响覆盖岩溶临空面稳定性的因素分析

为对基桩作用下覆盖岩溶临空面的稳定因素进行分析,可以对式(4.17)中的各个参数赋予一定的数值,然后再改变每组参数中的一个参数,通过计算分析其对安全系数 K 的影响。在实际工程中,软弱结构面的倾角多在 30°~55°之间变化,所以此处研究结构面倾角仅限于此范围。通过查阅相关资料,又选取结构面高度为 6~10 m、覆盖层厚度为 10~18 m、桩基荷载为 2500~4500 kN、软弱结构面的黏聚力和抗剪摩擦系数分别为 30 kPa 和 0.35。由于公式中的参数比较多,可先将每次计算中不改变的量罗列出来,在以后的计算中通用,参见表 4.5。

表 4.5　计算中不改变的参数值

参数	所赋数值
λ	0.5
γ_1	20 kN/m³
γ_2	24 kN/m³
h_3	13 m
B	10 m
L	12 m
c	30 kPa
f	0.35

(1)结构面倾角 α 对其稳定性的影响。

为研究结构面倾角 α 对基桩作用下覆盖岩溶临空面稳定性的影响,可令桩基荷载 P 为 3500 kN,覆盖层厚度 h_1 为 14 m,结构面高度 h_2 为 8 m,结构面倾角 α 分别取 30°、35°、40°、45°、50°代入式(4.17)进行计算。得出基桩作用下覆盖岩溶临空面稳定性安全系数 K 与结构面倾角 α 之间的关系(见图 4.9)。由图 4.9 可以清楚地看出:随着结构面倾角 α 的增大,安全系数 K 值减小,即随着结构面倾角 α 增大,基桩作用下覆盖岩溶临空面稳定性降低。

其拟合曲线为式(4.18):

$$K = -0.0269\alpha + 2.0925 \tag{4.18}$$

相关系数 $R^2 = 0.9801$。

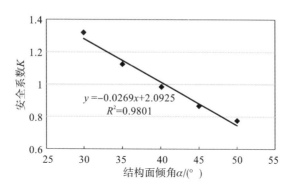

图 4.9 安全系数 K 与结构面倾角 α 的关系图

(2)结构面高度 h_2 对其稳定性的影响。

为研究结构面高度 h_2 对基桩作用下覆盖岩溶临空面稳定性的影响,可令桩基荷载 P 为 3000 kN,覆盖层厚度 h_1 为 12 m,结构面倾角 α 为 40°,结构面高度 h_2 分别取 6 m、7 m、8 m、9 m、10 m 代入式(4.17)进行计算。得出基桩作用下覆盖岩溶临空面稳定性安全系数 K 与结构面高度 h_2 之间的关系(见图 4.10)。由图 4.10 可以清楚地看出:随着结构面高度 h_2 的增大,安全系数 K 值减小,即随着结构面高度 h_2 的增大,基桩作用下覆盖岩溶临空面稳定性降低。

其拟合曲线为式(4.19):
$$K = -0.0374h_2 + 1.3376 \tag{4.19}$$

相关系数 $R^2 = 0.995$。

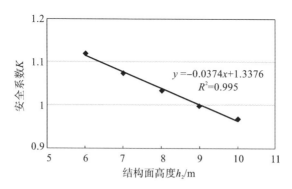

图 4.10 安全系数 K 与结构面高度 h_2 的关系图

(3)覆盖层厚度 h_1 对其稳定性的影响。

为研究覆盖层厚度 h_1 对基桩作用下覆盖岩溶临空面稳定性的影响,可令桩

基荷载 P 为 4000 kN,结构面高度 h_2 为 9 m,结构面倾角 α 为 35°,覆盖层厚度 h_1 分别取 10 m、12 m、14 m、16 m、18 m 代入式(4.17)进行计算。得出基桩作用下覆盖岩溶临空面稳定性安全系数 K 与覆盖层厚度 h_1 之间的关系(见图 4.11)。由图 4.11 可以清楚地看出:随着覆盖层厚度 h_1 的增大,安全系数 K 值减小,即随着覆盖层厚度 h_1 的增大,基桩作用下覆盖岩溶临空面稳定性降低。

其拟合曲线为式(4.20):

$$K = -0.0206h_1 + 1.3867 \tag{4.20}$$

相关系数 $R^2 = 0.9934$。

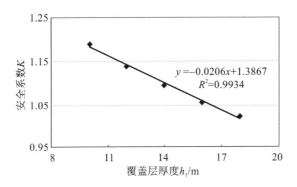

图 4.11 安全系数 K 与覆盖层厚度 h_1 的关系图

(4)桩基荷载 P 对其稳定性的影响。

为研究桩基荷载 P 对基桩作用下覆盖岩溶临空面稳定性的影响,可令覆盖层厚度 h_1 为 16 m,结构面高度 h_2 为 7 m,结构面倾角 α 为 35°,桩基荷载 P 分别取 2500 kN、3000 kN、3500 kN、4000 kN、4500 kN 代入式(4.17)进行计算。得出基桩作用下覆盖岩溶临空面稳定性安全系数 K 与桩基荷载 P 之间的关系(见图 4.12)。由图 4.12 可以清楚地看出:随着桩基荷载 P 的增大,安全系数 K 值减小,即随着桩基荷载 P 的增大,基桩作用下覆盖岩溶临空面稳定性降低。其拟合曲线为式(4.21):

$$K = -0.00001P + 1.1569 \tag{4.21}$$

相关系数 $R^2 = 0.9998$。

由式(4.18)~式(4.21)可知,结构面倾角 α、结构面高度 h_2、覆盖层厚度 h_1 和桩基荷载 P 的增大均会使基桩作用下覆盖岩溶临空面的稳定性降低。比较上述四个公式对应的直线的斜率容易得到,软弱结构面参数的改变对覆盖岩溶临空面稳定性的影响最为显著,桩基荷载大小的改变对其稳定性影响不大。

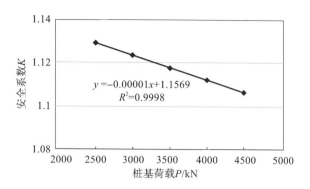

图 4.12 安全系数 K 与桩基荷载 P 的关系图

4.3 岩溶地区桥梁桩基设计方法

4.3.1 岩溶地区桥梁桩基设计概述

桩基础设计一般应满足如下要求。
(1) 保证与上部结构的可靠连接,容许承载力和变形应能满足设计要求。
(2) 考虑成桩过程及其使用过程中各种因素变化及其可能产生的后果。
(3) 具备一定的安全储备。
(4) 经济上合理。
(5) 提供施工控制标准及监测手段,以保证桩基能满足上述要求。

简单地说,桩基的设计应力求选型得当、经济合理、安全适用。此外,设计前还必须深入调查研究,一般应具备以下基本资料。

(1) 岩土工程勘察资料,如岩土的物理力学性能指标,地下水位及其化学成分,岩层埋深,岩面倾斜、起伏及滑坡、岩溶、洞穴等不良地质情况。
(2) 建筑场地与环境条件,如交通、管线设施、水电材料供应及周围环境要求等。
(3) 上部结构的类型、平面尺寸、构造及使用要求,上部结构的荷载及其性质。
(4) 当地的施工条件,包括沉桩机具、施工方法及施工质量等。
(5) 供设计方案比较用的各种桩型及其实施的可能性。

鉴于岩溶地区工程水文地质条件的复杂性,岩溶区桥梁桩基设计必须注意下列问题。

(1)对整个场地岩溶的发育规律、埋藏条件和岩溶的分布、形状、大小、延伸方向,基岩的完整性、风化程度、岩溶水情况和岩溶填充物等都要通过详细勘测彻底查明,设计时才能心中有数。其中,要特别注意建筑场地内是否有大型溶洞,另外,应特别注意岩溶的主要延伸方向和路线,因为该路线上的溶洞、裂隙石芽分布最多,使岩体的承载力偏低。设计时,要加大这条路线上各桩的底面积,以提高桩的承载力。成孔后做基岩检查时也要特别注意这条路线上的桩底岩溶发育情况。

(2)岩溶地区的桩基一般宜用钻孔桩或人工挖孔灌注桩。当单桩荷载较大且岩层埋深较浅时,宜采用嵌岩桩。

(3)岩溶区桥梁桩基孔底施工检查时,应加布钻孔,桩径 1.0 m 以下布置两个,1.0 m 以上应布置 3 个,呈正三角形分布。勘探孔至少需在桩底以下 3 倍桩径且不少于 3.0 m,以保证在此范围内无软弱层、断裂带、溶洞分布,保证基岩的承载力和稳定性。

(4)桩端应力扩散范围内应无岩体临空面,否则,应验算基底岩体向临空面滑动、倾覆的可能性。

(5)因岩溶地基普遍存在溶蚀裂隙而使基岩不完整,将降低岩石的整体承载能力。设计时建议桩底面积在按国家规范公式计算的基础上增大 10%~20%,以保证桩的承载力。

(6)若采用人工挖孔桩,宜采用钢筋混凝土护壁,因砖护壁在清爆溶洞或桩底岩石打风钻时易垮壁。

(7)嵌岩深度在可能条件下宜浅不宜深。嵌岩深度对于硬质岩石,宜控制在 (50 ± 20) cm,对于软质岩石,宜控制在 (80 ± 20) cm。否则井孔过深,劳动条件差,工作面狭窄,钻深十分困难,如采用爆破,对整个场地及桩本身都极有影响。根据相关规范:当岩面较为平整且上覆土层较厚时,嵌岩深度宜采用 $0.2d$ 或不小于 0.2 m。

岩溶区桩基承载力取决于如下三个方面:①桩本身的材料强度;②岩土层的支承能力;③上部结构的容许变形值。设计时须考虑岩溶地区的特殊性,岩土层的支承能力按相关公式进行计算。

4.3.2 桩身强度及其变形特性

1. 桩身强度验算

岩溶区桥梁桩基一般采用钢筋混凝土灌注桩,其桩身材料强度验算可按有关设计规范进行。

(1)轴心荷载作用下的桩身强度计算。

对于钢筋混凝土桩,见式(4.22):

$$R = \phi(f_c A_p + f'_y A'_s) \tag{4.22}$$

式中:R——单桩竖向承载力设计值(kN);

ϕ——钢筋混凝土构件的稳定系数;

f_c——混凝土的轴心抗压设计强度(kPa);

f'_y——纵向钢筋的抗压设计强度(kPa);

A_p——桩身的横截面面积(m^2);

A'_s——全部纵向钢筋的横截面面积(m^2)。

对式(4.22)中的ϕ、f_c两项取值还有如下规定。

①计算桩身轴心受压承载力时,应将混凝土的轴心抗压强度设计值和弯曲抗压强度设计值分别乘以下列基桩施工工艺系数ϕ_c:干作业非挤土灌注桩,$\phi_c=0.9$;泥浆护壁和套管护壁非挤土灌注桩、部分挤土灌注桩、挤土灌注桩,$\phi_c=0.8$。

②计算桩身轴心抗压强度时,一般不考虑压曲的影响,即取稳定系数$\phi=1.0$。但对自由长度较大的高桩承台、桩周为可液化土或为地基极限承载力标准值小于50 kPa(或不排水抗剪强度小于10 kPa)的地基土,应考虑压曲的影响。其稳定系数ϕ可根据桩身计算长度l_c和桩的设计直径d按表4.6确定。桩身计算长度根据桩顶的约束情况、桩身露出地面的自由长度、桩的入土长度、桩侧和桩底的土质条件按相关公式确定。

表4.6 桩的稳定系数 ϕ

l_c/d	ϕ	l_c/d	ϕ
≤7	1.00	10.5	0.95
8.5	0.98	12	0.92

续表

l_c/d	φ	l_c/d	φ
14	0.87	28	0.48
15.5	0.81	29.5	0.44
17	0.75	31	0.40
19	0.70	33	0.36
21	0.65	34.5	0.32
22.5	0.60	36.5	0.29
24	0.56	38	0.26
26	0.52	40	0.23

(2)偏心荷载(包括水平力和弯矩)作用下的桩身强度计算。

偏心荷载作用下的桩身材料强度验算应先计算桩身最大弯矩及其相应位置,再计算该截面的轴力 N,然后根据《混凝土结构设计规范(2015 年版)》(GB 50010—2010),按偏心受压确定所需的主筋面积,按此计算的主筋面积还应满足各类桩的最小配筋率。对于长期或经常承受的水平荷载的桩基,还应验算桩身裂缝宽度,其最大裂缝宽度不得超过 0.2 mm。

很多学者对偏心荷载作用下的桩身受力分析进行研究,国内现行规范多以"m"法计算,步骤如下。

①桩土变形系数计算。

桩土变形系数 α 是桩基设计计算中的一个重要参数,其单位为 1/m,可按式(4.23)确定:

$$\alpha = \sqrt[5]{\frac{mb_1}{EI}} \tag{4.23}$$

式中:m——地基水平抗力系数的比例系数,kN/m^4,无实测资料时,可按表 4.7 选用;

  b_1——桩的截面计算宽度,m,若 $d \geqslant 1$ m,$b_1 = 0.9(d+1)$;若 $d < 1$ m,$b_1 = 0.9(1.5d+0.5)$;

  EI——桩身抗弯刚度,$kN \cdot m^2$,对于钢筋混凝土桩,$EI = 0.67E_c I_0$(E_c 为混凝土的弹性模量,I_0 为桩身截面惯性矩)。

表 4.7 非岩石类土的比例系数 m 或 m_0 值

土的分类	m 或 m_0 值/(kN/m⁴)	
	当地面处水平位移大于 6 mm 但小于 10 mm 时	当地面处水平位移小于及等于 6 mm 时
流塑性黏土 $I_L \geqslant 1$,淤泥	1000～2000	3000～5000
软塑性黏土 $1 > I_L \geqslant 0.5$,粉砂	2000～4000	5000～10000
硬塑性黏土 $0.5 > I_L \geqslant 0$,细砂,中砂	4000～6000	10000～20000
坚硬、半坚硬黏性土 $I_L < 0$,粗砂	6000～10000	20000～30000
砾砂、角砾、圆砾、碎石、卵石	10000～20000	30000～80000
密实粗砂夹卵石,密实漂卵石	1000～2000	80000～100000

设上部结构传至承台底面的荷载分别为轴向荷载 F、水平力 H 和弯矩 M。那么,对于单桩,F、H 和 M 也就是桩顶荷载;对于在埋深垂直于水平力方向的平面内的单排桩,设桩数为 n,且按对称水平力作用线布置,可按单桩考虑,即每根桩的桩顶荷载可见式(4.24)～式(4.26)。

$$Q_0 = \frac{F}{n} \qquad (4.24)$$

$$H_0 = \frac{H}{n} \qquad (4.25)$$

$$M_0 = \frac{M}{n} \qquad (4.26)$$

②桩顶荷载确定。

对于多排桩和位于水平力作用平面内的单排桩,其单桩的桩顶荷载可根据桩顶与承台的连接条件(刚接或铰接),视为框架或排架(在所取的计算简图中反映出高低承台的差别),参照结构力学的方法确定。若假定承台刚度无限大(低承台桩基上面为地下室的钢筋混凝土墙时),桩顶承台刚性连接,且桩身弹性固定于土中,则每根桩桩顶所受的 H_0、M_0 都相等,而 Q_0 随各桩所处的位置不同而异。当外力作用平面内的桩距较大时,桩基水平承载力可视为各单桩承载力的总和。

③桩身内力及位移计算。

根据桩的挠曲微分方程,可得沿桩身的水平位移 X_Z 及 M_Z 分别如式(4.27)和式(4.28)所示:

$$X_Z = \frac{H_0}{\alpha^3 EI} A_x + \frac{M_0}{\alpha^2 EI} B_x \qquad (4.27)$$

$$M_Z = \frac{H_0}{\alpha} A_m + M_0 B_m \qquad (4.28)$$

式中：A_x、B_x、A_m 及 B_m 均为桩的无量纲系数。

④桩身最大弯矩及其位置确定。

截面配筋设计最关键的是求出桩身最大弯矩值 M_{max} 及其相应的截面位置。根据最大弯矩截面剪应力为零的条件，可得其计算过程如下。

首先由 $C_q = \alpha M_0 / H_0$ 查表得相应的换算深度 $\bar{z}$，那么最大弯矩截面的深度 z' 见式（4.29）：

$$z' = \frac{\bar{z}}{\alpha} \qquad (4.29)$$

同时，由系数 C_q 或换算深度可得相应的系数 K_m，则桩身最大弯矩值 M_{max} 见式（4.30）：

$$M_{max} = K_m M_0 \qquad (4.30)$$

一般当桩的入土深度达 $4.0/\alpha$（桩周为中等强度的土，桩径为 400 mm 左右的桩，入土深度为 4.5～5 m）时，桩身内力及位移几乎为零。因此，在此深度以下，桩身中需按构造配筋或不配钢筋。

2. 桩身变形特性

竖向荷载作用下基桩的变形，即沉降可由三部分组成：

(1) 桩本身的弹性压缩量；

(2) 桩侧摩阻力向下传递，引起桩端土体压缩所产生的桩端沉降量；

(3) 桩端荷载引起桩端土体压缩所产生的桩端沉降量。

影响基桩沉降的主要因素有桩的长度、桩与土的相对压缩性、土的剖面、荷载水平、荷载持续时间、桩侧桩端各自分担的荷载比例以及桩侧阻力沿桩身的分布形式等。当荷载水平较低时，桩端土尚未出现明显的塑性变形，桩侧土与桩之间无滑移产生，此时桩端土体压缩特性可用弹性变形来近似表示；当荷载水平较高时，桩端土将出现明显的塑性变形，导致基桩沉降的组成及其特性发生明显的变化。此外，桩身荷载的分布还随时间而变化，即荷载传递存在时间效应。一般情况下桩身荷载随时间的推移有向下部和桩端转移的趋势。

目前计算基桩沉降的方法主要有荷载传递分析法、弹性理论法、分层总和法、剪切变形传递法和有限元分析法等。基桩的变形与其侧阻力和端阻力紧密相关,应将两者结合起来考虑。

4.3.3 岩溶地区桩侧阻力及端阻力

嵌岩灌注桩是一种良好的基础形式,如果设计得当,可充分利用基岩的承载性能而提高单桩的承载力。又因桩端持力层为压缩性极小的基岩,单桩沉降量很小,因此群桩沉降量不会因群桩效应而增大,各桩承载力也不会因群桩效应而降低,且建筑物的沉降在施工过程中便可完成。此外以嵌岩灌注桩为基础的建筑物在地震过程中产生的地震反应也比其他基础形式的建筑物产生的地震反应更轻微,抗震性能更好。因此,桥梁桩基特别是岩溶地区的桥梁桩基多采用此种桩基形式。

但是,在工程实践中,嵌岩灌注桩的设计往往只注意支承于基岩上的桩端阻力的作用,而忽视桩的荷载传递机理和承载力特性,以致出现如下一些不合理的处理方法。

①不论桩的长径比(l/d)的大小,一律将嵌岩桩按端承桩进行设计,包括单桩承载力的确定办法、桩身配筋长度等都按端承桩处理。

②桩端不适当地增加嵌岩深度,或不适当地扩底,实际上不能使嵌岩和扩底部分的承载力得到有效利用,中会让造价大大提高。

1. 嵌岩灌注桩承载性状

图 4.13(a)、(b)所示分别为嵌入强风化岩 $5d(d=0.6\ \text{m})$ 和嵌入风化泥质砂岩 3.7 m、新鲜泥质砂岩 $2d(d=1.0\ \text{m})$ 的灌注桩的实测荷载传递曲线。从中可看出如下要点。

①无论是嵌入强风化岩还是嵌入新鲜基岩中的桩,桩身荷载(轴力)均随深度递减。这表明基岩以上覆盖土层的侧阻力在桩身受荷变形过程中同样可以被调动起来。

②由于桩侧土、岩层强度不同,相应的 Q-z 的斜率 $\mathrm{d}Q/\mathrm{d}z$ 也不同。较软淤泥中 Q-z 的斜率较小,岩层中 Q-z 的斜率较大,即前者的侧阻力较小,后者的较大。

③无论是强风化岩还是新鲜基岩,其桩端阻力都较小。

大量文献表明:桩侧阻力分担的荷载比例 Q_{su}/Q_u 都超过 60%,其中大部分在 80% 以上,说明桩端阻力分担的荷载只占总承载力的一小部分,属于摩擦桩(或称端承摩擦桩);桩侧阻力分担的荷载比例随长径比(l/d)的增加及覆盖土层

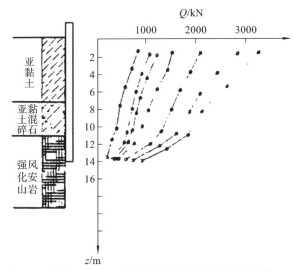

(a) 嵌入强风化岩5d（d=0.6m）的灌注桩的实测荷载传递曲线

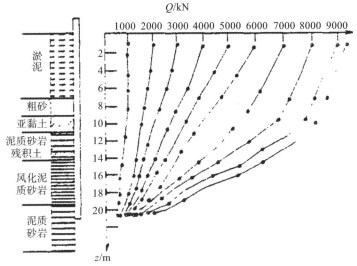

(b) 嵌入风化泥质砂岩3.7m、新鲜泥质砂岩2d（d=1.0m）的灌注桩的实测荷载传递曲线

图 4.13　嵌岩灌注桩荷载传递曲线

强度的提高而增大；当桩的长径比较大（$l/d>35$），而覆盖土层又不太软弱时，其端阻力分担荷载的比例很小（$<5\%$），且桩的破坏将由桩身压曲引起。

嵌岩灌注桩嵌岩桩段的单位侧阻力比土层的要高得多，对于分担荷载起到很重要的作用。由于该部分侧阻力的剪切破坏发生于桩、岩界面（对于坚硬完整岩体）或靠近桩侧表面岩体中（对于软质岩或风化、破碎岩体），因此其侧阻力-相对位移($q_s \sim \Delta$)曲线与一般的不同,如图 4.14 所示。它具有如下特性:q_s 达到极限值所需的相对位移 Δ'_u 小于土层所需的 Δ_u;完整基岩在侧阻力作用下一般呈脆性破坏,q_s 由峰值减少到某一残余强度值 q_{sr}。

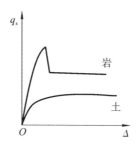

图 4.14　岩、土侧阻力-相对位移曲线

表 4.8 给出一部分岩体的极限侧阻力所对应的相对位移经验值。

表 4.8　部分岩体极限侧阻力对应的相对位移

岩体名称	Δ'_u/mm
破碎砂质黏土岩和细砂岩	4
完整细砂岩	3
完整石灰岩	≤2

关于嵌岩灌注桩的承载性状可以归纳为以下几点。

(1)嵌岩灌注桩的荷载传递和破坏特性主要与长径比、覆盖土层性质、嵌岩段的岩性和成桩工艺有关。

(2)对于 $l/d > 15$ 的泥浆护壁钻(冲)孔嵌岩桩,无论桩端嵌入风化岩还是完整基岩,其荷载传递具有一般摩擦桩的特性,即桩侧阻力先于端阻力发挥,桩端分担的荷载较小,仍属于摩擦桩。

(3)短粗的人工挖孔嵌岩桩,端阻力先于覆盖土层的侧阻力发挥。且端阻力对桩的承载力起主要作用,属于端承桩。

(4)对于覆盖土层极软的嵌岩灌注桩,其承载力主要由嵌岩段侧阻力和端阻力提供,属于端承桩。

(5)当 $l/d \geqslant 40$,嵌岩桩端的承载作用很小,在此情况下,桩端无须嵌入中、微风化岩中,也无须扩底。

(6)完整基岩嵌岩段侧阻力的发挥和破坏特性与土层侧阻力的有所不同,所需相对位移较小,呈脆性破坏。

(7)尽管大部分嵌岩灌注桩属于摩擦桩,但由于桩端以下为低压缩性持力层,因此嵌岩桩群桩的沉降量不致受群桩效应的影响而增大。

(8)由于嵌岩灌注桩的嵌岩部分具有较高的侧阻力和端阻力,其单桩承载力往往超过相同截面的土中摩擦桩,且桩身压应力值很高,因此桩身强度同地基强度一样,是控制单桩承载力的重要因素。

2.桩侧阻力及端阻力计算

嵌岩灌注桩或属于摩擦桩或属于端承桩,其承载性状随长径比、覆盖土层性质、嵌岩段岩性、施工工艺不同而有显著差别,故承载力的计算必须考虑这些具体条件和特性。我国桥梁桩基规范只计嵌岩部分的侧阻力和端阻力而不计覆盖土层的侧阻力。

嵌岩灌注桩单桩容许承载力的计算见式(4.31):

$$Q_a = \frac{Q_{su} + Q_{ru}}{K_s} + \frac{Q_{bu}}{K_b} \quad (4.31)$$

式中:Q_{su}、Q_{ru}——覆盖土层和嵌岩段的总极限侧阻力,如果为端承桩,取第一项侧阻力 $Q_{su} = 0$;

Q_{bu}——桩底总极限端阻力;

K_s、K_b——侧阻力和端阻力的安全系数,根据长径比、嵌岩段岩性和工艺取值。

对于不同地质条件和几何特征的嵌岩灌注桩的承载力计算,以式(4.31)为基础确定。

(1)完整基岩上的粗短挖孔嵌岩灌注桩。

人工挖孔嵌岩灌注桩的特点是清底好。当长径比较小($l/d \leqslant 10$)且桩底支承于完整基岩时,竖向荷载下的位移很小,覆盖土层侧阻力不能发挥,其侧阻力潜在值相对较小。此时按端承桩计算单桩容许承载力,只计嵌岩段的承载力,即令式(4.31)中 $Q_{su} = 0$,故有式(4.32):

$$Q_a = \frac{Q_{ru}}{K_s} + \frac{Q_{bu}}{K_b} \quad (4.32)$$

由于嵌岩段侧阻力与端阻力同步发挥,故取 $K_s = K_b = K$,从而得式(4.33):

$$Q_a = \frac{f_r}{K}(\varphi_s \cdot U \cdot h_r + \varphi_b \cdot A) \quad (4.33)$$

式中:f_r——岩石饱和单轴极限抗压强度,kPa;

K——安全系数,一般取 $K = 2$;

U——嵌岩段桩周长,$U=\pi d$,m;

h_r——嵌岩段长度,m;

A——桩底面积,m²;

φ_s、φ_b——嵌岩侧阻力、端阻力与岩石单轴极限抗压强度的比例系数,见表4.9。

表4.9 比例系数 φ_s、φ_b

岩石完整程度	φ_s	φ_b
微风化	0.08~0.10	1.0~1.2
中等风化	0.04~0.06	0.6~0.8

(2)完整基岩上的钻(冲)孔嵌岩灌注桩。

泥浆护壁钻(冲)孔嵌岩灌注桩,由于桩底"软垫"的压缩足以调动覆盖土层的侧阻力,端阻力则不能充分发挥。其发挥程度与桩的长径比、覆盖土层性质、嵌岩段岩性、成桩工艺等有关。其单桩容许承载力按式(4.34)计算:

$$Q_a = \frac{U}{K_s}(q_{su}h_s + \xi_s f_r h_r) + \frac{1}{K_b}\xi_b f_r A_b \quad (4.34)$$

式中:q_{su}——覆盖土层极限侧阻力,kPa;

h_s——覆盖土层中的桩长,m;

K_s、K_b——桩侧阻力和桩端阻力的安全系数,根据荷载传递特性分别取 $K_s=1.4\sim1.8$(l/d 较小时取高值,l/d 较大时取低值);$K_b=3\sim5$(l/d 较小时取低值,l/d 较大时取高值);

ξ_s、ξ_b——嵌岩段侧阻力、端阻力按单轴抗压强度计算的折减系数,根据岩石的完整程度和清孔、清底情况取值,如表4.10所示。

表4.10 折减系数 ξ_s、ξ_b

岩石完整程度	ξ_s		ξ_b	
	清孔较好	清孔一般	清孔较好	清孔一般
微风化	0.06~0.08	0.045~0.055	0.8~1.0	0.5~0.7
中等风化	0.04~0.05	0.025~0.035	0.5~0.6	0.3~0.4

(3)强风化基岩上的钻(冲)孔、挖孔嵌岩灌注桩。

支承于强风化基岩上的钻(冲)孔、挖孔嵌岩灌注桩,因强风化岩体的压缩性相对较大,桩在竖向荷载作用下将产生较大的竖向位移,与支承于砂、砾层上的大直径灌注桩的承载性状类似。因此,其单桩承载力可按大直径灌注桩承载力的计算方法计算。强风化岩的侧阻力和端阻力可通过现场原位试验、深层平板载荷试验确定,或按经验值确定。

4.3.4 岩溶地区桩基设计计算方法初探

1.岩溶地区桩基设计步骤

(1)桩型、桩长和截面尺寸的选择。

充分掌握建筑场地地质条件,并考虑到打桩设备、施工条件等因素,合理选择桩型。通常岩溶地区桥梁桩基优先考虑钻(冲)孔灌注桩和人工挖孔桩两类桩型。

如果地下水位较低,施工排水方便且对周围环境无较大影响,可优先考虑人工挖孔桩。

桩长主要取决于桩端持力层的选择。岩溶地区桥梁桩基一般应嵌岩,但嵌岩深度也不宜过深。

桩截面尺寸可根据所选用桩型的施工要求大致确定,并初步确定承台底面标高。

(2)桩数确定及桩位布置。

①桩的根数。

根据单桩的竖向承载力设计值 R,可初步估算桩基轴心受压时所需桩的根数,见式(4.35)。

$$n \geqslant \frac{F+G}{R} \qquad (4.35)$$

式中:F——作用在桩基上的竖向力设计值,kN;

G——承台及承台上土的重力,kN;

R——单桩竖向承载力设计值,kN。

偏心受压时,对于偏心距固定的桩基,如果桩的布置使得群桩横截面的形心与荷载合力作用点重合,桩数仍按式(4.35)确定。否则,应将式(4.35)所求桩数增加 10%~20%,所选桩数是否合适,尚须在验算各桩受力后决定。

②桩中心距。

桩的中心距过大,承台体积增加,造价提高;中心距过小,桩的承载力不能充分发挥,而且给施工造成困难。一般岩溶地区桥梁桩基对于不扩底钻孔、挖孔灌注桩,其中心距取 $2.5d$;对于扩底钻孔、挖孔灌注桩,其中心距取 $1.5D$。(d 为

桩身设计直径；D 为扩大端设计直径)

③桩位布置。

桩在平面内可布置成方形、三角形或梅花形。为使桩基中各桩受力均匀，布置时应尽可能使上部荷载的中心与桩群的横截面形心重合或接近。

(3)桩身强度验算。

岩溶地区桥梁桩基桩身强度验算应严格按照本章 4.3.2 节的相关要求进行。

(4)桩端基岩稳定性验算。

对岩溶地区桥梁桩基，桩端基岩安全厚度应为 3 倍桩径且不小于 3.0 m，对于水平尺寸较大的溶洞，还应进行抗弯强度验算。另外，当在桩端应力范围内基岩存在临空面时，应验算桩基向临空面滑移及倾覆的可能性。

(5)承台设计。

承台设计按照一般桥梁桩基承台设计要求进行即可，在此不再赘述。

2. 岩溶地区桥梁桩基特殊设计方法

(1)"吊篮式结构"加固法。

在岩溶地区桥梁桩基设计中，若持力层中存在较大溶洞，但挖孔桩或钻孔桩全部穿越此溶洞又非常困难，可采用 Sliwinski 和 Fleming(1984 年)等人提出的"吊篮式结构"。其方法是在判断可能有岩溶空穴处，钻(或挖)孔并放入钢筋笼，桩的坡脚段长为 600~800 mm，然后放置吊篮。吊篮上设有两根直径为 300 mm 的管子，吊篮内装有粗砂砾(起灌浆成型和分配压力的作用)。然后浇筑混凝土并抽去吊篮，再在每个管子处钻孔并至少达到岩溶空穴下面 1.00 m 深处。再从钻孔底部到桩坡脚以上至少 1.00 m 处放置一个带帆布模套的圈梁，接着灌浆和浇筑混凝土，同时使空腔内的模套充气直至直径约为 600 mm。模套起到围封的作用，以防止浆液漫流。

(2)桩底及桩侧后压浆。

桩底及桩侧后压浆技术是中国建筑科学研究院地基研究所于 1993 年至 1994 年开发出的桩基技术，主要是为了弥补严重削弱泥浆护壁灌注桩承载力的桩底沉渣及桩侧泥皮的缺陷，可大幅度提高承载力。这种桩基技术应用于岩溶地区的桩基设计与施工，可以处理桩端持力层岩溶较为发育且存在局部溶隙的情况。

对于岩溶地区桩基设计可采用如下做法：在挖孔桩或灌注桩施工中，在桩身钢筋笼内设置两根直径为 20 mm 的注浆钢管，直通桩底，与桩底同直径隔离钢板相通。在桩底混凝土达到50%强度后,用泥浆泵通过注浆管向桩底压入水泥浆或水泥砂浆。压浆充填钢板下的空间以及桩周空隙使桩底形成包裹式扩大头,通过扩大头提高桩基的抗压与抗剪切强度。因压浆渗入岩溶裂隙,持力层基岩得到加固。

(3)钢管桩的处理。

岩溶地区桩基设计中,若根据地质资料得知桩底基岩中发育有成层溶洞且不易清除,可应用钢管桩将桩基底部荷载传至溶洞底板坚实的基岩上。

①具体做法。

当人工挖孔桩挖至基岩面,并将基岩面人工凿平后再进行钢管桩施工,如图4.15所示。

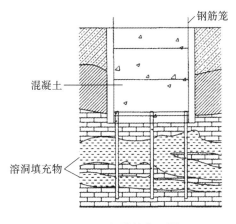

图4.15 钢管桩施工图

现结合图4.15对各阶段的主要施工内容简述如下。

a. 桩底用C30混凝土封底,封底厚度一般为0.5~1.0 m,以封至上部护壁混凝土约0.15 m为宜。钢管桩成孔直径为130 mm,布置根数根据挖孔桩桩径的大小确定,钢管桩的中心距挖孔桩护壁混凝土内壁距离不小于0.3 m,钢管桩均沿挖孔桩周边等距布置,对直径大的挖孔桩,在桩中心处再加布一根。具体可参考如下布孔方案:

桩径1900 mm,布6个管,外5内1;

桩径1600 mm,布4个管,外4;

桩径1400 mm,布3个管,外3。

b. 钻孔终孔时取芯完整及清孔彻底是保证钢管桩成桩质量的关键。钻孔深度需根据超前钻的资料,在揭穿所有的浅层溶隙、溶洞后,深入可靠完整基岩

1.00～1.50 m。

c.根据孔深安放钢管,且为保证其完全落至孔底,必须进行锤击,钢管顶部需伸出封底混凝土 0.30 m,并用高压清水对钢管内的沉渣进行清洗,保证孔底沉渣厚度控制在 0.05 m 以内。

d.采用低压或自重潜水灌注的方法,将水灰比为 0.45∶1 的 425 号素水泥浆灌入钢管内,其固结后强度需达到 C15 以上。

e.钢筋束为 3ϕ25,焊成整体,焊点间距为 1 m,焊缝长 3 mm,厚 1 mm,焊成一体的钢筋需在灌浆后立即插入钢管内,并保证处于钢管中心且落至孔底。为使钢筋束能与上部人工挖孔桩的钢筋笼连为一体,其上部需伸出钢管 0.05 m,并弯折成 30°。

②钢管桩承载力计算。

a.桩身强度计算。

基本公式如式(4.36)所示：

$$N \leqslant \phi(f_c A + f'_y A'_s + A_0 f'_y) \tag{4.36}$$

式中：ϕ——钢筋混凝土轴心受压的稳定系数,可参照表 4.11 取值；

f_c——混凝土轴心抗压设计强度,N/mm^2；

A——桩身截面面积,当配筋率 $\mu' > 3\%$ 时,应扣去纵向钢筋截面面积；

f'_y——纵向钢筋受压设计强度,N/mm^2；

A'_s——全部纵向钢筋的截面面积,mm^2；

A_0——钢管净截面面积,mm^2。

上述参数中,$A_0 = \pi D(\delta - 1)$,其中,δ 为壁厚(mm),考虑管壁腐蚀对截面的削弱,减去 1 mm。

表 4.11 桩的稳定系数 ϕ

l_c/d	ϕ	l_c/d	ϕ
≤7	1.00	19	0.70
8.5	0.98	21	0.65
10.5	0.95	22.5	0.60
12	0.92	24	0.56
14	0.87	26	0.52
15.5	0.81	28	0.48
17	0.75	29.5	0.44

续表

l_c/d	ϕ	l_c/d	ϕ
31	0.40	36.5	0.29
33	0.36	38	0.26
34.5	0.32	40	0.23

b.单桩桩底基岩抗压强度验算。

由于钢管桩为端承桩,一般不考虑桩周土摩擦力,故有式(4.37):

$$R = \phi A_p q_p \tag{4.37}$$

式中:ϕ——折减系数,通常取 0.9;

A_p——钢筋桩的投影全面积,m²;

q_p——桩底基岩承载力允许值,kPa。

钢筋桩为群桩承载,端承桩(无软弱下卧层)群桩承载力等于各单桩承载力之和,可由式(4.38)确定:

$$R_n = nR \tag{4.38}$$

式中:R_n——群桩总承载力设计值,kN;

n——桩数;

R——单桩承载力设计值,kN。

4.4 岩溶地区桥梁桩基施工技术

4.4.1 岩溶地区桥梁桩基施工方法

1.钻孔灌注桩施工

桥梁基础钻孔时应根据按设计资料绘制的地质剖面图,对情况不明确且溶洞有可能比较大的桩基进行补钻,一般沿桩的直径周围补钻 3 个孔,这样就可以准确探明溶洞的分布情况,以便施工时采取相应的措施,选用合适的钻机、泥浆,以及足量的黏土、片石、块石等。

钻孔灌注桩施工方法有反循环钻成孔施工法、正循环钻成孔施工法和潜水钻成孔施工法。岩溶区的桥梁桩基多采用钻孔灌注桩施工,且以反循环钻成孔施工法较为常见。

(1)反循环钻成孔施工法。

反循环钻成孔施工法采用"设置护筒→安装反循环钻孔→钻挖→第一次处理孔底虚土(沉渣)→移走反循环钻机→测定孔壁→将钢筋笼放入孔中→插入导管→第二次处理孔底虚土→水下灌注混凝土,拔出导管→拔出护筒"的程序进行施工。

其特点表现如下。

护筒埋设极为重要,护筒直径比桩径大 200~400 mm。端部应打入黏土层或粉土层中,以保证不漏水,一般情况下埋置深度宜为 2~4 m。若确需将护筒端部打入填土、砂或砂砾层中,应在护筒外侧回填黏土,分层夯实,以防漏水。护筒高度高出地面 0.3 m 或水面 1.0~2.0 m。

为使反循环钻成孔施工在无套管情况下不坍孔,必须注意如下事项。

①确保孔壁任何部位的静水压力在 0.02 MPa 以上,护筒内的水位要高出自然地下水位 2 m 以上。

②采用泥浆护壁。保持孔内有一定水压以稳定孔壁;延缓砂粒等悬浮状土颗粒的沉降,易于处理沉渣,并使钻孔内不同土层中的空隙渗填密实。

③保持一定的泥浆比重。通常在黏土和粉土层中钻挖时,泥浆比重可取 1.02~1.06。在砂和砂砾等容易坍孔的土层中挖掘时,泥浆比重必须保持在 1.06~1.10。泥浆比重过大,则钻挖困难,效率较低,并易产生堵塞。在不含黏土或粉土的纯砂层中钻挖时,必须加入黏土。造浆黏土应符合下列技术要求:胶体率低于 95%;含砂率不大于 4%;造浆率不低于 0.008 m^3/kg。

④钻挖时保持孔内的泥浆流速比较缓慢。

⑤保持适当的钻挖速度。在砂层中钻挖还需考虑泥膜形成所需的时间;在黏性土中钻挖则需考虑泥浆泵的能力,并要防止泥浆浓度的增加。

反循环钻机的主体可在距旋转盘 30 m 处进行操作,可在水上施工,也可在净空不足的地方施工。

钻挖的钻头不需每次上下排弃钻渣,只要在钻头上部逐节接长钻杆(每节长度一般为 3 m),就可以进行深层钻挖,与其他桩基施工法相比,越深越有利。

在规划布置施工现场时,应首先考虑冲洗液循环、排水、清渣系统的安设,以保证反循环作业时,冲洗液循环通畅,污水排放彻底,钻渣清除顺利。清水钻进时,应清除沉淀池内的钻渣,且沉淀池应交替使用,并及时清除沉渣。泥浆钻进时,宜使用多级振动筛和旋流除砂器或其他除渣装置进行机械除砂清渣。振动筛主要清除粒径较大的钻渣,筛板(网)规格可根据钻渣粒径大小分级确定。钻头吸水断面应开敞、规整,减小流阻,以防砖块、砾石等堆挤堵塞;钻头吸口端距钻头底端高度不宜大于 250 mm;钻头吸口直径宜略小于钻杆内径。在填土层和卵砾层中钻挖时,碎砖、填石或卵砾石的尺寸不得大于钻杆内径的4/5,否则易堵塞钻头水口或管路,影响正常循环。

实施钻孔前,待砂石泵启动且反循环正常后开动钻机,慢速回转下放钻头至孔底。钻进开始时先轻压慢转,正常后逐渐加大转速,调整压力,并使钻头吸口不产生堵水。钻进时应认真仔细观察进尺和砂石泵排水出渣的情况;排量减少或出水中含钻渣量较多时,应控制钻进速度,防止因循环液比重太大而中断反循环。钻进时的参数应根据地层、桩径、砂石泵的合理排量和钻机的经济钻速等加以选择和调整。钻进参数和钻速的选择见表 4.12。在砂砾、砂卵、卵砾石地层中钻进时,为防止钻渣过多、卵砾石堵塞管路,可采用间断钻进、间断回转的方法来控制钻进速度。加接钻杆时,应先停止钻进,将钻具提离孔底 80～100 mm,维持冲洗液循环 1～2 min,以清洗孔底并将管道内的钻渣携出排净,然后停泵加接钻杆。钻杆连接应拧紧上牢,防止螺栓、螺母、拧卸工具等掉入孔内。

表 4.12 泵吸反循环钻进推荐参数和钻速表

地层	钻进参数和钻速			
	钻压 /kN	钻头转速 /(r/min)	砂石泵排量 /(m³/h)	钻进速度 /(m/h)
黏土层、硬土层	10～25	30～50	180	4～6
砂土层	5～15	20～40	160～180	6～10
砂层、砂砾层、砂卵石层	3～10	20～40	160～180	8～12
中硬以下基岩、风化基岩	20～40	10～30	140～160	0.5～1

注:①桩孔直径较大时,钻压宜采用上限,钻头转速宜选用下限,获得下限钻进速度;
②桩孔直径较小时,钻压宜采用下限,钻头转速宜选用上限,获得上限钻进速度。

钻进达到要求孔深停钻时,仍要维持冲洗液正常循环,清洗吸除孔底沉渣直到返出的冲洗液含渣量小于 4% 为止。起钻时应注意操作轻稳,防止钻头拖刮孔壁,并向孔内补入适量冲洗液,稳定孔内水头高度。

气举反循环压缩空气的供气方式可分别选用并列的两个送风管或双层管桩钻杆的方式。气水混合室应根据风压大小和孔深确定,一般风压为 600 kPa,混合室间距为 24 m。钻孔内径和风量配用,一般内径 120 mm 钻杆的用风量为 4.5 m³/min。

清孔时应观测孔底沉渣厚度和冲洗液含渣量。当冲洗液含渣量小于4%,孔底沉渣厚度符合设计要求时即可停止清孔,但应保持孔内水头高度,防止坍孔发生。第一次沉渣处理在终孔时停止钻具回转,将钻头提离孔底50~80 cm,维持冲洗液的循环,并向孔中注入含砂量小于4%的新泥浆或清水,令钻头在原地空转10 min左右,直至达到清孔要求为止。第二次沉渣处理在灌注混凝土之前进行,通常采用普通导管的空气升液排渣法或空吸泵的反循环方式。

(2)正循环钻成孔施工法。

正循环钻成孔施工法类似于反循环钻成孔施工法,只是正循环钻成孔施工法的排渣方式采用正循环,泥浆由泥浆泵输进钻杆内腔后,经钻头的出浆口射出,带动钻渣沿钻杆与孔壁之间的环状空间上升到孔口溢进沉淀池后返回泥浆池净化,再循环使用。

2. 人工挖孔灌注桩施工

(1)施工工艺。

为确保人工挖孔灌注桩施工过程中的安全,必须考虑防止土体坍滑的支护措施。支护的方法较多,可采用现浇混凝土护壁、喷射混凝土护壁和波纹钢模板工具式护壁等。其基本施工工艺如下。

① 放线定位。

按设计图纸放线、定桩位。挖土方时分段开挖,每段高度取决于土壁保持直立状态的能力,一般为0.8~1.0 m。在地下水以下施工应及时用吊桶将泥水吊出。如遇大量渗水,则应在孔底一侧挖集水坑,用高扬程潜水泵将集水排出桩孔外。

② 测量控制。

桩位轴线采取在地面设十字控制网、基准点来控制。安装提升设备时,使吊桶的钢丝绳中心与桩孔中心线一致,以作挖土时粗略的控制中心线用。

③ 支设护壁模板。

模板高度取决于开挖土方施工段的高度,一般为1 m,由4块或8块活动钢模板组合而成。

④ 设置操作平台。

在模板顶放置操作平台,平台可用角钢和钢板制成半圆形,两个合起来即为一个整圆,用来临时放置混凝土拌和料和灌注护壁混凝土。

⑤ 灌注护壁混凝土。

要注意捣实,上下护壁间搭接50~75 mm。护壁分为外齿式和内齿式两种,外齿式抗坍孔的作用好,便于人工用钢钎等捣实混凝土且增大桩侧摩阻力。护壁通常为素混凝土,但当桩径、桩长较大或土质较差、有渗水时应在护壁中配筋,上下护壁的主筋应搭接。

⑥拆除模板继续下一段的施工。

当护壁混凝土达一定强度(按承受土的侧向压力计算)后便可拆除模板,一般常温下约需 24 h,再开挖下一段土方,然后继续支模灌注护壁混凝土,如此循环,直到挖到设计要求的深度。

⑦钢筋笼沉放与就位。

对质量在 1000 kg 以内的小型钢筋笼,可用带有小卷扬机和活动三木搭的小型吊运机具或汽车吊将其吊放入孔内就位。对质量在 1000 kg 以上的钢筋笼,可用履带吊或大型汽车吊进行吊放。

⑧排除孔底积水、灌注桩身混凝土。

在灌注混凝土前,应先放置钢筋笼,并再次测量孔内虚土厚度,超过要求应进行清理。混凝土坍落度为 8~10 cm。混凝土要垂直灌入桩孔内,深桩孔用混凝土导管,避免混凝土离析或斜向冲击孔壁,造成坍孔(对无混凝土护壁桩孔的情况)。

(2)施工细节。

在施工图会审和桩孔挖掘前,要认真研究钻探资料,分析地质情况,对可能出现流砂、管涌、涌水以及有害气体等情况制定针对性的安全防护措施。如对安全施工存在疑虑,应事前向有关单位提出。要采取措施防止孔口杂物落下伤人,如加高孔口护壁、设置孔口活动盖板等。施工场地内的一切电源、电路的安装和拆除必须由持证电工操作,电器必须严格接地、接零和使用漏电保护器。防止有毒气体危害人员安全,当桩孔开挖深度超过 5 m 时,每天开工前应进行有毒气体的检测;挖孔时要时刻注意是否有有毒气体;特别是当孔深超过 10 m 时要采取必要的通风措施,风量不宜少于 25 L/s。灌注桩身混凝土时,相邻 10 m 范围内的挖孔作业应停止,并不得在孔底留人。

开挖前,应从桩中心位置向桩四周引出 4 个桩心控制点,用牢固的木桩标定。当一节桩孔挖好安装护壁模板时,必须用桩心点来校正模板位置,并应设专人严格校核中心位置及护壁厚度。修筑孔圈护壁应符合施工规范规定。多桩孔同时成孔,应采取间隔挖孔方法,以避免相互影响和防止土体滑移。遇到流动性淤泥、流砂或坍孔时,可按下列方法进行处理。

①减少每节护壁的高度(可取 0.3~0.5 m),或采用钢护筒、预制混凝土沉

井等作为护壁。待穿过松软层或流砂层后,再按一般方法边挖掘边灌注混凝土护壁,继续开挖桩孔。

②当采用方法①后仍无法施工时,应迅速用砂回填桩孔到能控制坍孔为止,并会同有关单位共同处理。

③开挖流砂严重的桩孔时,应先将附近无流砂的桩孔挖深,使其起集水井作用。集水井应选在地下水流的上方。

当挖孔至桩端持力层岩面时,应及时通知建设单位、设计单位和质检部门对孔底岩性进行鉴定。经鉴定符合设计要求后,才能按设计要求进行入岩挖掘或进行扩底端施工。不能简单地按设计图纸提供的桩长参考数据来终止挖掘。扩底时,为防止扩底部塌方,可采取间隔挖土扩底措施,留一部分土方作为支撑,待灌注混凝土前挖除。

终孔时,应清除护壁污泥、孔底残渣、浮土、杂物和积水,并通知建设单位、设计单位及质检部门对孔底形状、尺寸、土质、岩性、入岩深度等进行检验。检验合格后,应迅速封底、安装钢筋笼、灌注混凝土。孔底岩样应妥善保存备查。

4.4.2 基桩穿越溶洞施工技术

基桩穿越溶洞时的施工是岩溶地区桩基施工的难点与关键,相当多的工程在穿越溶洞施工时遇到各种各样的困难,若事先准备不足或应对方案不合理,则可能导致施工困难,甚至无法完成。有些桩基施工尽管勉强完成,但成桩质量存在缺陷,导致补桩的情形时有发生,甚至还出现大批桩基不合格、全部报废、桥位移位等严重事故。因此,基桩施工在穿越溶洞时要特别小心,事先应有详细的施工组织设计和技术交底。下面针对冲钻成孔桩施工和人工挖孔桩施工分别叙述穿越溶洞时的施工技术。

1. 冲钻成孔桩施工

采用冲钻成孔桩施工方式在穿越溶洞前,应根据地质资料显示的溶洞大小,准备好黄泥包、片石及充足泥浆以便发现漏浆时能及时有效地处理。当冲孔到溶洞位置时,一旦发现孔内泥浆液面下降,应立即用大片石和黄泥包回填桩孔,并从储浆池向孔内补浆,直到孔内泥浆面稳定后再继续冲孔,溶洞位置要反复回填,反复冲孔,以使黄泥、片石能封堵溶洞,防止漏浆及浇筑混凝土时混凝土流失。若溶洞规模较大,可采用C20混凝土或水泥砂浆(加速凝剂)封堵。封堵时用导管灌注混凝土到溶洞顶板以上1.0 m处,上部回填黏土并注入冲洗液至孔

口,待混凝土初凝后继续钻进。

冲击钻头在岩溶地层中钻进时,操作要平稳,尽可能少碰撞孔壁。选用圆形钻头钻进,冲程宜小不宜大,加大钻头重量,悬距不宜过大。遇裂隙漏失充填物时,可投入黏土,冲击数次后,再边投黏土边冲击,直至穿过裂隙。遇溶洞时,应减小冲程和悬距,慢慢穿过,必要时可边冲边向孔内投放小片石或碎石,以冲挤到溶洞充填物中做骨架,稳定充填物。遇无充填物的小溶洞时,如果施工需要,可投入黏土加石块,形成人造孔壁。

在冲孔的过程中,若发现泥浆冒气泡或者浑水,泥浆面缓慢下降,可判断桩底遇到了一般的溶槽、溶沟、小裂隙或者是小溶洞。遇起伏不平的岩面和溶洞底板时,不可盲目采用大冲程方式穿过,需投入黏土石块,将孔底填平,用十字形钻头小冲程反复冲捣,慢慢穿过,待穿过该层后逐渐增大冲程和冲击频率,形成一定深度的桩孔后,再进行正常冲击。

溶洞内施工易卡钻、掉钻,同时溶洞内护困难,易造成混凝土流失;灰岩硬度大,嵌岩施工以及穿透溶洞顶板岩石较困难;钻进施工中钻孔易沿溶沟、溶槽的基岩面倾斜。冲孔灌注桩因冲击能力大,穿透力强,较易穿过溶洞顶板,不受地下水影响,桩长、桩径灵活性较大等优点,成为岩溶地区桥梁桩基施工中一种较理想的成桩形式。

2. 人工挖孔桩施工

岩溶区场地一般富水性强,若岩溶地下水为承压水,当人工挖孔桩挖穿溶洞时会突然涌水,轻则导致施工停顿,重则导致施工人员死亡。当岩溶区场地内地下水位较高时,岩溶水易与地面径流、湖、塘水连通,大量抽水将导致地面大范围沉降或是无法降低孔内水位,使施工难以进行下去。解决这类施工难题一般有如下两种方案。

(1)采用钢套筒护壁穿越。

采用人工挖孔桩施工方式接近溶洞顶板时,根据施工钻探探明的溶洞在桩孔范围内的空间分布,按照溶洞高度制作钢套筒,将钢套筒锤击冲破溶洞顶板,使套筒下端进入溶洞底板基岩,再人工挖除套筒内的溶洞充填物,直至设计标高。这种处理方法在穿越采空区的人工挖孔桩的施工中采用过,应用于岩溶区时须谨慎,因为采空区空间分布一般较岩溶简单,采空区高度也较容易确定;而岩溶的空间形态复杂,不易全部掌握,由此导致钢套筒长度较难确定,且当溶洞顶板或底板倾斜过大时,这种处理方案也易失效。

(2)高压帷幕注浆法止水穿越。

桩孔因涌水或抽水导致附近大面积地面沉降及建筑物沉降等,而无法继续施工时,为清除孔内涌水,堵住向桩孔涌水的通道,可采用高压帷幕注浆法进行堵水。

遇挖桩孔涌水时,可在已挖桩孔底部用导管在水下灌注 C25 混凝土,形成大于 0.5 m 厚的止水垫;止水垫混凝土达到设计强度的 2/3 时,用孔口管固定在止水垫中;用钻具在孔口管内向下钻进至第一注浆段。以带有对盘的钻杆进入孔内并与孔口管上的对盘连接、密封、固定后进行高压注浆。

遇未挖桩孔涌水时,在未挖桩孔周围布置的孔位上,先用 ϕ130 钻具钻进 3.0 m,再放入上端带有对盘的孔口管,孔口管周围用水泥浆封闭,待水泥浆凝固后,改用钻具在孔口管内向下分段钻进、注浆。在实际工程中应用此方法时,必须先做试验,取得合理施工参数后再大范围展开。对注浆效果进行检查与对比,包括:桩孔涌水量及成桩率变化;岩溶裂隙被水泥浆充填胶结后地基强度的变化情况;对附近环境的影响。

岩溶水、裂隙水易形成涌水;岩溶内呈流塑/软塑状态的泥质、砂质充填物严重影响护壁的稳定性和开挖施工的安全;地下水流通性能好,在混凝土浇捣过程中桩孔内水量大,易引起水灰比变化或砂浆流失,造成桩身松散、离析等问题。对此应提前做好预防措施。

第5章 高寒多年冻土地区桥梁设计与施工

5.1 冻土的工程特性

根据地理学,整个地球包括五大圈层,本节研究的冻土是其中冰冻圈的主要组成。在中国,季节冻土占全国国土面积的50%左右,多年冻土占20%左右,而算上短时冻土更是高达90%。其中中国的多年冻土大部分分布在青藏高原、西北高山和东北北部的大、小兴安岭及松嫩平原等地区,而季节冻土区主要分布在贺兰山至哀牢山一线以西的广大地区,以及此线以东、秦岭—淮河线以北地区。

冻土对温度的敏感性是影响冻土特性的最重要因素。在高寒多年冻土地区,桥梁地基和主体施工时遇到的地基土经常处于冻结和非冻结各个不同状态,与不会冻结的土地比,冻土的特性可谓复杂万分。因此在高寒多年冻土地区施工,往往需采取各种防护措施,一方面降低因冻融作用造成的地基倾斜下沉量,另一方面要尽力减少对冻土的热扰动,从而保证多年冻土上限不变。

5.1.1 冻土分类及其与气候变化的相关性

1. 冻土分类

冻土有很多种分类方式,比如按冻结时间划分、按所处自然条件划分、按与下卧土层的关系划分等。

本节按照时间,将冻土分为多年冻土、季节冻土和短时冻土三种形式。

(1)多年冻土:冻土的冻结状态已经保持在三年以上。根据冻土所处地理位置,可以分为与纬度相关的高纬度冻土,以及由海拔高度决定的高海拔冻土。

(2)季节冻土:指夏天为融土、冬天为冻土的土层。一般分为两种,一种是季节冻结层,但这一层土的下挖土不是多年冻土,另一种直接与多年冻土相连。

(3)短时冻土:冬季冻结持续时间不足1个月的土层。

2. 冻土与气候变化的相关性

冻土是非常脆弱的,它与气候的相关性很高。气候的温度分布一旦改变,该地区的冻土上限等特性也会发生巨大变化。研究冻土脆弱性,有助于提高对环境自然、工程现状等的认识,而且间接和社会经济相关。随着温度不断上升,国内多年冻土的范围呈现萎缩态势,虽然对于在多年冻土上生活的人来说可以减少寒冷的侵袭,但是随着多年冻土的退化,边远地区也许转换为季节冻土,会导致原来不存在冻融循环的区域发生冻融循环。而冻融循环本身的不确定性和复杂性,会让当地工程处于超出设计范围的工作环境下,使工程处于不稳定环境,所以研究冻土的脆弱性具有重要意义。

如今依靠 RS 和 GIS 等技术,以空间主成分分析法为重要手段,构建相应的冻土脆弱性评价模型,以评价我国冻土的脆弱性,结论如下。

(1)我国冻土整体为中度脆弱。青藏高原的多年冻土最为脆弱,最容易受到气候的影响。

(2)冻土脆弱性的空间差异性是非常巨大的。在青藏高原的南部、北部等边缘,脆弱性最高。青藏高原的西部和东北部的多年冻土脆弱性较高,而季节冻土脆弱性并不高。多年冻土对气候变化的敏感性大于季节冻土,多年冻土相对更加脆弱。

(3)因为温室效应,全球温度升高。冻土的脆弱性不仅与地理位置有关,同时还和本地的地形地貌有巨大关系,可以说地理因素直接影响和决定了冻土对气候变化的适应能力。

5.1.2 冻土的形成与物理特性

与正常土相比,冻土最主要的本质区别在于,冻土内含有冻结形成的冰晶。根据土力学,一般认为土有固、液、气三种相态,而冻土要加上冰这一新的相态,组成四相体系。

根据研究,融土在温度降到 0 ℃时,不会立即转换为冻土。如图 5.1 所示,冻土形成过程不是简单的降温结冰,融土第一次到冻结温度处,不会结冰,而要有一个过冷阶段。直到温度到 T_{sc} 时,融土突然开始冻结。而随着水结晶成冰,由液体变为固体,会释放大量的热,所以冻土温度回升到 T_f。在 T_f 温度,冻土冻结和放热达到平衡。根据试验观测,土中的自由水首先冻结,随后结合水马上开始结冰,此时因为结合水放热很少,冻土的温度不再明显上升。其中 T_f 是土的冻结温度,在粒径大的土中,一般是 0 ℃ 左右,而颗粒细的黏土,温度可以到 −5 ℃。

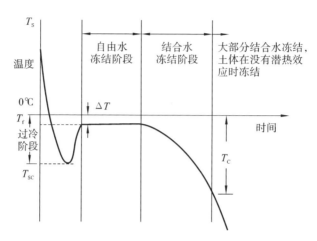

图 5.1　土冻结过程图

众多研究表明,冻土虽然会在低温下冻结,但是即使温度很低,冻土内仍然会有一部分水不会冻结,如图 5.2 所示。在冻土没有承受外力的时候,认为未冻水与冰是动态平衡的;而一旦受到外力发生变形后,随着未冻水增多,冻土的性质会变得极其复杂。

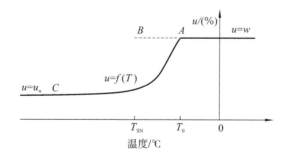

图 5.2　未冻水含量与温度的关系

5.1.3　冻土冻融作用

如前所述,冻土在温度达到 T_{sc} 时,开始冻结。此时毛细孔中的自由水开始冻结,随着体积的不断变大,动水压力开始产生和变大,导致水分发生相应的迁移。而当冻土过去,天气回暖,冻土温度上升,季节冻土发生融化,其孔隙中的冰融化成水,会导致相应的土层发生下沉,一般称为融沉。

根据现场调研,工程中地基土层都是不均一的,是不断变化的。基础下方的冻土,在每次冻融作用下,融沉程度都不一样,所以引起了冻土不均匀沉降,进而导致基础的倾斜,甚至破坏结构。

高寒多年冻土地区,对公路桥梁的冻融作用主要以冻胀、融沉以及冻融循环几个物理特性为主。

1. 冻土冻胀

冻胀是冻土最为直观的特性,也是研究过程中亟待解决的课题,现在国内学者的相关研究已经相当深入了。在最开始研究的时候,许多学者认为冻胀是因为土中的水分冻结后,导致体积膨胀而产生的。直到20世纪40年代,研究人员才认识到,是因为土在冻结过程中发生了水分迁移,从而引起了冻胀现象。一般采用毛细理论和冻结缘理论作为冻土冻胀理论基础。

(1)毛细理论:一般认为在自由水冻结时,存在一个结冰的临界面,在此界面上冰和水这两个相态会形成压力差,形成分凝冰,从而导致膨胀。

(2)冻结缘理论:认为冻土冻结过程中,有一个中间区域,土处于冻而未冻的状态,即冻结缘。

冻胀一般包括两种形式,一种是原位冻胀,另一种是分凝冻胀。冻土发生原位冻胀,体积一般膨胀9%。而分凝冻胀,会将外界的水分引进冻土,引起较大体积膨胀,一般对工程会有较大影响。

土体冻胀主要有如下影响因素。

(1)土的粒径:土体粒径在 0.001~0.02 mm 时,比如黏土等,冻胀性最大。而粒径大的土体冻胀性较弱,所以一般工程会采用粗颗粒的土进行换土。在冻结期间,水分迁移以向冻结前缘方向为主,从而形成厚度不均匀的冰透晶体。

(2)土的水分:根据大量的试验和现场监测,发现即使土体中有水,冻胀也不是一定发生的。冻胀发生有一个前提,就是含水率存在一个阈值,只有超过这一阈值,冻胀现象才会发生。所以在含水率较低的时候,冻结成的冰只是遍布在土的空隙中,而不会导致土体膨胀。

(3)土的温度:大量试验证明,土体所处温度对土体的冻胀现象影响明显。比如黏性土,当气温降至 -3 ℃ 时,冻胀率显著提高,此时的冻胀量达到总量的 75%。

(4)外部荷载:当有外部荷载施加在土体上,会明显抑制土体冻胀作用。

2. 冻土融沉

一般我国勘查队会进行大量的实地勘查和实测地温等方法,确定一个地区的冻结深度或融化层厚度。根据全国的勘查资料显示,我国多年冻土融化的深度已经要低于 3 m 了。

一般冻土融沉研究通过大量的数据参数分析融沉系数与冻结干密度和含水率的关系。一般在模拟的时候,只对单因素进行控制,导致存在很大的误差。根据现在发达的机器学习中的神经网络算法(BP算法),可以进行多元非线性映射的拟合仿真,如图 5.3 所示。计算机通过大量的训练,有望可以更好地分析冻土的融沉。

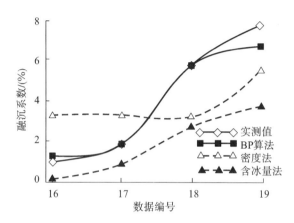

图 5.3　神经网络算法与单一变量法比较

冻土融沉主要有如下影响因素。

(1)水和密度:在土质满足自由排水条件下,冻土含水率越高,融沉系数越大。而冻土密度越大,融沉系数越小。

(2)土的因素:一般认为在相同含水率条件下,粒径越大,冻土带融沉性能表现越差。其中粉质黏土的融沉性是所有土中最大的。所以工程上一般要控制粉质黏土含量,一般含量在 12% 以下比较安全,融沉一般小于 4%;而当超过 12% 时,融沉性会迅速地增大。

(3)孔隙水的消散条件:冻土融化时,如果冻土有荷载作用,那么土体会进一步压缩,孔隙水被压出排到外部。这种排水固结过程缓慢,故基础的下沉大多滞后几年,才会产生大的变形。

3. 冻土冻融循环

根据相关研究,在冻融循环作用下,土的渗透性会发生巨大的改变。相关试验和现场采样等大量数据表明,如果土体经历过冻融循环,那么孔隙比会明显减小,其渗透性会明显增大。而且相关试验证明,当土的塑性指数增大,这种现象会越来越明显。有关学者经多年研究发现,比较松散的粒径大的土在冻融循环作用下,其孔隙比下降,密实度增加,而相应的密实土表现恰恰相反。

同时,土层在冻融循环的作用下,土体内部结构和土中颗粒之间的连接关系会发生巨大的改变。

(1)土体结构形态的变化。冻融循环改变了土体孔隙率、含水率等。根据研究,反复冻融循环会使土体颗粒重新排列布置,而且内部会产生许多微裂缝,从而直接影响土体的渗透性表现。

(2)土体颗粒连接的变化。对于正常固结的土,其在冻融过程中,内部的有效应力会发生改变,甚至会产生超固结作用。曾有外国学者对两种超固结土进行试验,试验中两种土在初期都没有发生冻胀,反而是在去掉冷源的初始阶段,土体没有融沉而是体积骤然膨胀,即发生了融胀,如图5.4所示。

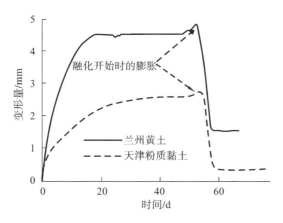

图 5.4　两种超固结土的冻胀-融沉时程图

5.2　高寒多年冻土地区桥梁设计方法

5.2.1　设计原则与桥式、结构类型

1. 设计原则

高寒多年冻土地区河流发育,因地形、地貌、气候影响,这种地区具有独特的桥涵水文特征、特异的不良地质现象。桥梁设计中既要考虑环境、气候对建筑物

的影响,又要处理厚层地下冰、冰锥、冰丘、热融滑塌、热融湖塘、融冻泥流等不良地质,并且要保证在桥式、孔径、基础设计等方面对冻土地区有较好的适宜性。

2. 桥式、结构类型

高寒多年冻土地区人迹罕至,水文实测资料匮乏,桥梁孔径选择应充分利用现有资料,综合水文、气象、工程多方面要求,尤其要重视春融河冰堵塞桥孔的问题,确定孔跨时要适当留有富裕。在地温较高、高含冰量、细颗粒地段采用路基通过有困难时,应以桥代路。结构形式上,因考虑桥位地处高原、偏僻缺氧、无通航要求、施工养护困难等因素,多采用桥式简单的简支梁桥。桥梁有条件时尽量采用大跨度,以减少对冻土的扰动。由于高寒多年冻土地区环境恶劣,为增加桥梁的耐久性,要设计高耐久性梁,以减少梁部养护、维修工作量。

5.2.2 桥梁墩台与基础设计

1. 墩台设计

桥梁墩台设计主要考虑其耐久性的问题,墩台的耐久性主要是材料的耐久性,混凝土在高寒多年冻土地区如此恶劣的环境下,能否经受高频率的冻融循环是问题的关键。低温、早强、耐久混凝土添加剂研制成功,可以解决这一难题。为解决混凝土收缩而产生裂缝问题,设计中所有墩台均应设护面钢筋,以增加混凝土耐久性。桥墩应采用单排架桩柱式桥墩(双柱墩),根据动力仿真试验结果,结合工点地形、地质等条件确定桩柱直径及横系梁的设置,为增加桥的整体刚度,每隔150 m左右应设一实体桥墩(四根桩)。

2. 基础设计

高寒多年冻土地区桥梁基础的设计是该地区桥梁设计工作的重中之重,桥梁基础的设计主要考虑尽量避免对河床热状况的扰动和防止融沉、冻胀作用对桥梁结构的破坏。设计前,除按一般地区桥渡要求工作外,还需摸清该处河床及河岸地层的热状态情况。以下就各种类型的桥梁基础在冻土区应用的利弊作一简略分析。

(1)明挖基础。

从以前高寒多年冻土地区桥梁建筑物的使用资料看,明挖基础在冻土地区存在不少技术问题。最突出的问题是极易发生冻胀隆起、融化下沉病害,关键在于根据地质情况控制好基础埋深,以及施工中采取先进适宜的方法减少对地基的热扰动,因此高寒多年冻土地区桥梁基础设计时,除岩石较好地段及融区地质较好地段方可适当使用外,其他地段均不采用。

(2)钻孔灌注桩。

该种基础以往在高寒多年冻土地区使用较广泛,效果也理想,其优点有:①施工工艺成熟;②"低温、早强、耐久混凝土"等先进材料的采用,能保证桩的质量;③适用于多种地质情况;④受冻融影响小。其缺点是造价较高,对地基温度场扰动较大(如果掌握好入模温度且选用较大跨度则对区域地温影响不大)。高寒多年冻土地区桥梁桩基础适宜采用钻孔灌注桩,桩径采用 125 cm 和 100 cm。

(3)钻孔打入桩。

高寒多年冻土地区采用本种基础,要考虑岩性、冻土特征及地下水条件,以及打桩机具能力等,从而确定孔径和桩径。一般全面开工前,应在不同孔径中作试打试验,钻孔打入桩适用于黏性土、砂类土地基,不适用于岩层及含漂石、块石的地基。这种桩的优点是对地基热扰动最小,回冻快,承载力比插入桩高。缺点是受地质条件限制,桩的平面位置和标高不易严格控制,受施工机具能力限制,大于 60 cm 桩径施工困难,施工设备较复杂。

(4)钻孔插入桩。

钻孔插入桩基础的优点是:适用于各种岩性和冻土条件的地基土;施工设备较简单;施工效率高;对地热扰动小,回冻时间短。缺点是:承载力低,桩径受机具能力限制,目前采用大直径桩施工困难;对层上水和层间水发育的各种土及松散土、粉细砂组成的季节融化层,易发生坍孔、流沙;同时回填密实程度受各种因素影响大,质量不稳定。

(5)钻孔扩底灌注桩。

高寒多年冻土地区桥梁基础设计中,对于桩基础完全置于粉土或粉质黏土中或河流中冬季结冰较厚,冻胀力较大,采用其他方法消除冻胀力效果不理想时,采用将桩的底部扩大的钻孔灌注桩,从而加大了桩的抗冻拔能力。我国青藏高原冻土地区共有 11 座桥采用了此种桩,其中直径 $\phi=125$ cm 采用 834 根,直径 $\phi=100$ cm 采用 243 根。现场试验表明,这种桩抗冻拔能力明显优于非扩底桩,但施工控制扩孔较困难,如果将这种扩底广义化,即在非底部扩孔或非规则扩孔,效果要好一点。

(6)高承台钻孔灌注桩。

对于桥墩较高、距现有公路较远、表层一定深度范围为粉土或粉质黏土且含冰量较高、承台底换填有困难的地段,将承台底置于地面以上一定高度,使承台悬空(设计中一般采用 30 cm)。这种基础美观程度较差,但消除法向冻胀力效果很好,对提高高寒多年冻土地区桥梁工程可靠度起了很好的作用。

(7)承台墩。

以桥代路地段一般情况下填土高度较低,采用一般的桥墩下挖很多,不利于保护多年冻土,为解决此类问题,将支承垫石直接置于承台上,取消墩身,节省空间,也可将承台置于地面以上,减少基坑的开挖,达到保护冻土的目的。

5.2.3 相关计算

1. 钻孔灌注桩的承载力计算

多年冻土用作地基应视冻土所在位置区域地温分区,工点所在位置实测地温,结合工点地质、冻土含冰量等情况确定其设计原则,对于高温极不稳定冻土(T_{cp}-Ⅰ)和高温不稳定冻土(T_{cp}-Ⅱ),一般按允许融化原则设计基础;对于低温基本稳定冻土(T_{cp}-Ⅲ)和低温稳定冻土(T_{cp}-Ⅳ),一般按保护冻土原则设计基础,对于 T_{cp}-Ⅱ 和 T_{cp}-Ⅲ 区的高含冰量地段地基基础按两种原则进行验算并取其不利者。

(1)按保护冻土原则设计。

$$[P] = 1/2 \sum \tau_i F_i m + m_0 A [\sigma] \tag{5.1}$$

式中:$[P]$——桩的容许承载力,kN;

τ_i——第 i 层冻土的桩侧表面冻结强度,kPa;

F_i——第 i 层冻土的桩侧表面的冻结面积,m²,不包括季节融化层;

m——冻结力修正系数,青藏线取 1.3;

m_0——桩底支承力折减系数,根据孔底含冰量取值,含冰量越大取值越低,青藏线取 0.5;

A——桩底面积,m²;

$[\sigma]$——桩底多年冻土容许承载力,kPa,按工点地质资料取值,不进行修正。

(2)按允许融化原则设计。

$$[P] = 1/2 U \sum f_i l_i + m_0 A [\sigma] \tag{5.2}$$

式中:$[P]$——桩的容许承载力,kN;

U——桩身截面周长,m,按成孔桩径取值;

f_i——各土层的极限摩阻力,kPa;

l_i——各土层的厚度,m;

m_0——桩底支承力折减系数,青藏线取0.5;

A——桩底面积,m²;

$[\sigma]$——桩底地基土容许承载力,kPa,按工点地质资料取值,不进行修正。

当基础位于冻胀、强冻胀性土中时,应检算其抗冻胀稳定性及基础受冻胀力作用的抗拉强度,并据此确定防冻胀措施:①设计时尽可能减小墩身及基础同冻胀土接触的表面积,使切向冻胀力最小,如采用双柱式桥墩;②尽量使墩身和基础侧面光滑,做表面渣油涂层;③在基础周围换填粗颗粒土,对于承台无法离开地面的工点在承台底铺设聚氨酯(PU)缓冲层,其下采用粗颗粒土换填,以减少法向冻胀力。

2.切向冻胀力的计算

(1)基础的切向冻胀力 T(kN)计算见式(5.3)。

$$T = A_u \tau + A_u' \tau' \tag{5.3}$$

式中:A_u——70%冻深范围内基础和墩身侧面积,m²;

τ——70%冻深范围内基础和墩身侧面的单位切向冻胀力,kPa;

A_u'——河底以上冰层中墩身侧面积,m²;

τ'——冰的切向冻胀力,$\tau' = 190$ kPa。

(2)无河冰时,不同冻胀强度的基础切向冻胀力如表5.1所示。

表5.1 无河冰时基础的切向冻胀力

冻胀类别	T/kN
弱冻胀	30~60
冻胀	60~80
强冻胀	80~120
特强冻胀	120~150

(3)基底位于多年冻土上限内或最大季节冻深以下时,应符合式(5.4)。

$$N + C + Q_t \geqslant (1.1 \sim 1.2)T \tag{5.4}$$

式中:N——基顶反力,kN;

C——襟边土柱重,kN;

Q_t——基础位于融化层内的摩擦力,kN,按式(5.5)计算。

$$Q_t = (20 \sim 30)A_t \tag{5.5}$$

式(5.5)右边的系数在架梁后取 1.2,架梁前取 1.1,一般在架梁前控制。

(4)基底位于多年冻土上限以下时,应符合式(5.6)。

$$N + C + Q_t + Q_m \geqslant (1.1 \sim 1.2)T \tag{5.6}$$

式中:Q_m——基础位于多年冻土内的冻结力,kN。

(5)当切向冻胀力较大时,应检算墩身或基础薄弱截面的拉应力。

3. 沉降量计算

高寒多年冻土地区当按允许融化原则设计时地基的沉降量按式(5.7)计算:

$$S = \sum A_i h_i + \sum \alpha_i h_i \sigma_i + \sum \alpha_i W_i h_i \tag{5.7}$$

式中:S——沉降量,m;

A_i——第 i 层土的融沉系数;

h_i——第 i 层土的厚度,m;

α_i——第 i 层土的压缩系数,1/MPa;

σ_i——第 i 层土的附加压应力,MPa;

W_i——第 i 层土的自重压应力,MPa。

融沉系数 A_i 可按含水量或冻干土密度确定。下文仅介绍按含水量确定的方法。

(1)Ⅰ、Ⅱ、Ⅲ、Ⅳ类冻土。

$$A_i = K_1(\omega - \omega_0) \tag{5.8}$$

(2)Ⅴ类冻土。

$$A_i = \sqrt[3]{\omega - \omega_c} + A_0 \tag{5.9}$$

式(5.8)和式(5.9)中:A_i——融沉系数,%;

ω——冻土融沉含水量,%;

ω_0——起始融沉含水量,%,可按表 5.2 确定,对于黏性土而言,$\omega_0 = 5 + 0.8\omega_p$,$\omega_p$ 为塑限含水量;

K_1——经验系数,按表 5.2 确定;

ω_c——$\omega_p + 35$,对于粗颗粒土可用 ω_0 代替 ω_p,无试验资料时,可按表 5.3 取值;

A_0——对应于 $\omega=\omega_c$ 时的 A_i 值,无试验资料时,可按表 5.3 取值。

表 5.2 K_1、ω_0 值

土质类别	K_1	$\omega_0/(\%)$
砾石、碎石土	0.5	11.0
砂土	0.6	14.0
粉性土	0.7	18.0
黏性土	0.6	23.0

注:砾石、碎石土当黏粒含量<12%时,K_1 取 0.4。

表 5.3 A_0、ω_c 值

土质类别	$\omega_c/(\%)$	$A_0/(\%)$
砾石、碎石土	46	18
砂土	49	20
粉性土	52	25
黏性土	58	20

注:砾石、碎石土当黏粒含量<12%时,ω_c 取 44,A_0 取 14。

5.3 高寒多年冻土地区桥梁施工技术

5.3.1 钻孔灌注桩与扩底桩基础

多年冻土地区桥梁基础,只有承载力较高的完整基岩地基才采用明挖基础,其余地基因明挖基础容易产生冻胀隆起、融化下沉等病害而不被采用,桥梁基础大多采用钻孔灌注桩,桩径取 125 cm、100 cm。地基承载力大于 800 kPa 时,桩基采用柱桩;地基承载力小于 800 kPa 时,桩基采用摩擦桩,依靠成桩后冻土回冻产生的摩擦力和桩点承载力进行设计。同时,为减少季节融化层在每年冻融过程中对桩基的切向冻胀力,在桩顶 5 m 范围埋设永久性钢护筒,在护筒周围设沥青涂层。

1. 旋挖钻机干法成孔

在高原多年冻土地区进行桩基成孔,要尽量减少施工对冻土地基的热扰动,尽快消解桩基成孔及混凝土水化热产生的热量,确保桩基成孔后桩基周围的冻土能尽快回冻,同时要提高机械化程度,降低劳动强度,尽量避免施工造成环境污染,因此优先选用旋挖钻机干法成孔。在冻结层上水发育或土质比较松散等旋挖钻机施工容易塌孔的地段或坚硬岩层等旋挖钻钻进困难的地段,无法采用干法成孔时,方能选用冲击钻机成孔。

(1)施工工艺流程。

多年冻土地区旋挖钻机成孔施工工艺流程为:平整场地→测量定位→钻机就位→采用较大一号的钻头钻孔至护筒底高程,钻渣弃运→埋设护筒,涂刷沥青涂层→在护筒内边钻进,边将钻渣提出孔外,直至钻孔至桩底设计高程,钻渣弃运→成孔检查,监理工程师检查→旋挖钻土清孔。

(2)钻孔准备。

多年冻土地区桩基施工场地布置时尽量宁填勿挖,减少对原地表地基土的热扰动。因为旋挖钻机桅杆垂直度调整系统是调整桅杆与底盘垂直度,只有当钻机底盘水平时,其桅杆才能正确调整,所以,在平整场地时,钻机停放位置一定要保证水平。当地基土松散或比较潮湿时,在钻机下垫厚钢板,以防地基沉降导致钻机倾斜变位。

(3)埋设钢护筒。

钢护筒要埋设于冻土天然上限0.5 m以下,保证上限范围内基桩光滑圆顺,减小切向冻胀力。埋设护筒时,采用旋挖钻钻孔至护筒底高程以下一定深度,再换护筒直径的钻头扩孔到护筒底高程,然后安装护筒,并回填护筒与孔壁间的空隙。钢护筒埋设完毕后,再换桩孔直径的钻头沿原孔位继续钻进。

(4)钻进与成孔。

①旋挖钻机钻孔时,由钻机自带的柴油机驱动液压马达来提供扭矩带动钻杆,通过液压加压,在扭矩和压力的共同作用下,利用钻头下端的切削刃对土体进行切削破碎。钻孔过程中需根据不同地质条件选用不同的钻头形式。如孔位为土质比较均匀的冻土,采用旋挖钻头,切削的土体被挤进桶内,装满后关闭阀门,并将钻头提出孔口,待主机旋转到预定位置后,人工配合开启阀门将土体卸出。当遇到较硬土质或软岩时,可采用短螺旋钻头,将土体切削后挤进钻头叶片内,钻头提出孔口后,主机旋转到预定位置,通过正反旋转钻杆卸土。当遇到较

硬的岩层,采用短螺旋钻头钻进困难时,可采用凿岩钻头切削岩层,把岩层切削后,将凿岩钻头提出孔外,换用旋挖钻头取土。

②钻进过程中如发现钻杆摇晃,可能遇到漂石或岩层,应立即提钻检查,查明原因并处理。当遇到较大的漂石时,可先采用凿岩钻头切削,再用旋挖钻头取土;当遇到很大的孤石时,亦可采用孔下爆破的方法处理。如发现轻微偏孔,可采用凿岩钻头慢速钻进,纠正后再更换钻头以正常速度钻进。

③钻孔达到设计深度后,采用旋挖钻头进行清孔。

2. 钻孔扩底桩扩孔

在冻胀病害较为严重的情况下,设计采用钻孔扩底桩,以增加桩基的抗拔力,扩底桩设计尺寸示例见图5.5。钻孔扩底桩施工是一项新技术,采用机械式扩孔钻头进行桩基底部扩孔。

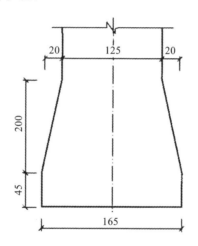

图5.5 钻孔扩底桩设计尺寸示例(单位:cm)

钻孔扩底桩采用旋挖钻机钻孔达到设计孔深后,将旋挖钻头换为机械片式扩孔钻头,钻头达到孔底后,利用压力使扩孔钻头扩张,旋挖扩孔。根据孔的设计形状从小到大逐步进行扩孔,最后达到设计要求。扩孔产生的钻渣采用旋挖钻头取出。

3. 混凝土入模温度控制

灌注桩身混凝土时,既要保证混凝土灌注后,能在规定的时间内达到抗冻临界强度,使混凝土免遭冻害,又要使混凝土灌注时带入的热量最小,不致破坏桩周冻土结构,尽量缩短桩基施工后桩周地基土回冻时间。因此,要求桩身混凝土入模温度控制在5～10 ℃。

5.3.2 混凝土施工

为了满足在高寒地区恶劣的自然环境条件下灌注混凝土的需要,确保混凝土结构的长期耐久性能,减少混凝土的水化热升温对冻土的热扰动,混凝土除应具备一般高性能混凝土具有的物理力学性能外,还必须具有良好的早强、低温、负温强度增长性能。

1. 性能要求

高寒多年冻土地区的主体工程全部采用低温早强耐久性混凝土,有如下8个指标要求。

①抗冻融性:≥300次冻融循环。
②耐风蚀性:磨耗率≤0.5 kg/m^2。
③抗渗性:≥P12。
④护筋性:无锈蚀。
⑤耐腐蚀性:≥0.8。
⑥抗氯离子渗透性:≤1000C。
⑦碱骨料反应性能:砂、石的砂浆膨胀率≤0.1%或混凝土的总含碱量满足要求。
⑧抗裂性:≤0.20 mm。

低温早强高性能混凝土施工中主要解决如下3个问题:一是低温早强高性能混凝土外加剂的选择;二是低温早强高性能混凝土的配合比;三是低温早强高性能混凝土的浇筑及养护。

2. 外加剂的选择

外加剂采用DZ系列复合外加剂,该外加剂使用温度范围广,具体为:
(1)气温在-5 ℃以上时,掺复合外加剂Ⅰ型;
(2)气温在-10～-5 ℃时,掺复合外加剂Ⅱ型;
(3)气温在-15～-10 ℃时,掺复合外加剂Ⅲ型,掺入量为水泥用量的11.1%。

3. 混凝土的浇筑及养护

混凝土拌制运输工艺对耐久性混凝土各种指标的影响是很大的,因此要求耐久性混凝土必须采用集中拌和,混凝土罐车运输,在施工中要注意以下几个方面。

(1)原材料的保温及加热。

原材料要根据气温不同加以调整。当气温低于 -5 ℃时,可用加热水的预热方法,但水的加热温度不宜高于 80 ℃;当水温超过 60 ℃时,应先将骨料与水拌和,均匀后加入水泥、外加剂等,以免水泥假凝。当气温低于 -10 ℃时,采用水与骨料同时加热的方法,将骨料移入暖棚中进行预热;暖棚中至少保证 2 d 用料,做到边使用边补充。

(2)混凝土拌制、运输过程中的控制。

混凝土的搅拌运输过程中,检查混凝土在拌和站和浇筑地点的含气量、泌水率、坍落度,每工作班至少 2 次,含气量控制在 5%~6%。

(3)混凝土浇筑过程中的温差控制。

由于在桥梁墩身施工中均采用钢模板,且高原地区温差变化大,紫外线强烈,钢模板的迅速导热可引起温差裂缝的产生。在施工中根据不同时段采取不同方式进行降温或保温处理。混凝土浇筑期间,如果气温较高,在模板外搭设遮阳棚,避免紫外线的强烈照射;如气温较低,在模板外搭设保温棚,在棚内生火炉,确保模板内外混凝土与环境温差不致太大而引起温差裂缝。

(4)混凝土浇筑后的养护。

针对高寒地区温差较大、风沙大这一恶劣的自然环境,在混凝土的养护上采取两阶段养护。

第一阶段:脱模后,采用塑料薄膜及时密封包裹墩台身保湿,在薄膜外包裹一层棉毡进行保温,棉毡外包裹一层彩条布防雨,并预留补水孔定时进行补水保湿。

第二阶段:养护 14 d 或更长时间后,拆除两布一毡保湿保温措施,在混凝土表面喷涂一层养护液,进行自然养护。

5.3.3 桥面系钢构件防腐涂装工艺

高寒多年冻土地区桥梁的桥面系钢构件,采用普通的方法除锈、涂漆后,经过一段时间,腐蚀很严重,因此桥面系钢构件防腐采用喷砂除锈后涂装的施工工艺。

1. 喷砂除锈标准及要求

(1)涂装前材料表面锈蚀等级和除锈等级为《涂覆涂料前钢材表面处理 表面清洁度的目视评定 第1部分:未涂覆过的钢材表面和全面清除原有涂层后的钢材表面的锈蚀等级和处理等级》(GB/T 8923.1—2011)规定的 Sa2.5 级;喷砂后的钢材表面粗糙度为 Rz25～60 μm。

(2)喷砂设备:空压机、喷砂罐、砂管、砂枪。

(3)喷砂介质:16/35 硅砂;G-40 粗钢砂;S-230 钢丸;36 目石榴石;36 目刚玉。

(4)空气压力≥0.6 MPa。

2. 涂装标准及要求

钢构件喷砂除锈后,喷涂油漆进行防腐。

(1)涂装工序:环氧富锌底漆 75 μm(1 道)→环氧中间漆 60 μm(2 道,其中第一道加 40% 左右的稀释剂)→灰铝粉石墨醇酸面漆 60 μm(2 道)。

(2)采用有气喷涂设备喷涂(或刷涂)。涂装设备:压力罐、喷枪、空压机、刷子。搅拌设备:选用气动或电动搅拌器高速搅拌。

(3)施工条件:涂装现场温度 5～38 ℃,喷涂油漆时相对湿度要在 80% 以下。底材表面温度高于露点 3 ℃以上,太阳直射、钢材过热高于 50 ℃时不得进行喷涂施工,温度和湿度应在底材附近测量;雨、雪、风沙较大时,不能进行涂装;涂装现场空气要能保证对流。

3. 喷砂除锈工艺流程

确定喷砂场地,要注意解决扬尘和噪声问题→安装空压机、喷砂机,要根据工程数量及工期选择空压机、喷砂机的规格和数量→购买砂子,根据环保要求和表面处理要求及价格因素,选购喷砂介质→试喷砂,调试机械、检查砂子的质量,计算砂子用量→将角钢码放整齐,以提高喷砂效率→喷砂除锈达到 Sa2.5 级;粗糙度达到 Rz25～60 μm 级→对照《涂覆涂料前钢材表面处理 表面清洁度的目视评定 第1部分:未涂覆过的钢材表面和全面清除原有涂层后的钢材表面的锈蚀等级和处理等级》(GB/T 8923.1—2011)检查是否达到 Sa2.5 级标准;对照《表面粗糙度比较样块 第3部分:电火花、抛(喷)丸、喷砂、研磨、锉、抛光加工表面》(GB/T 6060.3—2008)检查粗糙度是否达到 Rz25～60 μm 级标准→对未达到 Sa2.5 和 Rz25～60 μm 级的重复喷砂处理至规定标准→将喷砂等级达到 Sa2.5 和 Rz25～60 μm 级的构件转移至涂装场地,并记录编号及数量。

4. 涂装工艺流程

安装调试压力罐、空压机和喷枪,注意油性涂料的设备与水性涂料不可混用→将喷砂完毕的角钢码放整齐,用高压空气吹去钢表面浮尘,如钢表面有油污则必须彻底清除干净,可用碱性洗液→喷涂环氧富锌底漆 75 μm,湿盖湿喷涂,第一道喷涂厚度不超过 50 μm→漆膜硬干后,检查环氧富锌涂层厚度、划格法附着力和铅笔硬度,并查漏补缺→喷涂第一道中间漆 20 μm,充分稀释中间漆,加稀料 30%～40%→喷涂第二道中间漆 40 μm,两道中间漆涂装间隔 6～168 h→漆膜硬干后,检查中间漆厚度和划格法附着力,不够厚度部位补涂→喷涂第一道面漆 30 μm,加稀料 10% 左右→喷涂第二道面漆 30 μm,两道面漆涂装间隔 6～168 h→漆膜硬干后,检查面漆及涂膜总厚度和划格法附着力,不够厚度部位补涂→将构件运至现场安装,对运输安装过程中造成的漆膜碰损部位进行补刷→报检验收。

5.4 高寒多年冻土地区提高混凝土桥梁耐久性技术

5.4.1 从结构构造方面提高混凝土桥梁耐久性

1. 截面尺寸及配筋

(1)主梁横截面尺寸的拟定。

很多桥梁设计时为了减少截面高度或减薄截面宽度(以节省材料、减轻自重为目的),过分追求截面的轻型化,对于构造要求的指标只取下限,对桥梁的耐久性非常不利。目前桥梁上大量采用了薄壁箱梁结构,在施工时已较为普遍地发现预应力孔道处沿纵向开裂的现象。裂缝的出现与构件截面和保护层太薄,导致混凝土粗骨料及振捣棒难以进入,无法保证混凝土密实,以及此处受力较为集中都有关系,实际上已经有箱梁顶、底板因为太薄导致结构压溃的事故发生,因此主梁尺寸的拟定除满足受力需要外,还应充分考虑施工需要和耐久性要求。

(2)截面的选择。

合理地选择结构构件截面的几何形状,使其不能形成侵蚀性物质的停留区,构件的截面面积与表面积应具有适当的比例。例如无肋截面就优于多肋截面(见图 5.6);实心的或封闭(箱形、圆形)的截面比格子结构优越;无系杆的桁架比有系杆的桁架优越。

图 5.6 结构构件截面几何形状选择

(3)钢筋的布置。

钢筋布置应保证就位方便,且周围混凝土应能够充分振捣。图 5.7(a)示意了钢筋布置过密导致混凝土难以浇筑、难以振捣密实的情况,为了表达简单,图 5.7 中略去了本应存在的箍筋及定位钢筋。图 5.7(b)表示可以采用焊接钢筋骨架,减小钢筋层高、减少箍筋及定位钢筋,从而方便混凝土浇筑。图 5.7(c)表示可以采用更大直径的钢筋,从而减少钢筋层数及根数,增大层距和间距,保证混凝土浇捣的质量。

(a)钢筋布置过密　　(b)采用焊接钢筋骨架　　(c)采用更大直径的钢筋

图 5.7 钢筋的布置形式与可施工性

2.合理的保护层厚度

(1)混凝土保护层与耐久性的关系。

混凝土的高碱度可使钢筋表面形成钝化膜,对钢筋有保护作用,混凝土的保护层可以阻止外腐蚀介质、氧气和水分的渗入,保护作用的效果与混凝土的密实度和保护层厚度密切相关,适当加大混凝土保护层厚度是提高混凝土结构耐久性、延长混凝土结构使用寿命的重要措施。根据国内外的研究文献介绍,混凝土保护层厚度与混凝土结构的耐久性的关系,归纳起来有如下一些规律。

①混凝土保护层厚度每加厚 10 mm,钢筋失重率可降低 20% 左右。

②混凝土保护层厚度每减少 10 mm,混凝土的透氧量$[\times 10^{-13} \text{mol}/(\text{cm}^2 \cdot \text{s})]$

就增加 10% 左右,混凝土水灰比大时,这种现象更明显,如 $w/c=0.6$,保护层厚度从 30 mm 减少到 20 mm,透氧量就从 $10×10^{-13}\,\text{mol}/(\text{cm}^2·\text{s})$ 加大到 $13×10^{-13}\,\text{mol}/(\text{cm}^2·\text{s})$。

③一般环境下,混凝土保护层厚度每减少 25%,混凝土碳化到钢筋表面所需要的时间就缩短 50%。

④钢筋开始锈蚀所需要的时间与保护层厚度平方成正比。

(2)合理的保护层厚度。

我国新修订的《混凝土结构设计规范(2015 年版)》(GB 50010—2010)对混凝土最小保护层厚度的要求比原规范《混凝土结构设计规范》(GBJ10—1989)有很多改进,扩展了对不同使用环境的要求,使用环境划分的等级与欧洲规范有些相似,但相对而言,我国设计规范对环境恶劣情况下混凝土最小保护层厚度的要求还是比较低,现取环境条件相似,其他条件也相似的构件作一对比。如在使用除冰盐的潮湿环境中,混凝土强度等级为 C40、钢筋直径为 14～18 mm、骨料粒径大于 32 mm 的非预应力梁柱构件,各国规范规定的最小保护层厚度如图 5.8 所示。

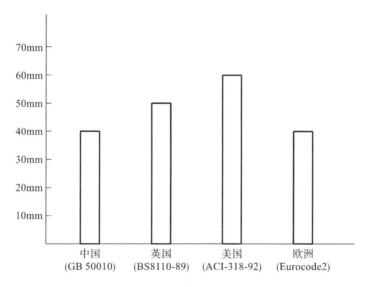

图 5.8 最小保护层厚度规定比较

综合各国规范考虑耐久性要求的特点,建议在确定高寒多年冻土地区混凝土最小保护层厚度值时,应该考虑到以下几点要求。

①为防止箍筋首先锈蚀,混凝土保护层厚度宜从箍筋外表面算起。

②最小混凝土保护层厚度除考虑使用环境外,还应根据设计使用年限区别对待。

③规范所规定的最小保护层厚度应该理解为标定值,设计图纸所标明的保护层厚度值应计入施工允许的公差值。

④应重视预应力钢筋锈蚀的危害性,先张法的保护层厚度不宜小于30 cm,后张法预应力构件,其保护层厚度应不小于管道的直径,建议对预应力混凝土构件的保护层厚度比普通混凝土构件增加5~10 mm,封闭锚具的混凝土保护层厚度,在干湿交替环境下不宜小于50 mm。

3. 伸缩缝与支座的耐久性设计

(1)伸缩缝。

桥梁伸缩装置是桥梁结构的薄弱之处,它直接承受车轮荷载的反复冲击作用,而且长期暴露在大气中,使用环境比较恶劣,是桥梁结构最易遭到破坏而又较难修补的部位。桥梁伸缩缝在设计、施工上稍有缺陷或不足,就会引起其早期破坏;而桥梁伸缩缝的破坏,又可能引起很大的车辆冲击荷载,恶化行车状况,导致跳车、噪声、漏水,影响行车安全,降低桥梁使用寿命。因此改善伸缩缝附近的构造细节非常重要。解决这一问题有如下两种思路。

①避免使用伸缩缝,采用连续结构。因为伸缩缝是短寿命构件,不使用伸缩缝,既减少了初期建设成本,又可以降低维护费用。并且结构连续后,减少了水对结构侵蚀的可能性,这样的结构具有很好的耐久性。

②加强伸缩缝附近构件的抗腐蚀能力。在桥梁跨数多,桥梁总长很长时,伸缩缝和支座的设置就不可避免了。在这种情况下,设计桥墩伸缩缝时,应注意:主梁两端应涂防水层,梁底面应做滴水槽;盖梁顶面应设坡度排水,并涂防水层;盖梁的钢筋应该采用适当的防水措施。如果可能,盖梁钢筋应采用不锈钢。

(2)支座。

支座也是结构耐久性设计所必须关注的重点。一些支座安装不当,没有与主梁紧密结合,不能很好地为主梁提供稳定的支撑,就容易造成主梁损坏,桥面铺装也易被拉裂。这种情况在4个支座支撑的预制板桥上经常发生。因此应该尽量避免4个支座的形式,选取质量好的支座,并且精心地施工。从可更换、可维修的角度,桥梁支座在耐久性构造方面有如下要求。

①在条件允许情况下,在支座预期寿命比结构寿命更短时,应在墩顶或盖梁上预留放置千斤顶等提升设备的空间及支座运送通道,也应尽量为工作人员留

有操作平台,否则将大大增加后期维护的困难和费用。

②检查设施:为便于支座的检查和维修,在支座周围应该留有适当空间。

③耐久性考虑:支座在其细部设计中应该排除可能堆积尘土和水汽的情况。考虑支座采用的材料以及为抵抗环境锈蚀和侵袭所采用的保护和维修措施。

④更换支座时,放置千斤顶等顶升设备的位置存在较大的集中力,因此在盖梁计算及配筋设计时也应予以考虑。

4. 结构体系防水措施

高寒多年冻土地区的桥梁,桥面系的防水问题一直没有得到足够的重视,桥面系的构造设计不太讲究,甚至很粗糙。恰恰就因为桥面系构造的设计缺陷及没有完善的防水系统,引起了很多病害,冬季桥面的积雪在阳光的照射下融化,而雨水孔往往被冰封堵,水由铺装层向下渗漏,从铰缝流到梁板,腐蚀混凝土,由于渗水致使桥梁混凝土腐蚀酥松、脱落,钢筋与混凝土剥离、酥松、混凝土腐蚀膨胀,钢筋锈蚀,削弱了梁板的承载能力。再由于交通量的增长和超载交通的影响,使桥梁过早地遭到破坏,成为危桥。防止桥面雨水等物质对主梁和墩台的侵蚀是减少桥梁病害和保证桥梁耐久性的基本要求之一,良好的构造措施是实现这一要求的保证。其中对于桥梁防水主要包括以下几方面。

(1)桥面的防水。

桥面防水系统应包括防水和排水两部分,通过有效的排水措施,如桥面纵坡、横坡和一定数量的泄水管,将路表滞留水迅速排除,有利于桥面防水。由于防水层不能单独应用于桥面,必须和其他结构层配合使用,才能确保有效防水,因此防水层仅仅是防水系统的一个重要组成部分。图5.9是近几十年来我国公路桥梁桥面防水层的实际演变情况。在早期采用柔性桥面铺装时,图5.9(a)曾经被广泛使用。近几年来,国内广泛采用刚性桥面,一般均没有进行桥面防水处理,混凝土铺装表面使用防水剂,即使在连续梁桥、连续刚构桥的负弯矩区段也没有按规范要求设置防水层,至于规范要求的防水混凝土也很少采用,图5.9(b)即反映了这一结构形式。图5.9(c)是近年来在高速公路桥梁中逐渐兴起的桥面防水新构造,铺装层的厚度被增大,并结合了刚性桥面和柔性桥面的优点。这种构造形式在桥面的防水性、抗冲击性、行车舒适性及使用寿命方面都较前两种有优势,是目前值得推荐的方式。

防水系统细部构造设计包括路缘石、护栏、泄水管、伸缩缝等处防水层的设计。如果在伸缩缝处设置渗水花管,此时防水层应包住渗水花管。由于容易受

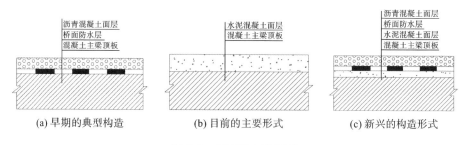

图 5.9 桥面防水演变图

到护栏(路缘石)等施工的破坏,防水层压在护栏(路缘石)下面并不可靠。此时可在护栏上距离桥面 5 cm 的地方向内凿成 5 cm×2 cm 的凹槽,将防水层向上折进去后贴紧,然后用聚氨酯胶泥或水泥砂浆填充、修整光滑。接长泄水管并保证泄水管与混凝土间的缝隙密封,将人行道上的步行板块之间以及梁体之间的空隙密封,使其对梁体形成有效遮挡防护,避免降水直接吹淋挡渣墙和梁体。

(2)桥梁结构的防水。

桥梁结构构造设计是否合理直接影响其耐久性及防水性能,经过大量的调查及分析,有一些防水"细节"构造措施对耐久性影响较大。对于气候或使用环境比较恶劣地区的混凝土桥梁构件,在保证设计使用功能的前提下,应力求外形简单,表面平整,避免积水。桥梁悬臂板下缘是桥面水易流经及容易发生冻融破坏的部位,因此,主梁悬臂端部必须设置一定尺寸的滴水槽将水阻断。根据具体情况可设置一道或两道。采取以上措施可以将氯离子浸入和冻害减至最少。图 5.10(a)中左图表示没有设滴水时,水流将沿着整个悬臂板下缘侵蚀至腹板,而右图则表示设置滴水后水流被及时引导出梁体;图 5.10(b)右图表示对左图容易受到雨水侵蚀的外露转角进行倒角优化后可以及时排出雨水。

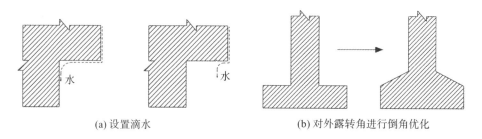

图 5.10 混凝土构件防水优化措施

5. 裂缝的控制

(1)裂缝控制的设计构造原则。

设计构造上的原则可归纳为两大类:"抗"与"放"。"抗"的原则是通过提高混凝土结构的抗拉强度和极限拉伸强度,来抵抗混凝土干缩和温度变形;"放"的原则是通过创造混凝土结构自由变形的条件,来释放混凝土干缩和温度变形。两大原则并不对立,可以"抗放兼施"。

①"抗"的原则。

在结构设计上,"抗"的原则通常体现在对混凝土构件适当增加配筋,提高混凝土结构的极限拉伸强度,从而抵抗混凝土干缩和温度变形。齐斯克列里经验公式,具有重要的工程指导意义,其精髓可以形象地总结为"细筋密布",也就是说,在同样配筋率的情况下,尽可能用细直径的钢筋,使钢筋的间距密一些。

②"放"的原则。

"放"的原则通常体现在留设变形缝上,可按留缝时间的长短加以区分,混凝土结构施工期间和建成永久保留的变形缝,称为"伸缩缝",伸缩缝可以同时释放掉混凝土结构的干缩和温度变形。

(2)裂缝控制的设计构造措施。

由于混凝土干缩和温度效应的复杂性,不论是手算还是弹性有限元分析的结果,与结构的实际情况均有很大的误差。计算的结果可以作为设计的参考,但不可以盲目依赖。结合实际工程经验,可知在设计构造上采取措施,对控制混凝土结构的干缩和温度裂缝效果显著。

①对于冻胀裂缝以及温度和收缩引起的裂缝,适当增配构造钢筋以提高结构的抗裂性能(尤其是薄壁结构)。若能沿混凝土表面设置细密的温度钢筋(见图 5.11),则可以提高混凝土表面的极限拉伸强度,使混凝土表面由温差、收缩引起的应变均匀分布。构造配筋宜优先采用小直径钢筋、小间距布置,全截面构造配筋率不宜低于 0.3%,一般可采用 0.3%~0.5%。

②设计上要避免在结构断面处产生应力集中(见图 5.12)。好的构造不仅可以便于施工,而且对结构的受力传递具有很好的效果。如受扭的箱梁截面应沿一定方向配置斜向受拉钢筋,而目前许多设计并没有这样做,导致许多承受扭矩的箱梁截面腹板开裂。

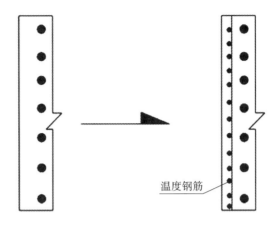

图 5.11　增设温度钢筋

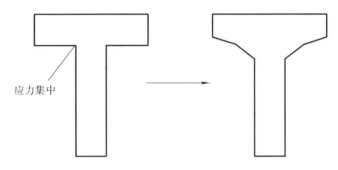

图 5.12　截面的优化设计

6.桥梁其他附属设施的优化设计

(1)搭板。

在公路运营过程中,搭板也是比较容易损坏的构件。台后填土在道路使用一段时间后往往会发生不均匀沉降;由于失去填料的有效支撑,搭板会产生断裂、倾斜或倒塌。因此在需要设置搭板时,应该按最不利的支撑情况,即搭板按两端简支板,来进行设计和配筋。搭板一旦损坏之后,不挖掘就无法检查,也无法了解搭板下填料的沉降情况;而一旦开挖,又必然会影响交通。因此,建议在新建桥台时台后填土改为浆砌片石,虽然造价相对较高,但从长远来看,对增强搭板、桥台耐久性效果显著。

(2)桥台构件优化设计。

一般公路桥台在使用过程中的常见病害为台身前墙和侧墙的竖向开裂。从开裂外观分析,大多数裂缝在台帽位置竖向开裂,裂缝处均存在水流外渗现象,开裂位置有明显错缝痕迹;构件断裂面在破坏前受到外挤压作用明显,其受损与台后土压力变化有关;桥台台背内部在交界面往往采用直角或类直角交界,导致桥台台内交界处局部应力过大,在外部的反射面位置易导致台身开裂。因此,对桥台结构优化设计可从降低台后土压力、削减台背直角转角入手。可以减小台身的变形缝间距(由原来的 12 m 缩短到 6~8 m),改善桥台台后排水系统,增加排水孔。同时,对台背内部应力集中区域进行适当削弱处理。

提高混凝土桥梁耐久性措施及分析见表 5.4。

表 5.4 提高混凝土桥梁耐久性措施及分析

项目	耐久性措施	分析
1	截面尺寸及配筋	钢筋布置就位方便,有利于合理地选择结构构件截面的几何形状,使其不能形成侵蚀性物质的停留区,周围混凝土应能够充分振捣
2	合理的保护层厚度	有利于提高混凝土结构耐久性、延长结构的使用寿命,合理的保护层厚度有利于阻止外界腐蚀介质、氧气和水分的渗入
3	伸缩缝与支座的耐久性设计	选取好的支座,并且精心地施工,可以降低其对主梁耐久性的影响。良好的伸缩装置既能适应桥梁的受力变化,又能满足车辆的行车功能,减少支座更换及维修次数
4	结构体系防水措施	水是引起桥梁众多病害的"头号敌人",有了良好的防水屏障,就可以大大提高桥梁的耐久性
5	裂缝的控制	设置温度钢筋可以有效提高结构的抗裂性能,使混凝土表面由温差、收缩引起的应变均匀分布。截面的平滑性有利于避免结构由于应力集中而产生裂缝
6	桥梁其他附属设施的优化设计	新建桥台时台后填土改为浆砌片石,对增强搭板、桥台耐久性效果显著

5.4.2 从施工工艺方面提高混凝土桥梁耐久性

1. 耐久性混凝土施工工艺流程

由于高寒多年冻土地区气候条件特殊,所以必须采用严格的施工工艺才能保证混凝土的质量。具体施工工艺见图 5.13。

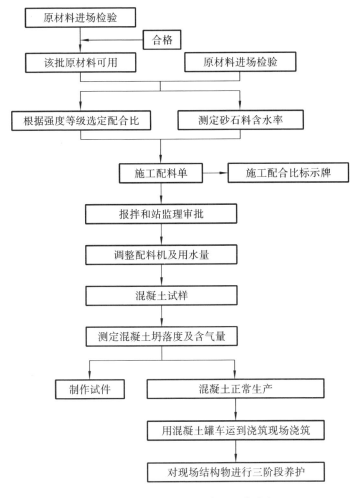

图 5.13 耐久性混凝土施工工艺流程

2. 原材料质量控制与管理

施工是保证混凝土质量的关键,是结构耐久性设计的组成部分。高寒多年冻土地区环境特殊,对混凝土的耐久性提出了更高的要求,在混凝土施工过程中应从施工的源头抓起,严把材料质量关,砂、石、水泥、钢筋必须符合质量要求。高寒多年冻土地区混凝土材料须满足以下要求。

(1)钢筋。

预应力混凝土结构所采用的钢丝、钢绞线和热处理钢筋等的质量,应符合现行国家标准的规定。预应力混凝土用钢丝应符合《预应力混凝土用钢丝》(GB/T

5223—2014)的要求;预应力混凝土用钢绞线应符合《预应力混凝土用钢绞线》(GB/T 5224—2014)的要求;预应力混凝土热处理钢筋应符合《预应力混凝土用钢棒》(GB/T 5223.3—2017)的要求;预应力筋进场应分批次验收,验收时,除应对其质量证明书、包装、标志和规格等进行检查外,尚须按《公路桥涵施工技术规范》(JTG/T 3650—2020)中的相关规定进行检查。

(2)水泥。

选用水泥时,应特别注意其特性对混凝土结构强度、耐久性和使用条件是否有不利影响,应以能使配制的混凝土强度达到要求、收缩小、和易性好和节约水泥为原则,应符合现行国家标准。

(3)集料。

高寒多年冻土地区桥涵混凝土的细集料,选用坚固性优良、有害物含量小、级配良好的中粗砂。C50以下混凝土用砂含泥量≤3.0%,氯离子含量<0.06%,C50以上等级混凝土用砂含泥量≤2.0%,泥块含量<0.1%,坚固性<5%,氯离子<0.06%。其他技术指标符合相关规范的规定。细集料的相关试验可按现行《公路工程集料试验规程》(JTG E42—2005)执行。

桥涵混凝土的粗集料,选用坚固性优良、含泥量小、连续级配、坚硬耐久的碎石、卵石或两者的混合物,最大骨料粒径不得大于40 mm。C50以下等级混凝土用粗骨料的含泥量≤1.0%,C50以上等级混凝土用粗骨料的含泥量≤0.5%,泥块含量≤0.10%,针片状颗粒含量≤8%,坚固性≤5.0%,岩石抗压强度与混凝土强度等级之比≥1.5。其他技术指标应符合相关规范的规定。当因条件有限不得不使用碱活性骨料时,骨料的砂浆棒膨胀率不应大于0.20%,且混凝土的碱含量应满足《铁路混凝土》(TB/T 3275—2018)的规定。否则,应采用具有明显抑制碱-骨料反应功能的外加剂或掺合料并经试验确定。

(4)拌和用水。

拌制混凝土用的水,应符合下列要求:水中不应含有影响水泥正常凝结与硬化的有害杂质或油脂、糖类及游离酸类等。pH值小于5的酸性水及硫酸盐含量(按SO_4^{2-}计)超过0.27 mg/cm³的水不得使用。

(5)外加剂。

选用DZ系列低温、早强、耐腐蚀高性能混凝土外加剂,其技术性能指标符合《混凝土外加剂》(GB 8076—2008)、《混凝土防冻剂》(JC/T 475—2004)相关要求。

(6)高性能混凝土的配制要求。

高性能混凝土的主要性能特点之一就是高耐久性。要保证高寒多年冻土地区混凝土的长期耐久性能满足设计和使用要求,就必须按高性能混凝土的配制原则配制高寒多年冻土地区桥梁结构的混凝土。

①恒负温高性能现浇混凝土——钻孔灌注桩用混凝土的配制原则。

a.采用32.5级、42.5级普通硅酸盐水泥、中热水泥或高抗硫水泥。

b.尽量降低水泥用量。

c.拌和物的坍落度满足泵送/水下灌注施工要求。

d.拌和物的温度不超过5 ℃。

e.掺和多功能复合型外加剂,简化现场施工操作程序,保证施工质量。

f.采用含泥量低、坚固性好、针片状含量小的连续级配砂石料。

②正负温高性能现浇混凝土——承台、墩台用混凝土的配制原则。

a.按施工养护温度分别为0 ℃、−10 ℃、−20 ℃条件考虑。

b.采用32.5级、42.5级普通硅酸盐水泥、高抗硫水泥。

c.尽量降低水泥用量。

d.拌和物的坍落度满足泵送/水下灌注施工要求。

e.掺和多功能复合型外加剂,简化现场施工操作程序,保证施工质量。

f.采用含泥量低、坚固性好、针片状含量小的连续级配砂石料。

③蒸养高性能混凝土——预制构件用混凝土的配制原则。

a.桥梁混凝土蒸汽养护温度不超过50 ℃。

b.采用42.5级普通硅酸盐水泥。

c.掺和高效减水剂和能改善混凝土孔结构的多功能外掺料。

d.采用含泥量低、坚固性好、针片状含量小的连续级配砂石料。

④严格控制水胶比和水泥用量。

根据室内试验及相关的现场试验,为提高高寒多年冻土地区混凝土的耐久性,不同环境条件下使用的混凝土水胶比和胶凝材料用量应符合表5.5的要求。

表5.5 高寒多年冻土地区桥梁不同混凝土的水胶比与胶凝材料用量

结构类型	环境水质或岩土土质	施工方法	坍落度/mm	水胶比	材料(水泥+外加剂+粉煤灰)用量/(kg/m³)	含气量/(%)
灌注桩	具中等及以下腐蚀性	导管法	185~215	0.39	440~480	2~5
	具有强腐蚀性			0.38	450~490	

续表

结构类型	环境水质或岩土土质	施工方法	坍落度/mm	水胶比	材料(水泥+外加剂+粉煤灰)用量/(kg/m³)	含气量/(%)
基础、墩台	具中等及以下腐蚀性或淡水冻融区	泵送法	110～180	0.39	410～435	3～6
		斗送法	40～85	0.38	400～420	
	具有强腐蚀性或矿水冻融区	泵送法	110～180	0.38	440～460	
		斗送法	40～85	0.37	420～440	
预应力混凝土梁体	—	泵送法	140～180	0.34	460～510	3
		斗送法	0～10	0.28	450～480	
桥梁封端		斗送法	50～90	0.39	470～490	3～6

3. 提高混凝土耐久性的搅拌工艺

为在施工过程中保证耐久性混凝土的质量，耐久性混凝土的搅拌需使用强制式搅拌机，使用良好性能的搅拌机，可得到离差较小的拌和物。主要原材料要求采用电子自动计量装置计量，规范计量单位，并严格控制外加剂用量。由于水胶比很低的高耐久性混凝土对用水量很敏感，所以要认真对待水的用量。搅拌后的混凝土拌和物应颜色一致，不得有离析和泌水现象。严格控制投料顺序，混凝土材料的加料方法和顺序对混凝土的后期耐久性能有重要影响，最后加入石子可使水泥和高效减水剂充分混匀，有利于发挥高效减水剂的利用率。把准确称量的引气剂全部溶于拌和水后加入，使其均匀地分散于混凝土内部。搅拌好的混凝土拌和物出车前要先取样检测其工作性和含气量，以便及时调整配合比。为满足现场条件制定出高耐久性混凝土的搅拌流程，如图 5.14 所示。冬期混凝土施工，为了保证混凝土入模温度，在混凝土搅拌前应进行热工计算，再通过实际试拌确定水和骨料需要预热的最高温度。

4. 提高混凝土耐久性的运输与浇筑措施

混凝土的运输及浇筑过程对混凝土耐久性的影响非常大，因此在施工过程

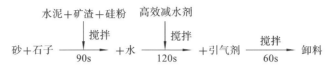

图 5.14 高耐久性混凝土搅拌流程

中要制定合理方案,确保混凝土的耐久性。

(1)混凝土的运输。

混凝土运输过程是热量损失的关键。由于桥梁预制施工较集中,运输距离不长,梁场采用混凝土运输车运至浇筑现场、龙门吊吊运浇筑入模的方式。为尽量减少运输、现场停留时间和入模过程混凝土热量的损失,吊斗外裹厚棉篷布。采用斗送法,要注意混凝土运输允许延续时间,具体见表 5.6。

表 5.6 混凝土运输允许延续时间

混凝土出机温度/℃	运输允许延续时间/min
≥15	30
10~14	45
<10	75

(2)混凝土的浇筑。

①在寒冷条件下浇筑混凝土时,混凝土材料、钢筋、模板及与混凝土接触的堆料地面都不得温度过低。混凝土材料可适当加温后搅拌,使混凝土保持适当的硬化温度。

②混凝土入模温度控制。耐久性混凝土的重要指标——含气量与混凝土的温度有一定关系。经试验统计,当混凝土拌和物温度在 5~15 ℃时,混凝土含气量最佳。因此在浇筑耐久性混凝土时,要求减少运输时间、控制入模温度,要求入模温度控制在 5~10 ℃之间。拌和的混凝土应尽快入模,以适当的速度浇筑混凝土,混凝土自由下落的高度不宜大于 1.5 m。

③耐久性混凝土浇筑应连续进行。按照斜向分段、水平分层、连续浇筑、一次完成的原则完成。在振捣新层混凝土时,应将捣棒插入下层混凝土左右,以消除两层之间的接缝,同时振捣上层时,应在下层初凝之前进行。每一捣固点要掌握好振动时间,在振捣前将混凝土表面粗略整平,一般每点振捣时间为 30 s,以保证混凝土有足够的密实度和含气量。振捣时要做到快插慢拔,快插是为了防止混凝土表面振实后与下面的混凝土发生分层、离析,慢拔是为了混凝土能填满振动棒抽出时所造成的空洞。

5.5 高寒多年冻土地区桥梁病害与处理方法

5.5.1 上部结构的主要病害

1. 梁体开裂

1) 钢筋混凝土简支梁桥常见裂缝

(1) 网状裂缝。

网状裂缝发生在各种跨度的梁上。这种裂缝细小,宽度为 0.03~0.05 mm,用手触及有凸起感觉,网状裂缝多为混凝土收缩所引起的表面龟裂。

(2) 下缘受拉区的裂缝。

这种裂缝多发生于梁跨中部,梁跨度越大,裂缝越多。它自下翼缘向上发展,至翼缘与梁肋相接处停止。裂缝间距为 0.1~0.2 m,宽度为 0.03~0.1 mm。跨度小于 10 m 的梁,其裂缝少而细小(宽度 0.03 mm 以下)。下缘受拉区的裂缝多为混凝土收缩和梁受挠曲所产生的裂缝。

(3) 腹板上的竖向裂缝。

腹板上的竖向裂缝最为常见,也是较为严重的一种裂缝。当跨径大于 12 m 时,其裂缝多位于薄腹部分。在梁的半高线附近裂缝宽度较大,一般为 0.15~0.3 mm。当梁跨径小于 10 m 时,其裂缝较细小且多数裂缝由梁肋向上延伸至腹板顶部。这种裂缝多是设计不当、施工质量不良、养护不及时或温度及周围环境条件不良的影响所致。

(4) 腹板上的斜向裂缝。

腹板上的斜向裂缝是钢筋混凝土梁中出现最多的一种裂缝,且多在跨中两侧,离跨中越远倾斜角越大,反之较小。倾角在 15°~45°之间,第一道裂缝多出现在距支座 0.5~1.0 m 处,裂缝宽度一般在 0.3 mm 以下。它是设计上的缺陷,主拉应力较计算值大,混凝土不能负担而造成的。

(5) 运梁不当引起的上部裂缝。

运送梁时支撑点没有放在梁的两端吊点上(偏向跨中),支撑点处上部出现负弯矩而引起开裂。

(6)梁端上部裂缝。

墩台产生不均匀沉降使梁端局部支撑压力增大,从而产生局部应力。裂缝由下往上开裂,严重者宽度可达 0.3 mm 以上。

(7)梁侧水平裂缝。

梁侧水平裂缝近似水平方向的层裂缝,多为施工不当引起,如分层灌筑、间隔时间太长。

(8)梁底纵向裂缝。

梁底纵向裂缝是沿下翼缘主筋方向的裂缝,是混凝土保护层过薄或掺入氯盐等速凝剂而造成的。

(9)预制板纵向裂缝。

经病害调查,发现空心板桥中大量铰缝出现了不同程度的损坏,表现为铰缝混凝土分离、脱落、磨碎和受水侵蚀,造成空心板铰缝脱空或混凝土失去强度。损坏程度较轻的,铰缝与空心板侧壁相分离,雨水大量渗透并轻微侵蚀混凝土。损坏程度严重的,主要表现为混凝土已经完全脱落,或受水严重侵蚀、压磨而粉碎,完全丧失强度,使空心板失去横向连接能力。而目前车辆超载情况严重,加重了板的破坏,造成板的挠度过大或断板,影响行车安全及桥涵的使用寿命。

2)预应力混凝土梁、悬臂梁与连续梁桥常见裂缝

对全预应力梁不准许出现裂纹。部分预应力 A 类梁也不容许出现裂纹。部分预应力 B 类梁容许出现裂纹,但限定在容许范围内,这类裂纹出现在梁的腹板跨中(或支点),为竖向裂缝,由跨中向梁端逐渐减弱。除此之外,预应力梁一般不应出现裂纹,但目前仍有此种梁出现裂纹。

(1)先张法梁梁端锚固处的裂缝。

这种裂缝均起始于张拉端面,宽度约为 0.1 mm,长度一般只延伸至扩大部分的变截面处。它是由于在两组张拉钢筋之间梁端混凝土处于受力区,或因锚头处应力集中和锚头产生的楔形作用而使锚头附近产生细小水平裂缝。

(2)后张法梁梁端(或其他部位)锚固处的裂缝。

这种裂缝通常发生在梁端或预应力筋锚固处,裂缝比较短小。发生在梁端时多与钢丝束方向一致,在锚固处时与梁纵轴多成 $30°\sim45°$。在运营初期有所发展,但不严重,以后会趋于稳定。这种裂缝主要是端部应力集中、混凝土质量不良所致。

(3)腹板收缩裂缝。

大多在脱模后 $2\sim3$ d 内发生,裂缝通常从上梁肋到下梁肋,整个腹板裂通,宽度一般为 0.2~0.4 mm,施加预应力后大多会闭合。这种裂缝多为混凝土收缩和温差所致,如极低的外界温度、混凝土未保温养护使应力分布不均。

(4)悬臂梁剪切裂缝。

剪切裂缝出现在腹板上,看起来近似按 45°倾斜,一般出现在支点与反弯点之间的区域。剪切裂缝产生的主要原因是:预应力不足;超载的永久荷载;二次应力;温度作用等。此外,设计中缺乏对多室箱梁腹板内剪力分布的认识,未考虑横截面的实际变形,没有重复验算受力筋截断处的左右截面受力情况。它是最普遍也是较为严重的一种裂缝。裂缝多处于薄腹部分,在梁的半高线附近裂缝宽度较大,一般为 0.15~0.3 mm。跨度越大,裂缝越宽越长。经荷载作用后,裂缝向上、下两端延伸。裂缝一般在跨中地段宽度大,两侧逐渐变窄。裂缝部位及走向在一片梁的内外侧有的大致吻合,形成对裂或环裂,外侧裂缝比内侧长而宽。主要原因是在设计上存在缺陷,如梁跨度大、梁身较高、梁肋较薄且分布钢筋较稀,以及施工质量影响,养护不及时,温度及周围环境条件的影响。

对于横向接缝附近的梁,破坏一般发生在梁端的底部和端面上(或在预应力构件锚固处)。渗透性桥面板下的梁的破坏发生在梁的顶部,在梁铰接处附近。

(5)腹板上的斜裂缝。

这是钢筋混凝土梁中出现最多的一种裂缝。裂缝多在跨中两侧,倾角为15°~45°,离跨中越近,倾角越小。腹板竖向变更截面者,裂缝由梁的半高处向上、下端斜伸;不变更者,多由下缘向上斜伸。裂缝宽度一般在 0.3 mm 以下。主要是因混凝土收缩预先使梁产生微观裂缝或存在一定的初拉应力,同时腹板受拉区实际上参加了工作,致使主拉应力有时较大,混凝土不能负担时就会产生裂缝。

斜裂缝的另一个特征是箱内腹板斜裂缝要比箱外腹板斜裂缝严重。这已为一些大跨径梁桥的检查结果所证实。

斜裂缝的宽度如在 0.2 mm 以下,而且其长度、宽度和数量已趋稳定,不再发展,那么这类裂缝基本属于无害裂缝,不需加固,但要注意观察,要封闭。而实际上大跨径梁桥上往往存在宽度较大且不断发展的严重斜裂缝,已反映出梁的斜截面强度不足。

在设计中,对于梁的主拉应力都进行验算,并通过。但在实践中,这类裂缝还是大量出现,已成为一种主要病害。

(6)悬臂箱梁锚固后接缝中的裂缝。

悬臂箱梁在连续预应力筋锚固齿板后面的底板内会产生裂缝,并有可能向着腹板扩展,裂缝与梁纵轴成 30°~45°。产生这种裂缝的原因是预应力筋作用面积小,产生的局部应力过大,或者顶底板中预应力筋锚具之间水平方向错开的距离太小。

(7)底板裂缝。

箱梁板上发生不规则裂缝,是腹部与底板受力不均所致。

(8)箱梁弯曲裂缝。

混凝土抗拉能力不足,会导致箱梁弯曲裂缝的产生。在分段式箱梁中,一般出现在接缝内或接缝附近,梁底裂缝可达 0.1~0.2 mm。弯曲裂缝一般很小,结构不受损伤,但在荷载反复作用下(汽车动力、荷载及温度梯度)裂缝有可能会扩大。

(9)连续梁弯曲裂缝。

在连续梁中,正弯矩区的梁底部和负弯矩区的顶部可能出现这种裂缝。弯曲裂缝主要是混凝土抗拉能力不足引起的。

(10)预应力梁下翼缘的纵向裂缝。

这种裂缝为预应力梁中最严重的一种裂缝,多发生在梁端第一、二节间的下缘侧面及梁底,或腹板与下翼缘交界处,少数发生在腹板上。这种裂缝一般处于最外的一排钢丝束部位,宽度为 0.05~0.1 mm。产生原因是下翼缘受到过高的纵向压力,保护层太薄或混凝土质量不好。

2. 桥面板开裂

桥面板与铺装层、伸缩缝一起,都直接承受汽车车轮荷载的作用,应力集中显著。近几年,随着车辆的日趋大型化、重型化以及交通量的迅速增长,车辆对桥梁构件的冲击力增加,应力超过的频率、疲劳的影响都越来越大。因此,桥面板容易破损。桥面板的破损大部分是交通荷载、磨损、除冰剂的使用以及环境的条件,比如季节温度变化、日温差等造成的。桥面板缺陷主要有桥面板裂纹、凹坑、分层、剥落,以及腐蚀破坏等。

(1)桥面板裂纹。

桥面板裂纹是桥面板中最主要的病害,一旦桥面板出现裂纹,会导致其他病害的产生,加剧混凝土桥面板的退化。桥面板裂纹是由很多因素综合作用产生的,桥面板中的裂纹不仅会降低结构承载能力,还会导致疲劳破坏;裂纹也使得水以及其他化学物质,比如除冰盐经过覆盖层,与钢筋接触,使得钢筋发生腐蚀,最终开裂。

桥面板裂纹主要有两种:一种是纵向裂纹,另一种是横向裂纹。

横向桥面板裂纹是主要的桥面板缺陷。这种裂纹一般出现在桥面板使用早期,有时施工后马上会出现,有时出现在运营的早期阶段。

(2)桥面板凹坑、分层、剥落。

重型车辆经过开裂桥面板时,都会造成应变、应力集中,形成桥面凹坑、分层、剥落,以及降低或终止承载能力。

(3)桥面板腐蚀破坏。

在混凝土桥面板中,表面氯离子来自用于冬天桥梁维护的除冰盐或者海洋环境中。氯离子通过孔隙扩散进入混凝土,当它们到达临界浓度时,水泥水化放热过程中形成的氧化膜会由于氯离子的侵入而遭到破坏,钢筋开始腐蚀。然而最上面的钢筋在桥面板表面的下方,所以它们经常暴露于空气中,当混凝土表面发生破坏或剥落时,这些钢筋会发生剥离。

3. 腐蚀破坏

混凝土桥梁有几种退化机理,比如硫酸盐、硅酸盐反应、冻融侵蚀和腐蚀等,其中腐蚀破坏是桥梁最主要的破坏形式。

梁式桥的主梁一般是钢筋混凝土结构,其暴露于自然,直接受所处地理位置的环境影响,再加上其本身材料的性质,容易受到环境的侵蚀,主要有二氧化碳腐蚀和氯离子腐蚀。

当有二氧化碳和水汽从混凝土表面通过孔隙进入混凝土内部时,混凝土pH值下降,钝化膜破坏,钢筋发生腐蚀。特别是寒冷冻土地区的桥梁,为了保障行车安全,加快积雪融化,会将盐撒到桥面板上,融化的雪水从施工缝渗漏到桥梁梁底面,使得桥梁梁底面的表面氯化物浓度增加,而且这种地方免受雨水,所以不太可能被雨水稀释,容易使混凝土桥梁的钢筋被锈蚀。

5.5.2 下部结构与基础的主要病害

1. 盖梁病害

盖梁是一个承上启下的重要构件,上部结构的荷载通过盖梁传递给下部结构和基础。如果其发生病害将影响到上部结构的使用功能,甚至还会影响桥梁使用寿命。

盖梁主要病害是裂缝。

盖梁的恒载包括盖梁自重、预应力荷载、上部主梁重量以及桥面系荷载等。

盖梁活载是桥上车载通过主梁及支座传递下来的。立柱顶上方盖梁负弯矩区，是频繁出现裂缝的区域。

由于墩所处的位置一般都在伸缩缝处，所以墩的盖梁是比较容易受水侵蚀的构件，水中含有一定量的氯离子，对盖梁造成污损。破坏的主要原因是水通过横向桥面板接缝，破坏主要发生在桥的立面侧，除去混凝土保护层，盖梁中的剪力筋也可能受到腐蚀侵害。墩的盖梁腐蚀破坏集中在盖梁上部靠近梁附近的地方，横向和纵向都有。

2. 墩台病害

墩台位于桥梁上部构造和基础之间，是桥梁下部结构的主体，并且多数的墩台是由砖石砌体或钢筋混凝土构件构成的。墩台结构具有将上部结构的荷载传递给基础的功能。桥台是桥梁与路堤相连接，并承受桥头填土的水平土压力，起着挡土墙的作用。桥墩则将相邻两孔的桥跨结构连接起来。墩台的强度和稳定性在很大程度上决定了桥梁的耐久性。墩台承载能力不足，或出现下沉、倾斜、位移及转动将引起上部结构的损坏，严重时甚至会造成整座桥梁的坍塌。因此，墩台容易受到上部结构荷载增加和基础出现缺陷的直接影响。

桥梁墩台置于水中或冻土中，直接受洪水和泥石流的冲击，冰块和漂浮物的撞击，处在较大切向冻胀力或水平冻胀力作用下。桥梁墩台病害有墩台变位、下沉、倾斜、裂缝、剥落露筋，以及墩台身开裂、桥梁墩台冻胀倾斜等。

(1)桥梁墩台倾斜变位。

桥梁墩台变位是桥梁墩台主要病害。造成变位的原因有多种，有设计原因、施工原因，但最主要是水流冲刷作用，设计时如果合理设定桥梁位置、桥梁跨度，可以有效避免发生严重的冲刷。桥梁墩台倾斜变位病害的主要原因有以下几点。

①设计或施工时基础埋置深度不够，或基础置于不良地基上，如软土地基、浅层卵石上。

②原设计跨径普遍较小，极大地压缩了河床过水断面，导致桥孔通水不畅，局部冲刷增大，加速了基础冲刷。

③位于弯道上的桥梁，由于河道改变及水流的长期作用，迎水面处桥面锥坡基础更易被冲空，导致基础变位、脱空，造成墩台下沉、开裂，进而影响主体受力结构。

(2)墩台身裂缝、开裂。

桥梁墩台在施工及运营使用过程中,会出现各种不同的裂缝。各种常见裂缝的特征及其发生的原因如下。

①桥台网状裂缝。

此种裂缝多发生在常水位以上墩身的向阳部位,裂缝宽 0.1~1 mm,深 1~1.5 cm,长度不等,主要原因是混凝土内部水化热和外部温差,或日气温变化影响和日照影响而产生的温度拉应力,混凝土干燥收缩等,如图 5.15(a)所示。

②从基础向上发展至墩台上部的裂缝。

裂缝下宽上窄,主要是基础松软或沉陷不均匀引起的,如图 5.15(b)所示。

③墩台身的水平裂缝。

墩台身的水平裂缝多为混凝土灌注接缝,是施工不良所造成的,如图 5.15(c)所示。在高寒多年冻土地区,墩台处在较大切向冻胀力或水平冻胀力作用下,其强度不足,可能会出现被拔断或剪断现象,产生横向裂缝,使上部结构遭到破坏,桥墩拔断示意图见图 5.16。

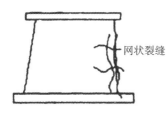
(a)桥台网状裂缝

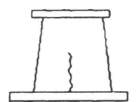
(b)从基础向上发展至墩台上部的裂缝

(c)墩台身的水平裂缝

图 5.15　墩台身裂缝

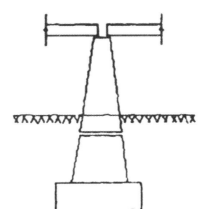

图 5.16　桥墩拔断示意图

3. 基础病害

桥梁基础可分为天然地基上的浅基础（明挖基础）和桩基础以及沉井基础。由于各类基础所处的条件不尽相同，因此，根据基础结构形式及修筑地形（包括地基地质条件）的差异，所产生的缺陷也不完全相同。但从总的方面来说，有它一定的规律性。基础出现病害首先影响的就是墩台身的受力性能，基础发生不均匀沉降，墩台开裂，进一步影响上部承重构件的受力性能。

(1) 基础的沉降和不均匀沉降。

浅基础由于埋设浅、结构简单、施工方便、造价低，是建筑物最常见的基础形式。在地基压密或软土地基上的桥梁，往往出现沉降，特别是不均匀沉降，对桥梁结构产生极大的危害。如地基不稳定，易产生滑移或倾斜，应加以观察、分析，分析沉降和不均匀沉降对桥梁结构的影响，并对有害的基础沉降采取有效的防治措施。

对于深基础都是采用嵌岩或埋入地下较深层，则它所表现的沉降或位移在施工中逐级表现，并且在以后的1~2年内达到稳定，除非特别的外界力（如地震、滑坡等）的作用，一般它们的强度、变形和稳定性都能达到工程要求。

(2) 基础的滑移和倾斜。

①由于经常受到洪水冲刷而发生滑移。砂砾河床上的桥梁，洪水时墩台周围的水流，由于受到墩台的阻挡，不是按原方向直线下流，而是变为表面小部分水流向上扩散，雍高水位，下面的大部分水流转为向下流动，直接冲刷河床砂砾，使墩台周围局部冲深，待冲到一定深度水流无法再冲动砂砾时，再稳定下来。应及时对基础局部冲刷部位进行维修加固。由于河床浚挖，桥台台前邻河面地基土层的侧向压力减小，从而使基础产生侧向滑移。

②桥台基础建造于软土地基，当台背填土高于一定高度且基础构造处理不当时，作用于台背的水平力增大，将导致地基失稳，产生塑性流动，使桥台前移。当基础上、下受力不均匀时，台身也随之产生不均匀滑移，导致基础出现倾斜。基础产生的滑移或倾斜，在严重时会导致桥梁结构的破坏。其破坏形式如下。

a. 支座和墩台支承面破坏以及梁从支承面上滑落下来。

b. 伸缩缝装置被破坏或使接缝宽度减小，伸缩机能受损。

c. 当滑移量过大时，梁端与台背紧贴，严重时导致台背破坏或梁局部压屈。

(3) 基础冻胀。

从20世纪50年代我国开始在高寒多年冻土地区修建了大量的桥涵工程。

建设初期,由于工程技术人员在当时没有认识和掌握季节性冻土的自然规律,以及未能相应采取防治冻胀措施,致使许多桥梁基础出现冻害,表现为基础上抬、倾斜;钢筋混凝土桥梁桩基础冻拔;桥梁墩台冻胀倾斜;桥梁桩基础不均匀冻胀等。

冻胀是冻土区桥梁基础隆起的主要原因。土冻结时体积的膨胀作用即冻胀,除土中原有的水分冻结成冰体积膨胀外,主要是土冻结时水分向冻结锋面迁移形成冻结膨胀。

对于埋置深度较浅、自重较小,而且强度和刚度较大的墩台基础,在法向冻胀力和切向冻胀力共同作用下,本身不会出现裂缝破坏现象,但有可能造成墩台基础整体上抬。又因同一地基内的土、水和温度条件不同,其表现冻胀性也随之不同,地基土的不均匀冻胀会导致墩台基础倾斜上抬。多年的冻胀变形积累可使整个结构物破坏。

在冻土中冻胀变形引起的切向冻胀力使基础向上拔,从而导致上部结构开裂,其至发生结构物破坏;到春暖土层解冻融化后,土层上部积累的冰晶体融化,使土中含水量大大增加,加之细粒土排水能力差,土层处于饱和状态,土层软化,强度大大降低,使桥梁基础发生大量下沉或不均匀下沉,引起桥梁基础的不均匀变形,从而使结构物遭到破坏;还有桥梁整体下沉,导致桥面出现波浪形的变形,引起桥梁结构物的破坏,对行车安全留有隐患。

桥梁基础发生不均匀沉陷后,自重反力也进行不均匀分布,刚性实体的桥梁基础受冻胀产生的滑移和倾斜,在严重时会导致桥梁结构的破坏,其破坏一般形式为:①支座和墩台支撑面破坏以及梁从支撑面上滑落下来;②伸缩缝装置被破坏或接缝宽度减小,伸缩机能受损;③当变形量过大时,梁端与胸墙紧贴,严重时导致胸墙破坏或梁局部压屈。

(4)基础结构物的异常应力和开裂。

基础结构物由于受力不均,往往产生局部异常应力,并导致横向或竖向裂缝,在特殊荷载作用下还会产生局部损坏。

桥梁基础的主要类型及其常见缺陷如下。

①天然地基上的浅基础:埋置深度浅,易受冲刷而淘空;埋置深度不足,受冻害影响;地基不稳定,易产生滑移或倾斜。

②岩石基础:基础置于风化石层上,风化部分未处理好,经水流冲刷而淘空或悬空;受地震时的剪切作用,易产生裂缝。

③人工地基基础:因处于软弱地基上,在竖向荷载作用下压实沉陷,使基础

下沉。

④钢筋混凝土预制桩基础:打桩时,桩身损坏;受水冲刷、侵蚀,产生空洞、剥落等;受船只或其他漂浮物的撞击而损坏。

⑤钻孔桩基础:施工时淤泥未完全清除,因而使形成后的桩基产生下沉;施工不当,或受水冲刷、侵蚀而产生空洞、剥落、钢筋外露等;灌注混凝土过程中发生塌孔而未做处理,桩身部分脱空;受外力冲击而产生损坏。

⑥管桩基础:承载力不足而使基础产生下沉破坏。

5.5.3 附属设施的主要病害

1. 桥面铺装病害

桥面铺装是桥梁上部结构的组成部分,它直接承受行车荷载的作用和气候环境的影响,从而保护钢筋混凝土桥面板不受车轮的直接磨耗和剪切作用,并对车轮集中荷载进行扩散分布,同时防止表面水对桥梁的侵蚀。桥面铺装的结构性能和质量对交通安全、行车舒适性以及桥梁功能的发挥至关重要。

桥面通常采用 8~10 cm 厚的混凝土或沥青混凝土铺装作为磨耗层。随着交通量不断增大及车辆动荷载的反复作用,桥面铺装容易开裂,影响行车的舒适和安全以及桥梁的使用质量和使用寿命。

对青海省的公路桥梁以及青藏公路桥梁状况进行调查,发现除断板引起的桥面铺装坑洞外,大部分桥面铺装损坏为纵向裂缝、网裂、铺装层剥落,出现碎裂、脱落等破坏现象,伸缩缝处铺装破损等。尤其是高寒多年冻土地区水泥混凝土桥面上沥青混凝土铺装层早期破坏的现象,如低温开裂、冻融破坏、桥面防水黏结破坏。桥面板的破损,使得桥梁功能降低或丧失。在调查过程中发现很多危桥都是对桥面铺装的破坏造成的。

(1)沿梁(板)间接缝纵向开裂。

主梁(板)自身抗弯刚度较大,竖向位移较小;桥梁的横向刚度较小,板间横向传力靠铰缝和铺装层共同传递。板缝间的铺装层受弯剪作用,以抗剪为主,在多次重复荷载作用下,沿板缝间纵向开裂。因车辆分上下行,桥面中线板缝处受重复荷载作用的次数较其他位置高出数倍,故以中线处纵缝开裂最为严重。当桥梁超载运营时,主梁(板)挠度加大,更加剧了桥面铺装的纵向开裂。桥纵向开裂的危害在于极大地削弱了桥梁的横向刚度,使得荷载分布不均匀,严重时造成单板受力,同样的荷载等级,单板承受的最大活荷载增加 40%~70%,导致桥梁整体承载能力严重下降。此外,桥面开裂雨水下渗,导致主梁受腐蚀,降低了结构的耐久性。

(2)桥面铺装层横桥向开裂。

桥面铺装层的横向开裂类似于刚性路面的"断板",主要发生在铺装层伸缩缝1~2 m范围内,以距伸缩缝20~50 cm发生一道为多,几乎位于主梁支座中心处。对跨径较大的梁桥,跨中部位亦有发生横向开裂的现象。桥面铺装开裂的主要原因是:车辆荷载产生冲击,导致铺装层啃边,加之支座顶面负弯矩影响,当铺装层薄弱且没有足够的纵向钢筋承受冲击荷载时,必然会产生横向裂缝,在车辆荷载重复作用下横向裂缝发展成为横向开裂,一般经过5~8年运营,铺装层横向开裂已较为严重,不间断的车辆冲击,横向裂缝影响扩散,以致出现数道横向裂缝,直至出现局部坑槽。

(3)局部网状开裂。

桥面铺装层网状开裂是铺装层破坏最为严重的情况之一,若不及时采取措施,可导致桥面出现坑槽,严重时破坏桥梁结构。

造成铺装层网状裂缝或局部坑槽的原因除铺装层偏薄外,铺装层与主梁顶面黏结强度不足,以及铺装层混凝土厚薄不均,铺装层强度偏低以及早期受荷载破坏都是其主要原因,这些都是施工养护不当造成的。当铺装层本身强度、厚度不均匀时,或者铺装层下行车道板强度不足造成铺装层非均匀受力,表现为铺装层网状裂缝。

(4)干缩裂缝。

混凝土干缩裂缝属于早期裂缝,它的产生很大程度上是由于养护不良。一方面,混凝土干缩随环境相对湿度的增加而减小,较高的湿度对防止混凝土干缩有利;另一方面,不同的环境温度对应一个临界相对湿度,如果养护不良,环境湿度低于相应温度下的临界湿度,就会在混凝土表面产生大量的干缩裂缝。

(5)低温缩裂。

温度裂缝主要是指低温缩裂,当铺装层表面的温度下降时,由于整个铺装体系的降温需要一个过程,会在铺装结构内产生温度梯度。面层遇降温而收缩的趋势,会受到其下部桥面板的约束而产生拉应力,开始时由于沥青混合料的劲度相对较低,这个拉应力较小,但是随着进一步的降温,混合料的劲度增加,伴随着收缩趋势的进一步增强,导致拉应力超过沥青混凝土相应条件的抗拉强度,便产生开裂。由于铺装层的纵向尺寸远大于横向尺寸,低温收缩时侧向约束不大,故这种开裂一般为横向间隔性裂缝,严重时才发展为纵向裂缝。

水泥混凝土桥面清理不干净,有泥土、素砂;或未全面凿毛,表面有浮浆,在桥面沥青混凝土铺装层与水泥混凝土桥面间形成隔离层;粘层油撒布数量不够或黏结强度不足,使沥青混凝土铺装层与桥面不能成为一个连续的整体结构;在行车荷载的作用下沥青混凝土产生剪切变形,由车轮下向两侧滑动推挤向上鼓起,轮迹带下陷,出现车辙。轮迹带处路面产生细小的裂缝,水从裂缝渗入,行车作用产生的动水压力逐渐使沥青剥落,并使沥青混合料强度逐渐减弱直到松散,最终导致严重的坑槽。

松散(剥离)、泛油、集料磨光、脱层是铺装层的主要破坏形式。沥青混凝土表面的松散多出现在铺装层的边缘、结构缝附近。这些部位施工时难以碾压,空隙率较大,若排水不畅,下雨天铺装层便长期处于饱和状态,在车轮荷载的反复作用下,骨料很容易从铺装层表面剥离,进而发展成为坑槽等更严重的破坏形式。

如果铺装层的沥青混合料的矿料级配不当,粗集料尺寸偏小,细料偏多,沥青用量偏大,或者集料质地软弱,缺少棱角,在铺装层的使用过程中,都容易造成沥青不断上翻、泛油,或者铺装层表面集料被逐渐磨光,导致铺装层表面光滑,特别在雨天、下雪天容易造成车祸。

在桥面上设置防水层的主要作用是阻隔铺装面层中的水分渗入混凝土桥面板中锈蚀钢筋,以保证桥梁结构耐久性能,其实这只是一个方面的内容。另一方面,水泥混凝土桥面板上存在许多细小裂缝,其内部有许多毛细孔隙,含有一定的水分。施工期间,一旦混凝土桥面板经受沥青混合料的热冲击,桥面板中的水分快速气化,一旦遇到外部物体的阻隔,就形成较大的压强,这使得防水层与水泥混凝土表面剥离,形成针孔、气泡,严重时,引起混凝土鼓包。桥面铺装使用期间,在温度、车辆的作用下,水分逐渐渗入防水层与桥面板之间,并逐渐积累,当达到一定程度时,将会冲破防水层,引起铺装层鼓包、脱层等病害。

尤其对于高寒多年冻土地区,如果自由水渗入桥梁结构中,将会引起水泥混凝土桥梁的冻融破坏。因此,防水黏结层在桥面铺装中特别是在高寒多年冻土地区显得尤为重要。

2.伸缩缝病害

桥梁伸缩缝位于桥面处,由于设置在梁端构造薄弱部位,直接承受车辆反复荷载的作用,又多暴露于大自然中,受到各种自然因素的影响,因此,可以说伸缩缝是极易损坏、难以修补的部位,经常发生各种不同程度的缺陷。伸缩缝病害使行车舒适性降低,噪声增大,雨水从伸缩缝位置渗入梁体,危及桥梁及行车安全,从而影响桥梁的使用寿命。

桥梁在温度变化时,桥面有膨胀和收缩的纵向变形,在车辆荷载作用下,将引起纵向位移。桥梁伸缩缝是为适应桥梁结构的变形,在桥梁结构物一联的梁端之间,以及梁端与桥台背墙之间设置的能自由变形的跨缝装置,其作用是使桥梁结构物在气温变化及混凝土收缩、徐变,以及活载等因素的作用下,能自由伸缩,使汽车行驶舒适、平顺。使用时应防止水、泥砂等杂物进入缝内。

在调查中发现伸缩缝是桥梁结构中的一个薄弱部位,损坏也很严重,对于桥梁的安全运营存在很大隐患,尤其是伸缩缝成槽状损坏,对桥梁的危害很大,因此对于伸缩缝的科学设置和日常养护是很重要的。具体损坏表现为:①伸缩缝实体损坏,如 TST 伸缩缝填料缺损、伸缩缝掉落等;②伸缩缝与桥面连接处混凝土碎裂破损;③桥梁伸缩缝出现低温裂缝。

总之,桥梁伸缩缝破坏会导致其他构造物的病害。其他构造物病害如下。

(1)伸缩缝破坏反映到路面上,路面出现坑槽,给运行车辆带来不安全因素,降低道路的通行能力,在社会上造成不良影响。

(2)如出现伸缩缝挤死,轻者顶坏桥台背墙,重者挤坏梁头,使大梁报废,更换大梁需要较长的施工周期,也给国家造成重大的经济损失。

(3)若伸缩缝橡胶条损坏,路面杂物掉落伸缩缝并卡在缝内,遇温度变化就会将梁头或桥台背墙挤坏。橡胶条损坏后遇降暴雨,大量雨水顺缝灌入没有全防的桥头护坡,使护坡出现大量的水毁现象。

(4)伸缩缝受桥面温度变化的影响和车辆荷载的作用频繁不断地伸缩变形,极易损坏。伸缩缝损坏后,不仅影响行车的舒适性,而且可能造成水的下渗,进而导致主体结构、桥梁墩台的剥落、腐蚀以及支座的锈蚀等。

在调查中发现,鲁大线引胜桥的部分桥墩顶面堆积砂石,伸缩缝处渗水现象严重。伸缩缝处长时间渗水,已导致梁端和墩帽均出现严重的混凝土破损开裂、钢筋外露锈蚀现象,同时渗水还导致该桥所有钢板支座锈蚀严重,以上病害已经严重影响结构安全性和耐久性。

3. 支座病害

支座设置在桥梁的上部结构与墩台之间,其作用是将桥跨结构上的各种荷载反力传递到墩台上,并能够适应活载、温度变化、混凝土收缩与徐变等因素所产生的位移,使上、下部结构的实际受力情况符合设计的计算图式。实际情况是其重要性往往被忽视,形成隐患,造成桥梁运营后的病害和经济损失。

目前一般桥梁支座为油毛毡、普通板式橡胶支座和四氟滑板支座。支座往往是当前公路桥梁中最容易忽视的部分,对青海省的危桥、危涵进行调查,发现一些桥梁正是由于对支座的安装不正确导致结构受力变化,最终支座损坏、结构损坏。资料显示支座出现的问题有以下两类。

(1)支座本身:止浮装置的损害;限制移动装置的损害;辊轴的偏移和下降;销子和辊轴的破坏;支座构件裂痕;螺母松动;固定螺栓的脱落;滑动面、滚动面锈死;下底板的破裂;各构件的腐蚀;插座相互间接触。

(2)支座底板:锚栓切断;填充砂浆裂缝;支座底板混凝土碎裂;支座垫石压坏、剥离。

4.翼墙病害

引起翼墙病害的主要原因是台背填土冻胀力的作用,使很多整体式 U 形桥台的翼墙与前墙连接处开裂[见图 5.17(a)]。裂后的桥台,一方面由于缝中积水结冰冻胀,另一方面由于台背填土的冻胀,加速了裂缝的发展并逐年扩大,最后导致前墙与翼墙断裂,使桥台破坏。同样,台背填土冻胀力作用造成许多分离式八字翼墙倾斜变位,甚至整体失稳[见图 5.17(b)]。

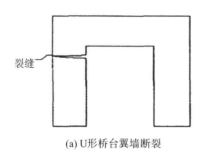 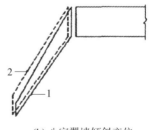

(a) U形桥台翼墙断裂　　　　　　　(b) 八字翼墙倾斜变位

图 5.17　桥台翼墙裂缝与倾斜

注:1—原始位置;2—倾斜后位移。

桥梁基础的冻胀变形使基础产生竖向不均匀沉降或水平方向位移,使结构中产生附加应力,超出混凝土结构的抗拉能力,导致结构开裂。如冻土地区桥梁桥台翼墙和前墙断裂的裂缝,很多是墙间填土不良引起冻胀变形而造成开裂;双柱式桥墩狭长的下承台竖向裂缝,经常是桩基受较大的冻胀变形引起弯矩的改变而产生的裂缝。其中有些裂缝在使用荷载或外界物理条件等的作用下,不断产生和扩展,引起混凝土碳化、保护层剥落、钢筋腐蚀,使混凝土的强度和刚度受到削弱,耐久性降低,危害结构的正常使用。

5.5.4 桥梁病害处理方法

1. 混凝土梁桥表层缺陷的预防措施及处治技术

钢筋混凝土梁桥表层缺陷主要有蜂窝、露筋、麻面、空洞、磨损、锈蚀、老化、剥落、裂缝、表层成块脱落等类型。

(1)混凝土梁桥表层缺陷的预防措施。

①在混凝土施工中应根据不同情况选择含有不同矿物成分和不同性能的水泥、骨料和外加剂,从材料方面确保混凝土的耐久性。

②严格控制混凝土制作配合比,一定要根据结构类型和所处的环境条件,经试验确定关键参数。主要是降低混凝土的水灰比,水泥水化所需水分仅为其重量的25%左右,若水量增加,多余的水就游离析出,产出孔隙,饱和后易受冻胀破坏。另外掺入引气型外加剂是提高混凝土抗冻性最有效的途径之一。

③人为地优化建筑物混凝土构件周围的环境条件,以减少或改善致使混凝土冻融的各种不利因素。

(2)混凝土梁桥表层缺陷的处治技术。

①渗水、洪水等原因造成的梁体产生污垢时应用清水刷洗,不宜用化学试剂清洗。

②梁(板)体混凝土的空洞、蜂窝、表面风化、麻面、剥落应先将松散部分清除,再根据情况用高标号混凝土或水泥砂浆填补。

③梁体若发现露筋或保护层剥落等现象,应先将松动的保护层凿去,并将钢筋锈迹清除,如损坏面积不大可用环氧材料修补;如损坏面积过大,可喷射高标号水泥砂浆修补。环氧修补材料一般有环氧基液、环氧砂浆和环氧混凝土等,这种材料具有较高的强度和抗蚀、抗渗能力,并与混凝土结合力较强,但价格较贵,施工工艺复杂,材料配比严格,此法与其他修补方法配合使用,效果更佳。

④混凝土冻融破坏较严重的部位,多采用喷浆修补。喷混凝土修补,是指经施加高压将混凝土拌料以高速运动注入被修补的部位,其密度及抗渗性较一般混凝土好,且具有快速、高效的特点。

⑤梁(板)体的横、纵向连接杆件、钢板、钢筋等构件开裂、开焊、断裂、损坏等可采取更换、补焊、帮焊等措施。

⑥钢筋混凝土梁产生恒载裂缝时,按下列方法进行处理。

a. 当裂缝宽大于限制规定时,应采用压力灌浆法注环氧树脂胶。

b. 当裂缝发展严重时,应查明原因,按照不同情况采取加固措施,并加强观测。

⑦钢筋混凝土及预应力钢筋混凝土梁裂缝修补的方法。

a. 对细小裂缝、死缝或没有结构作用的裂缝可采用封闭处理。如用环氧树脂胶涂刷封闭,或用工具沿裂缝裸露面锯或凿,使缝扩大成槽形豁口后,在每条裂缝两边5～10 mm范围内处理干净,然后用各种黏结材料进行填充封闭。

b. 当钢筋混凝土构件产生主拉应力裂缝(不是很严重时),可采用在裂缝处加箍使裂缝封闭的方法。箍可用扁钢焊成或圆钢制成,可直箍也可斜箍,其方向应和裂缝垂直。

c. 注射环氧树脂胶液并加筋的修补法,具体做法是钻与结构面成45°并与裂缝成90°交叉的孔,按照裂缝长度,可钻3～4个孔,然后分别插入钢筋,再在孔中与裂缝中注入环氧树脂胶液封闭缝与孔洞,使钢筋与原构件形成一个整体,从而达到加强截面强度的目的。

d. 钢板粘贴修补方法,即用环氧基液黏结剂涂在整个钢板上,然后将其压粘于待修补的裂缝位置上的方法。为使钢板粘贴牢固,一般多采用压贴法,也可采用在钢板与被修补构件表层空隙内注入粘贴剂的注入法。

2. 桥梁上部结构加固维修技术

(1)碳纤维片加固。

碳纤维片具有轻质高强、操作简便、易于粘贴、不锈蚀的特点,可用于抗弯、抗剪、抗震等多种形式的加固。

粘贴碳纤维片加固法适用于梁桥、板桥的抗弯和抗剪加固,以及混凝土墩柱的抗剪、抗压补强等。对于配筋率较低或钢筋锈蚀严重的旧桥,加固效果尤为明显。但需要指出的是,采用该方法加固桥梁时必须严格遵守材料的适用环境(如温度、湿度等);由于碳纤维片延性较差,因此对于配筋率较高的梁、板的加固,仅采用粘贴碳纤维往往达不到预期的加固效果。

(2)桥面补强层加固。

在梁顶(桥面)上加铺一层钢筋混凝土层,使其与原有主梁形成整体,从而增大主梁有效高度和抗压截面,增加桥面整体刚度,提高承载能力。也就是说在旧有混凝土或钢筋混凝土桥面板上,重新加铺一层混凝土或钢筋混凝土补强层进行加固。实现方式有钢筋网与混凝土、钢筋网与膨胀混凝土、钢纤维混凝土,采用最多的是钢筋混凝土补强层加固。

桥面补强层加固法既能修补已出现裂缝、剥离等损坏的桥面板,又能加高原有梁板的有效高度,增加梁板的抗弯能力,改善铰接梁板的荷载横向分布,从而提高桥梁的承载能力。

当主梁或桥面板承载力不足,刚度不够,或铰接梁、板的铰缝不能有效传力时,可采用此法加固。受桥面补强层厚度限制,这种加固方法主要适用于中小跨径的桥梁。

在桥面加固补强的同时,恒载亦有增加,一般应通过计算判断桥面增厚后是否可以提高承载能力。同时为减少补强层增加的恒载,往往必须先将原有的桥面铺装层凿除。

该方法的优点是施工比较方便,可与一般修筑桥面混凝土铺装层一样进行;对双车道或桥面拓宽的梁板桥,可以半幅通车半幅施工,对交通影响不大,还可结合道路路面维修养护工作一起进行。缺点是桥面补强后须经养护,要对交通进行限制。

(3)增大截面和增加配筋加固。

在梁底面或侧面加大钢筋混凝土截面(并增配主筋、箍筋),使梁抗弯截面加大,从而达到提高承载能力的效果。

增大构件截面和增加配筋的加固方法通常适用于梁的强度、刚度、稳定性和抗裂性能不足时的情况。

增大构件截面和增加配筋来提高主梁承载能力的加固法,一般多用于梁、板桥的加固,还可用于拱肋的加固。对于梁、板桥,主要是考虑增设梁、板底面的加强主筋和增大截面;对于中等跨径多跨连续箱梁桥,主要是在箱内浇筑混凝土加厚腹板并配体内弯束进行加固。

该方法的优点是能在桥下施工,不影响交通,加固工作量不大,而且加固的效果也较为显著。对抗拉强度不足的简支梁桥进行补强施工时,可在梁底部(受拉区)或侧面增配补强主筋,或在腹板上增设补强钢筋,然后喷涂或浇筑混凝土,从而使梁的抗弯截面增大,以提高梁的承载能力;对有主梁下挠和腹板开裂等主要病害的中等跨径连续预应力混凝土箱梁桥加固时,可在维持通车情况下在箱内浇筑大批混凝土配合体内束,使整体刚度增强,挠曲线和应力情况达到设计预期要求。缺点是加固中需对旧梁进行凿毛工作,操作麻烦、工作量较大,常需搭设脚手架。

3. 桥梁下部结构加固维修技术

(1)钢筋混凝土墩台结构套箍或护套加固法。

如果桥梁墩台出现贯通裂缝,为防止裂缝的继续发展,使之能正常使用,可使用钢筋混凝土围带或钢筋进行加固。

当墩台损坏严重,有严重裂缝及大面积表面破损、风化和剥落时,则可采用围绕整个墩台设置钢筋混凝土护套的方法进行加固。

(2)支撑法加固。

因尺寸不足,难以承受台石的土压力而往桥孔方向产生倾斜或滑移的埋置式桥台,可采用修筑撑臂法进行加固;对于单孔小跨径桥台,为防止桥台滑移,可在两台之间加建水平支撑,如整跨浆砌片石撑板,或用钢筋混凝土支撑进行加固。

(3)新建辅助挡土墙。

对于因桥台台背水平土压力太大而引起的桥台倾斜,应设法减小桥台后壁的土压力,可在台背加一挡土墙,以增强挡土能力。

(4)减轻荷载法。

筑于软土地基上的桥台,常由于较高而受到较大侧向土压力作用,从而使桥台产生前移,以致发生倾斜。此时,一般可更换台背填土,减小土压力。

(5)扩大基础加固法。

此法适用于基础承载力不足或埋置太浅,而墩台又是砖石或混凝土刚性实体基础时的情况。

(6)人工地基加固法。

当基础下面的地基土松软,不能承受很大的荷载,或上层土虽好,但深层土质不良引起基础沉陷时,可采用人工地基加固法,以提高基础的承载能力。一般常采用砂桩法、树根桩法、高压喷射注浆法、灌浆法等。

4. 桥梁墩台基础防冻及加固维修技术

桥梁墩台基础冻害的预防主要包括桩基防冻技术和桥台防水平冻胀两个方面。

(1)桩基防冻技术及加固措施。

桩基防冻技术措施主要可从减小冻土对桩壁的冻结力和直接防止冻土本身的切向冻胀力这两个方面入手。

①保护覆盖法。

用各种保温材料如雪、水、炉渣、锯末、硬质泡沫塑料、浮石混凝土等覆盖在基础表面,以减少热量传导。对已发生轻微融沉的桥梁,应在融化前采用上述各种保温好的材料或土壤换填覆盖。

土壤的换填,即将桩基周围的冻胀性土挖除,换填为非冻胀的砂、卵石、碎石、炉渣等。为了保证换填体的防冻拔效果,换填体周围应采用土工布等材料包裹,以防换填体被细粒土浸入而失效。换填的范围应根据原基土冻胀量的大小和冻结深度确定。

②基侧换填砂或碎(卵)石法。

对于厚度小于最大冻深的冻胀性敏感土(如黏性土、粉砂等),其下为透水砂或(卵)石,在整个冻结过程中地下水位始终处于冻结锋面,夏季无冲刷、冬季无结冰的桥涵地基,可选换填中粗砂的方法处理基础冻害,使用效果较好。

细颗粒土冻结时所产生的冻胀力是粗颗粒土的3~4倍。虽然,切向冻胀力不是很大,但由于基础侧面积都很大,所以用于基础侧面上的冻胀力一般是很大的,为削弱这部分冻胀力的影响,基坑回填一定要选用A类粗颗粒土。

③改善基础侧面光滑程度法。

在强冻胀和特强冻胀地基中,桥涵基础可采用换填沥青或渣油隔层,或者在冻融层范围内的桩基表面,涂以渣油等憎水性材料,或者涂抹环氧树脂等增加桩基表面强度和光滑性的材料,这样可以大大减小桩基与冻土之间的冻结力,改善基侧光滑程度,防止冻害。

④分离式套管法。

在基侧套入保护套管,如采用油毡纸包桩或双层油套管,以提高桥梁基础桩抗融沉的能力。

⑤防止墩台基础融沉措施。

采取热融防护措施可减少对基坑多年冻土环境的破坏,却会导致墩台融沉现象发生。为防止墩台基础融沉,在基坑开挖完后,在基坑周围及基底上部搭设遮阳棚或铺设反光保温材料(白色复合土工膜或白棉毡)以减弱太阳辐射热能对基坑边坡及基底的影响。实践表明,基坑进行热防护后,由于夜间气温较低,基坑边坡及基底表面冻结后,白天基坑边坡及基底表面冻土融化缓慢,边坡滑塌基本被抑制。

(2)桥台水平冻胀力的防治及加固措施。

桥台水平冻胀力的防治措施与桩基的冻害防治相类似,可从增强结构抗冻胀能力和减弱冻胀力两方面入手。增强结构抗冻胀能力,一般必须在结构施工前加以考虑,如增大结构尺寸、配置钢筋、采用锚杆或锚定板来平衡水平冻胀力等。减弱冻胀力的措施有如下几种。

①采用换填措施。

在台背换填永不冻胀或弱冻胀的砂砾等粗颗粒土是减小水平冻胀力的主要措施。

②设置排水措施。

在支挡建筑墙背,无论是回填冻胀性强的黏性土还是回填冻胀性弱的粗砂或碎砾石土,设置排水措施后均会显著降低水平冻胀力。

③保温措施。

保温措施是通过减弱寒冷因素的办法来减小水平冻胀力,具体方法是在墙背和填土表面两个方向铺设保温材料。保温措施和换填措施相结合,可收到良好的效果,同时可以降低造价。

5.桥面铺装层加固维修技术

目前,常用桥面铺装有水泥混凝土类和沥青类两种,其结构形式有普通水泥混凝土或沥青混凝土铺装层、防水混凝土铺装层、具有防水层的水泥混凝土或沥青混凝土铺装层。沥青类铺装层常见缺陷主要有泛油、松散、露骨、裂缝、高低不平;普通水泥混凝土铺装层常见的缺陷主要有磨光、裂缝、脱皮、露骨、高低不平。尤其是高寒多年冻土地区水泥混凝土面上沥青混凝土铺装层早期破坏的现象严重,主要有低温开裂、冻融破坏、桥面防水黏结破坏等。

(1)沥青混凝土桥面铺装层维修加固。

对沥青混凝土铺装的桥面,如出现泛油、拥包、裂缝、波浪、坑槽等病害,应及时处治,损坏面积较大时,可进行局部翻修或将整孔铺装层凿除,重铺新的铺装层。但不宜在原路面上加铺桥面,以免增加桥梁恒载。

①坑槽修补。

常用坑槽修补的方法有热补法、喷补法、冷拌法、常温修补法、低温修补法等,修补材料有热拌沥青混合料、喷补料、常温乳化沥青混合料及冷拌冷补沥青混合料。采用的冷补沥青混合料(JC-Ⅰ型)由基质沥青、矿料、稀释剂、添加剂组成,具有耐候性强、抗老化强、黏结性能好、储存稳定的特点。修补后的坑槽,不易产生裂缝、脱落等现象。

②裂缝修补。

沥青混凝土桥面铺装裂缝,缝宽在6 mm以内的,采用热沥青和乳化沥青灌缝撒料法封堵;缝宽在6 mm以上的,采用砂粒式或细料式热拌沥青混合料填充、捣实,并用烙铁封口。由于冻土地区的环境特殊、气候恶劣,养护工期较短、施工条件差、养护成本较高,想要提高养护与维修的质量和效果,确定裂缝修补材料至关重要,通常采用HD高性能灌缝材料。该材料高低温性能、温度敏感性能均较好,抗老化性能良好,是高寒多年冻土地区良好的沥青混凝土桥面铺装裂缝修补的材料。

(2)水泥混凝土桥面铺装层维修加固。

①原结构凿补。

将原水泥混凝土铺装层的表面凿毛,并尽可能深一些,使骨料露出,用清水冲洗干净并充分润湿,再涂刷上同标号的水泥砂浆,最后铺筑一层4～5 cm厚的水泥混凝土铺装层。

②采用黑色路面改建桥面。

采用黑色路面即沥青材料修补桥面铺装,一般较水泥混凝土铺装容易,且上、下结合也比较牢靠,施工期间对交通影响也小。但材质改变了原来的结构,必须全桥加铺,否则影响美观。

③全部凿除,重筑铺装层。

桥面铺装层如已损坏严重,可采取全部凿除、重筑铺装层的方法修补。新铺的面层可采用普通水泥混凝土,也可采用钢纤维混凝土等其他材料。

(3)高寒多年冻土地区水泥混凝土铺装层早期破坏现象的防治措施。

混凝土桥梁桥面铺装出现早期病害是比较普遍的问题,特别是在高寒多年冻土地区,其破坏面积(占构造物总面积)百分率往往大于路面破坏的百分率,严重的在通车几个月到一年内即出现唧浆、拥包、推移、坑槽等现象,不仅影响桥梁的美观,而且给行车安全带来严重危害,维修和养护也会造成很大经济损失。所以要做好一些桥面铺装层破坏的防治措施。

①水泥混凝土桥面应彻底凿毛,清理干净,保证没有泥浆和杂质,并严格控制标高和纵、横向平整度,以保证均匀的、足够的沥青混凝土铺装厚度。

②提高桥面水泥混凝土铺装层的抗渗、抗腐蚀和抗冻融性能。明确提出抗渗和抗冻融指标,抗渗标号应达到s20,抗冻融大于300次冻融循环。要重视铺装层的养护,严禁用水泥砂浆抹平铺装层表面。

③水泥混凝土铺装层上设防水层,可选用SBS改性沥青或黏结性好、抗剪

强度高的防水材料,提高沥青面层与水泥混凝土铺装层的黏结力及抗剪切能力,防止渗入水侵蚀桥梁结构物。

针对高寒多年冻土地区气候寒冷的特点,应选择合适的铺装组合结构及防水体系,其中反应性树脂下封层+溶剂型橡胶黏结层(GS-6)+沥青缓冲层的组合形式最好。缓冲层具有较小的抗压弹性模量,可以起到应力缓冲的作用,防止车辆对环氧层的冲击破坏;考虑缓冲层既要有较高强度,能抵抗高温下的抗剪要求,又有优良的韧性,同时具有低温抗裂性(低温变形能力),选择22%作为防水层的最佳油石比。

④设置有效的排水设施,迅速排除路表水,尽量减少雨水渗入铺装层内,改变泄水孔的设计,使泄水孔既能排出表面水又能排出渗入沥青面层结构或滞留在界面上的水。泄水孔上口应低于水泥混凝土铺装层表面,并设置纵向排水盲沟,连接各个泄水孔。

⑤桥面沥青面层宜设计为两层。桥面上的两层沥青混凝土与路面沥青面层的表面层和中面层相同时,其厚度也应该相同,两层都用空隙率不大于5%的密实沥青混凝土。提高桥面沥青面层的压实度,保证实际空隙率满足设计要求。

⑥采取措施解决原材料质量和颗粒组成变异性大的问题,提高沥青混凝土的均匀性。加强施工管理,消除拌和、运输和现场摊铺中的集料离析和温度离析。

参 考 文 献

[1] 陈仁芳.岩溶区公路桥梁基础设计与施工技术[D].西安:长安大学,2009.

[2] 中华人民共和国国家质量监督检验检疫总局,中国国家标准化管理委员会.表面粗糙度比较样块 第3部分:电火花、抛(喷)丸、喷砂、研磨、锉、抛光加工表面:GB/T 6060.3—2008[S].北京:中国标准出版社,2008.

[3] 何鹏祥.岩溶区桥梁桩基施工技术及设计方法研究[D].长沙:湖南大学,2002.

[4] 中华人民共和国交通运输部.公路工程水文勘测设计规范:JTG C30—2015[S].北京:人民交通出版社,2015.

[5] 上海市住房和城乡建设管理委员会.地基基础设计标准:DGJ 08—11—2018[S].上海:同济大学出版社,2019.

[6] 中华人民共和国交通部.公路工程集料试验规程:JTG E42—2005[S].北京:人民交通出版社,2005.

[7] 中华人民共和国交通运输部.公路工程技术标准:JTG B01—2014[S].北京:人民交通出版社,2015.

[8] 中华人民共和国交通运输部.公路工程水泥及水泥混凝土试验规程:JTG 3420—2020[S].北京:人民交通出版社,2020.

[9] 况成明.青藏高原多年冻土地区桥梁施工技术[J].铁道标准设计,2006(2):48-51.

[10] 雷晓燕,高露.中国建造概论[M].重庆:重庆大学出版社,2021.

[11] 李自林.桥梁工程[M].3版.武汉:华中科技大学出版社,2015.

[12] 麻文燕,肖念婷,陈永峰.桥梁工程[M].天津:天津科学技术出版社,2019.

[13] 潘东宏.高寒地区提高混凝土桥梁耐久性关键技术研究[D].重庆:重庆交通大学,2010.

[14] 任伟新.桥梁工程[M].武汉:武汉大学出版社,2016.

[15] 中华人民共和国住房和城乡建设部.钢筋焊接及验收规程:JGJ 18—2012[S].北京:中国建筑工业出版社,2012.

[16] 盛洪飞.桥梁墩台与基础工程[M].2版.北京:人民交通出版社,2014.

[17] 孙秀红.桥梁施工中大跨径连续桥梁施工技术的应用[J].工程建设与设计,2017(23):166-168.

[18] 唐鹏,刘天宝,张培辉.桥梁工程施工技术[M].北京:中国水利水电出版社,2017.

[19] 中华人民共和国国家质量监督检验检疫总局,中国国家标准化管理委员会.预应力混凝土用钢棒:GB/T 5223.3—2017[S].北京:中国标准出版社,2017.

[20] 中华人民共和国建设部,中华人民共和国国家质量监督检验检疫总局.铁路工程抗震设计规范:GB 50111—2006[S].北京:中国计划出版社,2006.

[21] 王慧东.桥梁工程[M].重庆:重庆大学出版社,2014.

[22] 王靖涛,丁美英,李国成.桩基础设计与检测[M].武汉:华中科技大学出版社,2005.

[23] 王香雪.高寒冻土地区公路桥梁的病害机理及加固方法研究[D].济南:山东大学,2017.

[24] 王雪姣.桥梁概念设计研究[D].成都:西南交通大学,2010.

[25] 严莉华.高寒冻土地区桥梁病害机理及处理方法研究[D].西安:长安大学,2010.

[26] 中华人民共和国国家质量监督检验检疫总局,中国国家标准化管理委员会.预应力混凝土用钢绞线:GB/T 5224—2014[S].北京:中国标准出版社,2015.

[27] 尹国荣.岩溶区勘察方法及桥梁桩基施工技术[D].长沙:中南大学,2009.

[28] 于景超.桥梁工程[M].北京:化学工业出版社,2013.

[29] 余丹丹.道路与桥梁工程施工技术[M].北京:中国水利水电出版社,2011.

[30] 余丹丹.桥梁工程与施工技术[M].北京:中国水利水电出版社,2014.

[31] 张艳奇.岩溶地区桩基础施工技术研究[D].昆明:昆明理工大学,2011.

[32] 张志强.多年冻土与高寒区域的道路桥梁施工技术研究[J].工程建设与设计,2018(6):182-183.

[33] 中华人民共和国交通运输部.公路桥梁抗震设计规范:JTG/T 2231—01—2020[S].北京:人民交通出版社,2020.

[34] 中华人民共和国国家质量监督检验检疫总局,中国国家标准化管理委员会.涂覆涂料前钢材表面处理　表面清洁度的目视评定　第1部分:未涂覆过的钢材表面和全面清除原有涂层后的钢材表面的锈蚀等级和处理等

级:GB/T 8923.1—2011[S].北京:中国标准出版社,2013.

[35] 中华人民共和国国家发展和改革委员会.混凝土防冻剂:JC/T 475—2004[S].北京:中国建材工业出版社,2005.

[36] 中华人民共和国国家质量监督检验检疫总局,中国国家标准化管理委员会.混凝土外加剂:GB 8076—2008[S].北京:中国标准出版社,2009.

[37] 中华人民共和国国家质量监督检验检疫总局,中国国家标准化管理委员会.通用硅酸盐水泥:GB 175—2007[S].北京:中国标准出版社,2008.

[38] 中华人民共和国住房和城乡建设部.钢筋机械连接技术规程:JGJ 107—2016[S].北京:中国建筑工业出版社,2016.

[39] 中华人民共和国住房和城乡建设部.混凝土结构设计规范(2015年版):GB 50010—2010[S].北京:中国建筑工业出版社,2011.

[40] 中华人民共和国住房和城乡建设部.普通混凝土配合比设计规程:JGJ 55—2011[S].北京:中国建筑工业出版社,2011.

[41] 国家铁路局.铁路混凝土:TB/T 3275—2018[S].北京:中国铁道出版社,2018.

[42] 国家铁路局.铁路桥涵设计规范:TB 10002—2017[S].北京:中国铁道出版社,2017.

[43] 中华人民共和国住房和城乡建设部,中华人民共和国国家质量监督检验检疫总局.内河通航标准:GB 50139—2014[S].北京:中国计划出版社,2015.

[44] 中华人民共和国住房和城乡建设部.组合钢模板技术规范:GB/T 50214—2013[S].北京:中国计划出版社,2014.

[45] 中华人民共和国交通部.公路工程岩石试验规程:JTG E 41—2005[S].北京:人民交通出版社,2005.

[46] 中华人民共和国交通部.公路圬工桥涵设计规范:JTG D 61—2005[S].北京:人民交通出版社,2005.

[47] 中华人民共和国交通运输部.公路钢筋混凝土及预应力混凝土桥涵设计规范:JTG 3362—2018[S].北京:人民交通出版社,2018.

[48] 中华人民共和国交通运输部.公路桥涵地基与基础设计规范:JTG 3363—2019[S].北京:人民交通出版社,2020.

[49] 中华人民共和国交通运输部.公路桥涵设计通用规范:JTG D60—2015[S].北京:人民交通出版社,2015.

[50] 中华人民共和国交通运输部.海轮航道通航标准:JTS 180—3—2018[S].北京:人民交通出版社,2018.

[51] 中华人民共和国交通运输部.公路桥涵施工技术规范:JTG/T 3650—2020[S].北京:人民交通出版社,2020.

[52] 国家铁路局.铁路桥涵混凝土结构设计规范:TB 10092—2017[S].北京:中国铁道出版社,2017.

[53] 中华人民共和国国家质量监督检验检疫总局,中国国家标准化管理委员会.预应力混凝土用钢丝:GB/T 5223—2014[S].北京:中国标准出版社,2015.

[54] 国家市场监督管理总局,国家标准化管理委员会.斜拉桥用热挤聚乙烯高强钢丝拉索:GB/T 18365—2018[S].北京:中国标准出版社,2018.

[55] 周致强.青藏高原多年冻土地区桥梁设计[J].冰川冻土,2003(B8):80-83.

后　　记

　　建立四通八达的现代化交通网,大力发展交通运输事业,对于加强全国各族人民的团结、发展国民经济、促进各地经济发展、促进文化交流和巩固国防,都具有非常重要的意义。在公路、铁路、城市和农村道路以及水利建设中,为了跨越各种障碍(如河流、沟谷或其他线路等),必须修建各种类型的桥梁与涵洞,因此桥涵是交通线路中的重要组成部分。特别是在现代高等级公路以及城市高架道路的修建中,桥梁往往是保证全线早日通车的关键。在经济上,一般说来桥梁和涵洞的造价平均占公路总造价的 10%～20%,而且随着公路等级的提高,其所占比例还会加大。在国防上,桥梁是交通运输的咽喉,在需要快速机动的现代战争中具有非常重要的地位。

　　随着科技的进步,工业水平的提高,社会生产力的高速发展,人们对桥梁建筑提出了更高的要求。现代高速公路上迂回交叉的立交桥、高架桥不但是规模巨大的工程实体,而且犹如一道地上"彩虹"。纵观世界各国的大城市,常以工程雄伟的大桥作为城市的标志与骄傲。桥梁已作为一种空间艺术结构物存在于社会之中。

　　经过近几十年的不断努力,我国桥梁工程建设取得了举世瞩目的成就,这主要是桥梁工程人员发扬建桥优良传统,汲取国外建桥先进经验并不断创新的结果。

　　根据我国政府制定的交通发展三阶段目标,我国交通到 2040 年(第三阶段)要基本实现现代化。以二级以上高等级公路组成的国道主干线与国家重点干线公路构成的骨架公路网络全面建成,全国的高速公路网形成;层次分明、布局合理、结构优化、功能完善的各层次公路网建成,服务水平达到国际先进水平;所有相邻的地市级城市均实现高等级公路的有效连接;绝大部分行政村通油路;公路总里程超过 300 万千米,高速公路总里程将达到 8 万千米,高速公路密度达到 0.83 千米/百平方千米,接近目前美国的水平。从以上具体目标来看,这就需要修建多座公路桥梁和高速公路桥梁,以及跨越大江河和海湾的长大桥梁。跨海桥梁规模宏伟、任务艰巨、技术难度大,是需要加倍努力才能顺利完成的工程。

　　回顾过往,展望未来,可以预见,在今后相当长的一段历史时期,我国迫切需要修建大量的公路、铁路和城市桥梁;同时还有相当多的桥梁或因年代久远,或荷载需要增加,需要维修与加固。这就为从事桥梁科学研究、设计、施工的技术人员创造了诸多机遇和挑战,桥梁工程人员应当肩负起国家交付的这些光荣而艰巨的任务,设计、建造出更多新颖和复杂的桥梁结构形式;同时采用先进的加固方法和材料对旧桥进行维修、加固等。